Markus Stubbig
**Der OPNsense-Praktiker**

FSC
www.fsc.org
MIX
Papier aus ver-
antwortungsvollen
Quellen
Paper from
responsible sources
FSC® C105338

Markus Stubbig

# Der OPNsense-Praktiker

Enterprise-Firewalls mit Open Source

*Bibliografische Information der Deutschen Nationalbibliothek*
Die Deutsche Nationalbibliothek verzeichnet diese Publikation in der
Deutschen Nationalbibliografie; detaillierte bibliografische Daten sind im
Internet über http://dnb.dnb.de abrufbar.



Verlag: BoD · Books on Demand GmbH,
   In de Tarpen 42, 22848 Norderstedt, bod@bod.de
Druck: Libri Plureos GmbH, Friedensallee 273, 22763 Hamburg

5., aktualisierte Auflage 2025
ISBN: 978-3-7693-7849-8



Auf die gleichzeitige Verwendung männlicher, weiblicher und diverser
Sprachformen (m/w/d) wird aus Gründen der besseren Lesbarkeit
verzichtet. Alle Personenbezeichnungen und personenbezogenen
Hauptwörter gelten gleichermaßen für alle Geschlechter.

# Inhaltsverzeichnis

# Vorwort

Nach zehn Jahren Entwicklungszeit ist OPNsense eine seriöse Firewall, die mehrere Systemhäuser aktiv vermarktet. Für die meisten Anwender dürfte aber die kostenlose Edition interessanter sein, die dann auf stromsparender Hardware ihre Arbeit verrichtet.

Dass ein Fork auch freundlich verlaufen kann, zeigt eine Abspaltung von OPNsense unter dem Namen *DynFi Firewall*. Die französischen Entwickler bauen auf der Codebasis ihre Firewall auf und platzieren sie auf verschiedenen Hardwaremodellen. Im Shop finden sich auch große Boxen mit 10-Gigabit-Ethernet und zwölf Netzwerkports. Dahinter steckt ein faires Geschäftsmodell, das auch Deciso mit OPNsense erfolgreich betreibt.

Abseits von Geschäftsmodellen setzen die Entwickler von OPNsense auf Open Source. Google honoriert dieses Engagement sogar mit dem *Google Open Source Peer Bonus Program* im Juni 2024.

Äußerlich hat sich die Firewall kaum verändert. Abgesehen vom Dashboard sind alle Menüs an ihrem ursprünglichen Platz, sodass die Administration per Maus schnell zur Routine wird. Für die Einrichtung und den täglichen Betrieb wünsche ich viel Spaß beim Ausprobieren und Staunen.

## Vorwort der vierten Auflage

OPNsense ist zu einer festen Größe in der Welt der Firewalls geworden. In den Magic Quadrant von Gartner hat es freilich noch nicht gereicht, was aber der Beliebtheit in der Open-Source-Community keinen Abriss macht. Und auch die im Webshop verfügbare Hardware wächst langsam zu einem ansehnlichen Portfolio.

Aber: Was nützt eine OPNsense-Firewall am Internetzugang, wenn fast der gesamte Datenverkehr verschlüsselt wird? Kaum eine Webseite arbeitet ohne HTTPS und die Firewall erkennt den Inhalt der Datenkommunikation nicht. Auch dafür hat OPNsense eine Lösung, die sich über Kapitel 14 erstreckt: Die Firewall entschlüsselt die IP-Pakete, scannt deren Inhalt auf Viren und bösartige Webseiten und leitet die Pakete dann verschlüsselt an den Empfänger weiter. Ohne teure Abonnements und sogar im Heimnetz nutzbar.

Für Experimentierfreudige lohnt sich ein Blick in die ständig wachsende Liste der Plug-ins. Hier tauchen Features auf, die die Entwickler nicht mit der Basissoftware ausliefern, die aber irgendwie in den Arbeitsbereich einer Firewall fallen: dynamisches Routing, WireGuard, diverse Proxys und über siebzig weitere offizielle Erweiterungen.

Bei dieser Vielfalt sind auch doppelte Funktionen dabei. Wer einen DNS-Dienst benötigt, hat die Wahl zwischen Unbound und DNSmasq. Bei VPN wird es noch bunter: OpenVPN, IPsec, WireGuard oder OpenConnect?

Für die Entscheidungsfindung und weitere Tüfteleien wünsche ich: Viel Spaß beim Ausprobieren und Staunen.

## Vorwort der dritten Auflage

OPNsense wird 6 Jahre alt und langsam erwachsen. Keine Streiterei mit dem Codespender pfSense, aber dafür viele Maßnahmen für die eigene Sicherheit. Ganz nebenbei wird die Weboberfläche zum Linguisten und beherrscht mittlerweile zehn Sprachen.

Auch die Popularität wächst stetig: Ernsthafte Computer-Magazine berichten über die Firewall und auch große Systemhäuser stellen sich hinter OPNsense. In Google Trends nähert sich OPNsense immer mehr seiner Vorgängerin.

Diesem Erfolg ist die vorliegende dritte Auflage geschuldet. Alle Kapitel sind mit der Version 21.1 getestet. Wenig überraschend sind viele Einschränkungen weggefallen, denn die Entwickler von OPNsense bleiben am Ball und reagieren auf Sicherheitslücken in kürzester Zeit.

Erneut wünsche ich: Viel Spaß beim Ausprobieren, Staunen und Fluchen.

## Vorwort der ersten und zweiten Auflage

OPNsense begann ihre Karriere als zickige, kleine Schwester von pfSense, die alles besser können wollte: besserer Code, bessere Sicherheit, bessere Lizenzierung, bessere Ziele – und mehr Open Source als bei den Geschwistern!

Mit dieser Angeberei spaltet sich OPNsense 2014 von pfSense ab. Unter der Haube beginnen die Entwickler mit einem Frühjahrsputz im pfSense-Quellcode. Hübsch aufgeräumt, und mit moderner Web-GUI präsentiert sich OPNsense Anfang 2015 mit ihrer ersten Version, vom Funktionsumfang hat sich nichts merklich verändert.

Wie hat es OPNsense dann tatsächlich noch über die Straße geschafft und seine ersten Fans gefunden? Gut strukturierter und dokumentierter Programmcode ist scheinbar doch ein wichtiges Merkmal für eine quelloffene Firewall! Und mehrere Security-Promis haben sich öffentlich für OPNsense ausgesprochen, allen voran der Hauptentwickler von monowall.

Vermutlich hat sich jeder pfSense-Admin schon einmal kurz OPNsense angeschaut und innerlich die Unterschiede verglichen. Das Webinterface, als Aushängeschild einer guten Konfigurationsoberfläche, überzeugt im *Responsive Design,* und die bekannten Features von pfSense zeigen sich hinter den aufklappbaren Menüs. Ein positiver Gesamteindruck bleibt.

Der nächste Schritt liegt gebunden oder als E-Book vor Ihnen: Denn dieses Buch will Ihnen die Arbeitsweise von OPNsense erklären und die Neuerungen vorführen, die mit dieser Open-Source-Firewall möglich sind.

Viel Spaß beim Ausprobieren, Staunen und Fluchen.

## Übersicht

Teil 1, *Für Einsteiger,* beginnt mit dem Aufbau der Netzwerk-Umgebung mit physischen Geräten oder auf einer virtuellen Plattform. Die erstellten Maschinen erhalten ihr Betriebssystem und eine erste Konfiguration. Anschließend gesellen sich die grundlegenden Funktionen, Routing und IPv6 dazu.

In Teil 2, *Für Fortgeschrittene,* bekommen die Firewalls ernsthafte Aufgaben, die in jedem Netzwerk erfüllt sein müssen. Als Paketfilter und Adressumsetzer verbindet und trennt OPNsense seine angeschlossenen Subnetze.

Teil 3, *Für Experten,* taucht in Enterprise-Themen ein und baut standortverbindende VPN-Tunnel und Firewall-Cluster zur Verfügbarkeitssteigerung. Für tiefere Einsicht in die Masse der Datenverbindungen ist das gute, alte NetFlow im Gepäck. Und der Proxyserver kann sogar in TLS-Verbindungen hineinschnüffeln.

Auch außerhalb der Laborumgebung macht OPNsense in Teil 4, *Für Prakti-ker*, eine gute Figur als DSL-Router, Lastverteiler für mehrere Internetlei-tungen und als Sheriff für Einbruchsdelikte.

Teil 5, *Für Trickser*, zeigt viele kleine Handgriffe, die die tägliche Arbeit mit OPNsense reibungsfreier gestalten. Danach wandert die Konfigurationsdatei in die Cloud und landet revisionssicher bei Dropbox oder Google Drive. Und zuletzt kommt die Programmierschnittstelle von OPNsense auf den Prüfstand.

## Ressourcen

`https://opnsense.org`
Die Homepage von OPNsense liefert einen guten Einstieg ins Thema und verlinkt zur Dokumentation, zum Forum und zum Download-Bereich.

`https://github.com/opnsense`
Die Entwickler hosten den Programmcode bei GitHub, wo jeder Einblick in den Fortschritt hat und sich an den Quellen bedienen kann. Daneben gibt es die Build-Tools und Anleitungen zum Selber-Kompilieren.

`https://docs.opnsense.org/`
OPNsense zum Nachlesen: Handbücher für Anwender und Entwickler, Schritt-für-Schritt-Anleitungen und How-To's mit vielen Screenshots. Fast so umfangreich wie ein ganzes Buch.

`https://forum.opnsense.org/`
Das Forum ist die erste Anlaufstelle für kleine Tutorials, Diskussionen und Support aus der Community. Überraschend viele Beiträge werden in deut-scher Sprache geführt.

## Schriftkonventionen

`Nichtproportionalschrift` zeigt die erzeugte Ausgabe eines Kommandos.

`Schreibmaschinenschrift` wird für Konfigurationen und Schlüsselwörter benutzt, die buchstabengetreu eingetippt werden müssen.

`Nichtproportionalschrift Fett` zeigt Befehle, die eine Ausgabe erwarten.

`Hervorhebungen` weisen auf besondere Wörter oder Zeilen innerhalb von Kommandos oder Bildschirmausgaben hin.

```
ein-sehr-langer-kommando-aufruf --mit --sehr \
  --vielen "Optionen"
```

Kommandos mit vielen Argumenten können länger als eine Zeile sein. Für die bessere Übersicht werden diese Kommandos mehrzeilig abgedruckt und um zwei Zeichen eingerückt. Am Ende jeder Zeile steht der Backslash als Hinweis darauf, dass es in der nächsten Zeile weitergeht.

## Rechtliches

Warennamen und Bezeichnungen werden ohne Gewährleistung der freien Verwendbarkeit benutzt. Es ist davon auszugehen, dass viele der Warennamen gleichzeitig eingetragene Warenzeichen oder als solche zu betrachten sind.
Bei der Zusammenstellung von Texten, Bildern und Daten wurde mit größter Sorgfalt vorgegangen. Trotzdem können Fehler nicht vollständig ausgeschlossen werden. Der Autor lehnt daher jede juristische Verantwortung oder Haftung ab. Für Verbesserungsvorschläge und Hinweise auf Fehler ist der Verfasser dankbar.

# Einleitung

OPNsense ist ein quelloffenes Netzwerk-Betriebssystem für Router und Firewalls. Es basiert auf FreeBSD-Unix und vereint Applikationen wie Suricata, pf, StrongSwan und OpenVPN unter einer einheitlichen Weboberfläche. OPNsense läuft auf physischer Hardware, als virtuelle Maschine oder in der Cloud.
Zu den berühmten Namen gehört OPNsense noch nicht. Eher unbekannt punktet es in den Bereichen Funktionalität und Bedienung. OPNsense verbindet den Charme von Unix mit dem Funktionsumfang einer professionellen Firewall bei geringster Budgetanforderung.


OPNsense ist:


**Unvollkommen.** Und das ist positiv gemeint. Es gibt noch genug Raum zum Wachsen. Auch die Implementierung von Features ist teilweise eigenartig: Das provider-orientierte QinQ-Tagging und VXLAN sind dabei, bei IPv6 besteht allerdings noch Nachholbedarf.


**Open Source.** Der Vorteil einer quelloffenen Lösung ist nicht immer ihr Preis. Denn wirklich umsonst ist Open-Source-Software auch nicht! Lizenzgebühren fallen zwar nicht an, aber die Zeit der IT-Abteilung zum Einrichten einer wenig dokumentierten Software ohne Herstellersupport darf nicht unterschätzt werden.
Bis heute stehen die unbewiesenen Vermutungen im Raum, dass der US-Geheimdienst NSA Hintertüren in die Sicherheitssoftware von namhaften Herstellern einbauen lässt. Als Endkunde lässt sich das nicht überprüfen,

aber es bleibt eine Spur von Zweifeln, wenn diese Geräte im eigenen Netz zum Einsatz kommen.

In Open-Source-Produkten können sich Sicherheitsexperten austoben und haben eine realistische Chance den Schadcode zu finden. Andersherum ist es für Hersteller auch deutlich schwieriger eine Hintertür im Quellcode zu verstecken, wenn dieser für jedermann offen zugänglich ist.

**Try before Buy.** Wie bei Shareware-Programmen kann (und sollte) OPNsense vor dem Einsatz getestet werden, bevor irgendwelche Investitionen in die Infrastruktur beginnen. Und wer freut sich über einen eingeschränkten Funktionsumfang, eine Evaluierungslizenz oder einen 30-Tage-Zeitraum? In diesem Zusammenhang steht *Try* für Ausprobieren mit Beispielszenarien und *Buy* für den Einsatz in der eigenen Umgebung.

**Hardware-frei.** OPNsense ist Software. Diese Software braucht Hardware. Aber die Wahl der Hardware oder einer virtuellen Umgebung bleibt offen. Das macht eine sichere Kaufentscheidung schwierig. Welche Komponenten sind notwendig, um beispielsweise eine 34 Mbit/s-Leitung mit einem VPN-Tunnel und starker Verschlüsselung zu sättigen?

In der Vergangenheit gab es viele limitierende Gründe, warum eine softwarebasierte Lösung für Netzwerkinfrastruktur nicht an die Leistung der physischen Geräte herankam. Der Hauptgrund war das suboptimale Zusammenspiel von Software und Treiber mit der darunterliegenden Hardware. Bei der immens großen Auswahl von Netzwerkkarten, Mainboards, Prozessoren und Memory ist es für eine Software schwierig auf jede Kombination der Komponenten optimal vorbereitet zu sein.

Heutzutage sind normale Server oder eingebettete Systeme überraschend performant, sodass auch eine nicht-optimierte Software bei kleiner Paketgröße Bandbreiten jenseits der 100 Mbit/s durchbrechen kann.

Die Hardware-Frage klärt das Unternehmen *Deciso* [1] mit ihren Netboards A10, A20 und der DEC-Produktreihe. Anpassung, Optimierung und Marketing machen daraus ansehnliche Firewallappliances.

**Unix.** Unter OPNsense läuft ein angepasstes FreeBSD. Der Zugriff auf das Betriebssystem ist möglich, aber passwortgeschützt. Über das Konsolenmenü oder eine SSH-Verbindung liegt der Zugang offen. Das bringt

Möglichkeiten zum Anpassen, Verbessern und Nachinstallieren von Tools. Dagegen steht die Gefahr, dass die eigene Änderung ungewollte Instabilität mitbringt.

**Best Of.**  OPNsense erfindet das Rad nicht neu und bedient sich für seine Features bei den vertrauten Unix- und Linux-Diensten, die nach Jahren der Entwicklung eine hohe Stabilität erreicht haben. Die Einbruchserkennung stammt von Suricata, der SSH-Server gehört zu OpenSSH und für die Umsetzung der Firewallregeln hilft der Paketfilter *pf* von BSD.
Diebstahl? Keineswegs! Eher ein Nachweis, dass Open Source funktioniert. Solange Lizenzbedingungen eingehalten werden, darf Fremdsoftware beigemischt werden. Gerade im Security-Umfeld ist es höchst erwünscht, dass Anwendungsentwickler keine eigenen Implementierungen stricken, sondern sich an den freien und stabilen Bibliotheken bedienen.

## Geschichte

Die Historie von OPNsense ist eng verbunden mit monowall und pfSense. Anfang 2003 startet *monowall* als Firewall und nutzt FreeBSD als Betriebssystem. Im folgenden Jahr spaltet sich *pfSense* von monowall ab, mit dem klaren Ziel es besser zu machen als das Original. Das funktioniert auch soweit gut, denn im Jahr 2006 überholt pfSense seinen Vorgänger in Funktion und Popularität.
Das Konzept und die Entwicklung von pfSense sind relativ erfolgreich, denn in den darauffolgenden Jahren bringen die Entwickler eine Version nach der anderen heraus.
Der Wettstreit endet scheinbar im Januar 2014, als monowall ihre letzte stabile Version veröffentlicht. Das offizielle Ende des Projekts zieht sich noch bis Februar 2015, als der Anbieter auf seiner Webseite die Entwicklung von monowall offiziell einstellt.
Später in 2014 möchte das US-amerikanische Unternehmen *Electric Sheep Fencing LLC* kommerziellen Support für pfSense anbieten und übernimmt die Firewalldistribution. Die damit verbundene Lizenzänderung macht es Entwicklern schwerer, an den Quellcode zu gelangen.
Unzufrieden mit der politischen Entwicklung von pfSense und dem Untergang von monowall, beginnen niederländische und deutsche Entwickler

ihre Firewalldistribution als Derivat von pfSense. Als Hauptgründe führen sie Codequalität, Sicherheit und Transparenz an, dicht gefolgt von dem Wunsch, die Meinung und Beiträge der Community einfließen zu lassen. Der Name *OPNsense* soll an den Ursprung in pfSense erinnern.

Die erste Version von OPNsense im Januar 2015 ist äußerlich pfSense in einem schicken Anzug. Die markanten Änderungen finden unter der Oberfläche statt und ersetzen Version für Version den pfSense-Code durch Entwicklungsarbeit von OPNsense. Heute (2025) haben die beiden Firewalls kaum noch gemeinsame Programmzeilen.

OPNsense bringt die Versionssprünge im Halbjahresrhythmus. Diese Planungssicherheit kommt in der Community gut an, wobei wichtige Sicherheitsupdates auch zwischendurch erscheinen und nicht bis zum nächsten Major-Release warten müssen.

OPNsense und pfSense konkurrieren mit ähnlichen Zielen um das Vertrauen ihrer Anwender. Wer das Rennen gewinnt, ist noch offen: OPNsense mit frischem Schwung und neuen Ansätzen oder pfSense mit langjährigem Vertrauen, Stabilität und Bekanntheit.

Bei Google Trends ist eine Annäherung schon deutlich erkennbar: pfSense von oben und OPNsense von unten. Ein Schnittpunkt ist noch nicht erreicht, aber absehbar.

# Teil I

# Für Einsteiger

# Kapitel 1

# Quickstart

Das erste Kapitel gibt eine kurze Einführung in die OPNsense-Firewall, führt durch das Webinterface und zeigt das Login, den Systemstatus und die Netzadapter.

## Was ist OPNsense?

Die OPNsense-Firewall ist ein Sicherheitsprodukt zur Absicherung von Netzwerken. Es besteht aus Software, die auf Computern mit x86_64-Prozessor lauffähig ist. Sie basiert auf dem Unix-Derivat FreeBSD und stellt dem Administrator alle Sicherheitsfunktionen über eine Webseite zur Verfügung. Für die Ersteinrichtung und die Fehlersuche kommen zusätzlich eine Kommandozeile dazu.

Die bereitgestellte Software ist unabhängig von einem physischen Gerät. Damit ermöglicht der Anbieter den Einsatz der OPNsense-Firewall auf eigener Hardware oder als virtuelle Maschine.

## IP-Adresse

Eine frisch installierte Firewall bindet stets die IPv4-Adresse 192.168.1.1 an den ersten Netzadapter. Damit ist eine Netzverbindung auch dann möglich, wenn keine Konsole für die Ersteinrichtung vorhanden ist. Eine Default-

Route ist nicht gesetzt, sodass die Verbindung aus demselben IP-Netz stammen muss.

Ein Client aus dem IP-Netz der Firewall kann ihre Adresse in einem Webbrowser eintippen und erhält ein Login und anschließend den Dialog für die Ersteinrichtung aus Abbildung 1.1.

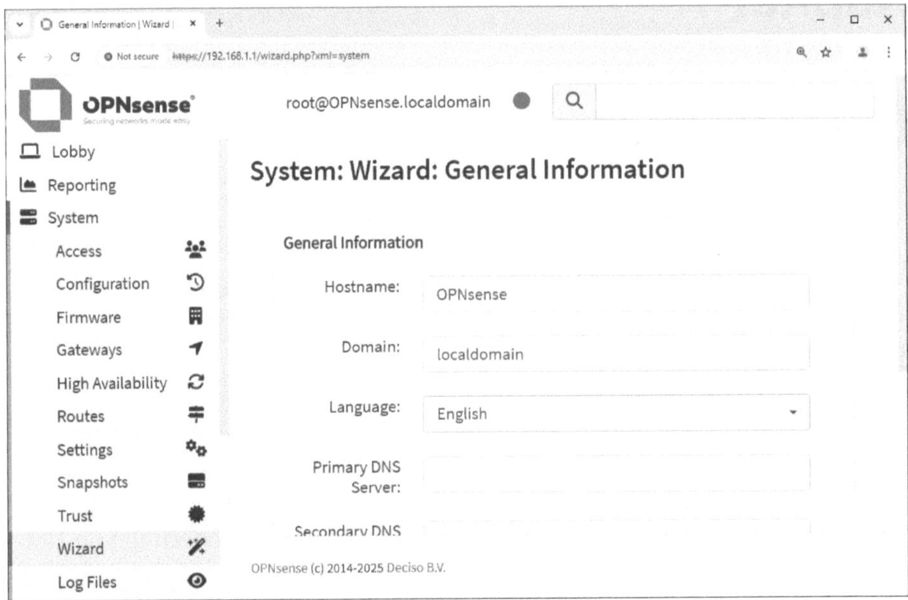


Abbildung 1.1: Der erste Kontakt mit der OPNsense-Firewall

## Einrichtung

Die Weboberfläche eröffnet den Zugang zur OPNsense-Firewall. Der Webdienst ist standardmäßig verschlüsselt und erreichbar unter:

`https://192.168.1.1/`

Eine brandneue Firewall begrüßt den Benutzer mit einem Installationsdialog, der nach Hostnamen, IP-Adressen und Admin-Passwort fragt und daraus die Konfiguration erstellt. Am Ende der Fragestunde aktiviert OPNsense die gewählten Einstellungen und verlinkt auf das Dashboard aus Abbildung 1.2.

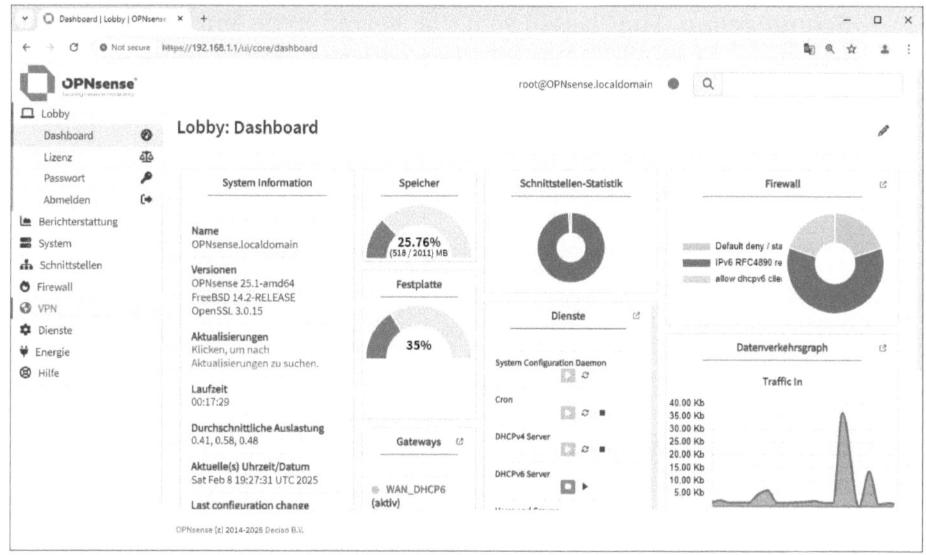

Abbildung 1.2: Die OPNsense-Firewall begrüßt mit einer Übersicht

Auf der Kommandozeile ermöglicht die Firewall ein Login per Secure Shell (SSH). Die Zugangsdaten sind dieselben wie für die Weboberfläche. Der SSH-Zugang ist anfangs inaktiv und muss einmalig eingeschaltet werden (siehe Kapitel 5 ab Seite 59).

## Übersicht

Die Weboberfläche der OPNsense-Firewall empfängt den eingeloggten Administrator mit dem *Dashboard*. Dieses besteht aus einem Steckbrief des lokalen Systems: Hostname, Version, Speicherauslastung und eine Liste der Netzadapter.
Die Menüstruktur unterteilt sich in:

- *Berichterstattung*. Hier befinden sich Echtzeit- und historische Informationen zum Datendurchsatz der lokalen Firewall.

- *System*. Die administrativen Einstellungen wie Zeitzone, SSH-Zugang, Benachrichtigung, Routing, Sicherung und Update befinden sich in dieser Rubrik.

- *Schnittstellen*. Hier lassen sich die Netzadapter einrichten und mit IP-Adressen versehen. Das gilt für physische Adapter sowie für Netzbrücken, Tunneladapter und Wireless-NICs.

- *Firewall*. In diesem Bereich entstehen die Richtlinien für den Paketfilter, Adressumsetzung, Traffic-Shaping und das Logging.

- *VPN*. Die Einstellungen für Virtuelle Private Netze (VPN) finden sich in dieser Abteilung.

- *Dienste*. Die Konfiguration von netzwerknahen Diensten wie DHCP, DNS, NTP und Einbruchserkennung sammeln sich in dieser Kategorie.

- *Energie*. In diesem Bereich lässt sich das System neu starten oder abschalten.

Die Menüs erweitern sich um zusätzliche Einträge, wenn Plug-ins installiert sind.

## Zusammenfassung

Die OPNsense-Firewall lässt sich nicht in fünf Minuten erklären, aber für einen kurzen Einstieg reicht es. Im Kern läuft das Betriebssystem FreeBSD, das eine IP-Adresse im Netz benutzt und einen Webzugang für die Administration bietet. Ein Assistent stellt die üblichen Fragen einer Ersteinrichtung und erledigt die Konfiguration. Nach erfolgreichem Login präsentiert die Weboberfläche den Systemstatus und die Auslastung der Hardware.

# Kapitel 2

# Labornetzwerk

Vor dem Einstieg in den Umgang mit OPNsense steht der Aufbau des Labornetzwerks, denn eine einzelne Firewall ohne umgebendes Netzwerk ist wenig beeindruckend. Für den praxisnahen Einstieg erwacht OPNsense in einem konstruierten Labornetz zum Leben. In dieser Umgebung kann OPNsense Kapitel für Kapitel mit seinen Fähigkeiten glänzen.

Alle Themen der Kapitel haben einen praktischen Hintergrund. Theoretische Grundlagen werden nur am Anfang eines Kapitels angesprochen, um Verständnis aufzubauen oder angestaubtes Wissen aufzufrischen. Die Beispiele und Übungen sind zum Nachspielen konzipiert.
Die Kapitel basieren alle auf demselben Netzaufbau. Es stellt ein kleines Firmennetz mit zwei Standorten und redundanten WAN-Verbindungen dar. Je nach Komplexität eines Themas reicht ein Teil des Labornetzwerks aus, um die Kernaussage zu beschreiben.
Wenn ein Kapitel einen gesonderten Aufbau benötigt oder ein weiteres Gerät untersucht werden soll, gibt es am Anfang der Lektion einen entsprechenden Hinweis mit Erklärung.

## Ressourcen

Der stets unveränderte Aufbau des Labornetzes hat den charmanten Vorteil, dass zwischen den Kapiteln nicht umgebaut werden muss. Kein Umverkabeln der Geräte oder Umkonfigurieren der virtuellen Umgebung. Das spart Zeit und verhindert Fehler. Und nach ein paar Kapiteln wird das Labornetz zum vertrauten Begleiter, denn die Namen der Firewalls, Clients, Netzschnittstellen und IP-Adressen bleiben unverändert.

Das vollständige Labornetz ist als Netzdiagramm in Abbildung 2.1 dargestellt. In den folgenden Kapiteln werden meist nur Teile dieses Netzwerks zur Untersuchung benutzt.

Da ein händischer Eingriff nach dem ersten Aufbau nicht mehr notwendig ist, kann das Lab auch „aus der Ferne" betrieben werden – Remotezugriff vorausgesetzt.

Die erforderliche Hardware ist stets abhängig vom geplanten Durchsatz – je mehr Arbeitsspeicher, CPU-Kerne und Festplatte, desto höhere Bandbreiten und Anwenderzahlen wird die Firewall stemmen können.

Die offiziellen Angaben für Arbeitsspeicher und Festplattengröße berücksichtigen Bandbreite und eingesetzte Features. Mit den Minimalanforderungen ist es möglich, das Lab auf dem eigenen Laptop zu starten oder preisgünstig in Hardware nachzubauen. Beispielsweise nutzt eine OPNsense-Firewall gerade mal 2 GByte Arbeitsspeicher mit einer 4 GByte großen Festplatte.

Mehr CPU, Memory und Festplatte geht immer. Tabelle 2.1 gibt die weiteren Leistungsstufen für eine Implementierung an. Die Angaben orientieren sich an der offiziellen Dokumentation [2].

| Ausstattung | Prozessortakt | CPU-Kerne | Arbeitsspeicher | Festplatte |
| --- | --- | --- | --- | --- |
| Minimum | 1 GHz | 2 | 2 GB | 4 GB |
| Sparsam | 1 GHz | 2 | 4 GB | 40 GB |
| Empfohlen | 1,5 GHz | 2-4 | 8 GB | 120 GB |

Tabelle 2.1: Hardware-Empfehlungen für OPNsense

Manche Kapitel arbeiten isoliert, andere benötigen Internetzugriff. Der Zugang zum Internet läuft stets über die Firewall RT-core im Kernnetz, welche hinter ihrer Netzkarte *em0* das Internet erwartet. Ganz praktisch passiert das in einer virtuellen Umgebung über eine NAT-Schnittstelle. Andernfalls reicht ein Uplink zum DSL-Router. Hierbei ist alles möglich, was letztendlich ins Internet führt.

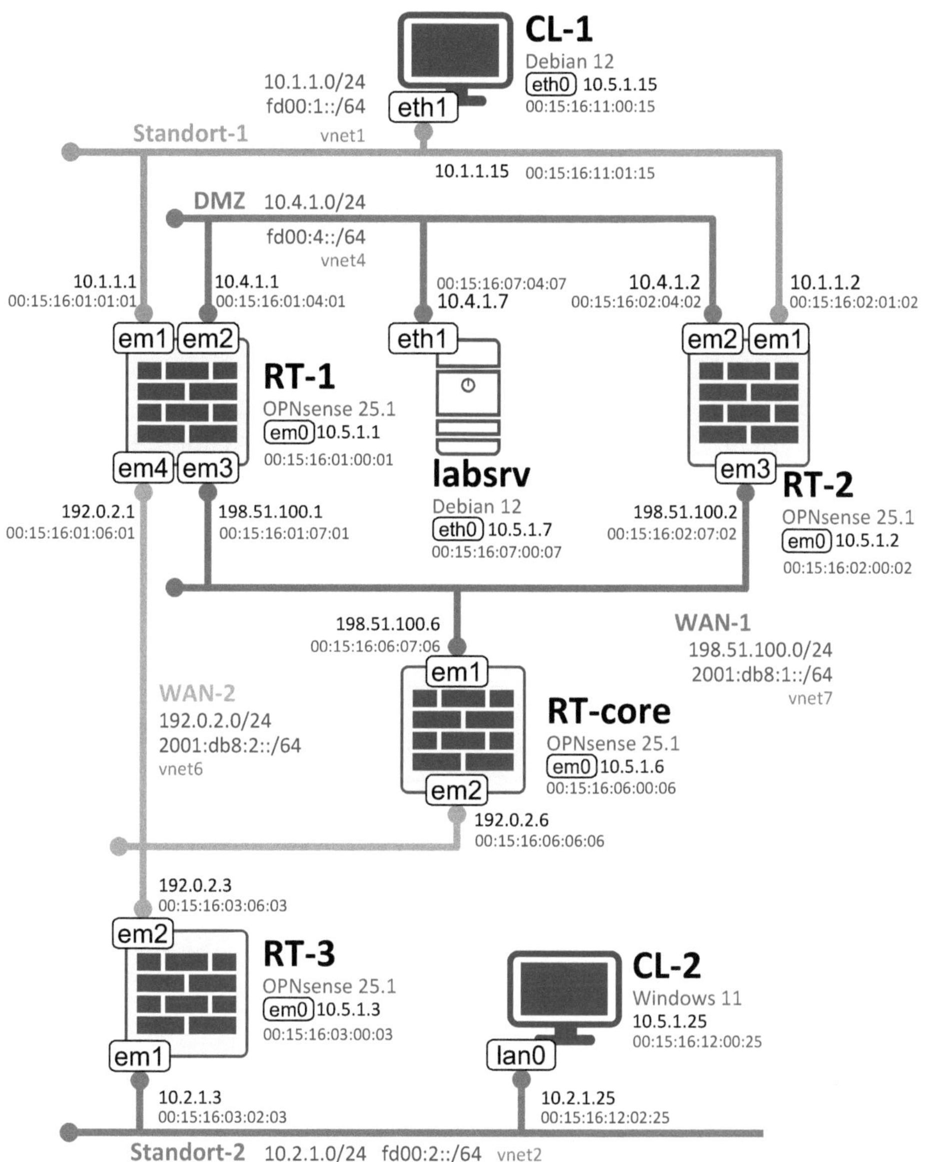


Abbildung 2.1: Das Labornetzwerk als Vorlage für alle Kapitel

## Virtualisierung

Alle Geräte im Lab können vollständig virtualisiert werden. Jede Firewall im Labornetz ist dann eine eigene virtuelle Maschine (VM) mit virtuellen Netzwerkkabeln zu den benachbarten VMs. Die Verbindungsnetze zwischen den VMs sind VMnetX (bei VMware) und vboxnetX (bei VirtualBox). Eine physische Netzwerkkarte im Hostsystem ist nötig, wenn mit echter Hardware gemischt wird. Welches Interface in welchem virtuellen Netz zu Hause ist zeigt Tabelle 2.2.

| Firewall | Interface | VMnet/vboxnet | IPv4 | IPv6 |
|---|---|---|---|---|
| RT-1 | em0 | Management | 10.5.1.1 | fd00:5::1 |
| | em1 | VMnet1 | 10.1.1.1 | fd00:1::1 |
| | em2 | VMnet4 | 10.4.1.1 | fd00:4::1 |
| | em3 | VMnet7 | 198.51.100.1 | 2001:db8:1::1 |
| | em4 | VMnet6 | 192.0.2.1 | 2001:db8:2::1 |
| RT-2 | em0 | Management | 10.5.1.2 | fd00:5::2 |
| | em1 | VMnet1 | 10.1.1.2 | fd00:1::2 |
| | em2 | VMnet4 | 10.4.1.2 | fd00:4::2 |
| | em3 | VMnet7 | 198.51.100.2 | 2001:db8:1::2 |
| RT-3 | em0 | Management | 10.5.1.3 | fd00:5::3 |
| | em1 | VMnet2 | 10.2.1.3 | fd00:2::3 |
| | em2 | VMnet6 | 192.0.2.3 | 2001:db8:2::3 |
| RT-core | em0 | Management | 10.5.1.6 | fd00:5::6 |
| | em1 | VMnet7 | 198.51.100.6 | 2001:db8:1::6 |
| | em2 | VMnet6 | 192.0.2.6 | 2001:db8:2::6 |
| labsrv | eth0 | Management | 10.5.1.7 | fd00:5::7 |
| | eth1 | VMnet4 | 10.4.1.7 | fd00:4::7 |
| CL-1 | eth0 | Management | 10.5.1.15 | fd00:5::15 |
| | eth1 | VMnet1 | 10.1.1.15 | fd00:1::15 |
| CL-2 | eth0 | Management | 10.5.1.25 | fd00:5::25 |
| | eth1 | VMnet2 | 10.2.1.25 | fd00:2::25 |

Tabelle 2.2: Alle Firewalls mit Netzadaptern und VMnet/vboxnet

Das Netzsegment *Management* ermöglicht später die Verwaltung der Firewalls. Hierfür eignen sich die Verbindungstypen *Netzbrücke* oder *Host-only*.

Im gebrückten Modus ist die VM über den physischen Netzadapter des Hosts im umliegenden Netzwerk erreichbar. Im Host-only-Modus ist die VM nur für den Host (und andere VMs auf demselben Host) zugänglich.

Technisch nicht erforderlich, aber hilfreich zum Auswerten: Die Netzwerkkarten der VMs verwenden vordefinierte MAC-Adressen. Damit sind alle Geräte in den Kommandoausgaben eindeutig erkennbar und mit den Beispielen im Buch vergleichbar.

Getestet und geprüft sind die Labs mit VMware Workstation 17, VMware ESXi 8 und VirtualBox 7.

# Hardware

OPNsense läuft grundsätzlich auf Geräten mit einem x86_64-Prozessor. Der Typ der Netzwerkkarte ist unwichtig, da das Labornetz Verständnis bieten soll und nicht Höchstleistung. Bei Unsicherheit über passende Hardware lohnt sich ein Blick in die Kompatibilitätsmatrix von FreeBSD [3].

# Netze

Die Netze zwischen den Firewalls basieren auf Ethernet. Jedes Teilnetz ist eine eigene Broadcast-Domäne. Bei der Verkabelung ist es also wichtig, dass sich die Kabel verschiedener Netzsegmente nicht vermischen.

Für die korrekte Trennung gibt es zwei gängige Methoden:

## Trennung mit Switches

Jedes Netzsegment hat seinen eigenen Switch oder Hub. Die Switches sind untereinander nicht verbunden.

Da die Subnetze eher klein sind, reichen 5-Port-Geräte aus. Ein beliebiger Switch ist dafür passend.

## Trennung mit VLANs

Alle Kabel führen zum selben Switch. Kabel bzw. Switchports, die zum selben Netzsegment gehören, landen in einem gemeinsamen virtuellen

LAN (VLAN). So erhalten beispielsweise alle Switchports zum/vom WAN-2-Kernnetz die Zuordnung zu VLAN 6.

Da alle Firewalls mit allen Anschlüssen mit diesem Switch verkabelt sind, muss es ein Modell mit ausreichend vielen Ports sein. Der Switch muss kein Routing zwischen den VLANs beherrschen. Ein VLAN-fähiger Layer-2-Switch ist ausreichend.

Ein Mischbetrieb ist ebenfalls möglich: Beispielsweise terminieren die WAN-Segmente auf einen Switch und die Standort-Netze auf einen anderen Switch. Die Anforderung an die Geräte entspricht der Methode *Trennung mit VLANs*.

## Firewall

Die OPNsense-Firewalls verwenden die aktuelle, stabile Version 25.1 als 64-Bit-Image. Wenn zusätzliche Versionen oder Geräte anderer Hersteller mitspielen, wird das entsprechende Gerät ersetzt oder das Lab ergänzt.

Jede Firewall hat eine weitere Netzwerkkarte für den Konsolenzugriff. Darüber erreicht der SSH-Client sein Ziel, wenn eine Konfigurationsänderung mal schiefgeht. Dieses Management-Interface kann auch weggelassen werden, wenn die Hardware nicht genug Schnittstellen bietet.

Die Labor-Firewalls sind durchnummeriert. Diese Geräte-Nummer findet sich in den IPv4-, IPv6- und MAC-Adressen wieder. Damit sind Adressen in einer Kommandoausgabe leichter dem passenden Gerät zuzuordnen.

Der Name der Netzkarte ist stets am Gerätesymbol angeschlagen. Die vollständige IPv4-Adresse ist unterhalb davon abgedruckt. Die Angaben zum IPv4-Netz und IPv6-Präfix stehen unweit davon an der Subnetz-Linie.

## Adressierung

Die Subnetze der imaginären Außenstellen bauen auf private IPv4-Adressen bzw. Unique-Local IPv6-Adressen. In jedem Standort gibt es einen symbolischen Client, der nur zum Prüfen von Features oder zum Erzeugen von Datenverkehr benutzt wird. Mehr als ping, traceroute, netstat oder einen Webbrowser wird nicht gefordert. Das Betriebssystem ist relativ egal; im Demo-Lab finden aus Popularitätsgründen Debian und Windows Verwendung.

Die zwei standortverbindenden Netze stellen das zentrale Kernnetz dar. Zur besseren Unterscheidung der IP-Adressen bedienen sich die Geräte aus den Adressblöcken für Dokumentation (RFC 5737): 192.0.2.0/24 und 198.51.100.0/24. Die IPv6-Adressen stammen ebenfalls aus unterschiedlichen Bereichen, um eine Unterscheidung optisch zu vereinfachen: Das Präfix fd00::/16 gehört den Standort-LANs und der Bereich 2001:db8::/32 ist für den Kern.

Die Adressen sind genau dafür vorgesehen und kollidieren nicht mit einem öffentlichen Bereich. Weiterhin ist die Adressierung bewusst einfach gehalten: Die Adressbereiche sind einheitlich strukturiert und haben nur „normale" Netzmasken von /24 (IPv4) oder /64 (IPv6).

Zusammengefasst zeigt Tabelle 2.3 die IPv4- und IPv6-Bereiche, die sich hinter den VMnet-Netzen verstecken. Zusätzlich benötigte Adressen (z. B. für PPPoE, Tunnel, CARP) stammen aus denselben Bereichen.

| vnet | Funktion | IPv4 | IPv6 |
|---|---|---|---|
| VMnet1 | Standort 1 | 10.1.1.0/24 | fd00:1::/64 |
| VMnet2 | Standort 2 | 10.2.1.0/24 | fd00:2::/64 |
| VMnet4 | DMZ | 10.4.1.0/24 | fd00:4::/64 |
| | Management | 10.5.1.0/24 | fd00:5::/64 |
| | VPN (intern) | 10.6.0.0/16 | fd00:6::/64 |
| VMnet6 | WAN hellgrau/rosa | 192.0.2.0/24 | 2001:db8:2::/64 |
| VMnet7 | WAN dunkelgrau/lila | 198.51.100.0/24 | 2001:db8:1::/64 |
| | VPN | 203.0.113.0/24 | 2001:db8:3::/64 |

Tabelle 2.3: Alle virtuellen Netze mit IP-Bereichen

## Labor-Server

Alle zentralen Funktionen übernimmt der Labor-Server, der ebenfalls physisch oder virtuell integriert wird. Wenn die OPNsense-Firewall auf ein Client/Server-Protokoll getestet wird, übernimmt der Labserver stets die Rolle des Gegenstücks. Er akzeptiert von den Firewalls Anfragen zu NTP, DNS, Syslog, FTP/TFTP, NetFlow und HTTP. Der eingesetzte Labserver setzt auf Debian 12.

## Verwendung

Jedes Kapitel verwendet nur einen Teil des Labornetzwerks. Weniger Geräte ermöglichen eine bessere Kontrolle, wenn es an die Beispiele und Kommandoausgaben geht. Diese Limitierung dient nur der Übersicht – gerne dürfen weitere Firewalls zugeschaltet werden, um Features intensiver zu testen.

Die IP-Adressen bleiben stets dieselben, wenn auch mit anderer Bedeutung.

# Kapitel 3

# Plattform

Im nächsten Schritt geht es an die Verwirklichung des Labors. Es beginnt mit der Erstellung oder Beschaffung der Geräte, gefolgt von der Installation und zuletzt der Vernetzung.

Wie in Kapitel 2 schon angedeutet, kann das Lab auf physischer Hardware laufen oder komplett in einer virtuellen Umgebung sein Zuhause finden. Für den Aufbau macht das einen großen Unterschied – für die Beispielszenarien der folgenden Kapitel ist es irrelevant.

Die Vorgehensweise ist bei allen Methoden einheitlich: Es beginnt mit dem Anlegen der virtuellen Netze, deren Trennung entweder mit einem virtuellen Switch oder einer Portgruppe erfolgt. Danach geht es an das Erstellen der virtuellen Maschinen (VM) und zuletzt erhalten die neuen VMs ihre Netzadapter in den beheimateten VM-Netzen.

Die Wahl der Virtualisierungssoftware hängt von den persönlichen Vorlieben ab. Die folgenden Erklärungen beziehen sich auf VMware ESXi und Workstation sowie auf VirtualBox.

Dieses Kapitel kann kein Fachbuch über VMware oder VirtualBox ersetzen! Die Installation der VMs setzt Grundwissen in den jeweiligen Produkten voraus. Die Beschreibungen behandeln nur den Aufbau der neuen VM und nicht, warum die einzelnen Schritte notwendig oder vorteilhaft sind.

# Vorbereitung

Die Installation der Firewall startet von einem Live-Image im ISO-Format.
Die Webseite von OPNsense [4] bietet stets das aktuelle Release zum Download an.
Das vorgestellte Labor verwendet Version 25.1 mit dem ISO-Image:

```
OPNsense-25.1-dvd-amd64.iso
```

Bei einem Hardware-Labor muss die ISO-Datei vorab auf eine DVD gebrannt
werden oder auf einen USB-Stick kopiert werden. Von diesem Medium kann
ein Server oder ein Laptop booten und die Installation beginnen. Geräte
mit 32-Bit-Prozessor werden nicht mehr unterstützt – die letzte Version für
einen 32-Bit-Prozessor ist 20.1.

# VMware

Die Produktpalette von VMware ist groß, aber für das Lab eignen sich hauptsächlich ESXi und Workstation. Die Einrichtung beginnt bei den virtuellen
Netzen.

## Workstation Pro

VMware Workstation Pro ist eine englischsprachige Softwareanwendung
für Windows und Linux, die virtuelle Maschinen trägt.
Die Konfiguration findet im *Virtual Network Editor* statt. Falls nicht schon
vorhanden, werden dort die virtuellen Netze VMnet1 bis VMnet7 angelegt.
Alle sind vom Typ *Host-Only* und verwenden kein DHCP. Die Subnetz-IP ist
unbedeutend, da sie im Lab nicht angesprochen wird.
Danach werden die virtuellen Maschinen erstellt. Der Ablauf ist stets derselbe:

1. VMware Workstation starten

2. File → New Virtual Machine...

3. Type of configuration? Custom (advanced)

4. Hardware compatibility: die Neueste (hier *Workstation 17.5*)

5. Installer disk image file (iso): ISO-Datei aus dem vorherigen Abschnitt *Vorbereitung* auswählen

6. Virtual machine name: RT-1
   Location: *beliebig*

7. Number of processors: 1
   Number of cores per processor: 2

8. Memory for the virtual machine: 2 GB (oder mehr)

9. Network connection: Use host-only networking (der Wizard ermöglicht nur eine einzelne Netzwerkkarte, die anderen folgen später)

10. SCSI Controller: LSI Logic

11. Virtual disk type: SCSI

12. Disk: Create a new virtual disk

13. Maximum disk size (GB): 8
    Store virtual disk as a single file

14. Disk file: *beliebig*

15. Finish

Anschließend wird die frisch erstellte Maschine erst mal entschlackt: Soundkarte, USB-Controller und Druckeranschluss braucht die Firewall nicht, dafür mehr Netzwerkkarten.

Über *VM → Settings* gibt es Einblick in die Seele der virtuellen Maschine. Hier wird gelöscht und hinzugefügt, bis die Einstellungen passen. Neue Netzwerkadapter sind stets vom Typ *Custom*, mit einer Zuordnung zum entsprechenden VMnet. Die feste MAC-Adresse versteckt sich bei *Network Adapter* hinter dem *Advanced...*-Button.

Die verwendete Version ist VMware Workstation 17.6.1 unter Windows.

## ESXi

VMware ESXi ist ein Typ-1-Hypervisor. Damit läuft er nicht als Anwendung auf einem Betriebssystem, sondern arbeitet direkt auf der physischen Hardware. Ein grafischer Webclient erstellt und verwaltet die virtuellen Netze und Maschinen. Intern kommunizieren die virtuellen Firewalls über virtuelle Switches miteinander, wie Abbildung 3.1 veranschaulicht [5].

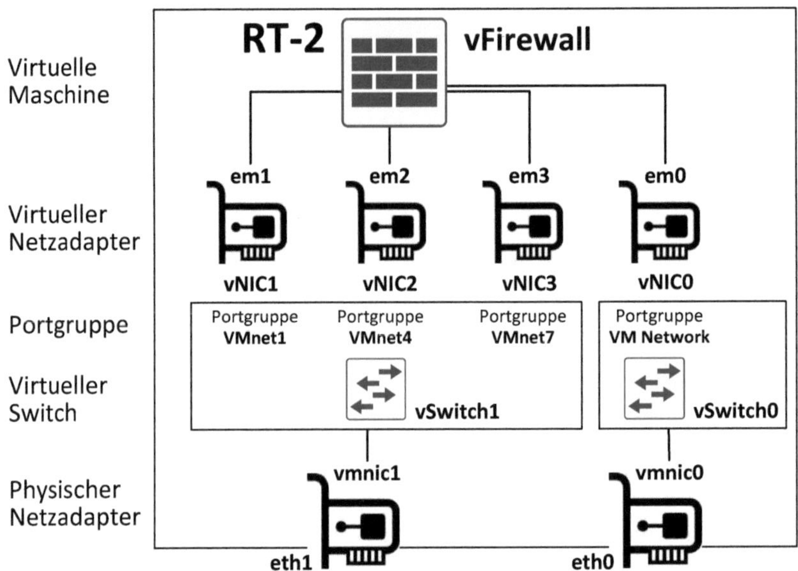


Abbildung 3.1: Das Zusammenspiel der virtuellen Komponenten

Zuerst wird ein Switch innerhalb der ESXi-Welt angelegt. Dieser Switch trägt später die virtuellen Netze mit einer Segmentierung über VLANs. Das Prinzip entspricht der physischen Umgebung aus dem Abschnitt *Hardware* auf Seite 45 in virtueller Form.

Die virtuelle Netzwerkumgebung beginnt im Navigator des Webclients unter *Netzwerk* im Register *Virtuelle Switches*. Wenn das Lab gekapselt innerhalb des ESXi arbeiten soll, ist kein physischer Netzadapter nötig. Für alles andere erwartet die folgende Konfiguration die ungenutzte Netzwerkkarte *eth1*, die bei ESXi als *vmnic1* geführt wird.

- Klick auf *Virtuellen Standard-Switch hinzufügen*

- vSwitch-Name: vSwitch1
  Uplink 1: *vmnic1* (das ist der unbenutzte Netzadapter im Server. Das Feld kann auch leer gelassen werden, wenn das Lab nicht mit der Außenwelt kommunizieren soll)

- Klick auf *Hinzufügen*

Kurz darauf ist der neue Switch *vSwitch1* erstellt, hat aber noch keine VLANs oder Ports. VLANs entsprechen bei ESXi einer *Portgruppe* und werden beim Register *Portgruppen* erstellt und zugewiesen. Mit dem Button *Portgruppe hinzufügen* beginnt die Show. Die VLAN-Nummer ist wichtig, wenn die VMs später mit einem physischen Netz kommunizieren sollen. Für das Demo-Lab dienen die VLANs 1401 bis 1407.

- Name: VMnet1

- VLAN-ID: 1401

- Virtueller Switch: vSwitch1

Dieser Schritt ist für die weiteren Netze VMnet2 bis VMnet7 identisch. Anschließend ist die virtuelle Netzlandschaft fertig und sollte der Aufstellung in Abbildung 3.2 ähneln.

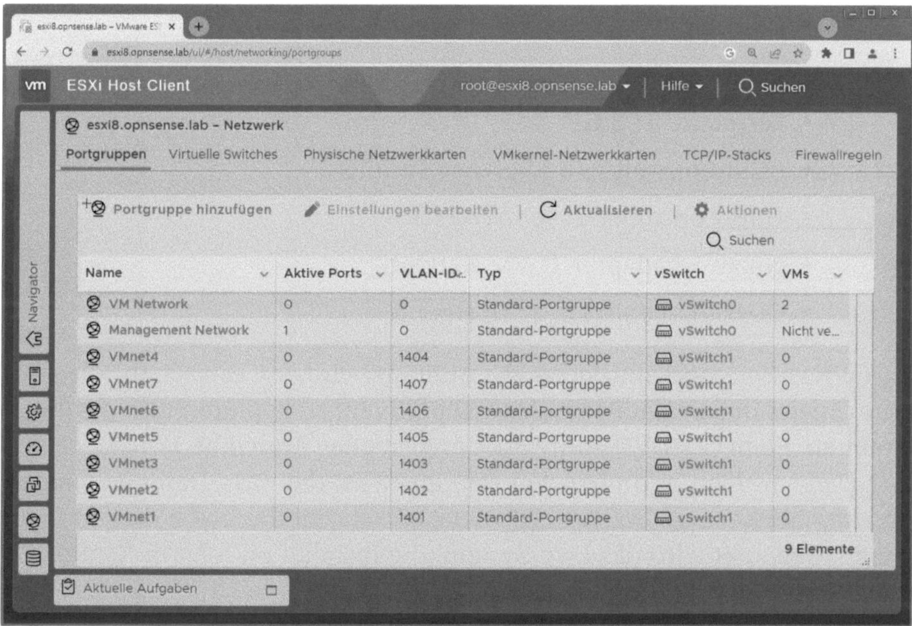

Abbildung 3.2: Portgruppen unterteilen die VM-Netze

Das Szenario zum Anlegen der virtuellen Maschinen beginnt im Navigator unter *Virtuelle Maschinen*. Der Button *VM erstellen/registrieren* startet den Wizard. Dieser stellt mehrere Fragen, die wie folgt beantwortet werden:

1. Erstellungstyp auswählen: Neue virtuelle Maschine erstellen

2. Namen und Gastbetriebssystem auswählen:

   - Name: RT-1
   - Kompatibilität: Virtuelle ESXi 8.0 U2-Maschine
   - Gastbetriebssystemfamilie: Andere
   - Version des Gastbetriebssystems: FreeBSD 14 oder höhere Versionen (64 Bit)

3. Speicher auswählen: passenden Datastore wählen

4. Einstellungen anpassen:

   - CPU: 1
   - Cores pro Socket: 2
   - Arbeitsspeicher: 2 GB
   - Festplatte 1: 8 GB
   - SCSI-Controller 0: LSI Logic Parallel
   - USB-Controller 1: (entfernen)
   - Netzwerkadapter 1: VM Network
   - CD/DVD-Laufwerk 1: Hostgerät

Da OPNsense insgesamt viermal installiert wird, ist es ratsam, die ISO-Datei zuerst in den Datastore des ESXi-Servers zu kopieren und davon zu mounten. Beim CD/DVD-Laufwerk der virtuellen Maschine *Datenspeicher-ISO-Datei* wählen und über den Dateibrowser die .iso-Datei hochladen und anschließend auswählen. Die neue VM startet dann von diesem DVD-Image. Gebootet wird das Live-System, die Installation folgt in Kapitel 4.

Der fertig gebackenen VM fehlen noch ein paar Netzwerkkarten. Über die Eigenschaften der VM werden diese hinzugefügt und im richtigen VMnet platziert. Tabelle 2.2 auf Seite 30 listet die Zugehörigkeit von Firewall-Interface zu virtuellem Netzwerk.

Die verwendete Version ist VMware ESXi 8.0.3.

# VirtualBox

VirtualBox ist eine Applikation für Windows, Linux und macOS, die virtuelle Maschinen erstellt und hostet.

Bei VirtualBox ist die Produktwelt übersichtlich. VirtualBox hat zwar nicht mehrere Virtualisierungsprodukte im Angebot, aber dafür mehrere Konfigurationsmethoden. Bei der normalen Installation ist der *Oracle VirtualBox Manager* mit im Boot. Er ist leicht zu bedienen, verlangt unter Linux aber nach einer X11-Oberfläche. Alternativ (oder ergänzend) hilft *phpVirtualBox* [6], ein webbasierter Manager, der das Look-and-Feel des Oracle-Managers im Browser bereitstellt.

Fans der Kommandozeile bekommen ebenfalls etwas geboten, denn der Laboraufbau lässt sich unter VirtualBox komplett skripten.

## vboxnet

Auch hier beginnt die Reise beim Anlegen der virtuellen Netze `vboxnet1` bis `vboxnet7`.

## Oracle VirtualBox Manager

Bei VirtualBox wird die Konfiguration der VMs und der Netze von demselben Programm gesteuert.

1. Datei → Werkzeuge → Netzwerk-Manager

2. Symbol *Erzeugen* für jedes `vboxnet` anklicken

3. DHCP-Server für jedes `vboxnet` ausschalten

## phpVirtualBox

Der Anspruch von phpVirtualBox ist die identische Bedienung der VirtualBox-Umgebung. Daher unterscheidet sich die Einrichtung der virtuellen Netze nicht vom Oracle-Manager des vorherigen Abschnitts.

## CLI

Für den einmaligen Einsatz erwartet die Kommandozeile viel Tipparbeit. Die Vorgehensweise zwischen Linux und Windows ähnelt sich.

## Linux

1. Log-in im Linux-Hostsystem als `vbox`-User

2. Jedes einzelne `vboxnet` erstellen mit:
   `vboxmanage hostonlyif create`

## Windows

1. Eingabeaufforderung starten und zum Pfad navigieren:
   `cd %ProgramFiles%\Oracle\VirtualBox`

2. Jedes einzelne virtuelle Host-only-Netzwerk erstellen mit:
   `vboxmanage.exe hostonlyif create`

---

### Hinweis

VirtualBox unter Windows verpasst den neuen Netzadaptern einen Namen vom Typ „VirtualBox Host-Only Ethernet Adapter", gefolgt von einer laufenden Nummer.

---

Ob die virtuellen Netze korrekt angelegt sind, lässt sich erst später praktisch überprüfen.

## Virtuelle Maschinen

Jetzt geht es an das Erstellen der virtuellen Maschinen. Der Ablauf ist für alle VMs ähnlich, daher zeigen die Beispiele nur die Schritte vom ersten Gerät.

**Oracle VirtualBox Manager**   Die Einrichtung in der Verwaltungssoftware von VirtualBox erfolgt über einen Wizard. Die folgende Beschreibung passt auch auf phpVirtualBox.

1. Maschine → Neu...

   - Name: RT-1

   - Typ ist BSD, Subtyp ist FreeBSD, Version ist FreeBSD (64-Bit)

   - Hauptspeicher: 2 GB (oder mehr)

- Prozessoren: 2
- Festplatte: 8 GB (oder mehr)

2. Nach dem Erstellen der VM sind noch Anpassungen wichtig, damit die Netzadapter in den richtigen Netzen mitspielen (Abbildung 3.3).

- DVD einhängen mit dem Image aus Abschnitt *Vorbereitung* (siehe Seite 36)
- Netzwerk
  - Adapter als *Host-only Adapter* deklarieren
  - Verbinden mit `vboxnetX` (Linux) oder „VirtualBox Host-Only Ethernet Adapter X" (Windows)
  - Unter *Adaptertyp* den Typ *Intel PRO/1000 MT Server* wählen. Der ist einer der performantesten Netzadapter (vgl. Kap. 20), aber die anderen funktionieren auch.
- MAC-Adresse anpassen (nicht zwingend notwendig)
- Vier NICs können über die GUI eingerichtet werden. Alle weiteren (RT-1 hat als einzige VM eine fünfte NIC) über die Kommandozeile, siehe Abschnitt *CLI* weiter unten.

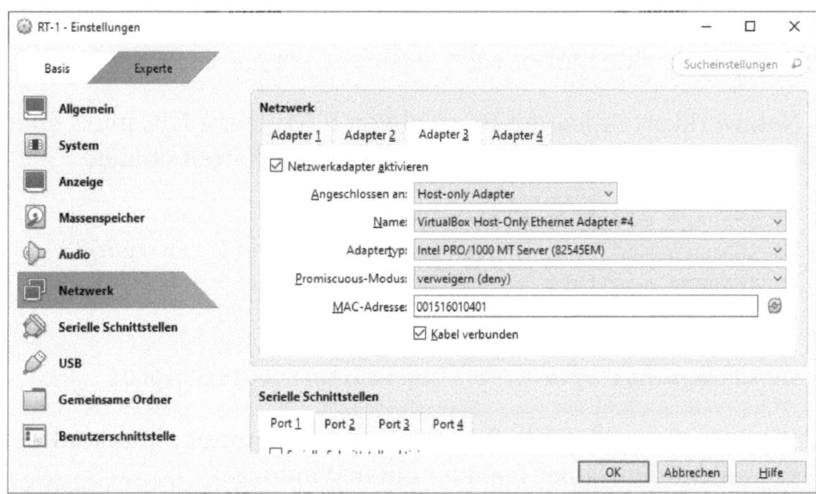


Abbildung 3.3: Netzwerkeigenschaften von Firewall RT-1 bei VirtualBox

**CLI** Die Einrichtung per Kommandozeile erwartet Befehle, welche den Mausklicks der GUI entsprechen.

1. Die Reise über den Befehlszeilenweg beginnt beim Anlegen einer virtuellen Maschine am Beispiel von RT-1.

```
VBoxManage createvm --name "RT-1" --register
VBoxManage modifyvm RT-1 --memory 2048
VBoxManage modifyvm RT-1 --ostype "FreeBSD_64"
```

2. DVD-Laufwerk mit eingelegtem DVD-Image aus Abschnitt *Vorbereitung*.

```
VBoxManage storagectl RT-1 --name "IDE Controller" --add ide
VBoxManage storageattach RT-1 \
   --medium OPNsense-25.1-dvd-amd64.iso \
   --storagectl "IDE Controller" \
   --port 0 --device 1 --type dvddrive
```

3. Festplatte erstellen und verbinden.

```
VBoxManage storagectl RT-1 --name "SATA Controller" --add sata
VBoxManage createhd --filename "RT-1/RT-1.vdi" --size 8192 \
   --format VDI --variant Fixed
VBoxManage storageattach RT-1 --storagectl "SATA Controller" \
   --medium "RT-1/RT-1.vdi" --port 0 --type hdd
```

4. Netzwerkkarte *nic5* am Beispiel von RT-1. Diese NIC muss über die CLI angelegt werden, weil die GUI nur vier Karten duldet.

```
1  VBoxManage modifyvm RT-1 --nic5 hostonly
2  VBoxManage modifyvm RT-1 --hostonlyadapter5 "vboxnet6"
3  VBoxManage modifyvm RT-1 --hostonlyadapter5 \
4    "VirtualBox Host-Only Ethernet Adapter #6"
5  VBoxManage modifyvm RT-1 --nictype5 82545EM
6  VBoxManage modifyvm RT-1 --macaddress5 001516010601
```

Die Anweisung in Zeile 2 ist für VirtualBox unter Linux und Zeile 4 verwendet die Namensgebung unter Windows.

Damit ist die erste virtuelle Firewall erstellt und verkabelt. Der Ablauf für die restlichen Geräte ist identisch, mit Ausnahme der Netzadapter. Ob alles richtig verbunden ist, wird sich zeigen, sobald die Firewalls in Kapitel 5 ihre IP-Adressen erhalten.

Die verwendete Version ist VirtualBox 7.1.4.

## Hardware

Für die Netze zwischen den Firewalls ist eine strikte Trennung nötig, denn viele Protokolle suchen sich selbstständig den besten Weg. Und der verläuft – vor allem bei IPv6 – bei unsauberer Vernetzung über ungeahnte Pfade. Der Netzwerkadapter einer Firewall ist stets mit einer einfarbigen Linie im Lab-Diagramm verbunden. Jedes Netzsegment ist ein eigener Switch oder ein VLAN auf einem gemeinsamen Switch, wie in Kapitel 2 beschrieben. Die praktische Umsetzung am Beispiel des Netzsegments mit dem IPv4-Bereich 192.0.2.0/24 umfasst die Netzwerkadapter der Geräte von:

- RT-1:em4

- RT-3:em2

- RT-core:em2

Die Adapter sind per Kabel mit einem 5-Port-Switch verbunden. Der Switch hat keine weitere Verbindung oder Uplink.
Bei der Variante mit VLAN-Tagging sind die Kabel der genannten Geräte verbunden mit einem verwalteten Switch, beispielsweise auf den ersten drei Ports. Die Konfiguration für einen Cisco-Catalyst-Switch ist in Listing 3.1 abgedruckt. Die OPNsense-Firewalls bemerken diese VLAN-Zuordnung nicht. Ob die Verkabelung korrekt ist, kann erst später überprüft werden.

```
vlan 1406
 name WAN-2_192.0.2.0
!
interface range GigabitEthernet1/0/1 - 3
 switchport mode access
 switchport access vlan 1406
```

Listing 3.1: Netztrennung mit Switchports und VLANs

Sobald in Kapitel 5 die Interfaces der Firewall mit IP-Adressen bestückt sind, hilft das `ping`-Kommando beim Aufspüren von Fehlern.

## Eingebettete Systeme

OPNsense basiert zwar auf BSD, wird aber nur für die AMD64-Architektur kompiliert angeboten. Images für andere Plattformen, wie z. B. ARM oder MIPS, sind nicht in Planung.

Bei einem normalen PC oder Server mit Tastatur, Bildschirm und DVD-Laufwerk ist der Startvorgang einfach: DVD einlegen und booten. Die Installation beginnt in Kapitel 4.

Schwieriger wird es bei eingebetteter Hardware, da es keine allgemeingültige Anleitung gibt, weil die Installation stark von den Komponenten abhängt. Geräte der *Embedded*-Klasse sind minimalistisch und daher entfallen meist DVD-Laufwerk, Monitor-Anschluss und gespeichert wird auf einem Flash-Medium.

Die OPNsense-Repositorys stellen zwar ein fertiges Flash-Image bereit, empfehlen aber die Installation per USB-Stick. Von diesem Bootmedium startet die zukünftige Firewall und beginnt mit der Installation des Betriebssystems auf die SD-Karte. Das Installationsabbild für Geräte mit serieller Konsole hat das Wort *serial* im Dateinamen.

1. Zuerst muss die Image-Datei von einem Downloadserver von OPNsense bezogen werden.

   ```
   wget https://pkg.opnsense.org/releases/25.1/ \
     OPNsense-25.1-serial-amd64.img.bz2
   ```

2. Anschließend wird die Datei entpackt.

   ```
   bunzip2 OPNsense-25.1-serial-amd64.img.bz2
   ```

3. Beim Download über das Internet empfiehlt sich die Kontrolle, um Übertragungsfehler und gewollte Manipulationen auszuschließen. Das Repository bietet dazu eine Dateisignatur, die sich mit Bordmitteln eines Linux-Systems überprüfen lässt.

   ```
   wget https://pkg.opnsense.org/releases/25.1/OPNsense-25.1.pub
   wget https://pkg.opnsense.org/releases/25.1/ \
   ```

```
OPNsense-25.1-serial-amd64.img.sig
openssl base64 -d -out /tmp/image.sig \
  -in OPNsense-25.1-serial-amd64.img.sig
openssl dgst -sha256 -verify OPNsense-25.1.pub -signature \
  /tmp/image.sig OPNsense-25.1-serial-amd64.img.bz2
```

4. Danach muss das resultierende Dateiimage
   `OPNsense-25.1-serial-amd64.img`
   so auf einen leeren USB-Stick kopiert werden, dass er bootfähig
   ist. Das Tool *physdiskwrite* [7] vollführt diese Aufgabe auf einem
   beliebigen Windows-PC mit *Administrator*-Berechtigungen.

```
physdiskwrite.exe -u -d 1 \
  OPNsense-25.1-serial-amd64.img
```

> **Achtung**
>
> *physdiskwrite* schreibt die Imagedatei auf das angegebene Lauf-
> werk mit der Option -d ohne weitere Nachfrage. Eine falsche
> Angabe kann zu Datenverlust führen.

5. Eine serielle Verbindung zur Firewall-Hardware ist erforderlich. Ohne
   serielle Schnittstelle am PC hilft ein USB-Seriell-Wandler, auch wenn
   die Ersteinrichtung etwas Geduld erfordert. Als Konsolensoftware
   für die Kommunikation mit der Firewall eignen sich beispielsweise
   TeraTerm oder PuTTY.

6. Zuletzt wird die Firewall vom neu erstellten USB-Stick gebootet.

Damit ist OPNsense gestartet, aber noch nicht installiert. Die Installation
auf die SD-Karte beginnt in Kapitel 4.

# Kapitel 4

# Installation

Die virtuellen Netze sind erstellt und die Maschinen sind startklar. Aber genau wie bei einem normalen Computer muss anfangs ein Betriebssystem installiert werden. Und das geschieht bei OPNsense noch ganz klassisch: vom DVD oder USB-Stick booten und Installer starten.
Dieses Kapitel beschäftigt sich mit der Installation von OPNsense auf der (virtuellen) Maschine sowie einer minimalen Konfiguration für Netzkonnektivität.

## Betriebssystem

Das System bootet von der DVD oder von einem USB-Stick und irgendwann meldet *login:* den abgeschlossenen Startvorgang des Livesystems. Bisher hat die Live-DVD noch nichts installiert, sondern einfach nur ein OPNsense-System von der DVD gebootet. Die Installation startet nach der Anmeldung mit dem Benutzer *installer* und dem Kennwort „opnsense".
Nun folgen die üblichen Fragen eines Installers: Welche Festplatte wird das Betriebssystem tragen und welches Dateisystem soll die Installation nutzen? Und darf es ein stärkeres Passwort für die Anmeldung sein?
Diese Fragen können mit der Voreinstellung beantwortet werden. Wenn die virtuelle Maschine den Empfehlungen aus Kapitel 3 entspricht, findet der OPNsense-Installer eine Festplatte, die als da0 im System auftaucht. Der letzte Schritt leitet einen Reboot ein und startet die frische OPNsense-Installation von der Festplatte.

Im Folgenden sind die Schritte der Installation beschrieben, die vom Standard abweichen könnten.

Ein Verbund aus zwei Festplatten ist sehr beliebt, um Ausfälle einer einzelnen Platte abzufangen. Leider benutzt der Installer nicht automatisch beide Platten für eine gespiegelte Festplattengruppe. Unter BSD ist eine Spiegelung mehrerer Medien ein *Mirror* und so erwartet der Installer vom Anwender den Typ *mirror* bei der Auswahl des *Virtual Device* (Abbildung 4.1). Diese Option ist nur für das ZFS-Dateisystem verfügbar.

Dann wünscht sich der Installer die beiden Disks, welche da0 und da1 sind. Der *Mirror* ist fertig und die Installation kann nach einer letzten Abfrage beginnen.

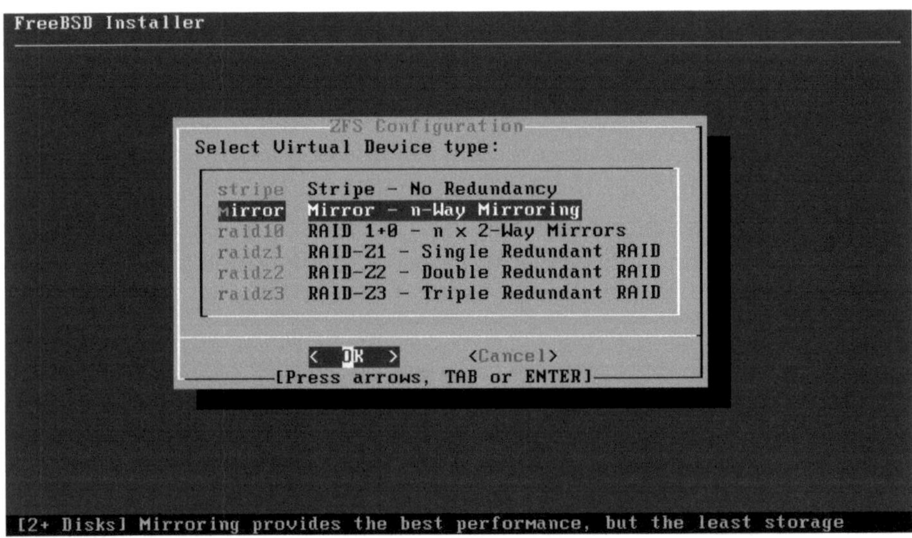


Abbildung 4.1: Installation von OPNsense auf gespiegelten Festplatten

Die Nutzung eines gespiegelten Laufwerks verbessert den Ausfallschutz natürlich nur, wenn es sich tatsächlich um zwei unterschiedliche Medien handelt. Bei virtuellen Maschinen sollten die bereitgestellten Festplatten nicht im selben Datastore liegen. Das ZFS-Dateisystem bietet Snapshots, benötigt aber eine größere Festplatte. Eine Einführung in Snapshots findet sich im Abschnitt *Snapshots* auf Seite 344 von Kapitel 23.

> **Hinweis**
>
> Die Umsetzung der folgenden Tipps erfordert Zugriff auf die Web-GUI
> oder die Kommandozeile der OPNsense-Firewall, die erst in Kapitel 5
> *Ersteinrichtung* eingeführt werden.

## Speichermedium

Wenn die OPNsense-Firewall auf regulären Festplatten läuft, sind keine
weiteren Anpassungen notwendig. Ein besonderer Blick ist empfehlenswert,
wenn das Speichermedium ein USB-Stick, ein CompactFlash, eine SD-Karte
oder ein anderer Flash-basierter Speicher ist.
Flash-Speicher erlauben nur eine begrenzte Anzahl an Schreibzugriffen. Je
weniger auf den Flash-Speicher geschrieben wird, desto länger ist seine
Lebenszeit. Für die Nutzung als Speichermedium für OPNsense gibt es
Optimierungen, um die Firewall auch auf Flash-basierten Medien lange zu
betreiben:

- Round-Robin Datenbank. OPNsense merkt sich Systeminformationen,
  Auslastung der Netzadapter und Verkehrsdaten und speichert sie in
  lokalen Dateien für den späteren Zugriff. Für eine Firewall mit hoher
  Lebenserwartung sollte die Option *Aktiviert das Backend für RRD
  Graphen* unter *Berichterstattung → Einstellungen* deaktiviert sein.

- Speicherdateisystem. Variable und temporäre Dateien liegen ebenfalls
  im lokalen Dateisystem unter /var und /tmp. Diese Verzeichnisse
  könnten als RAM-Disk genutzt werden. Damit liegen ihre Inhalte
  nicht mehr auf dem Speichermedium, sondern im Arbeitsspeicher.
  Unter *System → Einstellungen → Verschiedenes* ermöglicht der Bereich *Festplatten- / Arbeitsspeichereinstellungen* die Nutzung des
  Speicherdateisystems.

> **Achtung**
>
> Da die Dateien im flüchtigen Speicher liegen, sind ihre Inhalte
> nach einem Reboot (oder Stromausfall) verschwunden.

Diese Änderung benötigt einen anschließenden Neustart des Systems.

- Protokollierung. Eine Firewall mit vielen Clients schreibt viele Logeinträge, die Schreibzugriffe auf das Speichermedium benötigen. Um das Medium zu schonen, können Protokolleinträge im Arbeitsspeicher verbleiben oder komplett vermieden werden.
  Die Vorgehensweise ist dieselbe wie beim *Speicherdateisystem*. Wenn die Logeinträge ohne Wert sind, lässt sich die Protokollierung auch komplett abschalten. Die entsprechende Option findet sich bei *System → Einstellungen → Protokollierung* im Bereich *Lokal*.

> **Achtung**
>
> Das Speicherdateisystem hält die Protokolldateien bis zu einem Neustart im Arbeitsspeicher. Danach steht ihr Inhalt nicht mehr zur Verfügung.

Wenn die Logdateien zur Nachweispflicht benötigt werden, sollte diese Option nicht verwendet werden. OPNsense bietet auch die Möglichkeit, Logeinträge an einen fernen Syslogserver zu verschicken.

# Nacharbeiten

OPNsense ist zwar installiert, aber ein paar Details lassen sich für den reibungslosen Ablauf noch anpassen.

## Virtuelle Infrastruktur

Im virtuellen Umfeld bringen die VMware-Tools meist einen Leistungsgewinn und sind für Management und Backup sogar notwendig. Glücklicherweise bietet OPNsense die VMware-Tools als Plug-in *os-vmware* an. Die Installation der Tools erfolgt über die Weboberfläche unter *System → Firmware → Erweiterungen*. Ohne grafische Oberfläche verläuft das Setup auf der Kommandozeile und ist in Abschnitt *Pakete* von Kapitel 19 ab Seite 285 beschrieben.
Bei VirtualBox ist die Vorgehensweise identisch. Dort heißen die Tools *VirtualBox guest additions* und das entsprechende Plug-in nennt sich *os-virtualbox*.

## Tastaturlayout

Die Tastatur nutzt per Voreinstellung das US-amerikanische Keyboardlayout. Das vertauschte *z* und *y* macht sich bei vielen Kommandos negativ bemerkbar. Schwierig wird es auch, wenn über die Tastatur IPv6-Adressen mit Doppelpunkten und Präfixe mit Schrägstrich eingegeben werden müssen. Wer das amerikanische Keyboard nicht auswendig lernen möchte, kann auf ein deutsches Layout umschalten. Über die Kommandoshell, die sich hinter dem Menüpunkt *8) Shell* verbirgt, lässt sich das Keyboard-Mapping in der Datei `/etc/rc.conf` festlegen. Eine deutsche Tastatur erfordert eine Änderung an der Variablen `keymap` mit einem Texteditor (siehe Anhang B) oder über den Befehl:

```
echo 'keymap="de"' >> /etc/rc.conf
```

## Startton ausschalten

Nach dem abgeschlossenen Systemstart und vor dem Herunterfahren, gibt OPNsense piepsige Töne von sich. Wenn dieser Startton unerwünscht ist oder den eigenen Musikgeschmack nicht trifft, lässt sich dieser im Bereich *Systemtöne* bei *System → Einstellungen → Verschiedenes* abschalten. Dazu die Option *Deaktiviere den Piepton beim Starten/Herunterfahren* auswählen und abspeichern.

Ein Neustart ist nicht notwendig, zeigt aber den neuerdings unmusikalischen Reboot von OPNsense.

# Kapitel 5

# Ersteinrichtung

Die OPNsense-Firewalls sind installiert und erwarten die erste Konfiguration. Das Kapitel beginnt mit einer Einführung in die Menüstruktur der Kommandozeile und Weboberfläche zur ersten Einrichtung. Danach sind die Firewalls ausgestattet mit IP-Adressen und können sich untereinander erreichen.

Dieses Kapitel navigiert mit einer groben Vorgehensweise zur Grundausstattung einer Firewall. Für die schrittweise Einrichtung mit vielen Abbildungen sei auf die Webseite von OPNsense verwiesen.

Das Konsolenmenü ist ein akzeptables Werkzeug für die Zuweisung der IP-Adressen und für die Fehlersuche, falls die Weboberfläche nicht zur Verfügung steht. Deutlich vielseitiger und komfortabler für die Konfiguration von Netzadaptern, IPv4- und IPv6-Adressen ist die Web-GUI. Daher kommt das Konsolenmenü nur für die Einrichtung des Managementadapters und eines weiteren notwendigen Adapters zum Einsatz.

Abbildung 5.1 zeigt die Konsole beim ersten Systemstart. Nach einer Anmeldung mit dem Benutzer *root* und dem Kennwort *opnsense* wird das Auswahlmenü sichtbar.

Ein US-amerikanisches Tastaturlayout erschwert die korrekte Eingabe einer IPv4- oder IPv6-Adresse. Daher empfiehlt sich ein Umschalten auf das wohlbekannte deutsche Keyboard, wie es im Abschnitt *Tastaturlayout* auf Seite 53 beschrieben ist.

```
>>> Invoking start script 'vmware'
Starting vmware_guestd.
>>> Invoking start script 'carp'
>>> Invoking start script 'cron'
Starting Cron: OK


>>> Invoking start script 'openvpn'
>>> Invoking start script 'sysctl'
Service 'sysctl' has been restarted.
>>> Invoking start script 'beep'
Root file system: /dev/gpt/rootfs
Wed Jan 29 20:35:40 UTC 2025

*** OPNsense.localdomain: OPNsense 25.1 (amd64) ***

 LAN (em0)         -> v4: 192.168.1.1/24
 WAN (em1)         ->

 HTTPS: sha256 DE 08 23 6B 16 CD B8 BC 2A CF 11 EA 1C 95 B2 7B
                95 0C C7 20 43 1C AA 32 2A 63 A7 DA C7 57 63 81

FreeBSD/amd64 (OPNsense.localdomain) (ttyv0)

login: █
```

Abbildung 5.1: Das Konsolenmenü von OPNsense

# Ersteinrichtung

Die ersten Schritte füllen die Konfiguration mit genug Informationen, damit
ein Remote-Login möglich ist. Danach kann bequem mit einem Webbrowser
auf die Firewall zugegriffen werden, um die feinere Konfigurationsarbeit
zu beginnen. Die Zuweisung von Netzadaptern und IP-Adressen verläuft als
Frage-Antwort-Spiel.

## Voreinstellung

Ohne weitere Nachfrage verwendet OPNsense den ersten Netzadapter als
LAN-Interface, welches zu einem vertrauenswürdigen Netzwerk führt. Der
zweite Adapter wird sogleich zum WAN-Interface, mit Kontakt zum Internet
oder einem anderen feindlichen Netz. Tabelle 5.1 fasst die Voreinstellungen
zusammen.

| Interface | Adapter | IPv4 | IPv6 |
|-----------|---------|------|------|
| LAN | em0 | 192.168.1.1/24 | Track WAN IPv6 |
| WAN | em1 | DHCP | DHCPv6 |

Tabelle 5.1: Netzadapter in der Voreinstellung von OPNsense

OPNsense gestattet den Zugriff auf die Weboberfläche nur über das LAN-Interface. Aus diesem Grund wird der erste Netzadapter jeder Firewall im Labornetz zum Managementinterface.

## Netzadapter zuweisen

Die Namen der Netzadapter richten sich bei OPNsense nach der Namenskonvention von FreeBSD. Und die benennt einen Netzadapter nach ihrem verwendeten Treiber. Eine Netzwerkkarte von Intel heißt *em0* oder *em1*. Wenn bei VirtualBox der paravirtualisierte Adapter im Einsatz ist, wird die erste Netzkarte später den Namen *vtnet0* führen.
Die gängigsten Bezeichnungen von FreeBSD listet Tabelle 5.2.

| Treiber | Bezeichnung | Nutzung |
|---------|-------------|---------|
| vtnet | VirtIO Ethernet driver | VirtualBox *virtio-net* |
| em | Intel(R) PRO/1000 GigE | VMware und VirtualBox |
| vmx | VMware VMXNET | VMware Workstation und ESXi |
| le | AMD Am7900 LANCE und Am79C9xx ILACC/PCnet | VMware Workstation als *PCnet-PCI II* |
| pcn | AMD PCnet/PCI FastEthernet | VMware Workstation als *PCnet-FAST III* |
| re | RealTek PCI/PCIe Ethernet | PC-Engines APU 1D4 |
| igc | Intel Eth. Controller I225 | XCY Firewall Appliance |

Tabelle 5.2: Vorgegebene Namen der Netzadapter bei OPNsense/FreeBSD

Wenn die Zuweisung der Netzadapter vertauscht ist oder nicht zur eigenen Planung passt, schafft die Menüoption *1) Assign interfaces* Ordnung. Die erste Frage-Antwort-Runde beginnt und erwartet die Angabe von LAN- und WAN-Interfaces. Die folgende, gekürzte Textausgabe zeigt die Verwendung von *em0* als LAN-Interface.

```
Do you want to configure LAGGs now? [y/N]: n
Do you want to configure VLANs now? [y/N]: n

Valid interfaces are:
em0        00:15:16:01:00:01 Intel(R) Legacy PRO/1000 MT 82545EM
em1        00:15:16:01:01:01 Intel(R) Legacy PRO/1000 MT 82545EM
em2        00:15:16:01:04:01 Intel(R) Legacy PRO/1000 MT 82545EM
```

```
em3          00:15:16:01:07:01 Intel(R) Legacy PRO/1000 MT 82545EM
em4          00:15:16:01:06:01 Intel(R) Legacy PRO/1000 MT 82545EM

If you do not know the names of your interfaces, you may choose
to use auto-detection. In that case, disconnect all interfaces
now before hitting 'a' to initiate auto detection.

Enter the WAN interface name or 'a' for auto-detection: em1

Enter the LAN interface name or 'a' for auto-detection
NOTE: this enables full Firewalling/NAT mode.
(or nothing if finished): em0

Enter the Optional interface 1 name or 'a' for auto-detection
(or nothing if finished):

The interfaces will be assigned as follows:

WAN  -> em1
LAN  -> em0

Do you want to proceed? [y/N]: y
```

## IP-Adressen vergeben

Die Netzadapter sind startklar und verlangen nach einer IP-Adresse. Die erste IP-Adresse der Firewall muss über das Konsolenmenü vergeben werden. Für alle weiteren Netzadapter gibt es später noch die bequemere Methode der Weboberfläche. Die Vorgehensweise ist für alle Interfaces gleich.

Die Einrichtung beginnt im Konsolenmenü mit Eintrag *2) Set interface IP address.* Die folgende Frageserie bezieht sich auf Interface Nummer 1 (LAN) und erwartet die Angabe der Managementadresse, wie in Tabelle 2.2 auf Seite 30 aufgeführt. Die Fragen zu DHCP können getrost mit *No* beantwortet werden.

Zuerst kommt die Frage nach der IPv4-Adresse, und anschließend geht es mit der IPv6-Adresse weiter. Wenn IPv6 (oder IPv4) nicht benötigt wird, kann die Angabe auch leer bleiben.

# Zweiteinrichtung

Die Tanzerei auf der Kommandozeile ist damit beendet, denn jetzt sollte die neue OPNsense-Maschine über die Managementadresse erreichbar sein. Der Zugriff auf die IPv4-Adresse 10.5.1.1 oder IPv6-Adresse fd00:5::1 von Firewall RT-1 mit einem Webbrowser präsentiert die Login-Seite. Mit dem Benutzernamen *root*, nebst Kennwort *opnsense*, beginnt der Zugriff auf die Weboberfläche für die detaillierte Konfiguration der Firewall.

> **Hinweis**
>
> Die Sprache lässt sich bei *System* → *Einstellungen* → *Allgemein* umstellen.

## Sicherheit

Der erste Schritt sollte die Wahl eines besseren Passworts sein. Unter *Lobby* → *Passwort* kommt der Administrator in den Genuss eines starken Kennworts, das selbst einer Wörterbuch-Attacke standhält. Dieser Schritt lässt sich bereits während der Installation erledigen.

Danach gehört die Aufmerksamkeit dem Softwarestand, denn eine Firewall ist ein sicherheitskritisches Netzelement und verlangt stets nach der aktuellen Version. Bei *System* → *Firmware* → *Status* zeigt OPNsense die installierte Version an und kann auf Updates prüfen. Bei einer physischen Firewall darf ein Update des CPU-Microcodes nicht fehlen, das bei *Erweiterungen* als Plug-in verfügbar ist.

Grundsätzlich abgesichert mit starkem Kennwort und aktueller Software, beginnen nun die Routinearbeiten.

## Allgemeines

Bei *System* → *Einstellungen* → *Allgemein* erfährt OPNsense die üblichen Angaben zu Hostnamen, Domäne, DNS-Server und Zeitzone. Der aufmerksame Blick in die anderen Bereiche unterhalb von *System* → *Einstellungen* liefert Stellschrauben zum Logging, für Benachrichtigungen, zur Hardwareanpassung und den Zugang über Web, SSH und Konsole.

Die Einrichtung der Systemumgebung ist marktüblich und unterscheidet sich nicht wesentlich von vergleichbaren Firewalls anderer Hersteller.

| Thema | befindet sich bei: |
|---|---|
| Anmeldung | *System → Zugang → Benutzer* |
| DNS | *System → Einstellungen → Allgemein* |
| Domäne | *System → Einstellungen → Allgemein* |
| Hardware | *System → Einstellungen → Verschiedenes* |
| Hostname | *System → Einstellungen → Allgemein* |
| Kernel | *System → Einstellungen → Optimierungen* |
| Konsole | *System → Einstellungen → Verwaltung* |
| Logging | *System → Protokolldateien* |
| Monitoring | *Dienste → Monit → Einstellungen* |
| Reboot | *Energie → Neustart* |
| Sprache | *System → Einstellungen → Allgemein* |
| SSH-Zugang | *System → Einstellungen → Verwaltung* |
| Systemtöne | *System → Einstellungen → Verschiedenes* |
| Updates | *System → Firmware → Einstellungen* |
| Web-GUI | *System → Einstellungen → Verwaltung* |
| Zeit | *Dienste → Netzwerk-Zeit → Allgemein* |
| Zeitzone | *System → Einstellungen → Allgemein* |
| Zertifikate | *System → Sicherheit → Zertifikate* |

Tabelle 5.3: Die Konfigurationsmöglichkeiten von OPNsense

Zur Orientierung zeigt Tabelle 5.3 wo sich die gängigen Parameter in der Weboberfläche von OPNsense befinden.

## Netzadapter

OPNsense benutzt erst mal nur die ersten beiden Netzadapter, die im Webmenü bei den *Schnittstellen* als *LAN* und *WAN* auftreten. Alle weiteren Netzkarten müssen dem System bei *Schnittstellen → Zuweisungen* vorgestellt werden.

In der Firewall RT-1 schlummern noch weitere Adapter, die in der Zeile *Neue Schnittstelle* in Abbildung 5.2 mit der *Hinzufügen*-Schaltfläche aktiviert werden. Die neue Schnittstelle hat den unscheinbaren Namen *OPT1* und steht für weitere Konfigurationen bereit. Unter *Schnittstellen* ist der neue Adapter ab sofort namentlich aufgeführt. Dort erhalten alle Netzadapter ihre jeweilige statische IPv4-Adresse und Subnetzmaske.

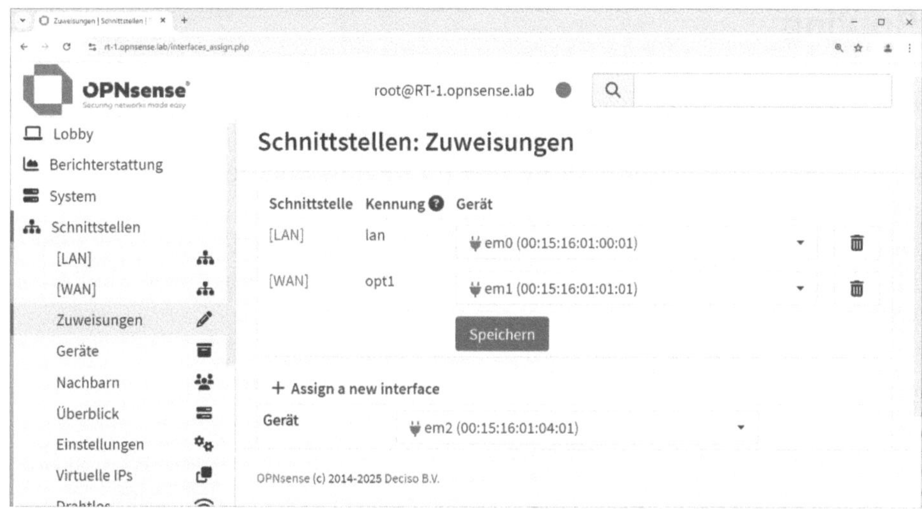

Abbildung 5.2: OPNsense bringt neue Netzadapter ins System

In dieser Oberfläche lassen sich *Maximum Transmission Unit* (MTU), MAC-Adresse, Geschwindigkeit und Duplex an die Umgebung anpassen.

## IPv6

IP Version 6 ist kein exotischer Begleiter in modernen Netzen mehr, und so müssen auch Router und Firewalls die Sprache von IPv6 verstehen und die Endgeräte schützen. Die OPNsense-Firewall ist dafür gut aufgestellt und kennt mehrere Methoden der IPv6-Adressvergabe, von denen das Labornetz nur statische Adressen benutzt.

Die Konfiguration gliedert sich in die Zuweisung einer IPv6-Adresse pro Netzadapter und die Einrichtung der notwendigen IPv6-Routen. Die Präfixlänge ist stets /64, um unnötige Komplexität zu vermeiden. Die Konfiguration dafür unterscheidet sich nicht wesentlich von IPv4.

---

**Hinweis**

Falls IP Version 6 (noch) ungewohnt ist, gibt Anhang A auf Seite 373 einen kleinen Exkurs in die Schreibweise und Bedeutung von IPv6-Adressen.

---

## Routing

Eine Firewall hat eine Routingtabelle, die alle bekannten Netze auflistet. Die Routingtabelle füllt sich automatisch mit den IP-Adressen der eigenen Netzadapter. Alle weiteren IP-Netze lernt die Firewall durch manuelle Eingabe.
Ohne zusätzliche Routen sieht die IP-Routingtabelle von Firewall RT-1 recht übersichtlich aus. Der Bereich *System → Routen → Status* listet alle Einträge der Routingtabelle.

Neue statische Routen bekommt OPNsense in zwei Schritten:

1. Gateway anlegen. Das Gateway ist der direkte Nachbar, der das Zielnetz kennt. Ein Gateway kann für beliebig viele Routen benutzt werden.
   Grundsätzlich hat ein Gateway eine IP-Adresse und ein lokales Interface, welches für die Kommunikation herhalten muss. OPNsense kann dieses Gateway auf Erreichbarkeit überwachen, was erst in Kapitel 16 für die Lastverteilung benutzt wird.
   OPNsense verwaltet die Gateways bei *System → Gateways → Konfiguration*.

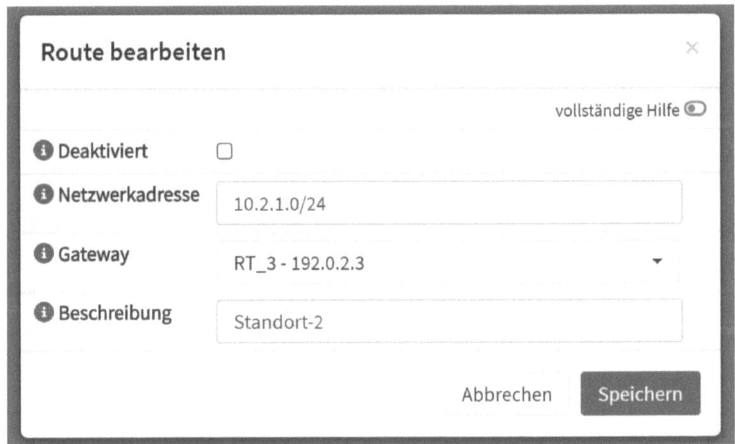

Abbildung 5.3: Statische IPv4-Route zum Zielnetz von Standort-2

2. Route anlegen. Eine Route ist ein Pfad zu einem IP-Netz. Sobald eine Firewall einen Pfad zu einem fernen Netz kennt, wird sie die Datenpakete für dieses Netz an das hinterlegte Gateway schicken. Statische Routen organisiert OPNsense bei *System → Routen → Konfiguration*.

Am Beispiel von RT-1 soll OPNsense den Weg in das ferne Standortnetz 10.2.1.0/24 über Firewall RT-3 erfahren. Das Gateway ist RT-3 mit der IPv4-Adresse 192.0.2.3 im gemeinsamen Netz von Interface *WAN2*. Abbildung 5.3 zeigt die Route zum gewünschten Zielnetz.

In Abbildung 5.4 führt die Route in denselben Standort und benutzt dabei IPv6-Adressen.

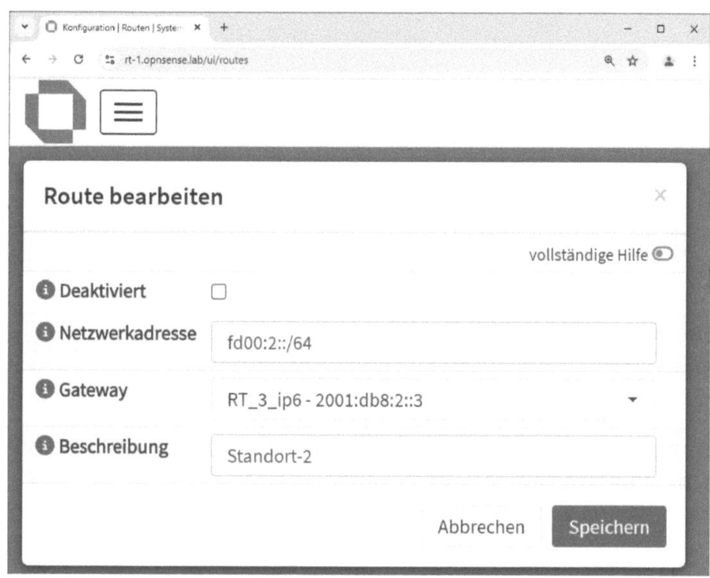


Abbildung 5.4: Statische IPv6-Route zum Zielnetz von Standort-2

Alle weiteren Netze erlernt die Firewall auf dieselbe, händische Weise. Die Routingtabelle vergrößert sich um die neuen statischen Routen.

Nun kennt RT-1 alle IP-Netze des Labornetzwerks. Alles Weitere erreicht RT-1 über eine Default-Route. Ein Gerät nutzt seine Default-Route, wenn es keine Ahnung hat, wie es ein bestimmtes Netz erreichen soll. OPNsense erstellt eine Default-Route, wenn bei einem Gateway die Option *Default Gateway* aktiv ist.

## Generalprobe

Jetzt sind alle Komponenten bereit für einen Erreichbarkeitstest. Das einfachste Werkzeug dafür ist das *ping*-Kommando. Dummerweise blockiert eine Firewall erst mal alle Verbindungsanfragen, sodass dem *ping*-Paket die Tür geöffnet werden muss.

Für einen einfachen Verbindungstest im Labornetz darf die Firewall vorübergehend mal ihre Tore öffnen. Unter *Firewall* → *Einstellungen* → *Erweitert* macht die Option *Paketfilterung komplett deaktivieren* die Filterfunktion unwirksam.

> **Achtung**
>
> Diese Option macht genau was ihr Name verrät: Sie deaktiviert alle Filter und zusätzlich die Adressumsetzungen. Damit wird die strenge Firewall zum freizügigen Router. Diese Methode eignet sich nicht für Tests in produktiven Umgebungen.

Den *ping*-Befehl gibt es auf der Kommandozeile und in der Weboberfläche bei *Schnittstellen* → *Diagnose* → *Ping*. Für den Test benötigt *ping* die Angabe der gegenüberliegenden IPv4- oder IPv6-Adresse.

> **Hinweis**
>
> Der Kommandozeilenbefehl *ping* erkennt automatisch, ob es sich um eine IPv4- oder IPv6-Adresse handelt.

Der Befehl `traceroute` geht einen Schritt weiter und zeigt, welchen Weg das IPv6-Paket zum anderen Standort nimmt. Ein Client in Standort-1 ermittelt damit die Verbindung zu den weiteren Rechnern und Firewalls, beispielsweise ins Standortnetz-2:

```
root@cl-1:~# traceroute -In fd00:2::25
traceroute to fd00:2::25 (fd00:2::25), 30 hops max, [...]
 1  fd00:1::1  0.526 ms  0.500 ms  0.534 ms
 2  2001:db8:2::3  2.364 ms  3.121 ms  3.366 ms
 3  fd00:2::25  5.061 ms  5.037 ms  5.046 ms
```

> **Achtung**
>
> Nach dem Verbindungstest muss die Paketfilterung unbedingt wieder aktiviert werden.

## Zusammenfassung

Dieses Kapitel gibt einen groben Abriss über die erste Einrichtung der OPNsense-Firewall, ohne dabei ins Detail zu gehen. Nach Abschluss der Systemkonfiguration und Einrichtung der Netzadapter mit den vorgesehenen IP-Adressen haben alle Laborgeräte eine Verbindung zueinander.

Kapitel 5. Ersteinrichtung

# Teil II

# Für Fortgeschrittene

# Kapitel 6

# Firewall

Eine Firewall ist kein einzelnes Gerät, sondern ein Konzept. Das erklärte Ziel dieses Konzepts ist die Sicherheit zwischen Computernetzen, um Zugriffe zu kontrollieren und Angriffen so lange wie möglich standzuhalten.

Umgesetzt wird das Sicherheitssystem meist mit Paketfiltern, Anwendungsgateways (Proxy), demilitarisierter Zone (DMZ), Verschlüsselung und Logging. Ob die Adressumsetzung im Sinne von NAT (vgl. Kap. 8) zur Steigerung der Sicherheit beiträgt, ist umstritten.

Vereinfacht ausgedrückt: Router verbinden Computernetze, Firewalls trennen sie.

Für ein erhöhtes Maß an Sicherheit können auch große Geschütze aufgefahren werden: Systeme zum Erkennen und Verhindern von Einbrüchen suchen im internen Netz nach Paketen, die aufgrund des Regelwerks dort gar nicht sein dürfen.

Beliebt ist auch der Honeypot, welcher ein realistisch aussehendes Netz nachbaut. Genau wie eine Filmkulisse, die aussieht wie eine echte Straßenszene. Der Honeypot lenkt den Angreifer von den wirklichen Zielen ab und erlaubt, Angriffsmuster zu studieren.

Allgemein ist der Begriff *Firewall* nicht mit dem Sicherheitskonzept belegt, sondern wird synonym mit *Paketfilter* verwendet. Daher bezeichnet das folgende Kapitel ein einzelnes OPNsense-Gerät und sein Regelwerk als *Firewall*.

## OPNsense als Firewall

Ein Paketfilter besteht aus mehreren Regeln, die IP-Pakete klassifizieren. Jede Regel hat eine oder mehrere Bedingungen, zu denen das Paket passen muss, um weiter bearbeitet zu werden. Sobald ein Paket zu einer Regel passt, wird die hinterlegte Aktion ausgeführt und das Paket wird weitergeleitet oder verworfen.

Diese Beschreibung trifft grundsätzlich auf alle Paketfilter zu. Die meisten Anbieter von Firewalls unterscheiden sich äußerlich dadurch, wie das Regelwerk konfiguriert wird und wie granular die Regeln sein können.

Bei OPNsense arbeitet das Regelwerk nach dem *First Match*-Prinzip. Die Prüfung des IP-Pakets beginnt bei der ersten Regel und endet, sobald eine der Regeln zutrifft. Wenn keine passende Regel dabei ist, gibt es noch die Standardprozedur, die alles verwirft.

> **Hinweis**
>
> Die grundsätzliche Filterlogik bei OPNsense ist: Eine Regel gehört stets zu einem Interface und filtert Pakete in *eingehender* Richtung.

Abweichend von dieser Empfehlung können Firewallregeln in ausgehender Richtung wirken. Das Feld *Richtung* jeder Regel dreht die Abarbeitung um und filtert Pakete, die die Firewall über das angegebene Interface verlassen wollen. Weiterhin lässt sich mit den *Fließend*-Regeln (engl. *floating*) einzelne Regeln entwerfen, die auf mehreren Interfaces wirksam sind.

Der Paketfilter von OPNsense arbeitet verbindungsorientiert. Die *Antwort*-pakete einer Verbindung benötigen keine separate Regel, sondern sind automatisch erlaubt.

Durch das *First Match*-Prinzip ist die Reihenfolge der einzelnen Regeln entscheidend. Eine strenge blockierende Regel zu Beginn eines Regelwerks macht nachfolgende einzelne Regeln wirkungslos.

Die Regeln sind meistens nach dem folgenden Schema sortiert:

1. *Anti-Spoofing-Regeln*. Damit lassen sich Pakete mit gefälschten Adressen aufdecken (siehe Abschnitt *Anti-Spoofing* auf Seite 78).

2. *Spezielle Regeln*. Im oberen Teil eines Regelwerks erscheinen die Regeln mit genauen Angaben über Quell-IP, Ziel-IP und Ports.

3. *Allgemeine Regeln*. Im unteren Bereich des Regelwerks folgen die Regeln, welche nur grobe Einschränkungen benutzen: Quellnetze, Zielnetze mit und ohne Angaben von Portnummern.

4. *Aufräum-Regeln*. Diese Regeln filtern alles weg, was unerwünscht ist und nicht im Logbuch auftauchen soll.

5. *Final-Deny-Any-Log*. Der Name verrät es schon: Diese letzte Regel blockiert alles und berichtet jedes Paket. OPNsense blockiert zwar am Ende des Regelwerks von Hause aus, aber mit dieser Regel kann die Protokollierung bei Bedarf an- und ausgeschaltet werden. Das ist hilfreich bei der Fehlersuche.

## Laboraufbau

Firewallregeln können lang und komplex werden. Daher reicht bereits eine kleine Auswahl an Geräten, um die Möglichkeiten der OPNsense-Firewall zu untersuchen.

Das Gerät RT-1 wird als Firewall eingesetzt und filtert zwischen seinem Standortnetz hinter *em1*, der DMZ an *em2* und dem Internetzugang bei *em3* (siehe Abbildung 6.1 auf der nächsten Seite).

RT-core wird zu einem Client degradiert, der den Zugriff auf die Firewall RT-1 über das WAN-Netz prüfen soll. Das schützenswerte Ziel in der DMZ ist der Laborserver.

## Filterregeln

Pakete filtern ist die Hauptaufgabe von OPNsense. Ihre Einrichtung liegt im Webmenü bei *Firewall → Regeln*. Jeder Netzadapter hat sein eigenes Regelwerk. Die Regelwerke sind unabhängig voneinander. In der Voreinstellung hat das LAN-Interface bereits zwei Filter, die jeglichen IPv4- und IPv6-Netzverkehr gestatten. Die anderen Bereiche sind leer und blockieren damit jeden Verbindungsversuch.

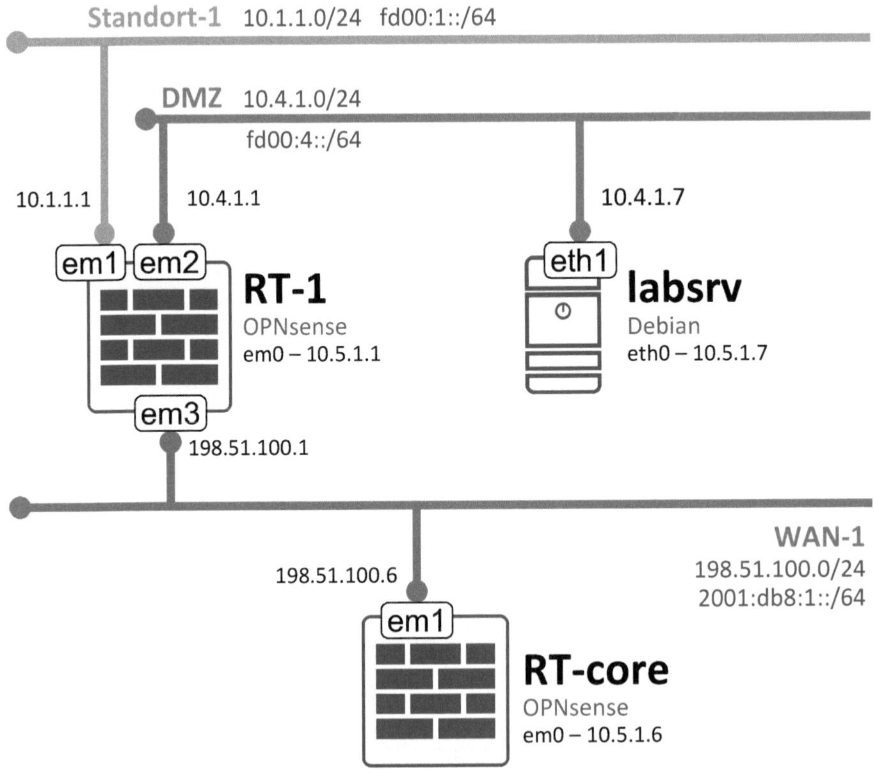


Abbildung 6.1: Laboraufbau mit RT-1 als Paketfilter

Wenn eine weitere Regel eine IP-Kommunikation erlauben soll, beginnt die Einrichtung bei dem Interface, durch den die Verbindungsanfrage dieser Kommunikation die Firewall betreten wird. Die neue Regel gehört ins Regelwerk dieses Interfaces.

Beispielsweise soll die Firewall RT-1 den Webzugriff vom Internet auf den HTTP-Dienst des Laborservers gestatten. Aus der Sicht von RT-1 kommt das erste Paket an der Schnittstelle *WAN1* an. Der richtige Platz für die neue Regel ist also beim Regelwerk von *WAN1*.
Für den Inhalt einer Regel gilt: so exakt wie möglich und so allgemein wie nötig. Damit ist gemeint, dass die Regel für den Webzugriff auf den Server labsrv nicht einfach nur den Port 443 (https) in die DMZ erlaubt.

> **Hinweis**
>
> OPNsense gibt keine Warnung, wenn eine Regel zwar richtig konfiguriert ist, aber im Regelwerk der falschen Schnittstelle liegt. Erst bei der Fehlersuche wird auffallen, dass durch diese Regel kein Netzverkehr läuft.

Eine exakte Regel besteht aus:

- Aktion: Erlauben

- Schnittstelle: WAN1

- Richtung: in

- TCP/IP Version: IPv4

- Protokoll: TCP

- Ziel: 10.4.1.7

- Zielportbereich: HTTPS

- Beschreibung: Webserver labsrv

Die Position der neuen Regel gehört in den oberen Bereich des Regelwerks, da sie speziell den Zugriff auf den Laborserver behandelt.
Auf diese Weise wächst das Regelwerk von jedem Interface um die erlaubten Kommunikationspartner.

> **Blockieren oder Ablehnen?**
>
> OPNsense unterscheidet zwischen *Blockieren* und *Ablehnen* für unerwünschte Verbindungen. Beide Aktionen verhindern die Kommunikation: *Blockieren* verwirft das Paket stillschweigend, während *Ablehnen* es zwar auch verwirft, aber den Sender darüber per ICMP informiert. Grundsätzlich verwendet man *Blockieren* für feindliche Netze (Internet), damit kein Antwortpaket generiert wird, welches Informationen verraten oder zu einem DDoS-Angriff beitragen könnte. Für freundliche Netze (LAN, WiFi) eignet sich *Ablehnen*, damit die Clients sofort Bescheid wissen und der Anwender nicht lange auf ein Timeout warten muss.

# Logging

Jede Regel kann einen Eintrag im Logbuch erzeugen, wenn sie eine neue
Verbindung erlaubt, blockiert oder ablehnt. Die Option *Protokolliere Pakete
die von dieser Regel behandelt werden* gilt pro Regel. Bei vielen Regeln
mit Loggingfunktion oder bei einer arbeitsfreudigen Firewall, kann der
Logbereich dadurch schnell anwachsen.

Sinnvoll sind diese Logeinträge nur, wenn damit Sinnvolles gemacht wird.
Ansonsten sind sie Datenmüll oder ein Flash-Killer (vgl. Kap. 4). Zu den
logwürdigen Anwendungsfällen gehören:

- Fehlersuche. Im Problemfall anschalten, Logs untersuchen, Fehler
  lösen und Logging abschalten.

- Anti-Spoofing. Im Normalfall kommen hier keine Pakete an. Falls
  doch, ist der Logeintrag wertvoll für die Ursachenforschung.

- Regeln für kritische Netzbereiche. Wenn beispielsweise die Server in
  der DMZ selbstständig keine neuen Verbindungen aufbauen, lohnt
  sich eine Regel mit Logfunktion. Denn diese Logeinträge deuten auf
  eine Fehlfunktion der Server hin oder auf einen kompromittierten
  Server.

- Nachweispflicht. Logeinträge sind gute Begleiter, wenn es um den
  Nachweis von Netzverkehr geht. Ob diese Einträge sogar als Beweis
  anerkannt werden, hängt von der Umgebung ab.

Selbst die Hilfe der Logfunktion warnt vor übermäßigem Logging:

> *„Hinweis*: Die Firewall hat begrenzten lokalen Protokollspei-
> cherplatz. Aktivieren Sie die Protokollierung nicht für alles. Falls
> Sie viel protokollieren wollen, sollten Sie sich überlegen, einen
> fernen Syslog-Server zu verwenden.“

Auch beim Logging gilt: sparsam und nur bei den kritischen Regeln verwenden.

## Durchsatz

Mit steigender Anzahl der Regeln leidet nicht nur die Übersichtlichkeit. Auch die Durchsatzrate der Firewall sinkt, denn immerhin muss OPNsense für jedes ankommende Paket das Regelwerk oder die Verbindungstabelle befragen und entsprechend handeln. Zusätzlich erfordern manche Pakete eine Adressumsetzung oder einen Eintrag im Logbuch.
Optimierungen am Regelwerk sind durchaus sinnvoll. Beispielsweise sollten häufig benutzte Regeln stets am Anfang stehen, damit neue Pakete schneller auf ihre Regel treffen und zügig weitergeleitet werden.
Ab welcher Größe das Regelwerk die weitergeleiteten Pakete verzögert, lässt sich nicht pauschal beantworten. Die Komplexität der Regeln und die Verwendung von Aliassen ist entscheidend. Im Allgemeinen spricht man von einem *großen* Regelwerk, wenn die Anzahl der Regeln im mittleren vierstelligen Bereich ankommt.

## Best Practice

Ein Regelwerk kann im Laufe der Jahre anwachsen und unübersichtlich werden. Eine strukturierte Arbeitsweise von Beginn an trägt zu einem aufgeräumten Regelwerk bei.

- *Keep it simple.* Ein kompliziertes Regelwerk funktioniert nur bis zur nächsten Änderung oder bis zum Fehlerfall. Und wenn die Firewall nach mehreren Monaten erneut betrachtet wird, wirken selbst die eigenen Regeln fremd.

- *Dokumentieren.* In jeder Regel gibt es ein Feld für Beschreibungen; der perfekte Platz, um den Hintergrund dieser Regel knapp zu erläutern. In das Beschreibungsfeld gehört *nicht* die Funktion dieser Regel, denn das steht bereits in den anderen Feldern.

- *Endgeräte und Dienste zusammenführen.* Mehrere Server lassen sich in einer Gruppe zusammenfassen. Und mehrere ähnliche Dienste fühlen sich in einer Portgruppe wohl. Eine Gruppe heißt bei OPNsense *Alias* und lässt sich bei *Firewall → Aliase* einrichten. Auf diese Aliasse können die Firewallregeln zugreifen. Damit kann eine einzelne Regel für mehrere Server und mehrere Ports gelten, was das Regelwerk deutlich lesbarer und kürzer ausfallen lässt.

- *Quellnetz*. Die Angabe einer Quelle in einer Firewallregel empfiehlt sich für Regeln, die Verkehr *erlauben*. Die Quelle sollte auf *beliebig* für allgemeine Verbote stehen. Damit gelten die Verbote auch für weitere Netze, die über diesen Netzadapter die Firewall erreichen.
  Diese Unterscheidung ist wichtig, wenn die Firewall Netze kontrolliert, die nicht direkt mit ihr verbunden sind.

- *IPv4+IPv6*. Der IP-Filter von OPNsense ist bereit für IPv6, sodass die erstellten Regeln für beide IP-Protokolle gelten können. Dazu muss nicht jede Regel zweimal vorhanden sein. Es reicht, wenn in den Regeleigenschaften beim Protokoll die Auswahl auf *IPv4+IPv6* steht. Damit die Regel tatsächlich beide Protokolle filtert, müssen die Aliasse auch beide Versionen der Adresse enthalten. Der Alias für den Laborserver besteht dann aus 10.4.1.7 und fd00:4::7.

- *Final-deny-any-Regel*. Eine explizite letzte Regel blockiert und protokolliert. Die Loggingfunktion wird bei Bedarf und im Fehlerfall benutzt.

- *Filtern an der Quelle*. Wenn mehrere Firewalls im Einsatz sind, sollte so nah wie möglich an der Quelle gefiltert werden. Damit wird der Traffic früh erkannt und vermieden, bevor er durchs Netz fließen kann, nur um eventuell an anderer Stelle blockiert zu werden.

- *Filtern in eingehender Richtung*. Regelwerke bleiben überschaubar, wenn sie in *ein*gehender Richtung filtern. OPNsense kann mit der Option *Richtung* oder den Floating-Regeln auch anders, aber es wird unübersichtlich, wenn sich die Richtlinie über mehrere Stellen verteilt.

- *Audit*. Einmal jährlich sollte das Regelwerk überprüft, unnötige Regeln deaktiviert und später gelöscht werden. Aber wie erkennt man Regeln, die ohne Funktion sind?
  Der Button *Inspect* jedes Regelwerks bei *Firewall* → *Regeln* zeigt für jede Regel, wie oft diese aktiv war. Zu jeder Regel sind die transportierte Datenmenge und Anzahl der Pakete vermerkt. Regeln mit 0 bei *Pakete* und *Bytes* haben noch nichts geleistet und sind Kandidaten fürs Aufräumen.

Ältere Versionen von OPNsense ohne *Inspect*-Funktion halten diese Information in der Rubrik *rules* bei *Firewall* → *Diagnose* → *Statistiken* bereit.

# Zusätzliche Filter

Die vorgestellten Methoden des Paketfilters sind für das Durchsetzen der Sicherheitsrichtlinie im eigenen Netzwerk meist ausreichend. Aber OPNsense hat noch ein paar Tricks auf Lager, um besondere Anwendungsfälle abzudecken.

## Zeitbasierte Regeln

Eine normale Regel ist dauerhaft aktiv und gilt rund um die Uhr. Eine *zeitbasierte* Regel hat einen „Stundenplan", der ihr mitteilt, wann sie Pakete filtern soll und wann nicht. Dieser Zeitplan kann aus einfachen Angaben bestehen, z. B. 9-17 Uhr, oder ein aufwendiges Schema umsetzen, das Uhrzeit, Datum und Wochentag enthält.

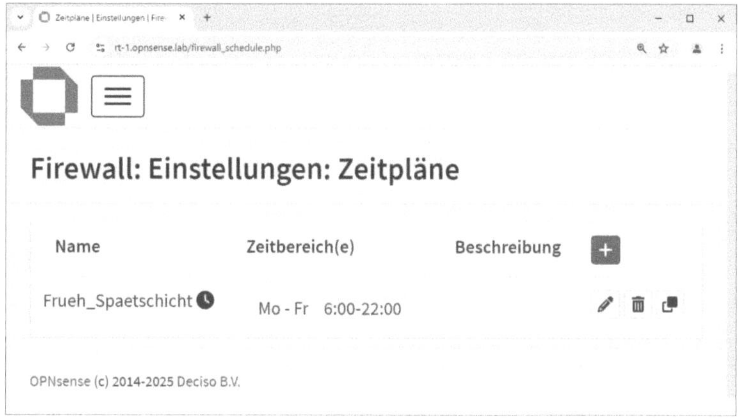


Abbildung 6.2: Dieser Zeitplan umfasst Uhrzeiten von 6 bis 22 Uhr

Im Beispiel mit den Abbildungen 6.2 und 6.3 soll der E-Mail-Server nur tagsüber erreichbar sein, damit die Mitarbeiter nachts keine E-Mails bearbeiten. Bei *Firewall* → *Einstellungen* → *Zeitpläne* kommt ein Zeitplan ins Spiel, der die Tageszeit von 6 bis 22 Uhr umfasst (Abbildung 6.2).

> **Hinweis**
>
> Der Zeitplan funktioniert nur zuverlässig mit einer synchronisierten Uhrzeit. Unter *Dienste → Netzwerk-Zeit → Allgemein* holt sich OPNsense von einem öffentlichen NTP-Server regelmäßig die exakte Uhrzeit.

Eine Firewallregel (Abbildung 6.3) für das LAN-Interface erlaubt den Zugriff auf diesen Server nur innerhalb der Zeiten, die im Zeitplan angegeben sind. Außerhalb von diesem Zeitbereich trifft diese Regel nicht zu und der E-Mail-Wunsch scheitert an der finalen Blockade oder einer *final-deny-any*-Regel.

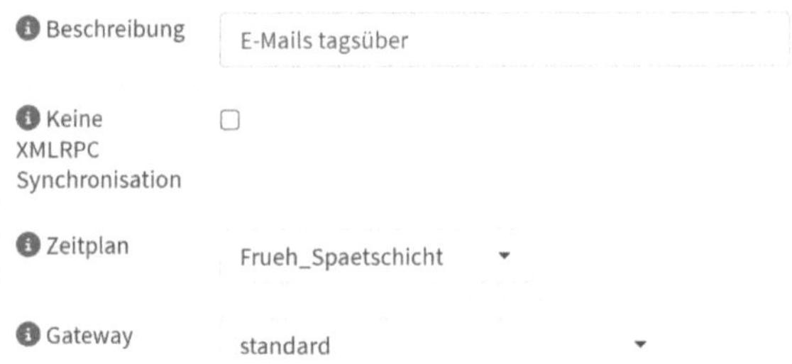


Abbildung 6.3: Die Firewallregel gilt nur innerhalb des Zeitfensters

> **Achtung**
>
> Wenn die zeitbasierte Regel eine Kommunikation verbietet, werden *bestehende* Verbindungen nicht getrennt. Wer ausgewählte IP-Verbindungen zu einer bestimmten Uhrzeit trennen möchte, greift zum Zeitplaner Cron und dem Kommando `pfctl -k`.

## Anti-Spoofing

Das Fälschen der Quelladresse wird als Spoofing bezeichnet. Dieses absichtliche Manipulieren unterscheidet sich vom gewollten Verändern der Quell- oder Zieladresse, wie es die Adressumsetzung vollführt (vgl. Kap. 8).
Einem IP-Paket kann man seine inkorrekte Quelladresse nicht ansehen. Erst im Kontext der Umgebung kommt man einer falschen Adresse auf die Spur.

Abbildung 6.4: Diese Firewallregel erkennt gefälschte Quelladressen

Beispielsweise ist ein Paket mit der Quell-IP 10.1.1.15 grundsätzlich ein gültiges Paket vom Client CL-1 im Standort-1. Wenn dieses Paket allerdings am Interface *WAN1* der Firewall RT-1 ankommt, dann ist die Adresse fehlerhaft und vermutlich gefälscht.

Mit gefälschten Adressen lassen sich simple Paketfilter austricksen oder bestimmte Antwortpakete provozieren.

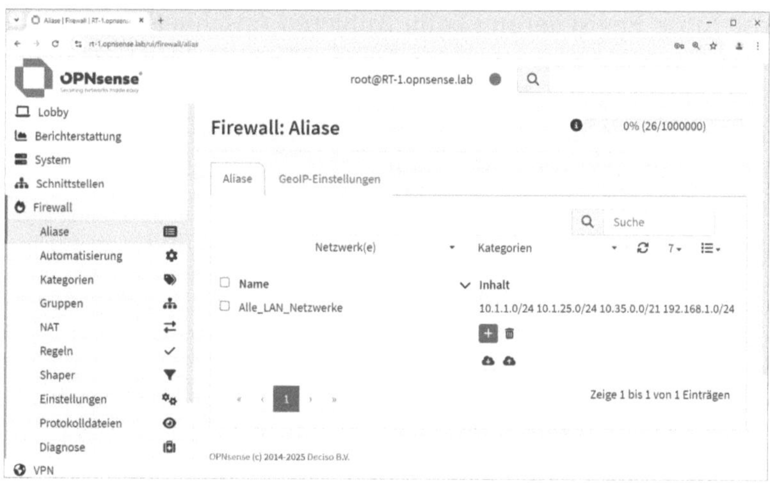

Abbildung 6.5: Die Netze am LAN-Adapter als Firewall-Alias

OPNsense kommt mit einer eingebauten Methode für den einfachen Schutz vor Adressfälschungen. Diese versteckte Regel blockiert eingehende Pakete an einem Netzadapter mit Adressen aus den IP-Netzen der anderen Adapter.

Diese hausinterne Methode bietet einen akzeptablen Basisschutz gegen Spoofing. Eine eigene *Anti-Spoofing*-Regel ist nur notwendig, wenn über einzelne Netzadapter mehrere IP-Netze erreichbar sind.

Die Konfiguration dieser Regel ist überraschend einfach, denn in den Optionen der Firewallregel gibt es die Möglichkeit, die Quelle zu negieren: Blockiere alle ankommenden Pakete am Interface LAN, die *nicht* aus dem LAN-Netzwerk stammen. Abbildung 6.4 zeigt die Konfiguration dieser Anti-Spoofing-Regel mit den notwendigen Aliassen aus Abbildung 6.5.

## GeoIP

Das Filtern von IP-Verbindungen auf Basis des Herkunftslandes wird als *GeoIP* bezeichnet. Einer IP-Adresse kann man seine geografische Heimat nicht ansehen, also basiert der Zauber von GeoIP auf einer Zuordnungsliste mit IP-Bereichen und Ländern. OPNsense bedient sich für die Geo-Funktionen an den Datenbanken von MaxMind [8]. Der Anbieter gibt die Genauigkeit der Zuordnung von IP-Adresse zum Land mit 99,8 % an.

Der Zugriff auf die Datenbank von MaxMind erfordert seit Dezember 2019 eine kostenlose Registrierung beim Anbieter. Anschließend lässt sich im Webportal von MaxMind unter *My License Key* ein Lizenzschlüssel (z. B. LDswU7Agprdv9J1a) erstellen. Der generierte Schlüssel muss in OPNsense unter *Firewall* → *Aliase* → *GeoIP-Einstellungen* als Download-URL eingetragen werden, die auch die Account-Nummer und den Lizenzschlüssel enthält.

Die passende URL für den beispielhaften Schlüssel lautet:

```
https://1088641:LDswU7Agprdv9J1a@download.maxmind.com/geoip/ \
   databases/GeoLite2-Country-CSV/download?suffix=zip
```

Nach einem bestätigenden Klick auf *Anwenden* lädt OPNsense alle IP-Bereiche von MaxMind und ermöglicht damit Aliasse vom Typ *GeoIP*.

---

**Hinweis**

Je nach Hardwareausstattung und OPNsense-Version passen die Aliasse nicht vollständig in die Firewall-Tabelle. Dann muss der Defaultwert unter *Maximale Firewall-Tabelleneinträge* bei *Firewall* → *Einstellungen* → *Erweitert* auf beispielsweise 1.000.000 anwachsen.

---

Eine Firewallregel zum Blockieren auf Landesebene untersagt sämtliche Verbindungen mit Adressen in einem oder mehreren Ländern. Wenn IP-Adressen irrtümlich diesem Land zugeordnet sind, oder einzelne Server von der Blockade ausgenommen werden müssen, benötigt das Regelwerk eine vorherige Ausnahmeregel.

**Firewall: Regeln: LAN**

| | | Protokoll | Quelle | Port | Ziel | Port | Gateway | Zeitplan | | Beschreibung |
|---|---|---|---|---|---|---|---|---|---|---|
| | | | | | | | | | | *Automatisch generierte Regeln* |
| | IPv4 * | | LAN Netzwerk * | | 104.18.34.171/32 * | * | * | * | | www.telegraaf.nl |
| | IPv4 * | | LAN Netzwerk * | | NL | * | * | * | | Block NL |
| | IPv4 * | | LAN Netzwerk * | | * | * | * | * | | |

Abbildung 6.6: Die Firewall regelt den Zugriff auf Landesebene

Abbildung 6.6 zeigt ein Beispiel für die Blockade der Niederlanden und die Ausnahme der Webseite einer populären Tageszeitung. Die Reihenfolge der Firewallregeln ist entscheidend: Ausnahmen zuerst, dann die Geo-Blockaden, und zuletzt die allgemeinen Regeln.

## Technischer Hintergrund

Die Firewall von OPNsense setzt auf den Paketfilter *pf* von FreeBSD. Dieser wurde 2001 ursprünglich für OpenBSD entwickelt, hat aber seinen Weg schnell nach FreeBSD gefunden, wo er seit 2004 ein fester Bestandteil der Distribution ist.

Die Arbeit mit *pf* läuft über den Befehl *pfctl* auf der Kommandozeile ab. *pfctl* lädt neue Regeln, zeigt die aktive Konfiguration an, prüft die Syntax oder deaktiviert die Filterfunktion. Die Weboberfläche von OPNsense übersetzt die erstellten Firewallregeln in die Syntax von *pf*.

Ohne zusätzliche Plug-ins bietet OPNsense keine Möglichkeit, neue Regeln über die Kommandozeile zu erstellen. Für die Fehlersuche ist es jedoch hilfreich, einige Optionen von *pfctl* zu kennen. Tabelle 6.1 zeigt die wichtigsten Befehle für die Kommandozeile und deren Bedeutung.

Die Logmeldungen landen in der Datei /var/log/filter/latest.log, die sich mit den üblichen Befehlen `tail`, `grep` oder `less` durchforsten lässt. Beispiel: `grep 10.5.1.7 /var/log/filter/latest.log`

| Kommando | Beschreibung |
| --- | --- |
| `pfctl -d` | Deaktiviert alle Filter und Adressumsetzungen |
| `pfctl -e` | Aktiviert die Filterfunktion und NAT |
| `pfctl -s rules` | Zeigt das aktive Regelwerk von *pf* |
| `pfctl -s nat` | Zeigt die Adressumsetzungen |
| `pfctl -s states` | Listet alle Verbindungen, die die Firewall behandelt. Siehe auch *Firewall → Diagnose → Status* |

Tabelle 6.1: *pfctl* steuert *pf* auf der Kommandozeile

OPNsense-Firewalls mit einem Versionsstand vor 22.1 nutzen eine Software-schnittstelle namens *pflog*, die die Logdateien über Umwege mit binärem Inhalt füllt. Das Tool `clog` wandelt die Logdatei in Klartext um, von wo sie für die eigene Analyse bereitsteht. Beispiel:

```
clog /var/log/filter.log | grep 10.5.1.7
```

## Reihenfolge der Abarbeitung

Der Paketfilter von OPNsense arbeitet die Richtlinie in einer bestimmten Reihenfolge ab. Jedes Paket durchläuft zuerst die NAT-Regeln (vgl. Kap. 8), gefolgt von den Systemregeln und zuletzt kommen die eigenen Regelschöpfungen.

1. 1:1-NAT-Regeln (*Firewall → NAT → Eins-zu-Eins*)

2. Ausgehende NAT-Regeln (*Firewall → NAT → Ausgehend*)

3. Eingehende NAT-Regeln, z. B. Portweiterleitungen (*Firewall → NAT → Portweiterleitung*)

4. Vorkonfigurierte interne Regeln, z. B. Anti-Aussperr-Regel, Bogon-Netze für IPv4, DHCP, notwendige ICMP-Typen für IPv6

5. Automatisierungsregeln (*Firewall → Automatisierung → Filter*) aus Kapitel 19.

6. Eigene Floating-Regeln (*Firewall → Regeln*)

7. Eigene Regeln, die für Schnittstellengruppen gelten

8. Eigene Regeln, die für Schnittstellen gelten, z. B. MGMT, LAN (*Firewall → Regeln*)

9. Automatische VPN-Regeln

Die einzelnen Bereiche müssen keine Arbeitsschritte beinhalten. Wenn die Firewall keine VPN-Tunnel terminiert, dann sind die *automatischen VPN-Regeln* leer, ohne den Verkehr zu blockieren.

Je nach Anwendung schleichen sich noch weitere Regeln dazwischen, damit die Anwendung nicht irgendwo im Regelwerk „hängen bleibt". Dazu zählen OpenVPN mit RADIUS-Authentifizierung und IPsec-Clients.
Alle Details über die einzelnen Schritte liefert nur noch das Regelwerk im *pf*-Format, welches in der Datei `/tmp/rules.debug` schlummert.

## Fehlersuche

Warum ist die neue Regel völlig wirkungslos und erlaubt nicht den eingerichteten Datenverkehr? OPNsense gibt für diese Situation Einblick in interne Abläufe, Logdateien und den Netzverkehr. Die folgenden Tipps wollen Orientierung bieten, wenn sich der Fehler schwer finden lässt:

1. Logische Prüfung. Gehört die Regel zum richtigen Interface? Umfassen die Regeldetails die gewünschte Auswahl von Quelle, Ports, Protokoll und Ziel?

2. Reihenfolge. Ist die Regel an einer passenden Position im Gesamtregelwerk? Die Filterlisten werden von oben nach unten abgearbeitet. Eventuell schlägt eine andere Regel vorher zu, sodass die problematische Regel gar nicht zum Zug kommt? Für die Dauer der Fehlersuche darf die neue Regel ausnahmsweise an den Anfang des Regelwerks.

3. Sonderfall *Floating*-Regeln. Die fließenden Regeln werden *vor* den normalen Interface-Regeln abgearbeitet, wenn die voreingestellte Option *Schnell* (engl. *Quick*) gewählt ist. Wenn sich also zwei Regeln widersprechen, gewinnt die schnellere Floating-Regel.

4. Adressumsetzung. Verändert eine NAT-Regel (vgl. Kap. 8) das ursprüngliche Aussehen des Pakets, sodass es von der Gegenstelle abgewiesen wird?

5. Routing. Im Allgemeinen entscheidet die Routingtabelle über das ausgehende Interface des Pakets. Im Besonderen kann das Feld *Gateway* einer Regel diese Entscheidung überschreiben (vgl. Kap. 16). Also, nimmt das Paket den richtigen Ausgang?

6. Logbuch. OPNsense bietet mehrere Formate zum Durchstöbern der Firewalllogs. Die Suchfunktion bei *Firewall → Protokolldateien → Liveansicht* filtert die Logeinträge nach Zeit, Schnittstelle, IP-Adressen, Ports und Protokollen.

Wenn das Logbuch keine Einträge über die neue Verbindung hat, kommen die Pakete eventuell gar nicht beim Netzadapter an. Den Beweis dazu liefert ein Blick in *Schnittstellen → Diagnose → Paketaufzeichnung*. Diese Funktion von OPNsense startet im Hintergrund das Analysewerkzeug `tcpdump` zur Aufzeichnung und Darstellung von übertragenen Paketen.

## Zusammenfassung

Der Paketfilter *pf* von FreeBSD hat zwar eine lesbare Syntax, aber OPNsense übernimmt die Bastelei an den Regeldateien. Die technischen Details gehen hinter der Weboberfläche in Deckung, sodass der Admin mit Regeln, Gruppen und Aliassen auf hohem Niveau die geforderte Sicherheitsrichtlinie umsetzen kann.
Die Möglichkeiten sind vielfältig: OPNsense filtert nach Quelle, Ziel, Protokoll, Ports und Zeitplan. Und das nahtlos für IPv4 und IPv6.
OPNsense kann die Regeln auch dafür benutzen, um die *Quality of Service*-Parameter der durchfließenden Pakete zu beeinflussen oder das Gateway der ausgehenden Pakete zu verändern (vgl. Kap. 16).

# Kapitel 7

# Transparente Firewall

Eine transparente Firewall, oder Firewall-Bridge, macht grundsätzlich dasselbe wie eine „normale" Firewall: Sie erlaubt gute IP-Pakete und blockiert böse Pakete. Die Arbeitsweise ist eine andere, denn sie sitzt transparent im Pfad der Verbindungen. Routingfunktionen bleiben abgeschaltet und für ping und traceroute ist sie unsichtbar. Eine eigene IP-Adresse benötigt sie nur für das Management.

Vereinfacht ist eine transparente Firewall ein Ethernet-Switch mit Filterfunktion.

## Vor- und Nachteile

Die transparente Firewall hat keine eigene IP-Adresse und erwartet daher auch keine Änderung an Adressen der vorhandenen Server und Router. Damit ist diese Form der Firewall der ideale Beschützer von Netzbereichen, die nicht verändert werden dürfen. Die Firewall beginnt ihre Arbeit als filterfreier Ethernet-Switch und schottet Regel-für-Regel die Netzbereiche ab.

Einen weiteren Pluspunkt verdient die Firewallbrücke beim Thema *Multicast*, denn ein erlaubter Multicast-Strom fließt einfach durch sie hindurch. Die mühsamen Workarounds mit IGMP-Proxy sind dann nicht nötig.

Als filternder Ethernet-Switch ist eine transparente Firewall nicht auf IP-Pakete beschränkt. Damit ermöglicht die Firewall Ethernet-Pakete, die *andere* Protokolle transportieren. Vor allem in Rechenzentren könnten IPX,

FCoE oder MPLS über die Leitungen flitzen, die eine reguläre Firewall nicht behandeln kann. Leider hat OPNsense nichts übrig für die Ethernetvielfalt; es gibt jenseits von IP nur *erlauben* oder *verwerfen.*

Die Unsichtbarkeit der Firewall ist zugleich ihr größtes Manko, wenn es zum Troubleshooting kommt. Sichtbare Netzelemente mit IP-Adresse unterstützen bei der Fehlersuche dadurch, dass ihre Existenz im Pfad bekannt ist.
Als Netzteilnehmer auf Ebene 2 des OSI-Modells kann die transparente Firewall nicht an dynamischen Routingprotokollen teilnehmen, die auf Ebene 3 arbeiten. Das Gleiche gilt für VPN-Tunnel und *Quality of Service-*Maßnahmen, die auf IP-Ebene schaffen.

## Laboraufbau

Der Host labsrv ist erreichbar für die Gegenstellen RT-core und RT-3, die über das gemeinsame IP-Netz verbunden sind. Vor dem Server steht RT-1 als transparente Firewall und schützt mit einem beispielhaften Regelwerk den Zugriff auf labsrv. Die Netzadapter von RT-1 werden gebrückt, damit der Datenverkehr transparent durchfließen kann. Abbildung 7.1 zeigt den Aufbau der Laborgeräte.

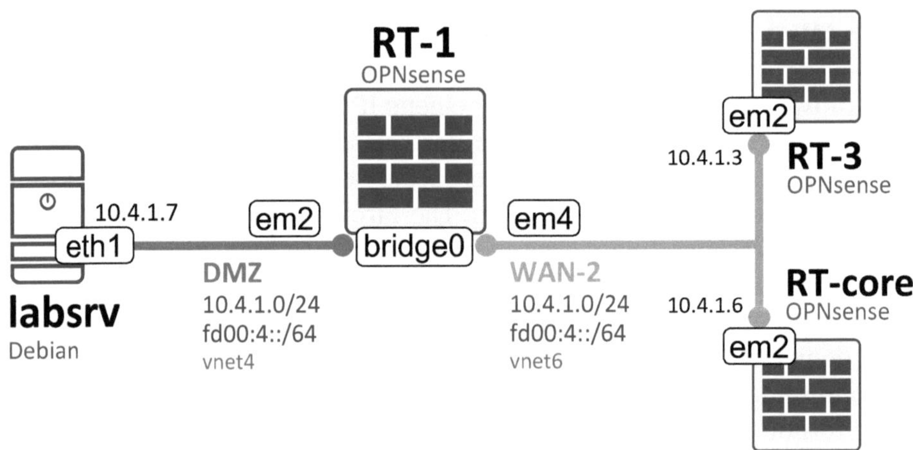


Abbildung 7.1: Laboraufbau mit RT-1 als transparente Firewall

# Einrichtung

Die Netzbrücke ist über die GUI rasch erstellt, aber die Firewall hat ein paar weitere Stellschrauben, die für den späteren Betrieb wichtig sind.

1. *Netzbrücke erstellen.* Die Netzbrücke ist ein zusätzliches Interface, welches bei *Schnittstellen → Geräte → Brücke* erstellt wird. Die Mitglieder der neuen Brücke sind die beiden Netzadapter *DMZ* und *WAN2*. Der Name ist vorgegeben und lautet für die erste Brücke *bridge0*.
   Die neue Netzbrücke nimmt *nicht* am *Spanning Tree Protocol* teil, damit sie keine Nachrichten aussendet und unsichtbar bleibt.

2. *Schnittstelle erstellen.* Unter *Schnittstellen → Zuweisungen* wartet die *bridge0* auf ihre eigene Schnittstelle. Bei RT-1 erhält sie die Bezeichnung *OPT4* und ist sogleich in der Liste der Schnittstellen aufgeführt.

3. *Schnittstelle konfigurieren.* Die Schnittstelle der Netzbrücke verhält sich genau wie die anderen Netzadapter (vgl. Kap. 5). Bei *Schnittstellen → OPT4* erhält das Interface seinen Namen und *keine* IP-Adresse. Danach geht es den Schnittstellen der Mitglieder an den Kragen, denn die Adapter *DMZ* und *WAN2* müssen ihre IP-Konfiguration aufgeben, um ebenfalls transparent zu werden. Dazu wird der *Konfigurationstyp* auf *Keines* umgestellt.

> **Hinweis**
>
> Wenn die Konfiguration der Firewall durch einen der besprochenen Netzadapter erfolgt, wird der Umbau zur Netzbrücke die Verbindung dauerhaft unterbrechen. Hier empfiehlt sich erneut ein dedizierter Management-Adapter (vgl. Kap. 9), der nicht zu den produktiven Schnittstellen gehört.

4. *NAT-Regeln.* Als Ethernetbridge darf die Firewall keine Umsetzung von IP-Adressen machen (vgl. Kap. 8). Die Voreinstellung von OPNsense bei NAT liegt bei der automatischen Erstellung von NAT-Regeln, also müssen diese bei *Firewall → NAT → Ausgehend* deaktiviert werden.

Falls die Firewall Adressumsetzungen für andere Netzadapter durchführt, ist die manuelle Erstellung der NAT-Regeln angesagt. Das Regelwerk für NAT darf dann nicht die einzelnen Adapter der Netzbrücke enthalten!

Da die *Administrations-Anti-Aussperrregel* NAT-Regeln vom Typ *Portweiterleitung* verwendet, muss sie ebenfalls deaktiviert sein. Zuvor benötigt die Firewall entsprechende Einträge im Regelwerk, die den Zugriff über HTTPS und SSH erlauben (siehe Seite 110 in Kapitel 9).

5. *Filtern auf der Brücke.* Die Regelwerke zum Filtern bei OPNsense gelten für die Pakete der physischen Netzadapter. Die Netzbrücke ist ein logischer Adapter und möchte beim Filtern mitmachen.
   Unter *System → Einstellungen → Optimierungen* hat OPNsense die Schalter platziert, die dafür wichtig sind. Die ersten beiden Einstellungen von Tabelle 7.1 verschieben die Filterfunktion vom Hardwareadapter zur Netzbrücke.

| Optimierung | Wert | Beschreibung |
| --- | --- | --- |
| net.link.bridge.pfil_member | 0 | Filtert nicht mehr auf den einzelnen Netzadaptern der Brücke |
| net.link.bridge.pfil_bridge | 1 | Filtert auf der Schnittstelle der Netzbrücke |
| net.link.bridge.pfil_onlyip | 0 | Was passiert mit Nicht-IP-Paketen? Per Voreinstellung lässt OPNsense sie ungehindert passieren. |

Tabelle 7.1: Anpassungen im Kernel für eine Netzbrücke mit Filter

6. *Regelwerk.* Jetzt wird gefiltert. Nach der Änderung in Schritt 5 ist nur noch die Netzbrücke befähigt, Pakete zu filtern. Die Regelwerke ihrer Mitglieder *DMZ* und *WAN2* sind wirkungslos und sollten – für die bessere Übersicht – geleert werden.

---

**Hinweis**

Die Regeln der Netzbrücke filtern grundsätzlich in beide Richtungen, also eingehend und ausgehend.

---

Für die neuen Regeln ist es wichtig, dass *Quelle* und *Ziel* mit IP-Adressen gefüllt sind und nicht achtlos auf *jeglich* stehen.

7. Zuletzt die Schnittstellen und Firewallregeln speichern und aktivieren.

Damit ist die Netzbrücke einsatzbereit. Das WAN-2-Netz ist fortan direkt mit dem DMZ-Netz 10.4.1.0/24 verbunden. Die ursprünglichen IP-Adressen des WAN-2-Netzwerks entfallen und die Teilnehmer RT-3 und RT-core erhalten entsprechende IP-Adressen aus dem Bereich des DMZ-Netzwerks (siehe Tabelle 7.2).

| Firewall | Interface | VMnet/vboxnet | IPv4 | IPv6 |
|---|---|---|---|---|
| RT-1 | em2 | VMnet4 | 10.4.1.1 | fd00:4::1 |
| RT-3 | em2 | VMnet6 | 10.4.1.3 | fd00:4::3 |
| RT-core | em2 | VMnet6 | 10.4.1.6 | fd00:4::6 |
| labsrv | eth1 | VMnet4 | 10.4.1.7 | fd00:4::7 |

Tabelle 7.2: Neue Adressen im gemeinsamen Verbund von *DMZ* und *WAN-2*

## Filterlogik

Die Firewall RT-1 brückt seine Netzadapter *DMZ* und *WAN2* zu einem neuen Bridge-Interface *bridge0* zusammen. Diese Netzbrücke erlaubt die Kommunikation aller Teilnehmer auf Ethernet-Ebene. Die angeschlossenen Geräte labsrv, RT-3 und RT-core sind jetzt alle in derselben Broadcast-domäne, welche durch die Bridge von RT-1 entsteht. Damit bildet sich ein normales geswitchtes Ethernet-Segment, von transparenter Firewall noch keine Spur.

Die Firewall kann alle Pakete der Ethernet-Bridge untersuchen. Und sie kann tiefer ins Paket gucken und auch nach IPv4/IPv6-Adressen und Portnummern filtern.

Die Wirkungsrichtung der Firewall ist bidirektional: Regeln gelten gleichzeitig in eingehender und ausgehender Richtung. Ein blockierter Port 80 ohne Angabe von Quell- oder Ziel-IP gilt also in beide Richtungen. Wenn die Richtung wichtig ist, müssen IP-Adressen in der Filterregel die Situation exakt beschreiben.

## Regelwerk

Der Aufbau des Regelwerks und die Abarbeitung der einzelnen Zeilen bleiben bei der transparenten Firewall die Gleichen. Der wichtigste Unterschied liegt darin, dass die Regeln einer Firewallbrücke in beide Richtungen gelten, da zwischen ein- und ausgehend nicht mehr unterschieden werden kann. Den beispielhaften SSH-Zugriff von 10.4.1.3 (RT-3) in Richtung 10.4.1.7 (labsrv) zeigt Abbildung 7.2. Bei den weiteren dargestellten Regeln ist zumindest das Ziel angegeben, sodass Webzugriffe nur in die DMZ *herein* erlaubt sind.

**Firewall: Regeln: BRIDGE**

| | Protokoll | Quelle | Port | Ziel | Port | Gateway | Zeitplan | Beschreibung |
|---|---|---|---|---|---|---|---|---|
| | | | | | | | | *Automatisch generierte Regeln* |
| ✕ → ⚡ ⓘ | IPv4+6 * | LAN Netzwerk | * | * | * | * | * | Anti-Spoofing |
| ▶ → ⚡ ⓘ | IPv4+6 TCP | * | * | labsrv | 80 (HTTP) | * | * | Webzugriff (http) auf labsrv |
| ▶ → ⚡ ⓘ | IPv4+6 TCP | * | * | labsrv | 443 (HTTPS) | * | * | Webzugriff (https) auf labsrv |
| ▶ → ⚡ ⓘ | IPv4+6 TCP | * | * | labsrv | 465 (SMTP/S) | * | * | E-Mail (smtps) für labsrv |
| ▶ → ⚡ ⓘ | IPv4+6 TCP | * | * | labsrv | 25 (SMTP) | * | * | E-Mail (smtp) für labsrv |
| ▶ → ⚡ ⓘ | IPv4+6 TCP | RT_3 | * | labsrv | 22 (SSH) | * | * | RT-3 sichert seine Config per SCP |

Abbildung 7.2: Firewallregeln mit exakten Angaben von Quelle und Ziel

## Verbindungstest

Kleine Funktionskontrolle: Mit `ping`, `ssh` und `curl` lassen sich Verbindungsanfragen generieren, die durch das Regelwerk untersagt sind. Der außenstehende Host RT-core testet die neuen Firewallregeln:

```
curl --head http://10.4.1.7    # erlaubt, TCP-Port 80
ssh -v 10.4.1.7                # verboten, TCP-Port 22
ping 10.4.1.7                  # verboten, ICMP echo
```

Der SSH-Zugriff scheitert, weil sich die einzige Regel für SSH auf RT-3 bezieht und diese Kommandos auf RT-core laufen.
Zum Testen von IPv6 ruft RT-core wieder `curl` zur Hilfe, diesmal mit einer IPv6-Adresse als Ziel:

```
curl --head "http://[fd00:4::7]/"
```

Der Verbindungsversuch sollte erfolgreich sein, da der Zugriff auf TCP-Port 80 für beide IP-Protokolle seitens RT-1 gestattet ist.

> **Hinweis**
>
> Bei Verwendung einer IPv6-Adresse in der URL sind umschließende Hochkommata und eckige Klammern notwendig. Andernfalls meldet `curl` schlicht *No match*.

## Transparente Firewall aufdecken

OPNsense als Netzbrücke ist im Pfad unsichtbar. Die benachbarten Geräte können nicht erkennen, dass ihre Datenpakete von einer Firewall untersucht werden, denn die Filter verändern weder die MAC- noch die IP-Adresse. Aus diesem Grund muss auch die Adressumsetzung in Abschnitt *Einrichtung* deaktiviert sein.

Wenn eine Filterregel mit *Ablehnen* reagieren soll, dann muss die Firewall aktiv die Verbindung beenden. OPNsense wird auch in diesem Fall seine Identität nicht aufdecken und sendet das ablehnende Paket im Namen der Gegenstelle. Damit hat der Client den Eindruck, dass der Server die Verbindung getrennt hat, obwohl tatsächlich die Firewall in der Mitte der Spielverderber ist.

Enttarnen lässt sich eine transparente Firewall nur, wenn sie unabsichtlich Informationen über sich preisgibt. Dazu gehören ungewollte ICMP-Antworten (z. B. `ping`), Nachbarschaftsankündigungen per LLDP oder Leistungseinbußen. Im trivialsten Fall einigen sich die beiden Netzadapter der Firewallhardware auf unterschiedliche Einstellungen bei Geschwindigkeit und Duplex, sodass die Gegenstellen ein Gerät im Pfad zumindest vermuten können.

## Technischer Hintergrund

Für das Filtern bedient sich die transparente Firewall an den gleichen Methoden, wie ihre explizite Variante (vgl. Kap. 6). Die Netzbrücke baut OPNsense

per Software zusammen, die FreeBSD als Kernelmodul `if_bridge` entwickelt. Das Modul ermöglicht neben dem Weiterreichen von Ethernetpaketen noch *Traffic Shaping*, eine Methode zum Regulieren der Bandbreite.
In der Kommandozeile reicht der Befehl `ifconfig`, um eine Netzbrücke zu erstellen, Mitglieder zu benennen und eventuelle IP-Einstellungen vorzunehmen. Ein separates Kommando – wie `brctl` unter Linux – benötigt FreeBSD nicht.

## Zusammenfassung

OPNsense macht auch als transparente Firewall eine gute Figur. Die Fehlersuche ist etwas eigenartig, weil die Firewall sich bei `traceroute` nicht zu erkennen gibt.
Die transparente Firewall eignet sich für Umgebungen, in denen die vorhandene Adressierung nicht verändert werden soll und dennoch ein schützendes Element die Netzbereiche absichert.

# Kapitel 8

# Network Address Translation

Die *Umsetzung von Netzwerkadressen* (Network Address Translation, NAT)
lässt Router und Firewalls in den Inhalt von IP-Paketen eingreifen, die sich
auf dem Weg zwischen zwei Endgeräten befinden, um die IP-Adresse(n)
gezielt zu verändern.

Für Client und Server sind diese geänderten Adressen weitgehend transparent. Die meisten Anwendungen funktionieren auch mit NAT. Solange der
richtige Server an den korrekten Client seine Daten sendet, stellt niemand
die Adressierung infrage.
Bei IPv4 gehört NAT zu den meisten Netzdesigns in Verbindung mit Internetzugriff. Das ist kein Mangel an Fantasie des Designers, sondern ein
Mangel an öffentlichen IPv4-Adressen. IPv6 macht NAT überflüssig, da es
mehr als genug Adressen bereitstellt. In speziellen Szenarios, z. B. beim
Ausfallschutz über mehrere ISPs, hat sich auch NAT bei IPv6 eingeschlichen.

NAT ist allgegenwärtig: Jeder DSL-Router benutzt die Adressumsetzung,
damit alle seine Clients über eine öffentliche IPv4-Adresse im Internet sur-
fen können. Die Hotspot-Funktion eines Smartphones verwendet dieselbe
Technik. Und die große Firmenfirewall bedient sich zur Adressumsetzung
aus einem Pool von IP-Adressen, um den Internetzugriff für alle Clients zu
ermöglichen.
Bei der Fehlersuche ist NAT verwirrend, denn IPv4-Adressen werden hin-
und herübersetzt. In ungünstigen Umgebungen können die Adressen auch

an mehreren Stellen verändert werden: Beispielsweise übersetzt der WAN-Zugangsrouter eine interne Quelladresse in eine private Adresse des Serviceproviders, welcher zwei Hops später diese Adresse in eine öffentliche IPv4 wandelt.

## Laboraufbau

Genau für dieses Kapitel haben die Standortnetze private Adressen und die Kernnetze öffentliche Adressen. Bevor die Pakete der Clients ins WAN gelangen, müssen die Firewalls sie in passende Adressen umwandeln. Jedes Standortnetz hat einen Zugangspunkt zum Internet, welches von WAN-1 und WAN-2 simuliert wird. Die Firewall RT-core dient zur Überprüfung der NAT-Konfiguration, denn sie wird nur auf öffentliche IP-Adressen antworten und Zugriffe von privaten IPv4-Adressen kommentarlos verwerfen. Abbildung 8.1 zeigt den Laboraufbau mit allen NAT-Gateways.

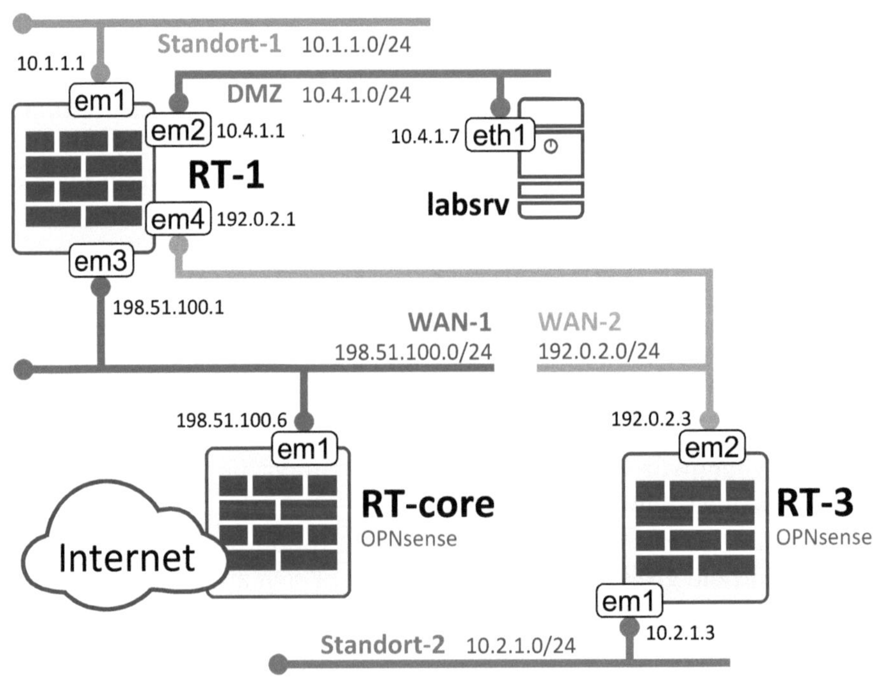


Abbildung 8.1: Laboraufbau mit NAT-Gateways

# Szenarios

Mit den beschriebenen Geräten kann OPNsense seine Fähigkeiten zum Umsetzen von Quell- und Zieladressen mit und ohne Masquerading und Portweiterleitung präsentieren.

Um die Situation im Kernnetz realitätsnah zu gestalten, sollte die Firewall RT-core keine Pakete mit privaten IP-Adressen auf ihren WAN-Adaptern akzeptieren. Diese Maßnahme stellt das IP-Routing im Internet dar und zeigt gleichzeitig, wenn eine NAT-Regel der anderen Firewalls fehlerhaft konfiguriert ist. OPNsense bietet dazu die Option *Blockiere private Netze* in den Einstellungen der Schnittstellen an. Alternativ kann eine Firewallregel die privaten Adressen filtern und protokollieren.

## Eins-zu-Eins NAT

Im ersten Szenario soll der Laborserver über die öffentlichen WAN-Netze erreichbar sein. Dazu stellt RT-1 in jedem WAN-Netz eine zusätzliche IPv4-Adresse bereit, über die die Clients den Laborserver erreichen. Die Adressen müssen zum IP-Netz passen und anschließend den Clients bekannt sein, z. B. per DNS. Abbildung 8.2 zeigt die Änderung der IPv4-Adresse in eingehenden Datenpaketen durch RT-1 für den Netzadapter von WAN-1.

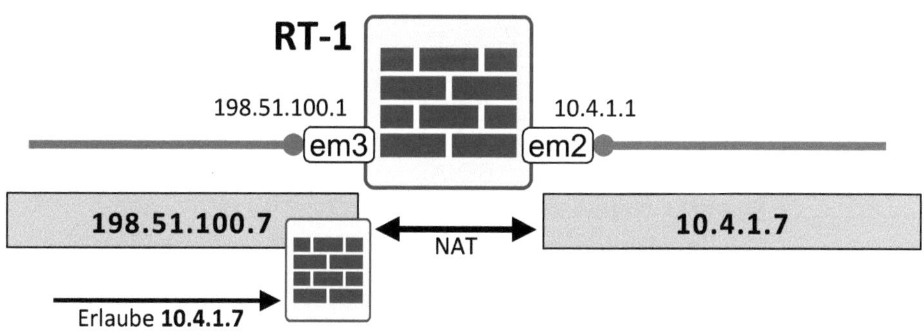


Abbildung 8.2: NAT ändert die IP-Adresse von transportierten Paketen

Die Umsetzung in OPNsense ist etwas aufwendiger, denn die Firewall benötigt Virtuelle IPs, NAT-Regeln und Firewallregeln.

Die Konfiguration läuft in drei Schritten ab:

1. *Virtuelle IPs*. RT-1 ist verantwortlich für die beiden neuen IPv4-Adressen, also müssen die Adressen vorab im System bekannt sein. OPNsense verwendet dafür virtuelle IPs, die bei *Schnittstellen → Virtuelle IPs → Einstellungen* entstehen.

   Mit den Einstellungen aus Tabelle 8.1 wird RT-1 Anfragen für die Adressen 198.51.100.7 und 192.0.2.7 annehmen und entsprechend der nächsten beiden Schritte behandeln.

| Attribut | WAN-1 | WAN-2 |
|---|---|---|
| Modus | IP Alias | IP Alias |
| Schnittstelle | WAN1 | WAN2 |
| Adresse | 198.51.100.7/32 | 192.0.2.7/32 |
| Beschreibung | für 1:1-NAT | für 1:1-NAT |
| VHID Gruppe | *leer* | *leer* |

Tabelle 8.1: OPNsense benötigt virtuelle IPs als Basis für 1:1-NAT

2. *NAT-Regel*. Bei *Firewall → NAT → Eins-zu-Eins* wird die weitere Bestimmung der IPv4-Adressen festgelegt. Denn beide Adressen sollen in die IP-Adresse vom Laborserver geändert werden. Die Details der NAT-Regeln zeigt Tabelle 8.2.

| Attribut | WAN-1 | WAN-2 |
|---|---|---|
| Schnittstelle | WAN1 | WAN2 |
| Typ | BINAT | BINAT |
| Externes Netzwerk | 198.51.100.7 | 192.0.2.7 |
| Quelle / Umkehren | ☐ | ☐ |
| Quelle | 10.4.1.7 | 10.4.1.7 |
| Ziel / Umkehren | ☐ | ☐ |
| Ziel | jeglich | jeglich |
| NAT reflection | Aktivieren | Aktivieren |

Tabelle 8.2: Die *Eins-zu-Eins*-Regeln für den Zugriff auf labsrv

Wer oder was ist *NAT Reflection*? Damit beschäftigt sich Abschnitt *NAT Reflection* auf Seite 103.

3. *Firewallregel*. Die Adressen der eingehenden Pakete werden zwar passend geändert, aber der Paketfilter verhindert noch den Zugriff. Eine Firewallregel muss her. Die Konfiguration in Tabelle 8.3 erlaubt den Webzugriff über beide WAN-Netzadapter. Die Zieladresse ist die *interne* IPv4 des Laborservers. Von Adressumsetzung ist hier nichts mehr zu erkennen.

Als *Ziel* darf hier wahlweise eine Adresse oder ein Alias eingesetzt werden.

| Attribut | WAN-1 | WAN-2 |
|---|---|---|
| Aktion | Erlauben | Erlauben |
| Deaktiviert | ☐ | ☐ |
| Schnittstelle | WAN1 | WAN2 |
| Richtung | in | in |
| TCP/IP Version | IPv4 | IPv4 |
| Protokoll | TCP | TCP |
| Quelle / Umkehren | ☐ | ☐ |
| Quelle | jeglich | jeglich |
| Ziel / Umkehren | ☐ | ☐ |
| Ziel | labsrv (Alias) oder 10.4.1.7 (IP) | labsrv (Alias) oder 10.4.1.7 (IP) |
| Zielportbereich | HTTP | HTTP |
| Protokoll | ☐ | ☐ |

Tabelle 8.3: Firewallregeln erlauben den HTTP-Zugriff auf labsrv

Zur Überprüfung stehen auf allen Geräten der textbasierte Webclient `curl` zur Verfügung. Die Firewalls RT-core und RT-3 können testweise auf beide IPv4-Adressen des Laborservers zugreifen.

```
curl --head http://192.0.2.7
curl --head http://198.51.100.7
```

Auch vom internen Client CL-1 im nördlichen Standortnetz sollte der Zugriff auf die öffentliche IP-Adresse möglich sein. Warum das funktioniert, erklärt Abschnitt *NAT Reflection* auf Seite 103.

Die erfolgreiche Antwort enthält neben mehreren Kopfzeilen den Status `HTTP/1.1 200 OK`. Der Laborserver protokolliert die Zugriffe und Absenderadressen in der Logdatei des Apache Webservers.

```
root@labsrv ~> tail /var/log/apache2/access_log
192.0.2.3 - - [30/Jan/2025:21:53:19 +0100] "HEAD / HTTP/1.1" \
  200 251 "-" "curl/8.11.1"
198.51.100.6 - - [30/Jan/2025:21:53:43 +0100] "HEAD / HTTP/1.1" \
  200 251 "-" "curl/8.11.1"
10.1.1.15 - - [30/Jan/2025:21:56:12 +0100] "HEAD / HTTP/1.1" \
  200 251 "-" "curl/7.88.1"
```

## Einfache ausgehende Übersetzung

Bei deutlich mehr internen Clients als öffentlichen Adressen hilft die TCP-
oder UDP-Portnummer bei der Unterscheidung. Zur Umsetzung von Netz-
adressen kommt auch noch die Umsetzung von Portnummern hinzu. Das
Konzept nennt sich *Port and Address Translation*, NAT-Masquerading oder
einfach nur *ausgehendes NAT* und trifft auf die meisten Heimnetze zu.

---

**Masquerade**

Bei dieser speziellen Form von NAT werden nicht nur IP-Adressen
umgeschrieben, sondern auch die Port-Nummern.

---

In diesem Setup soll die Firewall RT-1 den Adressbereich 10.1.1.0/24 von
Standort 1 in ihre eigene WAN-Adresse von Interface em3 übersetzen. Tech-
nisch handelt es sich dabei um ein Quell-NAT mit Masquerading.
OPNsense versucht mit dem *automatischen* Modus bei *Firewall → NAT →
Ausgehend* selbstständig die richtige Entscheidung zu treffen. Das funk-
tioniert auch ganz gut, aber die Auswirkung der eigenen Regeln wird erst
im *manuellen* Modus sichtbar. Nachdem der Radio-Button auf *Manuelle
Erstellung ausgehender NAT Regeln* gewechselt hat, gibt die Web-GUI den
Weg frei für die händischen Regeln.
Tabelle 8.4 zeigt die Einstellungen der neuen Regel. Die einzelnen Zeilen
lesen sich wie eine Wenn-Dann-Bedingung: *Wenn* IPv4-Pakete aus dem
Quellnetz 10.1.1.0/24 in Richtung WAN-1-Adapter verschickt werden, *dann*
ändere die Quelladresse in die Adresse des Netzadapters von WAN-1.
Durch die Angabe der *Schnittstellenadresse* erwartet die Konfiguration keine öffentliche IP-Adresse. Das ist vorteilhaft, denn im Fall einer dynamischen
öffentlichen IPv4 ist diese Adresse vorher nicht bekannt. OPNsense benutzt
also stets die Adresse vom angegebenen Interface als neue Quelladresse bei
der Adressumsetzung.

| Attribut | Wert |
| --- | --- |
| Schnittstelle | WAN1 |
| TCP/IP Version | IPv4 |
| Protokoll | any |
| Quelle invertieren | ☐ |
| Quelladresse | LAN Netzwerk |
| Quellport | jeglich |
| Ziel invertieren | ☐ |
| Zieladresse | jeglich |
| Zielport | jeglich |
| Übersetzung/Ziel | Schnittstellenadresse |

Tabelle 8.4: Standort-1 teilt sich ausgehend die Quell-IP von RT-1

## Anspruchsvolle ausgehende Übersetzung

Bei Internetzugängen für Unternehmen bieten die Provider eventuell mehrere öffentliche IPv4-Adressen an. Diesen Adressbereich kann die OPNsense-Firewall für ausgehende Adressumsetzung nutzen.

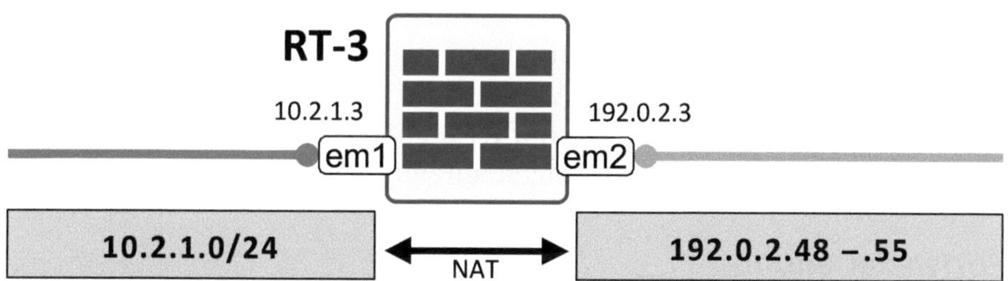


Abbildung 8.3: Firewall RT-3 übersetzt in mehrere Adressen

In diesem Szenario (Abbildung 8.3) liegt die Aufgabe von RT-3 darin, alle Clients vom lokalen Standort in eine WAN-Adresse aus einem Adress*pool* zu übersetzen. Dieser Pool besteht aus acht öffentlichen IPv4-Adressen von 192.0.2.48 bis .55. Die allgemeine Empfehlung besagt, dass für 256 interne IP-Adressen jeweils eine öffentliche Adresse benötigt wird. Der beispielhafte Pool reicht also für maximal 2.048 Clients.

Die Konfiguration ähnelt stark dem Szenario aus Abschnitt *Einfache ausgehende Übersetzung* und wird deshalb hier nur verkürzt beschrieben.

1. *Virtuelle IPs*. Als verantwortliche Firewall benötigt RT-3 eine virtuelle IP für den Netzbereich 192.0.2.48/29. Die Konfiguration befindet sich bei *Schnittstellen → Virtuelle IPs → Einstellungen*. Als Modus eignet sich *Proxy ARP*.

2. *NAT-Regel*. Unter *Firewall → NAT → Ausgehend* erwartet OPNsense die neue Regel. Die Einstellungen stimmen mit den Werten aus Tabelle 8.4 überein, mit Unterschieden bei *Übersetzung/Ziel* und *Quelladresse*. Die Quelle ist das *LAN Netzwerk*, welches in eine Adresse des IP-Netzes 192.0.2.48/29 übersetzt werden soll. Durch die virtuelle IP-Adresse des letzten Schritts sollte diese Auswahl im Feld *Übersetzung/Ziel* angezeigt werden.
   In welcher Reihenfolge soll OPNsense die Adressen des IP-Pools verwenden? Das steuert die Auswahl der *Pooloptionen*, die mit ihren Möglichkeiten *Zufall, Round Robin, Quell Hash* oder *Bitmaske* in unterschiedlicher Weise den Pool benutzt.

3. *Firewallregel*. Falls nicht bereits vorhanden, muss eine neue Filterregel den Zugriff vom LAN ins WAN-2-Netz gestatten. Die Firewallregel wird ungeachtet einer Adressumsetzung angelegt.

Die Abnahme der Adressumsetzung kontrolliert der Client CL-2 im Standortnetz-2, welcher einfach die IP-Adresse der Firewall RT-core aufruft. Denn nur mit korrekten Einstellungen auf RT-3 kann die angebotene Webseite `http://192.0.2.6/` auf die Anfragen antworten.

## Portweiterleitung

In diesem letzten Szenario übersetzt RT-3 die Zieladresse im IP-Header bei eingehenden Anfragen aus dem WAN-Netz. Diese Methode wird allgemein als *Portweiterleitung* bezeichnet. Das Prinzip ähnelt dem *Eins-zu-Eins*-NAT mit dem Unterschied, dass die Portweiterleitung nur Pakete behandelt, die zum ausgewählten TCP- oder UDP-Port passen.
Für dieses Beispiel übernimmt die zusätzliche IPv4-Adresse 192.0.2.25 die öffentliche Darstellung des Rechners CL-2 im südlichen Standortnetz. Der TCP-Port 443 (https) soll durch die Firewall RT-3 an den Zielrechner CL-2 „weitergeleitet" werden. Der Ablauf der Konfiguration sollte durch die vorherigen Szenarien bereits bekannt sein:

1. *Virtuelle IP*. RT-3 benötigt eine virtuelle IP vom Typ *IP Alias* für die Adresse 192.0.2.25/24 auf seiner Schnittstelle *WAN2*.

2. *Portweiterleitung*. OPNsense verlangt für zwei TCP-Ports auch zwei Einträge bei *Firewall → NAT → Portweiterleitung*. Tabelle 8.5 zeigt die gewählten Einstellungen. Auffällig ist die Option *Filter Regel Zu-*

| Attribut | Wert |
| --- | --- |
| Schnittstelle | WAN2 |
| TCP/IP Version | IPv4 |
| Protokoll | TCP |
| Ziel / Umkehren | ☐ |
| Ziel | 192.0.2.25 |
| Zielportbereich | HTTPS |
| Ziel-IP umleiten | 10.2.1.25 |
| Zielport weiterleiten | HTTPS |
| Pooloptionen | Standard |
| Filter Regel Zuordnung | Erlauben |

Tabelle 8.5: Portweiterleitung für Zielrechner CL-2

*ordnung*. Dabei bietet OPNsense an, selbstständig eine Firewallregel zu entwerfen, um den Datenverkehr zu erlauben.

3. *Firewall*. Die automatisch erzeugte Filterregel gestattet den Zugriff von überall. Falls nur bestimmte IP-Netze auf den Zielrechner zugreifen dürfen, ist eine eigene Firewallregel die bessere Wahl.
Dann gehört die Option *Filter Regel Zuordnung* der Portweiterleitung auf *Keines* umgestellt. Die Richtlinie bei *Firewall → Regeln* erwartet anschließend die Erlaubnis für den Zugriff auf die IP-Adresse 192.0.2.25 von CL-2.

---

**Hinweis**

Die Beschreibungen verdeutlichen, dass für die meisten NAT-Konfigurationen eine virtuelle IP benötigt wird. Nur wenn die IP-Adresse der lokalen Netzadapter herhalten, dann geht es ohne virtuelle IP.

## IPv6

IPv6 macht einen weiten Bogen um NAT, weil es durch den extrem großen Adressbereich grundsätzlich nicht mehr notwendig ist. Allerdings hat sich etwa 10 Jahre nach der Einführung von IPv6 doch eine Adressumsetzung beigemischt. Diese *IPv6-to-IPv6 Network Prefix Translation* (NPTv6) übersetzt keine einzelnen Adressen, sondern ganze IPv6-Präfixe.
Bei Lastverteilung mit mehreren Internet-Providern über IPv6-Netze kann NPTv6 seine Vorteile ausspielen, sodass ein ausgehendes Paket stets in die passende IPv6-Adresse übersetzt wird.

Ein Beispiel soll die Umsetzung des internen Netzes fd00:2::/64 hinter RT-3 ins Präfix 2001:db8:22::/64 verdeutlichen. Abbildung 8.4 illustriert die Umsetzung der Quell-Adresse eines IPv6-Clients im Standortnetz-2.

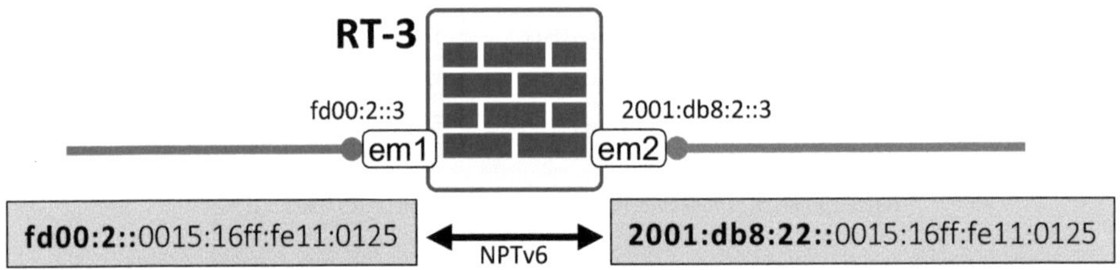


Abbildung 8.4: IPv6-to-IPv6 Network Prefix Translation

Damit ist das IPv6-Netz 2001:db8:22:: die öffentliche Darstellung der IPv6-Adressen von Clients hinter RT-3. Die anderen Router im Labor benötigen noch eine statische Route, damit die Antwortpakete auch wieder bei RT-3 ankommen.

Warum nicht das Präfix 2001:db8:2::/64 der lokalen WAN-Schnittstelle nutzen? Das öffentliche IPv6-Subnetz für die Adressumsetzung darf nicht mit dem Präfix der eigenen Netzwerkkarte übereinstimmen. Für NPTv6 muss der Firewall ein zusätzliches Präfix spendiert werden. Wird dasselbe Präfix verwendet, kommt es unter FreeBSD zu Schwierigkeiten bei der Nachbarschaftserkennung. Außerdem drohen doppelte Adressen, wenn im Präfix des WAN weitere Endgeräte vorhanden sind.
Abbildung 8.5 zeigt die fertige Konfiguration unter *Firewall* → *NAT* → *NPTv6* zum Übersetzen vom internen Präfix ins externe Präfix.

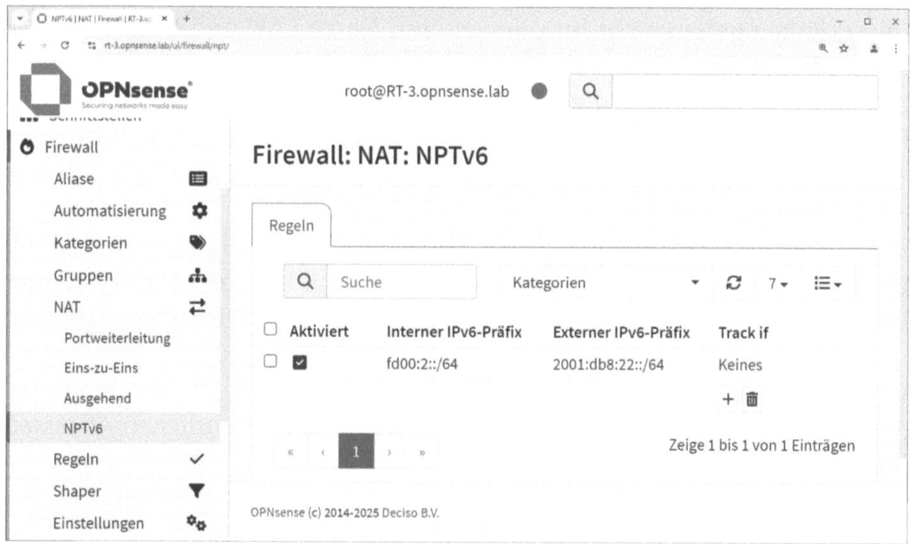

Abbildung 8.5: OPNsense übersetzt IPv6-Präfixe mit NPTv6

Zuletzt steuert eine normale Firewallregel, welche Clients und welche Protokolle durch die NPTv6-Schleuse fließen dürfen. Die Filterregeln beziehen sich stets auf die Originaladresse, bevor NPTv6 sie ändert.

> **Hinweis**
>
> Anders als die NAT-Regeln für IPv4 benötigt die *Network Prefix Translation* von IPv6 *keine* virtuelle IP-Adresse für seine Übersetzungen.

## NAT Reflection

Die Technik *NAT Reflection* ist ein Lösungsansatz für eine Einschränkung bei FreeBSD. Wenn auf einem WAN-Adapter eine Portfreigabe oder eine Eins-zu-Eins-Übersetzung existiert, wird OPNsense eingehende Pakete behandeln, die über den WAN-Adapter die Firewall betreten. Ankommende Pakete vom LAN-Adapter bleiben unberücksichtigt – für sie gelten die NAT-Anweisungen nicht.

Im Szenario *Eins-zu-Eins NAT* erlaubt Firewall RT-1 den Zugriff aus den Netzen WAN-1 und WAN-2 auf die Adresse des Laborservers. Die Adressumsetzungen gelten *nicht* für die weiteren Netze LAN und DMZ von RT-1 (siehe Abbildung 8.1).

Im Labornetz zeigt sich die Auswirkung nur schwach, denn die Mitglieder vom Standortnetz-1 benutzen einfach die tatsächliche IPv4-Adresse 10.4.1.7 des Servers, während externe Clients auf die öffentliche Adresse 198.51.100.7 zugreifen.

In der Praxis ist das eine ernsthafte Situation, denn Endgeräte sind mobil und befinden sich mal im Firmennetz und mal im Internet. Die Anwender (oder ein Skript) müsste bei jedem „Netzwechsel" die Zieladresse tauschen.

*NAT Reflection* löst dieses Problem mit zusätzlichen Regeln. Mit diesen Regeln dürfen auch Clients in internen Netzen mit den öffentlichen Adressen des Laborservers kommunizieren.

---

**Hinweis**

*NAT Reflection* ist nur eine Hilfslösung. Der elegantere Ansatz besteht darin, den Server per DNS aufzulösen. Im LAN liefert der Aufruf von *labsrv.example.net* die interne Adresse 10.4.1.7 und im WAN beantwortet der DNS-Server die Anfrage mit 198.51.100.7.

---

## Technischer Hintergrund

Die Adressumsetzung erledigt OPNsense mit dem Paketfilter *pf* von FreeBSD (vgl. Kap. 6). Für *pf* ist eine Manipulation von IPv4-Adressen nur eine weitere Zeile im Regelwerk, die mit den Schlüsselwörtern `nat` oder `rdr` eingeleitet wird. `nat` behandelt die Eins-zu-Eins-Umsetzung und `rdr` erfüllt den Wunsch einer Portweiterleitung. Die IPv6-Präfixumsetzung hat bei *pf* das Codewort `binat`.

Eine `nat`-Anweisung gilt nur für den Netzadapter, für den sie konfiguriert ist. Wenn ein IP-Paket das Regelwerk über einen anderen Netzadapter betritt, gelten andere Regeln. Diese Grundlage von FreeBSD ist die Erklärung für den Workaround in Abschnitt *NAT Reflection*.

## Zusammenfassung

OPNsense kann auf die transportierten Pakete einwirken und die IP-Adresse austauschen. Die Möglichkeiten sind vielfältig, sodass eine Adressumsetzung entweder nur auf den IPv4-Header von ausgewählten TCP-/UDP-Ports wirkt (Portweiterleitung) oder auf alle Pakete an eine Zieladresse (Eins-zu-Eins). Ebenso beherrscht OPNsense die Standardfunktion jedes Heimrouters: das eigene IP-Netz hinter der öffentlichen IPv4-Adresse zu „verstecken" (ausgehendes NAT).

Aber Vorsicht: Eine Adressumsetzung benötigt stets eine Firewallregel, die den Zugriff erlaubt, und eventuell noch eine virtuelle IP, falls zusätzliche IP-Adressen ins Spiel kommen.

Sogar vor IPv6 macht OPNsense nicht halt und lässt mit NPTv6 ganze Präfixe umschreiben. Diese Funktion wird in Kapitel 16 *Multi-WAN* weitergeführt.

# Kapitel 9

# Management-Interface

Der Zugriff auf die Weboberfläche einer Firewall erfolgt über das Internet-Protokoll. Die Firewall benötigt dafür eine erreichbare IP-Adresse. Wenn diese Adresse zu den „normalen" IP-Adressen des Geräts gehört, spricht man von *In-band*-Management. Sobald dieses Interface getrennt wird oder unter hoher Last arbeitet, wird der Verwaltungszugang träge oder funktioniert nicht mehr.

Diese Situation wird vermieden, wenn die Firewall einen separaten Netzwerkport mit einer zusätzlichen IP-Adresse bekommt (siehe Abbildung 9.1). Dieser Port arbeitet *Out-of-band* und:

- transportiert keine Nutzerdaten,

- erhält eine IP-Adresse, die vom normalen Routing ausgenommen ist,

- nutzt ein Regelwerk, das nur die verwendeten Managementprotokolle erlaubt,

- gestattet ausgehende Verbindungen ausschließlich in vorher definierte IP-Bereiche.

Dieser gehärtete Zugang zur Firewall macht nur Sinn, wenn über die anderen Schnittstellen *kein* Managementzugriff möglich ist.

OPNsense erfüllt zwar diese Anforderungen, bringt aber keine fertige Konfiguration mit. Das Management-Interface und die Firewallregeln müssen selbst angelegt werden.

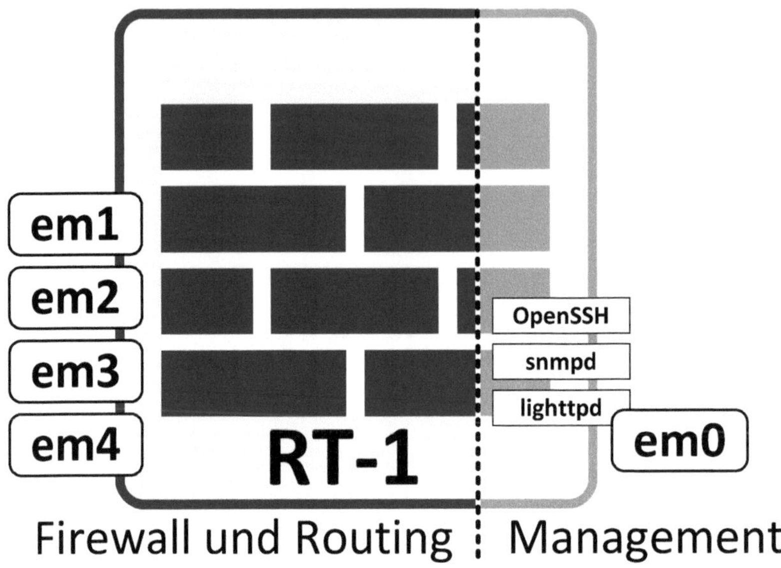


Abbildung 9.1: Out-of-band Management

Die folgenden Abschnitte sind eine praktische Vorgehensweise, um den Managementzugang einer OPNsense-Firewall zu erstellen und abzusichern.

## Management-Interface anlegen

Der Netzadapter für die Konfiguration der OPNsense-Firewall sollte ein separates Interface sein. In einer virtuellen Umgebung stellt das keine Herausforderung dar, weil zusätzliche Interfaces in der Konfigurationsoberfläche des Hypervisors „dazugeklickt" werden können. Bei einer physischen Firewall belegt das Management-Interface einen RJ45-Anschluss, der in die Dimensionierung der Hardware mit einfließen muss.
Im Labornetz ist stets der erste Netzadapter eines Geräts reserviert für den Verwaltungszugang.

## Verwaltungszugang anbinden

In der Voreinstellung lauschen der HTTP-Dienst der Weboberfläche und der SSH-Server auf allen verfügbaren IP-Adressen der Firewall. Diese Frei-

zügigkeit hat schnell ein Ende, wenn unter *System → Einstellungen →
Verwaltung* der jeweilige Prozess an ein Interface gebunden wird. Noch
steht die Option *Hörende Schnittstellen* auf *Alle (empfohlen)*. Wenn auf
das Management-Interface *MGMT* umgestellt wird (Abbildung 9.2), akzeptiert die OPNsense-Maschine auf den IP-Adressen der anderen Netzadapter
keinen Verwaltungszugang mehr, auch wenn Firewallregeln das erlauben.
Dieselbe Methode zum Absichern des Zugangs existiert für den SSH-Dienst.

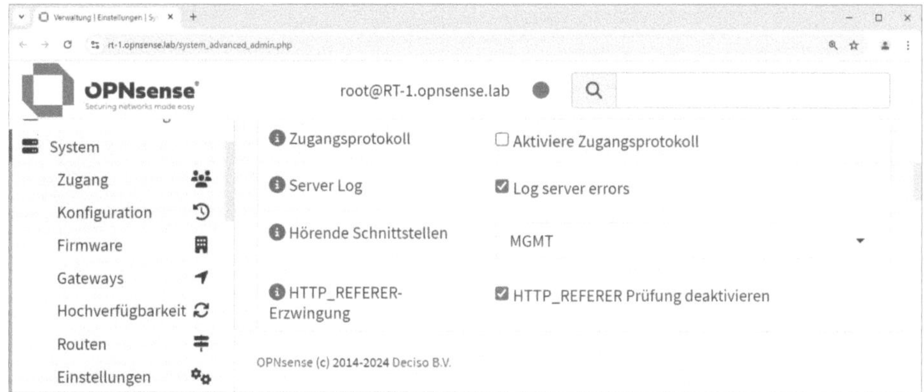

Abbildung 9.2: Der Webzugang ist an den Management-Adapter gebunden

Die Einrichtung ist im Webmenü auf der gleichen Seite im unteren Bereich
zu finden.

## Management-Netze definieren

Firewallregeln skalieren besser, wenn sie Aliasse enthalten. Das beispielhafte Alias *mgmt_net* umfasst alle IP-Bereiche, die auf die Konfigurationsoberfläche der Firewall zugreifen dürfen. Die erlaubten TCP-/UDP-Ports
führt das Alias *mgmt_apps*. Abbildung 9.3 zeigt die erstellten Aliasse für
mehrere Netze und Ports. Der Alias für IP-Netze kann aus einer Mischung
von IPv4-Netzen und IPv6-Präfixen bestehen.

Wenn sich das Managementnetz in weitere IP-Bereiche unterteilt, benötigt
die Firewall zu jedem Subnetz eine statische Route. Unter *System → Routen
→ Konfiguration* müssen die fehlenden Routen eingetragen werden, damit
OPNsense die Anfragen aus dem Managementnetz nicht über die Default-

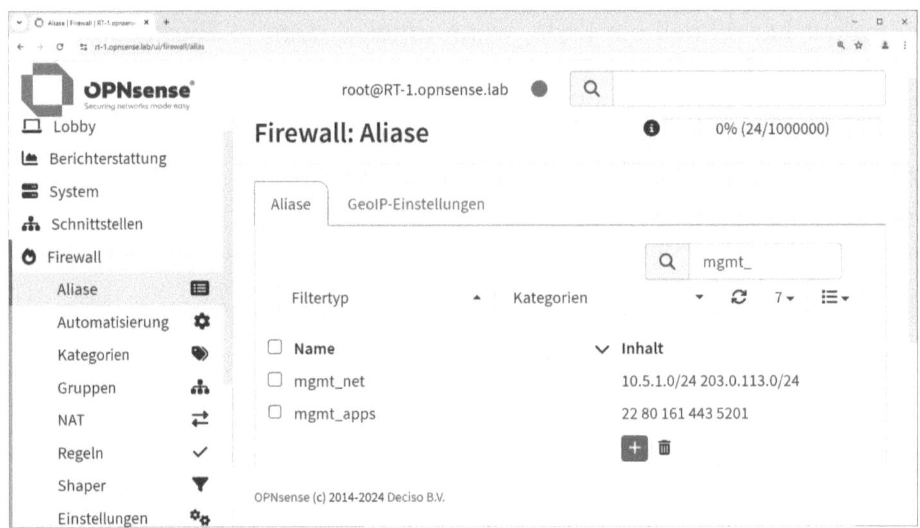

Abbildung 9.3: Firewall-Aliasse für Management-Netze und -Ports

Route ins Internet zurücksendet, sondern über das Management-Interface an das korrekte Gateway.

## Firewallregeln

Für das Regelwerk des Management-Interfaces *MGMT* unter *Firewall* → *Regeln* reichen zwei Einträge, die auch in Abbildung 9.4 aufgeführt sind: Regel Nummer 1 erlaubt den Zugriff von allen IP-Netzen, die im Alias *mgmt_net* gelistet sind, die eine Portnummer von Alias *mgmt_apps* verwenden und an die IP-Adresse der Firewall gerichtet sind. Die zweite Regel blockiert und protokolliert alle anderen Zugriffsversuche.

Je nach Ersteinrichtung der lokalen OPNsense-Maschine führt das Regelwerk vom Netzadapter *MGMT* noch die vorkonfigurierten Einträge, welche in eingehender Richtung alles erlauben. Diese Regeln haben in der Beschreibung den Text „Default allow * to any rule". Sie gehören nicht in die Richtlinie eines Managementnetzwerks und werden ersatzlos gestrichen. Ebenso sollte auf die Anti-Aussperrregel verzichtet werden, die bei *Firewall* → *Einstellungen* → *Erweitert* per Checkbox entfernt wird (Abbildung 9.5).

Abbildung 9.4: Firewallregeln für das Management-Interface

Sobald die Option *Deaktiviere Administrations-Anti-Aussperrregel* ausgewählt ist, wird OPNsense diese besondere Firewallregel von *allen* Netzadaptern löschen.

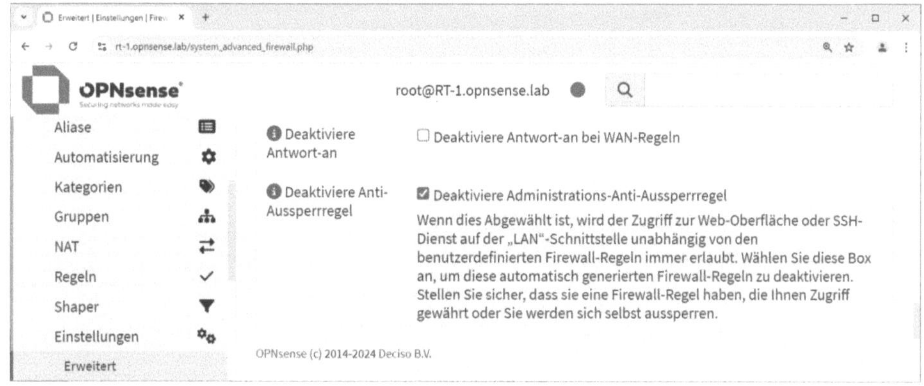


Abbildung 9.5: Anti-Aussperrregel

## Trennung vom normalen Datenverkehr

Eine weitere Absicherung des Managementnetzes besteht aus der Trennung vom normalen Datenverkehr, den die Firewall transportiert. Denn über die anderen Interfaces soll ebenfalls *kein* Zugriff auf den Managementadapter möglich sein.

Dazu eignet sich hervorragend eine Floating-Regel, die für mehrere Interfaces gilt. Abbildung 9.6 auf der nächsten Seite zeigt die Konfiguration dieser zusätzlichen Absicherung. Letztendlich soll diese Regel allen Netzverkehr blockieren, der durch die Netzadapter WAN1, WAN2, LAN und DMZ die Firewall betreten und über den Management-Adapter MGMT wieder verlassen will.

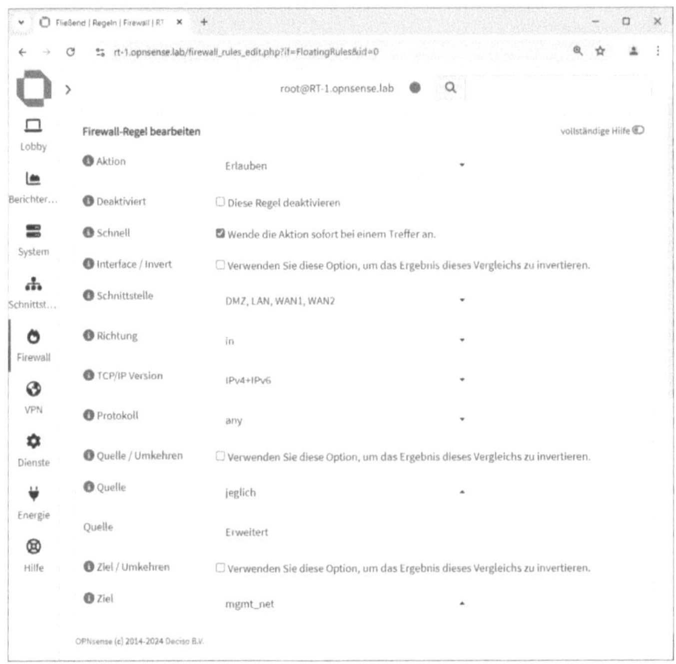

Abbildung 9.6: Eine Floating-Regel schützt vor dem normalen Datenverkehr

## Bandbreitenlimit

Denial-of-Service-Attacken (DoS) zielen darauf ab, das Opfer mit Anfragen und Paketen zu überschwemmen, bis es seinen normalen Aufgaben nicht mehr nachkommen kann. Diese Angriffe sind auch aus dem Managementnetz denkbar, wenn sich ein Virus oder Wurm eingeschlichen hat.

Bis die Ursache gefunden ist, kann die Firewall zumindest die Wirkung abschwächen, indem die Menge der eingehenden Pakete auf ein vernünftiges Maß beschränkt wird. Diese Bandbreitenlimitierung fällt unter den Begriff *Traffic Shaping*. OPNsense bietet dieses Feature unter *Firewall → Shaper*.

Für die Abschwächung von DoS-Angriffen soll die Firewall beispielsweise maximal 10 Mbit/s Datendurchsatz am Management-Interface transportieren.

Die Konfiguration teilt sich in die Festsetzung einer maximalen Bandbreite im Menüpunkt *Pipes* und der Zuweisung dieser Einschränkung auf einen Netzadapter (Register *Regeln*). Die verwendeten Werte sind in Tabelle 9.1 aufgelistet.

| Attribut | Wert |
| --- | --- |
| [Register *Pipes*] | |
| Bandbreite | 10 |
| Bandbreitenmetrik | Mbit/s |
| Maske | (keine) |
| Beschreibung | 10mbps |
| [Register *Regeln*] | |
| Sequence | 1 |
| Schnittstelle | MGMT |
| Protokoll | IP |
| Quelle | any |
| Ziel | any |
| Ziel | 10mbps (aus *Pipes*) |
| Beschreibung | mgmt |

Tabelle 9.1: Bandbreitenlimit beim Management-Interface

Damit sind alle eingehenden und ausgehenden Datenströme des Adapters MGMT an die Grenze von 10 Mbit/s gebunden. Für leistungsstarke Firewalls mag dieser Wert zu niedrig sein und für schwache eingebettete Systeme könnten sogar 10 Mbit/s gefährlich hoch erscheinen.

# Zwei-Faktor-Authentifizierung

Die Anmeldung an der Weboberfläche lässt sich durch eine Zwei-Faktor-Authentifizierung verstärken. Damit erweitert sich das normale Passwort um eine sechsstellige PIN, die ein Token-Generator erstellt. Die PIN ist nur für dreißig Sekunden gültig und wird von einem separaten Gerät oder einer Smartphone-App generiert.

Ein Login ist folglich nur möglich, wenn der Admin die beiden Faktoren *Wissen* (Kennwort) und *Besitz* (Token-Generator) gemeinsam und korrekt verwendet. OPNsense unterstützt verschiedene Apps für zeitbasierte Einmalkennwörter mit einer PIN-Länge von sechs oder acht Ziffern.

Die Login-Seite der Weboberfläche ändert sich für den zweiten Faktor nicht: Die zusätzliche PIN wird einfach *vor* das statische Kennwort geschrieben. Der Authentifizierungsprozess von OPNsense trennt PIN und Passwort und überprüft beide Faktoren unabhängig voneinander.

Die Einrichtung der Zwei-Faktor-Authentifizierung in der Firewall beginnt mit einem neuen Anmeldeserver bei *System → Zugang → Server* mit dem Plus-Button. Der neue Server ist vom Typ *Lokal + Zeitbasiertes Einmalpasswort* und verwendet in diesem Beispiel die übliche Tokenlänge von sechs Ziffern.

> **Hinweis**
>
> Die Bezeichnung „Server" ist irreführend, da der Einwahlprozess keinen weiteren Server benötigt, sondern die PIN lokal validiert.

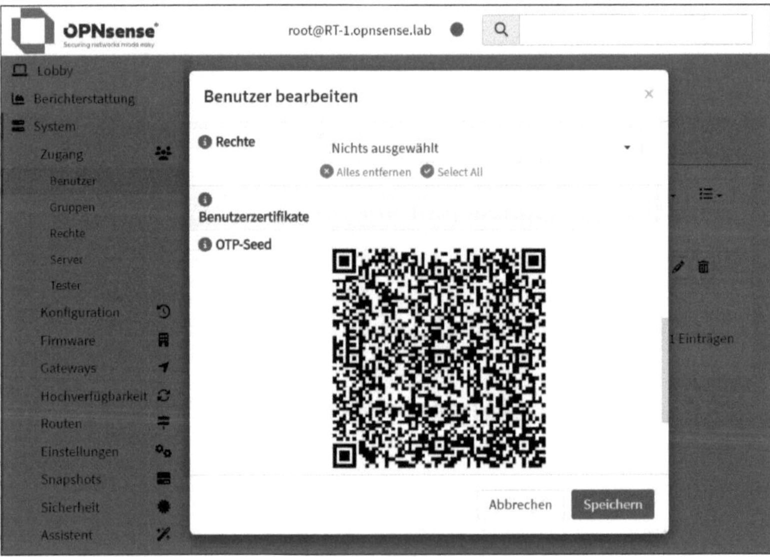

Abbildung 9.7: Der geheime OTP-Seed lässt sich per QR-Code am Smartphone scannen

Im nächsten Schritt wird jedes lokale OPNsense-Benutzerkonto mit einem Token-Generator verbunden. Am Beispiel vom *root*-User erhält dieser bei *System → Zugang → Benutzer* in der Zeile *OTP-Seed* mit dem Zahnrad-Button einen kryptografischen Schlüssel. Nach dem Speichern hat OPNsense die Zeichenkette erzeugt und präsentiert diese als QR-Code in Abbildung 9.7.

Als Token-Generator benötigt der Admin eine kompatible Software oder eine Smartphone-App, die zeitbasierte PINs generiert. Die Webseite von OPNsense listet *Google Authenticator* und *FreeOTP* als unterstützte Apps für Apple iOS und Android. Beide Apps arbeiten identisch: App starten, neuen Eintrag erstellen und zuletzt QR-Code scannen. Anschließend produziert das Smartphone basierend auf dem gemeinsamen OTP-Seed die erforderliche sechsstellige PIN für den *root*-Benutzer.

---

**Hinweis**

Ob die Zwei-Faktor-Authentifizierung tatsächlich funktioniert, lässt sich bei *System → Zugang → Tester* validieren.

---

Im letzten Schritt muss die Weboberfläche den zweiten Faktor für die Authentifizierung verwenden. Unter *System → Einstellungen → Verwaltung* im Bereich *Authentifizierung* lässt sich der neue Server auswählen und die *Lokale Datenbank* abwählen.

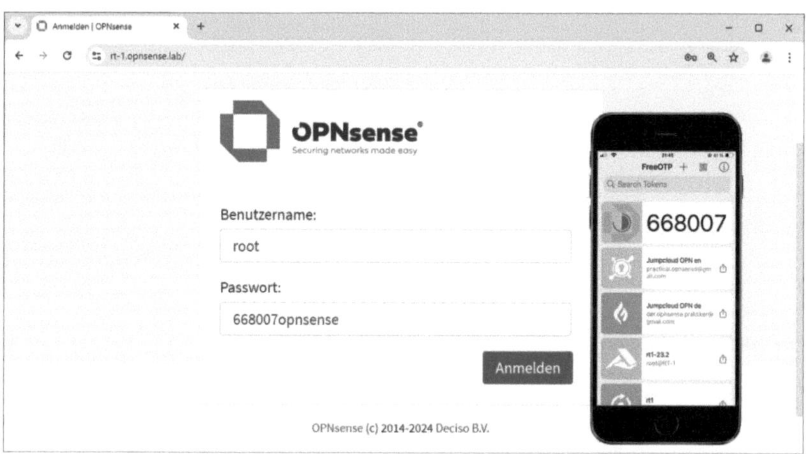

Abbildung 9.8: Zwei-Faktor-Login per Smartphone-App *und* Kennwort

Ab jetzt ist ein Login nur noch mit PIN *und* Passwort erlaubt. In Abbildung 9.8 meldet sich der Admin per *FreeOTP* und seinem Passwort an. Das entstandene Kennwort wird nur für die Demonstration im Klartext angezeigt. Üblicherweise verbirgt ein Browser die Eingabe des Kennworts hinter Sternchen oder Punkten.

## Zusammenfassung

Die Verwaltung einer Firewall sollte über einen separaten Netzadapter ablaufen, der besonders geschützt wird und vom Datenverkehr der Anwender unerreichbar ist. Das steigert die Sicherheit der Firewall und macht sie weniger verwundbar gegenüber Angriffen oder einer Datenflut.

# Teil III

# Für Experten

# Kapitel 10

# IPsec VPN

Wenn zwei entfernte Netze miteinander kommunizieren wollen, dann läuft das klassischerweise über eine eigene Leitung oder über ein privates Netzwerk. Ob Standleitung oder Wählverbindung: Diese Netzkopplung ist teuer oder langsam.

Die Alternative ist die Verwendung des Internets als verbindendes Element zwischen den eigenen Netzen. Das Internet, als öffentliches Netzwerk, wird als quasi-privates Netz benutzt; die eigene Verbindung ist nur virtuell als *Virtuelles Privates Netzwerk* (VPN) vorhanden.

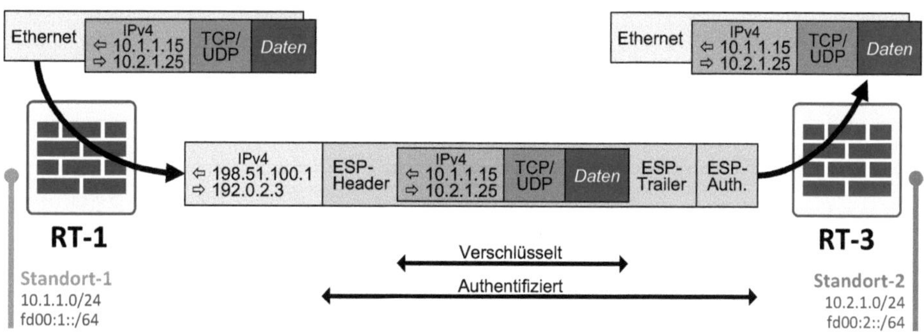


Abbildung 10.1: Ein getunneltes IP-Paket mit seinen Kopfzeilen

Private Netze haben stets private Adressen, die im Internet nicht transportiert werden. Wer überzeugt die Internet-Router, dass sie Pakete von Standort-1 zu Standort-2 übermitteln sollen? Das erledigt ein Tunnel, der die technische Grundlage für ein VPN ist. Der verantwortliche Tunnel-Router in Standort-1 verpackt die ausgehenden IP-Pakete in einen zusätzlichen IP-Header und sendet sie zum Router am anderen Ende des Tunnels in Standort-2. Der innere IP-Header hat die privaten Adressen der Standorte 1 und 2 und der äußere Header hat die öffentlichen Adressen der beiden Tunnel-Router. Der Tunnel-Router von Standort-2 entfernt den äußeren Header vom empfangenen Paket und leitet dessen Inhalt als vollwertiges Paket zum Zielrechner weiter. In Abbildung 10.1 sind zwei kleine Netze per VPN-Tunnel verbunden.

Die Internet-Router sehen nur den äußeren Header und bewegen die VPN-Pakete genau wie alle anderen Pakete. Für sie stellt ein VPN-Paket keine besondere Aufgabe dar, da sie die innere Struktur des Pakets nicht sehen. Die Teilnehmer der privaten Netze bekommen von der Tunnelei nichts mit. Für sie sind die Gegenstellen im anderen Netz direkt adressierbar.

## Sicherheit

Die übertragenen Pakete fließen durch das böse Internet. Dabei passieren sie mehrere Internet Service Provider. Ihr Pfad ist vom Betreiber des VPNs nicht beeinflussbar. Für die Sicherheit der VPN-Verbindung gibt es ein wirksames Rezept gegen neugierige Mitleser: Verschlüsselung.

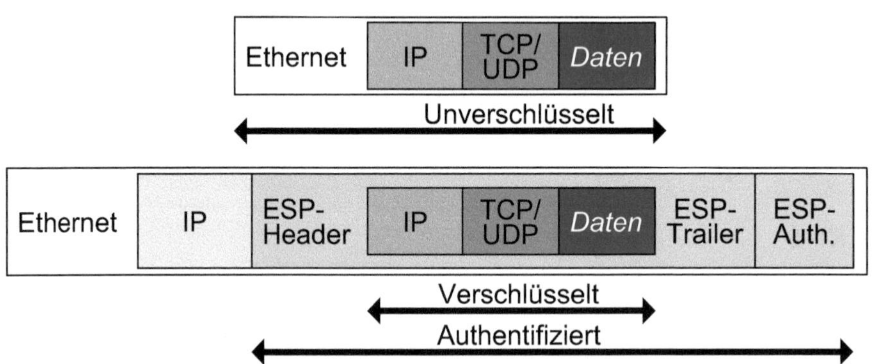


Abbildung 10.2: Ein IP-Paket mit und ohne IPsec-Kopfzeile

Im Prinzip ganz einfach: Bevor ein Paket das Internet betritt, wird sein Inhalt verschlüsselt. Und nachdem es das Internet verlässt und das private

Netz erreicht, wird der Inhalt wieder entschlüsselt. Abbildung 10.2 zeigt das IP-Paket mit und ohne Sicherung durch IPsec.

Die technische Umsetzung ist schon etwas komplizierter, denn Kryptografie wird nicht einfach nur eingeschaltet. In der Praxis gibt es Kryptoverfahren, Algorithmen, Einwegfunktionen, Schlüsselaustausch und die magische Frage der Authentifizierung. Alle diese Methoden sollen helfen, dass die verschlüsselten Pakete für einen Unbefugten unleserlich sind.

## Laboraufbau

Die beiden WAN-Netze stellen das Internet dar, welches keine privaten IP-Adressen transportiert. Die Standortnetze sollen mithilfe der OPNsense-Firewalls und VPN-Tunnel kommunizieren. Ein VPN-Tunnel führt von RT-1 zu RT-3 und eine weitere VPN-Beziehung reicht von RT-1 zu RT-2. Der Aufbau ist in Abbildung 10.3 dargestellt.

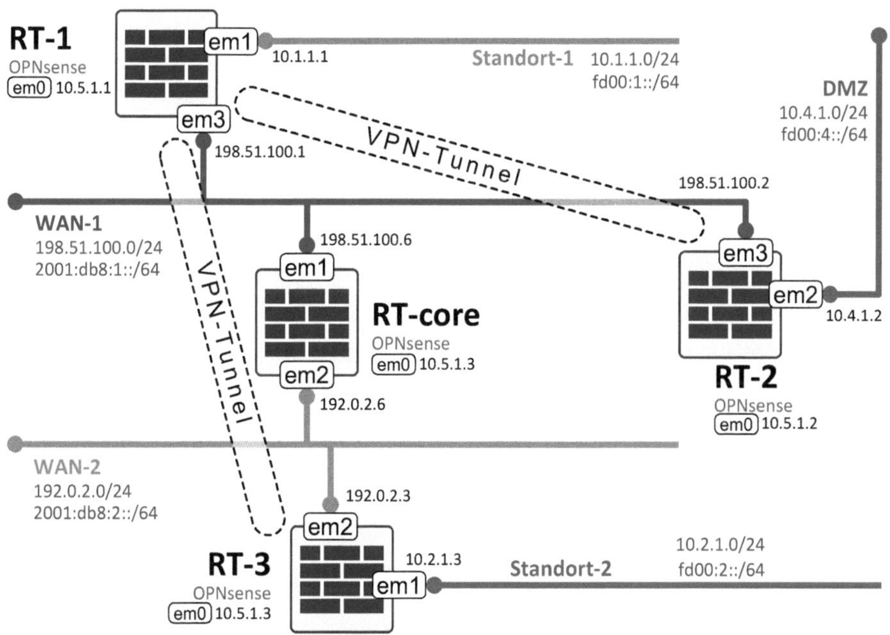


Abbildung 10.3: VPN-Tunnel verbinden die Standortnetze über das Internet

In der Praxis könnte zwischen den Tunnelendpunkten ein Router per NAT (vgl. Kap. 8) die IP-Adressen verändern. Darauf reagiert IPsec sehr allergisch und verweigert der Gegenstelle die Authentifizierung. Für dieses Szenario wird RT-core im Datenpfad zwischen RT-1 und RT-3 sitzen und später die Adressen der Pakete so manipulieren, wie es ein DSL-Router für seine angeschlossenen Clients erledigt. Ausgehende Pakete von RT-3 erhalten beim Passieren von RT-core eine andere Absenderadresse und erreichen RT-1 mit falscher Identität.

Ist eine Firewall über mehrere Leitungen mit dem Internet verbunden, kann sie aus Gründen der Ausfallsicherheit mehrere redundante VPN-Tunnel aufbauen. Wie erkennt ein VPN-Tunnel, dass sein Partner nicht mehr erreichbar ist? Die Erkennung von toten Gegenstellen (Dead Peer Detection, DPD) ist Voraussetzung für ein Umschalten von der primären VPN-Verbindung auf den Backup-Tunnel.

## Verbindungsaufbau

Der Aufbau eines VPN-Tunnels ist aufwendiger als der Dreiwegeaufbau im TCP-Protokoll, da sich die Parteien über Verschlüsselung, Authentifizierung, IP-Netze und Gültigkeit der Verbindung einigen müssen.
Der Ablauf der Konfiguration ist beispielhaft für Firewall RT-1. Für die anderen beiden Firewalls müssen nur das IPsec-Interface und die IP-Adressen angepasst werden.

1. Internet Key Exchange (IKE), Phase 1.
   In diesem ersten Schritt der Verhandlung authentifizieren sich die beiden Firewalls gegenseitig und bilden eine „Steuerungs"-Verbindung (Security Association, SA). Das gelingt nur, wenn die gewählten Einstellungen für Diffie-Hellman-Gruppe (DH), Schlüsselalgorithmus, Hashverfahren und Schlüssel harmonieren. Das Ziel der Phase 1 ist eine gesicherte und verschlüsselte Verbindung zwischen den VPN-Partnern, durch die die Werte für den finalen VPN-Tunnel in Phase 2 sicher verhandelt werden können.
   Die Einrichtung der IPsec-Tunnel liegt in der Web-GUI bei *VPN* → *IPsec* → *Verbindungen*.

> **Hinweis**
>
> Für die Wahl der Kryptoalgorithmen gilt die Faustregel: Je höher die Zahl, umso stärker die Verschlüsselung und desto mehr Rechenleistung benötigt die Firewallhardware.

2. Internet Key Exchange (IKE), Phase 2.
   In der zweiten Phase verhandeln die Firewalls eine „Daten"-Verbindung. Wenn die Angebote (Proposal) der VPN-Gateways übereinstimmen, werden über diese Datenverbindung die IP-Pakete der Anwender transportiert.
   In dieser Phase erhält der VPN-Tunnel auch die Information, welche lokalen IP-Netze in den Tunnel geschickt werden und welche IP-Präfixe hinter dem Tunnel erreicht werden können.
   Die Einstellungen der Phase 2 erscheinen im Abschnitt *Children* einer IPsec-Verbindung. Neue Phase-2-Einträge lassen sich per Klick auf das Pluszeichen hinzufügen.

3. IPsec aktivieren. Damit sendet und akzeptiert OPNsense auf dem konfigurierten Interface IPsec-Pakete. Im Hintergrund startet der Prozess und beginnt die Verhandlungen.

Die Konfiguration beginnt mit einer Authentifizierungsmethode, die später vom VPN-Tunnel verwendet wird. Als einfaches Beispiel verwenden beide Firewalls einen Pre-Shared Key (PSK) mit den Werten aus Tabelle 10.1. Der Tunnelendpunkt RT-1 verwendet die Einstellungen aus Tabelle 10.2.
Nach einem bestätigenden *Speichern* versucht die Firewall mit ihrer Gegenstelle 192.0.2.3 in die Phase 1 einzusteigen und die Verhandlung über Verschlüsselungsalgorithmus und Schlüssellänge zu führen.

| **Attribut** | **Wert** |
|---|---|
| Local Identifier | 198.51.100.1 |
| Remote Identifier | 0.0.0.0 |
| Pre-Shared Schlüssel | z. B. *YOGHURT* |
| Typ | PSK |

Tabelle 10.1: Die Firewalls RT-1 und RT-3 authentifizieren sich per Pre-Shared Key

Für die Einrichtung des VPN auf der Firewall RT-3 müssen die IPv4-Adressen spiegelbildlich hinterlegt werden. Dies gilt auch für die Identifier des PSK.

| Attribut | Wert |
| --- | --- |
| Proposals | standard |
| Version | IKEv1 + IKEv2 |
| Local addresses | 198.51.100.1 |
| Remote addresses | 192.0.2.3 |
| Beschreibung | RT1-RT3 |
| **Local Authentication** | |
| Authentifizierung | Pre-Shared Schlüssel |
| **Remote Authentication** | |
| Authentifizierung | Pre-Shared Schlüssel |
| **Children** | |
| Modus | Tunnel |
| Policies | ☑ |
| Start action | Start |
| DPD action | Leeren |
| ESP proposals | standard |
| Lokal | 10.1.1.0/24 |
| Remote | 10.2.1.0/24 |

Tabelle 10.2: Einfacher Site-to-Site-Tunnel zwischen RT-1 und RT-3

## Firewall

Damit sind die IPsec-Tunnel zwischen RT-1 und RT-3 eingerichtet und die Gateways versuchen sich gegenseitig zu erreichen. Der Paketfilter (vgl. Kap. 6) muss unbedingt in dieses Vorhaben eingeweiht werden, damit er die Pakete nicht sperrt. OPNsense ist so freundlich und erstellt die notwendigen Regeln dafür im Hintergrund. Das funktioniert nur, wenn die IP-Adresse der Gegenstelle bekannt ist. Bei unbekannten VPN-Partnern kreiert der Automatismus recht eigenwillige Filterregeln, die im schlimmsten Fall den Tunnelaufbau verhindern (siehe Abschnitt *Technischer Hintergrund* auf Seite 134).
Im Zweifel sollten eigene Firewallregeln Abhilfe schaffen und ankommende VPN-Pakete erlauben. IPsec-VPN-Tunnel benutzen das UDP-Protokoll mit

Port 500 zum Aushandeln der Verbindung. Anschließend verwenden die Nutzdaten die Protokolle *Encapsulated Security Payload* (ESP), *Authentication Header* (AH) oder einfach nur den UDP-Port 4500, wenn NAT-Traversal (siehe Abschnitt *Address Translation* auf Seite 127) ein NAT-Gateway entdeckt hat.

Die Regeln zum Erlauben dieser Ports und Protokolle gehören unter *Firewall → Regeln* an das physische Interface, welches die verschlüsselten Pakete transportieren soll. Im Labornetz sind das *WAN1* und *WAN2*.

OPNsense lässt seine Filterfunktion auch *innerhalb* des VPN-Tunnels wirken. Sobald IPsec aktiviert ist, hat die Firewall plötzlich ein weiteres Interface *IPsec*, welches für den VPN-Verkehr steht.

Abbildung 10.4: Regelwerk zum Filtern innerhalb des VPN-Tunnels

Die Filterregeln beziehen sich dabei auf interne IP-Adressen und filtern Pakete, die *durch* den Tunnel fließen. Der Einsatz dieses Regelwerks ist üblich, wenn hinter dem gegnerischen VPN-Router ein unbekanntes Fremdnetz ist, z. B. von einem Partnerunternehmen.

---

**Hinweis**

Ein leeres Regelwerk am IPsec-Interface blockiert eingehenden Datenverkehr, der durch den VPN-Tunnel ankommt. Ausgehende Pakete sind davon nicht betroffen.

---

Beispielsweise könnte Firewall RT-1 nur Zugriffe auf bestimmte IP-Adressen ihres Standorts erlauben. Im einfachsten Fall lässt das Regelwerk alle Pakete aus dem fernen Netz durch die IPsec-Verbindung passieren, wie in Abbildung 10.4 konfiguriert ist.

Andersherum könnte es, je nach Szenario, Sinn machen, den Netzverkehr durch den VPN-Tunnel in *ausgehender* Richtung zu filtern. Dann dürfen nur bestimmte Verbindungen den Tunnel betreten. Die notwendigen Filterregeln gehören zum LAN-Adapter.

## Status

Wenn alle Teilbereiche der VPN-Verbindung korrekt eingerichtet sind, sollte die Web-GUI bei *VPN → IPsec → Statusübersicht* mit Verbindungsinformationen loben. Abbildung 10.5 zeigt eine ausgehandelte VPN-Verbindung.

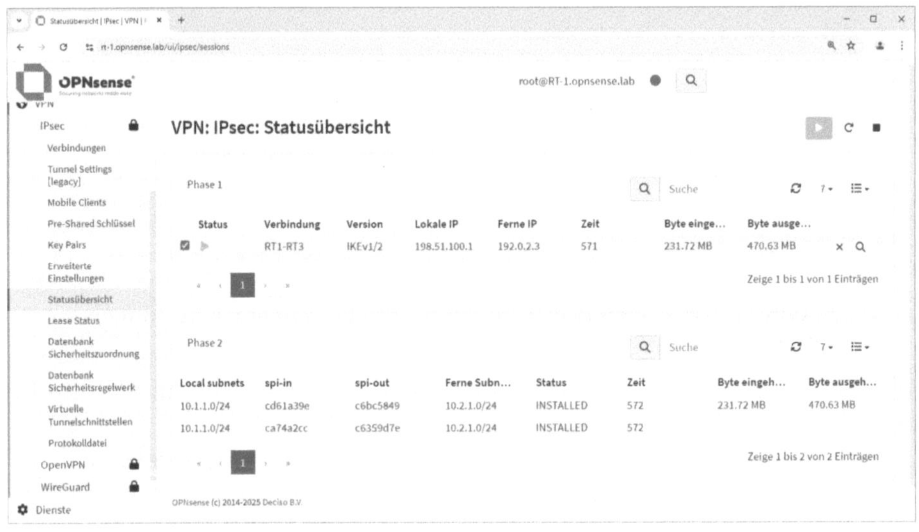

Abbildung 10.5: Ein erfolgreich aufgebauter VPN-Tunnel

Ein erfolgreich aufgebauter VPN-Tunnel zeigt sich als Status *INSTALLED* und liefert positive Werte für ein- und ausgehende Bytes.

# Address Translation

Wenn im Pfad zwischen den VPN-Partnern ein Router die IP-Adresse verändert (NAT, vgl. Kap. 8), steht IPsec vor einem Problem, denn es kann nicht zwischen einer gewollten IP-Änderung und einer bösartigen Manipulation des Paketinhalts unterscheiden. Als Folge wird die VPN-Verbindung scheitern.

Da NAT in vielen Umgebungen eher die Regel als die Ausnahme ist, benutzen IPsec-Gateways dafür NAT-Traversal. Dabei verpackt das Gateway seine ausgehenden IPsec-Pakete in unscheinbaren UDP-Datagrammen, die adressverändernde Router und Firewalls passieren können. Das originale IPsec-Paket bleibt unverändert, sodass alle Prüfsummen und Signaturen stimmen.

---

**Hinweis**

Die Schwierigkeiten mit einer Adressumsetzung betreffen die IKE-Version 1 aus dem Jahr 1998. Neuere Implementierungen mit IKEv2 haben NAT-Traversal eingebaut und sind damit unempfindlich gegenüber wechselnden IP-Adressen (siehe Seite 135).

---

Das Laborgerät RT-core stellt das Hindernis der Adressumsetzung dar, indem es die Pakete von RT-3 mit seiner eigenen IP-Adresse vom Interface *em1* überschreibt. Die Konfiguration ist in Abbildung 10.6 dargestellt.

Abbildung 10.6: Adressumsetzungen sind Stolpersteine für IPsec

Der VPN-Tunnel zwischen RT-1 und RT-3 wird kurz nach dem Umbau keine Daten mehr transportieren, da keine Pakete von der ausgehandelten IPv4-Adresse bei RT-1 ankommen.

Firewall RT-1 muss seinen Partner durch andere Kriterien erkennen, als anhand der Absenderadresse. Die elegante und geschützte Variante ist die

Identifizierung des VPN-Partners durch eine Kennung. Im einfachsten Fall ist diese Kennung die IP-Adresse der Gegenstelle. Erlaubt sind beliebige Buchstabenkombinationen. Hiermit entsteht ein Stück mehr Sicherheit, wenn es darum geht, die Anmeldeversuche von unbekannten VPN-Partnern zu verhindern, bevor sie den *Pre-shared Schlüssel* erraten dürfen.

Für eine durch NAT-Gateways gestörte Aushandlung eignet sich der Hostname als Identifikator des Pre-Shared Schlüssels.

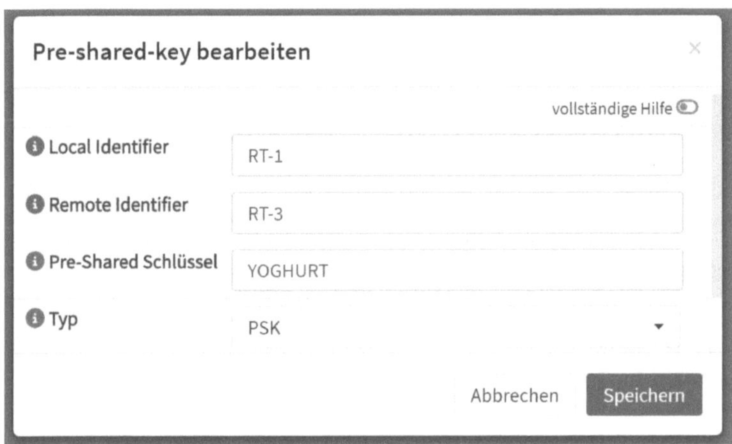


Abbildung 10.7: OPNsense erkennt einen VPN-Partner anhand seiner Kennung

Mit den Einstellungen aus Abbildung 10.7 tauscht RT-1 die Angabe der Gegenstelle 192.0.2.3 gegen RT-3, um Anfragen adressneutral zu beantworten. Leider wissen die Firewalls nicht automatisch, welchen Identifier sie verwenden sollen. Dies lässt sich unter *VPN → IPsec → Verbindungen* im Bereich *Local Authentication* und *Remote Authentication* anpassen. Das Feld *Id* legt den Identifikator fest. Bei der Firewall RT-1 lautet die ID *RT-1* bei *Local Authentication* und *RT-3* bei *Remote Authentication*. Bei der Gegenstelle RT-3 sind die IDs genau umgekehrt. Damit erkennt RT-1 den Autor der IKE-Pakete, auch wenn die IPv4-Adresse der ankommenden Pakete unterwegs durch NAT verändert wurde.

RT-1 wird sich ebenfalls nicht mehr mit seiner IP-Adresse, sondern mit einer Kennung identifizieren.

Zu welcher IPv4-Adresse soll Firewall RT-1 die IKE-Pakete schicken, um einen VPN-Tunnel aufzubauen? Da die Adresse der Gegenstelle unbekannt ist, kann RT-1 nur auf Verbindungsanfragen warten – dafür sorgt die *Start action* „keines" in den *Children*-Einstellungen.

Die Gegenstelle RT-3 beginnt die IPsec-Verbindung (Start action: *Start*), denn bei RT-3 ist die IP-Adresse von Firewall RT-1 wohlbekannt.

## Dead Peer Detection

Die Überprüfung des VPN-Tunnels auf Funktionalität hat einen zutreffenden Namen. Bei der Erkennung von ausgefallenen Gegenstellen sendet jede Firewall ein Lebenszeichen an seinen VPN-Partner und wartet auf Antwort. Setzen diese Signale für eine festgelegte Zeit aus, wird der Tunnel beendet. Ohne die *Dead Peer Detection* (DPD) läuft der fehlerhafte Tunnel noch solange sinnlos weiter, bis seine Lebensdauer überschritten ist und ein neuer Tunnel ausgehandelt wird. Und das können noch mehrere Stunden sein.

Eine schnelle Fehlererkennung ist wichtig, damit die Firewall rechtzeitig reagieren kann. Dann startet der IPsec-Prozess unmittelbar einen neuen Tunnelaufbau oder das Routingprotokoll kümmert sich um einen alternativen Pfad zum Zielnetz.

Kurz gesagt ist DPD ein *ipsec-ping*, das beim Ausfall handeln kann. Die Konfiguration erwartet die Angabe eines Zeitintervalls zwischen zwei Pings (Abbildung 10.8).

Abbildung 10.8: Dead Peer Detection erkennt unerreichbare Gegenstellen

Wenn innerhalb des DPD-Timeouts kein Lebenszeichen eintrifft, dann verwirft die Firewall diesen Tunnel und verhandelt einen Nachfolgetunnel.

# IPv6

IPsec ist ein Sicherheitsprotokoll aus dem Reich von IPv6. Auf vielfachen Wunsch wurde dies nachträglich auch für IPv4 spezifiziert. Anfangs sollte jedes IPv6-Endgerät zwingend per IPsec kommunizieren können, aber im Laufe der Entwicklung wurde diese Anforderung gelockert und IPsec wurde von einem *muss* zu einem *sollte* herabgestuft.

Eine OPNsense-Firewall ist gerne bereit, die Kommunikation zwischen zwei IPv6-Standorten mit IPsec zu sichern. Aus der Sicht von IPsec und der Konfiguration ändern sich lediglich die IP-Adressen der VPN-Partner und die Definition der Präfixe. Kurz: in der Konfiguration die IPv4-Adressen austauschen gegen IPv6-Adressen.

Ein neuer VPN-Tunnel auf Firewall RT-1 kann dieselben Werte für Authentifizierung, Algorithmen und Schlüsselaustausch haben. Nach der Einrichtung des IPv6-Tunnels auf RT-1 und RT-3 erreichen die Clients aus Standortnetz 1 (fd00:1::/64) ihre Nachbarn in Standort 2 (fd00:2::/64). Die Verbindungsverfolgung von CL-1 zu CL-2 zeigt unterwegs die passierenden Firewalls:

```
root@cl-1:~ # traceroute6 -I fd00:2::25
traceroute to fd00:2::25 (fd00:2::25), 30 hops max, 80 byte [...]
 1  rt-1 (fd00:1::1)  0.299 ms  0.307 ms  0.329 ms
 2  * * *
 3  cl-2 (fd00:2::25)  2.383 ms  3.279 ms  3.205 ms
```

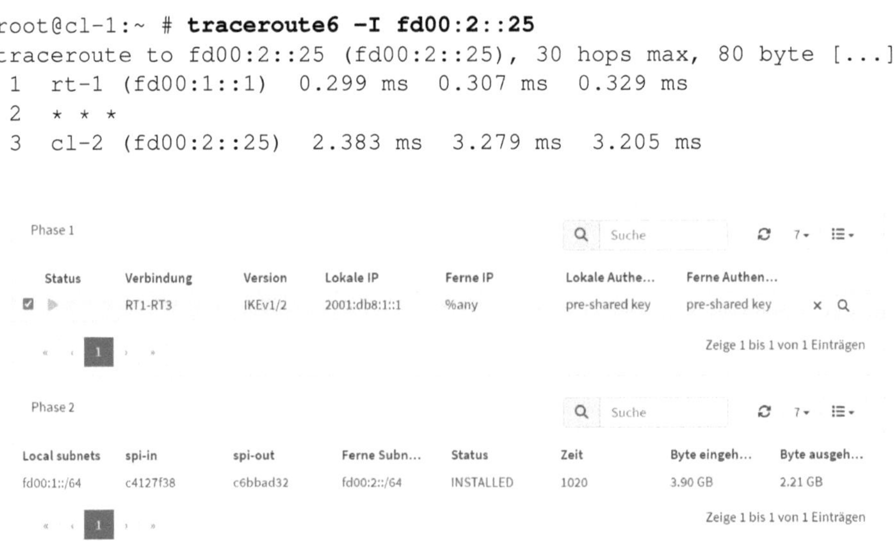


Abbildung 10.9: Ein IPv6-Tunnel transportiert lokale IPv6-Präfixe

Die Statusübersicht der Tunnel bringt dieselben Ausgaben, allerdings mit den längeren IPv6-Adressen als Tunnelendpunkt. Abbildung 10.9 zeigt den ausgehandelten Tunnel zwischen zwei Gateways über die beiden WAN-Netze.

## VPN-Durchsatz

Eine Firewall hat deutlich mehr Aufwand, wenn jedes ausgehende Paket verschlüsselt und jedes eingehende Paket entschlüsselt werden muss. Die erreichbaren Durchsatzraten beim Einsatz von IPsec sind stets unterhalb der normalen Routingleistung.

Je stärker die eingesetzten Kryptoalgorithmen sind, desto mehr Zeit und Leistung benötigt die Firewall für die Kryptoarbeit an den Paketen. Die erreichte IPsec-Bandbreite ist abhängig von der verwendeten Hardware und Software: Das Betriebssystem, der FreeBSD-Kernel und die Implementierung der Algorithmen können die Durchsatzwerte in beide Richtungen verändern.

Zusätzlich kommt es auf die Methode an, *wie* die Leistung des IPsec-Gateways gemessen werden soll. Kurze Messungen oder große IPsec-Puffer liefern teilweise deutlich höhere Bandbreiten, da noch keine Paketverluste auftreten.

Leider geben viele Hersteller bei ihren Angaben in den Marketingbroschüren nicht an, mit welcher Testmethodik die IPsec-Performance ermittelt wurde. In diesem Bereich dürfte ein hoher Spitzenwert wichtiger sein als der Durchschnittswert einer Langzeitmessung.

Die korrekte Messung der IPsec-Leistung einer Firewall ist aufwendig und findet im eigenen Kapitel 20 statt.

## Fehlersuche

Eine Fehlerfindung im VPN-Umfeld ist schwierig, weil viele Hürden einen Tunnelaufbau verhindern können. OPNsense hilft bei *VPN → IPsec → Erweiterte Einstellungen* im Abschnitt *Systemprotokoll* mit vielfältigen Debug-Möglichkeiten.

Die Klassiker `ping` und `traceroute` helfen nur wenig, weil sie lediglich bestätigen können, dass der Tunnel nicht bidirektional arbeitet. Aber das hat DPD bereits ermittelt.

Für die strukturierte Fehlersuche muss eine VPN-Firewall den Tunnelaufbau starten (Start action *Start*) und die Gegenstelle reagiert darauf (Start action *Keines*). Per Voreinstellung werden beide Seiten den Tunnelaufbau starten. Der passive Modus wird separat pro Gegenstelle eingerichtet.
Die Fehlersuche konzentriert sich jetzt auf den *Antworter*, denn dieser wird die VPN-Verbindung aus einem bestimmten Grund ablehnen. Und dieser Grund wird mehr oder weniger verständlich in der Logdatei stehen, die sich unter *VPN → IPsec → Protokolldatei* befindet.

## Fehlerbilder

Die passive Firewall bei der VPN-Aushandlung berichtet über den Fehler in ihrer Logdatei. Die folgenden Meldungen zeigen typische Fehlerbilder bei Problemen oder Unterschieden in der Konfiguration.

Die abgedruckten Logmeldungen enthalten keine Zeitstempel, Hostnamen, Zeilennummern oder Prozessnamen, um die Ausgabe übersichtlich zu halten.
Eine vollständige Logzeile sieht beispielsweise so aus:

```
<30>1 2025-01-24T18:28:44+01:00 RT-1.opnsense.lab charon \
  20897 - [meta sequenceId="26"] 11[NET] \
  <f3b87aa3-9b04-4cd0-a49c-4a7f1121d345|1> received packet: \
  from 192.0.2.3[500] to 198.51.100.1[500] (280 bytes)
```

### Peer-Identifizierer unterschiedlich

```
[CFG] <9> looking for peer configs matching 198.51.100.1[RT-1] \
  ...192.0.2.3[FW-3]
[CFG] <9> no matching peer config found
[ENC] <9> generating IKE_AUTH response 1 [ N(AUTH_FAILED) ]
```

Die Identifizierung der Gegenstelle erfolgt über den Identifizierer. Bei dieser Firewall meldet sich ein Partner, dessen Kennung (FW-3) oder IPv4-Adresse (192.0.2.3) unbekannt sind.
Lösung: Unter *VPN → IPsec → Verbindungen* die passende Verbindung öffnen und bei *Remote Authentication* die *Id* auf den String ändern, den der Partner verwendet.

### Pre-shared Schlüssel unterschiedlich

```
[IKE] <844f2a3b-10f1-4b25-8836-89aa4fa6d26d|5> tried 1 shared \
  key for 'RT-1' - 'RT-3', but MAC mismatched
```

Wenn der Schlüssel für die Verschlüsselung auf den VPN-Endpunkten unterschiedlich ist, wird der VPN-Prozess den Paketinhalt beim Entschlüsseln als fehlerhaft markieren und verwerfen.

Lösung: Schlüssel auf beiden Endpunkten vergleichen und korrigieren.

### IKE-Verhandlung fehlgeschlagen

```
[CFG] <1> received proposals: \
  IKE:AES_CBC_256/HMAC_SHA2_256_128/PRF_HMAC_SHA2_256/MODP_2048
[CFG] <1> configured proposals: \
  IKE:AES_CBC_128/HMAC_SHA2_256_128/PRF_HMAC_SHA2_256/MODP_2048
[IKE] <1> received proposals unacceptable
```

Beide Firewalls vergleichen in der Phase 1 ihre verfügbaren Kryptoalgorithmen und der Responder wählt aus den Gemeinsamkeiten den stärksten Algorithmus aus. Gibt es keine Gemeinsamkeiten, scheitern die Verhandlungen und er sendet seinen Misserfolg zurück.

Lösung: Die Inhalte der *Proposals* müssen auf beiden Firewalls gemeinsame Werte für Verschlüsselung, Hashingfunktion, DH-Gruppe und Schlüssellänge haben.

### ESP-Verhandlung fehlgeschlagen

```
[CFG] <844f2a3b-10f1-4b25-8836-89aa4fa6d26d|2> received \
  proposals: ESP:AES_CBC_256/HMAC_SHA2_512_256/NO_EXT_SEQ
[CFG] <844f2a3b-10f1-4b25-8836-89aa4fa6d26d|2> configured \
  proposals: ESP:AES_CBC_256/HMAC_SHA2_256_128/MODP_2048/[...]
[IKE] <844f2a3b-10f1-4b25-8836-89aa4fa6d26d|2> no acceptable \
  proposal found
```

Auch für die Phase 2 wählen die Firewalls die stärkste gemeinsame Verschlüsselung, diesmal aber für die Absicherung der übertragenen Pakete. Die Verhandlung scheitert, wenn keine Gemeinsamkeiten erkennbar sind. Dann meldet der Responder eine ähnliche Meldung wie bei der IKE-Verhandlung, allerdings in Verbindung mit ESP, was auf die Phase 2 deutet.

Lösung: Die *ESP proposals* eines *Child*-Eintrags müssen ebenfalls auf beiden Firewalls eine gemeinsame Basis für Verschlüsselung, Hashingfunktion, DH-Gruppe und Schlüssellänge haben.

# Technischer Hintergrund

Für die kryptografische Betreuung der VPN-Tunnel vertraut OPNsense auf die Software *strongSwan* [9]. Nachdem in der Jahresmitte 2004 der Vorläufer *FreeS/WAN* seine Tore für weitere Entwicklungen geschlossen hatte, haben insgesamt drei Projekte die Nachfolge angetreten. Neben Openswan und Libreswan dürfte die Implementierung von strongSwan die bekannteste und mächtigste sein.
Bei der Versionsauswahl setzt OPNsense auf die stabile Version 5.9.14 von strongSwan.

Im unterliegenden FreeBSD-Betriebssystem kümmert sich der `ipsec`-Befehl von strongSwan um das Starten und Beenden von VPN-Verbindungen. Die Verhandlungen mit den VPN-Partnern führt `charon` über das IKE-Protokoll. Und die fertigen IPsec-Pakete versendet der Kernel selbst, ohne den Umweg über einen Prozess.
Wenn ein VPN-Tunnel partout nicht funktionieren will und laut Einrichtung korrekt ist, lohnt sich ein Blick in die Konfigurationsdatei `swanctl.conf` von strongSwan. Die Webseite [9] des Anbieters erklärt im Bereich Wiki jede mögliche Direktive und gibt Hinweise auf Verwendung, Kompatibilität und benötigte Version.

Im Hintergrund unterstützt OPNsense bei den Firewallregeln für ein- und ausgehende VPN-Pakete. Der Mechanismus nutzt dabei IP-Adresse, Netzadapter und NAT-Traversal aus der Tunneleinstellung. Aus diesen Informationen generiert OPNsense passende Filterregeln.
Die automatisch generierten VPN-Regeln integrieren sich in die normalen Firewallregeln. Die Webseite bei *Firewall → Regeln* listet diese am Anfang jedes Regelwerks vor den eigenen Regeln. Die *Reihenfolge der Abarbeitung* ist in Kapitel 6 auf Seite 82 vollständig beschrieben.

---

**Hinweis**

Falls die automatisch generierten Regeln zu Problemen führen, lassen sich diese bei *VPN → IPsec → Erweiterte Einstellungen* ausschalten.

---

# Ausblick

VPN ist ein vielseitiges Thema und kann ein ganzes Buch füllen. Weitere nennenswerte Erweiterungen werden in diesem Abschnitt kurz angesprochen. Dabei steht nicht die IPsec-Protokollsuite im Vordergrund, sondern die alternativen Ansätze, um ein virtuelles privates Netzwerk aufzubauen.

## IKEv2

Die ursprüngliche Version von IKE aus dem Jahr 1998 hat in der Praxis ein paar Schwächen gezeigt. 2005 kam die aktualisierte Variante IKEv2, die noch bis 2014 ihren Feinschliff erfahren hat. IKEv2 ist sparsamer beim Nachrichtenaustausch und macht DoS-Angriffe schwieriger. Aber der größte Vorteil ist das bessere Zusammenspiel mit NAT-Gateways, denn IKEv2 hat NAT-Traversal bereits eingebaut. Wenn die IKEv2-Partner bei der Verhandlung eine Adressmanipulation erkennen, verpacken sie alles in UDP-Segmente und mogeln sich damit durch.

IKEv2 ist schon ein paar Jahre im Geschäft, aber nicht so weit verbreitet wie sein Vorgänger. Wenn möglich sollten beide VPN-Peers die neuere Variante benutzen. In OPNsense ist die Version voreingestellt auf *IKEv1+IKEv2*, sodass den VPN-Gateways die Entscheidung überlassen bleibt. Dann bevorzugen beide Partner die neuere Version, schalten aber auf IKEv1 zurück, um ältere Implementierungen zu berücksichtigen.

## Mobile Clients

Die bisher aufgeführten Tunnel sind *dauerhafte* Verbindungen zwischen den VPN-Gateways. Endpunkte einer VPN-Verbindung können auch mobile Clients sein, die nur sporadisch eine verschlüsselte Verbindung zum privaten Netzwerk benötigen. Dazu gehören Laptops, Smartphones oder Heimarbeitsplätze, die mit einem kostengünstigen VPN-Router ausgestattet sind.

Für mobile Clients stellt OPNsense unter *VPN → IPsec → Mobile Clients* einen Einwahlservice zur Verfügung. Die OPNsense-Firewall ist dabei der VPN-Server und die einwählenden Geräte sind die VPN-Clients. Diese Geräte benötigen eine VPN-Software, die IPsec-fähig ist und bei Bedarf gestartet wird. Die Authentifizierung verläuft ähnlich wie bei einem permanenten

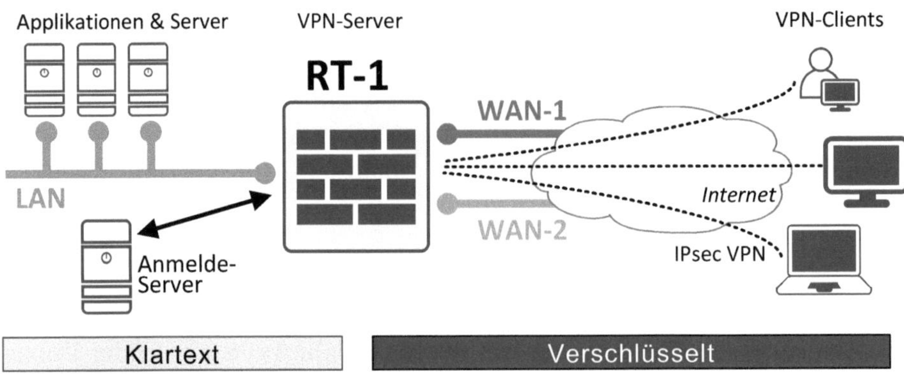


Abbildung 10.10: OPNsense als VPN-Einwahlserver für mobile Clients

VPN-Tunnel und kann zusätzlich über Benutzernamen nebst Kennwort oder über Zertifikate verstärkt werden. In größeren Umgebungen residieren die Benutzerkonten in einem zentralen Verzeichnisserver, den OPNsense über LDAP oder das RADIUS-Protokoll befragt (vgl. Kap. 15).
Sobald der VPN-Client mit dem Server verbunden ist, erhält er eine weitere IP-Adresse und kann mit den anderen Endgeräten im fernen Netz durch den eigenen VPN-Tunnel kommunizieren. Ob sich die VPN-Clients untereinander erreichen können, hängt von der Richtlinie ab, die das Regelwerk des IPsec-Interfaces führt.
Einen VPN-Server zur Einwahl von mobilen Clients mit Benutzeranmeldung und Authentifizierungsserver zeigt beispielhaft Abbildung 10.10.

## Tinc VPN

Tinc ist eine quelloffene VPN-Software mit dem Fokus auf Vollvermaschung. Tinc baut zwischen zwei Systemen einen VPN-Tunnel auf und verbindet damit die angeschlossenen Netze. Was hier noch ziemlich unspektakulär erscheint, wird bei steigender Zahl der VPN-Gateways interessant. Denn mit Tinc verbinden sich alle Gateways miteinander, auch wenn zwischen ihnen kein direkter Tunnel konfiguriert ist. Das Ergebnis ist eine Vollvermaschung. Falls einer der VPN-Tunnel ausfällt, findet die Software über die verbleibenden VPN-Knoten dennoch den kürzesten Weg zum Ziel.
Tinc möchte einfach, robust und sicher sein. Das Attribut *einfach* bezieht sich auf den Aufbau einer VPN-Verbindung. Es gibt keinen Austausch von

Zertifikaten oder lange Verhandlungen über die besten Crypto-Algorithmen. Das VPN-Netz ist *robust*, indem es aus vielen Tunneln besteht. Alle Tinc-Knoten prüfen permanent ihre gegenseitige Erreichbarkeit, bauen neue Tunnel auf und optimieren ihre Pfadtabellen auf kurze Wege. Ein händischer Eingriff seitens des Administrators ist nicht notwendig.

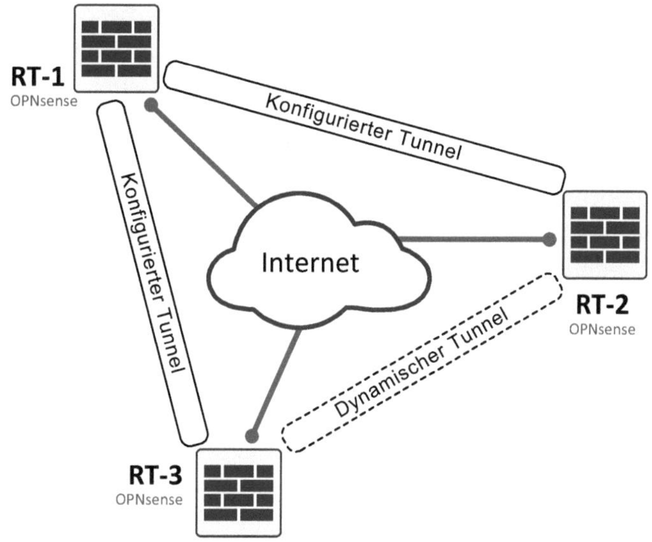


Abbildung 10.11: Tinc verbindet Firewalls per Mesh-Netzwerk

Die Forderung nach Sicherheit darf bei keiner VPN-Software fehlen und Tinc reagiert darauf mit vorausgewählten starken Algorithmen, dem Einsatz von bekannten Bibliotheken und geht offen mit Programmfehlern und Sicherheitslöchern um.

Tinc verschlüsselt seine Pakete nicht mit IPsec, sondern mit einem eigenen Sicherheitsprotokoll. Es bezieht seine Algorithmen von OpenSSL und basiert auf AES-256 für die Verschlüsselung und SHA-256 für die Hashingfunktion. Tinc gehört nicht zum Lieferumfang von OPNsense und kommt als Plug-in über *System → Firmware → Erweiterungen* ins Spiel. Anschließend integriert sich Tinc in die Web-GUI bei *VPN → Tinc*.
Für die Firewalls in Abbildung 10.11 würde Tinc automatisch RT-2 mit RT-3 verbinden, um eine Kommunikation der angeschlossenen Netze zu ermöglichen.

## ZeroTier

ZeroTier bezeichnet sich selbst als globalen Ethernet-Switch, an den sich beliebige Endgeräte anstöpseln können. Die Teilnehmer verbinden sich mit diesem gedachten Switch und kommunizieren anschließend wie im lokalen Netz.

Der Ethernet-Switch ist bildlich und eine Hilfe für besseres Verständnis, denn tatsächlich verbinden sich die Teilnehmer per VPN mit einem vordefinierten VPN-Server, den ZeroTier betreibt. Der VPN-Server vermittelt seine Clients untereinander, sodass sich die Geräte auch direkt miteinander unterhalten können. Es entsteht ein verschlüsseltes Peer-to-Peer-Netzwerk. Dieses Transportnetz ist verantwortlich für die gesicherte Kommunikation und Authentifizierung aller Teilnehmer. Eine weitere Aufgabe liegt in der effizienten Wegefindung.

Oberhalb dieser Netzwerkschicht emuliert ZeroTier das bewährte Ethernet, um den Anwendungen ein bekanntes Protokoll zu bieten. Für die Teilnehmer erscheint das VPN als Ethernet-Switch. Die Technik dahinter erinnert an IPsec und VXLAN.

Die Datenpakete zwischen den ZeroTier-Clients sind verschlüsselt und werden nur von anderen Clients, nicht aber von den ZeroTier-Servern, verstanden. Der verwendete Algorithmus stammt aus der AES-Familie. Um den Schlüsselaustausch kümmert sich die Clientsoftware automatisch.

Was hat dieser globale Ethernet-Switch mit OPNsense zu tun? OPNsense bietet den ZeroTier-Client als Plug-in an und hat damit eine Verbindung zum globalen Switch. Aus der Sicht einer OPNsense-Firewall ist der Zero-Tier-Switch ein weiterer Netzadapter mit IP-Adresse, Routen und Firewallregeln. Darüber lassen sich Standorte verbinden, Clients einwählen oder ein Managementzugang schaffen.

ZeroTier benötigt seine eigene Clientsoftware *ZeroTier One*, die im Quellcode und als vorkompiliertes Binary für viele Betriebssysteme und Smartphones angeboten wird.

Bevor es losgeht, erwartet das ZeroTier-Backbone eine Registrierung. Der Kundenzugang für die webbasierte Verwaltung ist nötig, um einen eigenen Ethernet-Switch zu gründen. ZeroTier spendiert dafür eine Netzwerkkennung, welche die Clients für die Einwahl verwenden. Die Netzkennung unterscheidet die Kunden voneinander und verhindert, dass Kunde A die Geräte im Netzwerk von Kunde B erreicht.

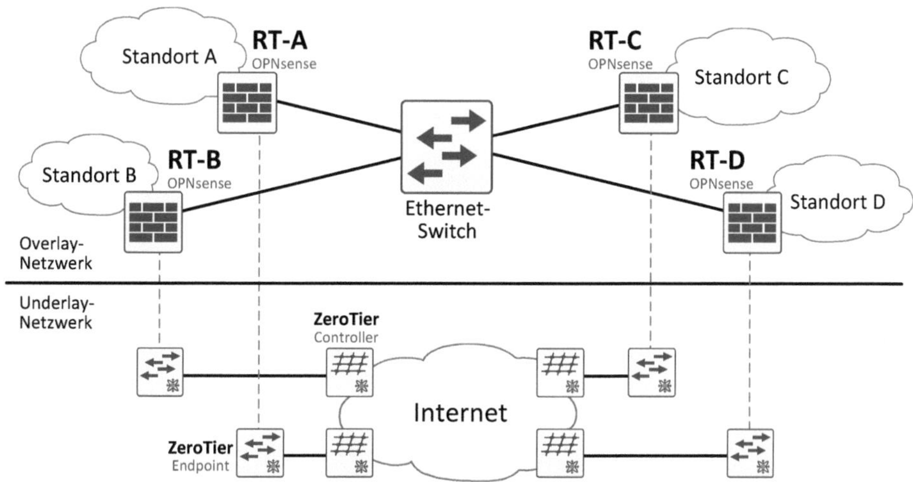


Abbildung 10.12: OPNsense-Firewalls verbunden durch ZeroTier

Diesem Beispiel folgend benutzt Abbildung 10.12 die ZeroTier-Wolke als vollvermaschtes Backbone-Netz, welches selbstständig die kürzesten Verbindungen zwischen den Standorten findet.

## Zusammenfassung

IPsec ist eine Protokollfamilie mit dem klaren Ziel, zwei entfernte Netze über ein unsicheres Medium zu verbinden. Dabei stehen Sicherheit der Übertragung und Authentifizierung im Vordergrund.

OPNsense beherrscht die Kunst von IPsec. Die vielfältigen Möglichkeiten von Verschlüsselung, Authentifizierung und Transport erschweren zwar die Ersteinrichtung, bringen aber Flexibilität, wenn OPNsense mit IPsec-Partnern von anderen Herstellern kommunizieren soll.

Die Implementierung von OPNsense verbindet Standortnetze miteinander. Weiterhin bietet sie mobilen Clients die VPN-Einwahl von überall ins Firmennetz für den sicheren Zugriff auf Server und Anwendungen.

# Kapitel 11

# OpenVPN

OpenVPN ist eine quelloffene Software zur Einrichtung eines Virtuellen Privaten Netzwerks. Durch diesen VPN-Tunnel können einzelne Geräte oder ein ganzes Netzwerk mit mehreren Computern kommunizieren.

OpenVPN ist die Antwort der Community auf die Komplexität von IPsec. Während das Ziel von beiden Protokollen dasselbe ist, lässt sich OpenVPN leichter konfigurieren und einfacher durch Paketfilter und NAT-Gateways betreiben. OpenVPN ist kein RFC-Standard, sondern eine fertige Software, die für die meisten Betriebssysteme und Smartphones verfügbar ist. OpenVPN implementiert die Verschlüsselungsroutinen nicht selbst, sondern vertraut der bekannten OpenSSL-Bibliothek. Für die Kommunikation im Netzwerk benutzt OpenVPN die virtuellen Netzadapter TUN und TAP.

## Arbeitsweise

Die Funktionsweise von OpenVPN entspricht der von IPsec: Ein VPN-Gateway baut einen verschlüsselten Kanal zu einem anderen OpenVPN-Gateway auf. Durch diesen Tunnel können beide Endpunkte gesichert miteinander kommunizieren und auch die Verbindung von weiteren Geräten absichern. Der Aufbau entspricht dem Client-Server-Prinzip: Ein OpenVPN-Prozess übernimmt die Rolle des Clients und baut die Verbindung auf. Der andere Prozess wartet auf neue Anfragen und agiert als Server. Für den Betrieb des VPNs ist es unerheblich, welches Gateway die Verbindung gestartet hat.

Die Authentifizierung ist mitentscheidend für die Sicherheit der übertragenen Daten. OpenVPN bevorzugt Zertifikate. In einfachen Umgebungen ist auch ein statischer Schlüssel oder die Verwendung von Benutzername mit Passwort akzeptabel.

Der VPN-Tunnel lässt sich auf zwei unterschiedliche Arten betreiben:

- Routing-Modus. Der Tunnel ist eine Punkt-zu-Punkt-Verbindung (auf OSI-Protokollebene 3) und transportiert ausschließlich IP-Pakete. Der OpenVPN-Prozess läuft auf einem Router, der IP-Pakete anhand seiner Routingtabelle weiterleitet.

- Bridge-Modus. Der Tunnel ist eine Ethernet-Verbindung (OSI-Ebene 2) und transportiert Ethernet-Frames wie ein herkömmlicher Switch. LAN-Ports und VPN-Tunnel werden zusammengebrückt und der Open-VPN-Prozess übermittelt die Frames. Auf diese Weise lassen sich Ethernet-Netze über WAN-Strecken miteinander verbinden, ohne dass die Clients einen Router adressieren (müssen).

## Authentifizierung

OPNsense unterstützt mehrere Methoden zur Authentifizierung, die sich in Komplexität und Sicherheit unterscheiden.

### Benutzername

Die Anmeldung mit einem Benutzernamen und dem passenden Kennwort ist die einfachste und unsicherste Form der Authentifizierung. Denn Benutzer notieren ihre Kennwörter oder wählen offensichtliche Begriffe. Diese Methode der Anmeldung lässt sich mit einer weiteren Form zu einer Mehrfaktor-Authentifizierung kombinieren.

### Gemeinsamer Schlüssel

Die OpenVPN-Gegenstellen vertrauen sich, wenn sie denselben statischen Schlüssel besitzen und für die Authentifizierung benutzen. Vor der ersten Anmeldung muss der Schlüssel auf alle beteiligten OpenVPN-Firewalls über eine sichere Verbindung verteilt werden.

Die Authentifizierung per *gemeinsamen Schlüssel* ist einfach zu realisieren. Die Sicherheit der übermittelten Daten hängt davon ab, dass der Schlüssel geheim bleibt. Mit einem kompromittierten Pre-shared Key kann der Angreifer alle abgefangenen Pakete entschlüsseln.

### Zertifikate

Bei einer Authentifizierung auf Basis von Zertifikaten benötigt jeder Kommunikationspartner ein Zertifikat. Client und Server tauschen ihre Zertifikate aus und überprüfen gegenseitig deren Gültigkeit.

Der Aufwand dieser Methode ist hoch, denn Zertifikate müssen erstellt, verteilt und eventuell widerrufen werden. Aber die zertifikatsbasierte Anmeldung gewinnt als sicherste Form der Authentifizierung.

# Unterschiede zu IPsec

OpenVPN und IPsec gelten beide als ausgereift und sicher. OpenVPN ist quelloffen und damit für jeden einsehbar. IPsec ist keine Software, sondern eine Protokollsammlung, die von Anbietern für ihre Software genutzt wird. Und diese Software kann unter einer proprietären Lizenz stehen, die die Implementierung nicht offenlegt.

IPsec ist in den meisten Betriebssystemen bereits integriert, während Open-VPN ein Zusatzprodukt ist. Dieses unterstützt zwar alle gängigen Betriebssysteme, muss aber nachträglich auf das System gebracht werden.
Tabelle 11.1 vergleicht IPsec mit OpenVPN, so wie beide Technologien bei OPNsense angeboten werden.
Die Angabe des Durchsatzes bezieht sich auf die IPsec-Implementierung von strongSwan und die verwendete OpenVPN-Version von OPNsense. Zusätzlich spielt die Unterstützung der Befehlserweiterung AES-NI eine wichtige Rolle, welche die Leistung von OpenVPN stark verbessert.
OpenVPN ist eine Implementierung im User-Space, während strongSwan die IPsec-Fähigkeiten des Kernels verwendet. Damit ist OpenVPN leichter portierbar auf andere Betriebssysteme und kommt ohne Kernelmodul aus. Nachteilig auf die Performance wirkt sich der häufige Kontextwechsel aus,

denn der OpenVPN-Prozess läuft im User-Space, während die Netzwerktreiber für *emX* und *tunX* im Kernel-Space angesiedelt sind.

| Disziplin | IPsec | OpenVPN |
|---|---|---|
| Einrichtung | kompliziert | einfach |
| Installation | vom OS bereitgestellt | Zusatzsoftware |
| Authentifizierung | PSK, Zertifikat, Benutzername/Kennwort[1] | PSK, Zertifikat, Benutzername/Kennwort |
| Verschlüsselungsalgorithmen | AES 128/192/256<br>Blowfish[2] 128/192/256<br>3DES[2], DES[2]<br>Camellia[2] 128/192/256<br>CAST128[2] | AES 128/192/256<br>Blowfish 128<br>3DES, DES, DESX,<br>Camellia 128/192/256<br>SEED, RC2, CAST5,<br>ChaCha20-Poly1305 |
| Hashingalgorithmen | SHA-1, SHA-2, MD5[2]<br>AES-XCBC | SHA-1, SHA-2, SHA-3,<br>MD4, MD5, RIPEMD,<br>BLAKE2, SHAKE,<br>whirlpool |
| Sicherheitsniveau | hoch | hoch |
| Durchsatz | hoch | mittel |
| Zusammenspiel | | |
|   mit Firewall | einfach zu blockieren | schwer zu blockieren |
|   mit NAT | mit NAT-Traversal | ohne Probleme |
| Unterstützung | | |
|   von IPv4 | ja | ja |
|   von IPv6 | ja | ja |
|   von nicht-IP | ja (mit GRE) | ja (Bridge-Modus) |
| Multipunkt-Tunnel | ja (mit DMVPN) | ja |
| Funktioniert | | |
|   durch Proxy | nein | ja |
| Schlüsselrotation | automatisch | automatisch (Zertifikat)<br>manuell (PSK) |

Tabelle 11.1: Vergleich von IPsec mit OpenVPN

---

[1]Die Anmeldung mit Benutzernamen und Kennwort ist nur für mobile Clients verfügbar.
[2]Nur in IKE-Phase 1 nutzbar

# Laboraufbau

Die beiden Firewalls RT-1 und RT-2 erstellen einen VPN-Tunnel, um Datenkommunikation zwischen ihren angeschlossenen Netzen zu ermöglichen. In diesem Szenario wird RT-2 mit seinem DMZ-Netz ein separater Standort, der keine direkte Verbindung zum Netz von Standort 1 hat.
RT-1 ist zusätzlich ein VPN-Server für die Einwahl von OpenVPN-Clients. Abbildung 11.1 zeigt den Aufbau der VPN-Gateways und eines Clients in Standort-2. Die IP-Adressen der Tunnel stammen aus den Bereichen 10.6.0.0/16 und fd00:6::/64.

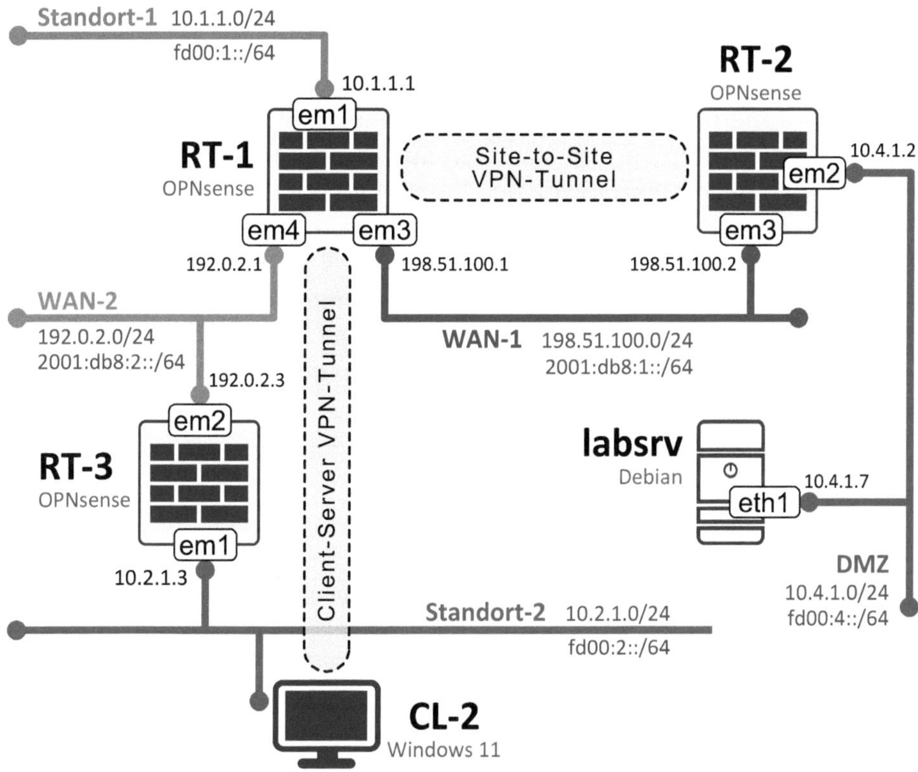


Abbildung 11.1: Laboraufbau für OpenVPN-Tunnel

## Site-to-Site-Tunnel

Als erste Aufgabe verbindet OpenVPN den Standort 1 mit dem DMZ-Netz durch einen Site-to-Site-VPN. Dieser Tunnel spannt von Firewall RT-1 zu RT-2 und verbindet damit die angeschlossenen Netze.

OPNsense unterscheidet bei den OpenVPN-Gateways zwischen Server und Client, wobei der Client den Tunnelaufbau initiiert und der Server darauf reagiert. In diesem Szenario übernimmt RT-1 die Rolle des Servers und RT-2 beginnt als Client seine VPN-Tätigkeit.

Durch den Tunnel fließen später die IP-Pakete von mehreren Endgeräten. Die Vertraulichkeit von vielen Datenverbindungen hängt von der Sicherheit des Tunnels ab. Je nach Umgebung kann ein gemeinsamer Schlüssel oder Zertifikate die notwendige Sicherheit bieten. Die folgende Einrichtung verwendet einen gemeinsamen Schlüssel.

Der Tunnel beginnt und endet bei den öffentlichen IP-Adressen der VPN-Gateways. Innerhalb des Tunnels benutzt OpenVPN zusätzliche Adressen, die aus dem privaten Bereich stammen dürfen. Diese Adressen eignen sich später zur schnellen Prüfung, ob der Tunnel funktioniert oder für die dauerhafte Überwachung eines Monitoring-Systems.

Die Konfiguration platziert OPNsense bei *VPN* → *OpenVPN* → *Server [legacy]*. Der Modus *Peer-to-Peer (gemeinsamer Schlüssel)* ist der Ausgangspunkt für den geplanten VPN-Tunnel. Die restlichen Werte sind in Tabelle 11.2 aufgeführt, wobei einige eine genauere Beschreibung verdienen.

---

**Hinweis**

OPNsense fasst die Konfiguration von *Server [legacy]* und *Clients [legacy]* unter dem Menüpunkt *Instances* zusammen. Dieser neue Modus verwendet Zertifikate zur Authentifizierung und ist ab Seite 150 beschrieben.

---

OpenVPN akzeptiert beliebige Ports; ohne weitere Angabe benutzt OpenVPN den vorgegebenen Port 1194 des UDP-Protokolls.

Die Auswahlliste von *Verschlüsselungsalgorithmus* und *Authentifizierungs-Digestalgorithmus* ist überwältigend. Im Zweifel empfiehlt sich AES mit SHA, die selbst mit einer kleinen Schlüssellänge (AES-128-CBC und SHA-256) ein bemerkenswertes Sicherheitsniveau erreichen.

| Einstellung | Wert |
| --- | --- |
| Servermodus | Peer-to-Peer (gemeinsamer Schlüssel) |
| Protokoll | UDP |
| Gerätemodus | tun |
| Schnittstelle | WAN1 |
| Lokaler Port | 1194 |
| Gemeinsamer Schlüssel | ☑ |
| Verschlüsselungsalgorithmus | AES-256-CBC |
| Authentifizierungs-Digestalgorithmus | SHA256 |
| IPv4 Tunnelnetzwerk | 10.6.12.0/24 |
| IPv6 Tunnelnetzwerk | fd00:6:12::/64 |
| Weiterleitungs Gateway | ☐ |
| Lokales IPv4-Netzwerk | 10.1.1.0/24 |
| Lokales IPv6-Netzwerk | fd00:1::/64 |
| Fernes IPv4-Netzwerk | 10.4.1.0/24 |
| Fernes IPv6-Netzwerk | fd00:4::/64 |

Tabelle 11.2: RT-1 als VPN-Server für einen Site-to-Site-Tunnel

OPNsense erstellt einen neuen kryptografischen Schlüssel, wenn die Checkbox bei *Automatisch gemeinsamen Authentifizierungsschlüssel generieren* ausgewählt ist. Der fertige Schlüssel liegt vor, sobald alle Einstellungen mit dem finalen Button *Speichern* abgeschlossen werden.

Aus den Angaben der *Tunneleinstellungen* befüllt OpenVPN die Routingtabellen. Die Einträge bei *Fernes IPv4-Netzwerk* kommen in die eigene Routingtabelle und die Angabe von *Lokales IPv4-Netzwerk* benötigt der gegenüberliegende VPN-Router für seine Routingentscheidungen. Dasselbe gilt für IPv6-Netzwerke. Wenn der Tunnel mehrere Netze transportieren soll, müssen diese im Feld durch Kommata getrennt sein.

Damit ist Firewall RT-1 zum VPN-Gateway aufgestiegen, welches seine Gegenstelle erwartet. Der erneute Blick in die Konfiguration zeigt den erstellten Schlüssel im Textfeld *Gemeinsamer Schlüssel*. Der Inhalt muss unverändert seinen Weg in die Einstellungen des Clients RT-2 finden. Für die Kopie sollte ein sicherer Kommunikationskanal verwendet werden.

## Client

Die Gegenstelle des OpenVPN-Servers ist die Firewall RT-2. Diese erhält unter *VPN → OpenVPN → Clients [legacy]* ihre Einstellungen für den Aufbau einer VPN-Verbindung mit RT-1. Dazu muss der Client die IP-Adresse des Servers vorhalten. Die Angaben für lokale und ferne IP-Netze sind spiegelbildlich zu RT-1 und in Tabelle 11.3 vollständig aufgeführt. Der

| Einstellung | Wert |
| --- | --- |
| Servermodus | Peer-to-Peer (gemeinsamer Schlüssel) |
| Protokoll | UDP |
| Gerätemodus | tun |
| Schnittstelle | WAN1 |
| Ferner Server | |
| Host oder Adresse | 198.51.100.1 |
| Port | 1194 |
| Gemeinsamer Schlüssel | *Schlüssel von RT-1 eintragen* |
| Verschlüsselungsalgorithmus | AES-256-CBC |
| Authentifizierungs-Digestalgorithmus | SHA256 |
| IPv4 Tunnelnetzwerk | 10.6.12.0/24 |
| IPv6 Tunnelnetzwerk | fd00:6:12::/64 |
| Fernes IPv4-Netzwerk | 10.1.1.0/24 |
| Fernes IPv6-Netzwerk | fd00:1::/64 |

Tabelle 11.3: RT-2 als VPN-Client für einen Site-to-Site-Tunnel

gemeinsame Schlüssel muss auf beiden Enden des VPN-Tunnels identisch sein. Wenn RT-1 diesen Schlüssel erzeugt, muss der generierte Schlüsseltext unverändert bei RT-2 über einen sicheren Kanal ankommen.

## Regelwerk

Bis jetzt kann der geplante Tunnel noch keinen Erfolg haben, da der Paketfilter alle Verbindungsversuche von OpenVPN blockiert. Anders als beim IPsec-VPN, der seine Firewallregeln automatisch erstellt, benötigt OpenVPN die explizite Erlaubnis im Regelwerk des WAN-Interfaces. Dazu reicht eine schlichte Regel, die Zugriff über UDP-Port 1194 auf den Netzadapter *WAN1* erlaubt. Dieser Zugriff sollte auf die Quelladresse des VPN-Partners einge-schränkt werden, falls dieser eine feste IP-Adresse innehat.

Mit dieser geänderten Sicherheitsrichtlinie können sich die Teilnehmer auf eine VPN-Verbindung einigen. Die Freude währt nicht lange, denn der Tunnel darf noch nicht von den Endgeräten betreten werden. Dazu kommt das zusätzliche Regelwerk für die OpenVPN-Tunnel ins Spiel. Dieses Regelwerk *OpenVPN* unter *Firewall → Regeln* filtert oder erlaubt Datenver-bindungen, die *durch* den Tunnel fließen möchten. Und ein leeres Regelwerk am OpenVPN-Interface blockiert den eingehenden Datenverkehr, der durch den VPN-Tunnel ankommt. Die Logik dieser zusätzlichen Filterfunktion ist in Abschnitt *Firewall* von Kapitel 10 auf Seite 124 beschrieben.

## Konnektivität

OPNsense liefert Feedback zu den aufgebauten Tunneln unter *VPN → Open-VPN → Verbindungsstatus*. Dazu gehören die innere und äußere IP-Adresse der Gegenstelle und die Menge der übertragenen Bytes (Abbildung 11.2).

Abbildung 11.2: OPNsense zeigt den erfolgreich aufgebauten OpenVPN-Tunnel

Die Anzeige liefert nicht die transportierten IP-Netze. Diese sind aus der Routingtabelle ersichtlich, die OPNsense bei *System → Routen → Status* oder über die Kommandozeile mit `netstat -nr` liefert. Unübersichtliche Routingtabellen schrumpfen mit dem Keyword *ovpn* im Suchfeld einfach auf das gewünschte Minimum.

Aber der zuverlässigste Test ist eine Ende-zu-Ende-Verbindung, die im kleinen Umfeld mit `ping` und `traceroute` ablaufen kann.

```
root@cl-1:~# traceroute -In 10.4.1.7
traceroute to 10.4.1.7 (10.4.1.7), 30 hops max, 60 byte packets
 1  10.1.1.1   0.486 ms   0.449 ms   0.487 ms
 2  10.6.12.2  1.482 ms   4.739 ms   4.787 ms
 3  10.4.1.7   5.028 ms   5.251 ms   5.406 ms

root@cl-1:~# traceroute6 -In fd00:4::7
traceroute to fd00:4::7 (fd00:4::7), 30 hops max, 80 byte packets
 1  fd00:1::1    0.721 ms   1.036 ms   1.144 ms
 2  fd00:6:12::2 3.896 ms   3.907 ms   3.990 ms
 3  fd00:4::7    4.291 ms   4.226 ms   4.608 ms
```

# Client-Server-Tunnel

Wenn OpenVPN im Client-Server-Modus arbeitet, können sich die Gegenstellen per Zertifikat oder Benutzernamen mit Kennwort (oder beidem) ausweisen. Aus der Sichtweise der Sicherheit sind Zertifikate ein großer Schritt nach vorne. Allerdings ist deren Verwaltung um ein Vielfaches aufwendiger als ein gemeinsamer Schlüssel.

Wer den Einsatz von Zertifikaten scheut, ist mit der Kombination von Benutzernamen und gemeinsamen Schlüssel gut beraten.

Das folgende Szenario verwendet einen gängigen Kompromiss aus Sicherheit und Verwaltbarkeit: Der Server stellt sich den Clients mit einem Zertifikat vor und die Clients authentifizieren sich per Benutzernamen und Kennwort. Zusätzlich vertrauen sich beide Seiten nur mit einem gemeinsamen Schlüssel (Zwei-Faktor-Authentifizierung).

Der VPN-Server RT-1 wird seine Clients bei der Anmeldung überprüfen. Dazu vergleicht der Server den erhaltenen Benutzernamen mit seiner Anwenderliste und überprüft das Kennwort. Wenn die OPNsense-Maschine keine lokalen Benutzerkonten hat, kann ein ferner Verzeichnisserver per RADIUS oder LDAP angezapft werden (vgl. Kap. 15). Ein statischer Schlüssel sichert die Kommunikation zusätzlich ab. Wenn sich alle Parteien einig sind, darf fleißig verschlüsselt werden.

Der neue OpenVPN-Server entsteht bei *VPN → OpenVPN → Instances*. Im ersten Schritt benötigt der zukünftige Server im Bereich *Static Keys* einen

| Einstellung | Wert |
| --- | --- |
| Rolle | Server |
| Beschreibung | Dial-In Server |
| Protokoll | UDP |
| Portnummer | 1195 |
| Bind address | *leer* |
| Typ | TUN |
| Server (IPv4) | 10.6.1.0/24 |
| Server (IPv6) | fd00:6:1::/64 |
| Netzstruktur | subnet |
| Zertifikat | siehe Abschnitt *Zertifikate* auf Seite 157 |
| TLS static key | Statischen Schlüssel auswählen |
| Authentifizierung | Lokale Datenbank |
| Lokales Netzwerk | 10.1.1.0/24 fd00:1::/64 |
| Entferntes Netzwerk | *leer* |

Tabelle 11.4: RT-1 als VPN-Server für die Einwahl von Clients

neuen Schlüssel. Das Zahnradsymbol erzeugt einen zufälligen 2048-Bit-Schlüssel.

Die Einstellungen aus Tabelle 11.4 passen für eine neue Server-Instanz, die im Reiter *Instances* entsteht. Durch die fehlende Angabe bei *Bind address* akzeptiert OpenVPN seine Clients über alle Netzadapter per IPv4 und IPv6. Die Einschränkung der IP-Version verbirgt sich beim Feld *Protokoll*. Mit *UDP4* horcht OPNsense auf der angebundenen IPv4-Adresse und bei *UDP6* stellt sich der OpenVPN-Prozess auf IPv6 ein. Der Mittelweg über *UDP* erlaubt beide Versionen des Internet-Protokolls gleichzeitig. Zugriffe von Clients auf unerwünschte Netzadapter lassen sich ebenfalls mit Firewallregeln unterbinden. Dieselben Feinheiten gelten sinngemäß für das Protokoll *TCP*. Mit welchem Zertifikat soll sich die Firewall gegenüber ihren OpenVPN-Clients im Feld *Zertifikate* ausweisen? Das vorhandene Zertifikat der Web-GUI lässt sich hier nicht verwenden. Falls kein geeignetes Zertifikat zur Hand ist, erklärt Abschnitt *Zertifikate* auf Seite 157, wie OPNsense selbst zur Zertifikatsautorität wird.

Alle Netze, die der Client durch den zukünftigen VPN-Tunnel erreichen soll, gehen nach Verbindungsaufbau in die Routingtabelle des Clients ein.

> **Hinweis**
>
> OpenVPN kann im Gerätemodus *TUN* und *TAP* arbeiten. Bevorzugt wird der Modus *TUN*, weil er bei mobilen Endgeräten verbreiteter ist.

Beispielsweise bietet die OpenVPN-App auf Apples *iPhone* oder *iPad* nur den *TUN*-Modus an. Die Kommunikation mit einem OpenVPN-Server mit *TAP*-Adapter ist nicht möglich.

Ein Klick auf *Speichern* und der OpenVPN-Prozess von RT-1 lauscht auf Verbindungsanfragen von Clients. Jeder OpenVPN-Client mit einem gültigen Schlüssel ist willkommen. Im Labornetz steht der Clientcomputer CL-2 mit Windows 11 bereit für eine Einwahl.

> **Hinweis**
>
> Alternativ verfügt OPNsense im *Server [legacy]*-Modus über einen Konfigurationsassistenten für die Ersteinrichtung des OpenVPN-Servers. Dieser Assistent erstellt bei Bedarf eine Zertifikatsautorität, ein Zertifikat, Firewallregeln und fragt anschließend Werte ab, die in Tabelle 11.4 aufgelistet sind.

## Client

Wie eingangs erwähnt muss die OpenVPN-Software separat installiert werden. Der Installer ist auf der Webseite von OpenVPN [10] verfügbar und bringt die Software inklusive TUN/TAP-Treibern auf das System.

Für die Einrichtung des VPN-Clients hat OPNsense das richtige Werkzeug an Bord. Unter *VPN* → *OpenVPN* → *Clientexport* baut OPNsense die passende Konfiguration für das ausgewählte Endgerät zusammen (Abbildung 11.3) und packt sie zusammen mit den benötigten Zertifikatsdateien in ein ZIP-Archiv oder eine Konfigurationsdatei.

Auf einem Windows-Client muss der Inhalt der Datei in das Verzeichnis:
`%ProgramFiles%\OpenVPN\config\`
Ein Blick in die Konfigurationsdatei liefert Anweisungen für den OpenVPN-Prozess. Die beispielhaften Anweisungen aus Listing 11.1 starten eine Clientverbindung (Zeile 6) zum Server.

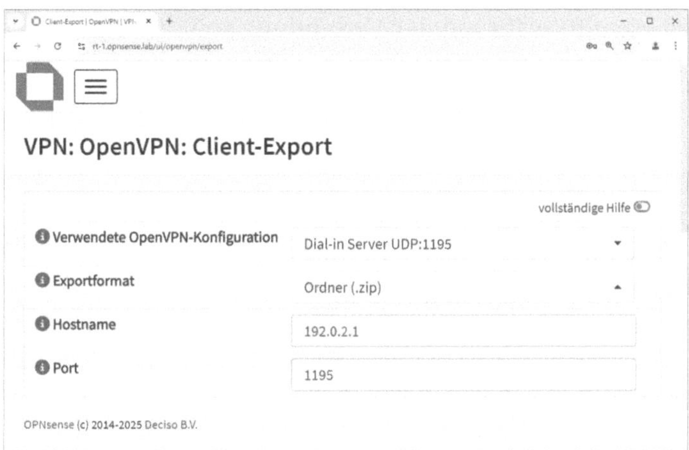

Abbildung 11.3: OPNsense bereitet die Konfiguration für seine Clients vor

```
1   dev tun
2   persist-tun
3   persist-key
4   data-ciphers-fallback AES-256-CBC
5   auth SHA256
6   client
7   resolv-retry infinite
8   remote 192.0.2.1 1195 udp
9   lport 0
10  auth-user-pass
11  pkcs12 Dial_in_Server___opnsense_lab.p12
12  tls-auth Dial_in_Server___opnsense_lab-tls.key 1
```

Listing 11.1: Konfigurationsdatei für OpenVPN

Die Kommunikation läuft über den Port 1195 des UDP-Protokolls (Zeile 8).
Wenn der Server über IPv6 erreichbar ist, steht in dieser Zeile die IPv6-
Adresse des Servers:

```
remote 2001:db8:2::1 1195 udp
```

Vom Server wird ein gültiges Zertifikat erwartet, welches die vertrauenswürdige CA in Zeile 12 signiert hat. Der Client authentifiziert sich mit einem
Benutzerkennwort (Zeile 10).

Die Nachrichtenflut während der Verbindung soll die wichtigsten Schritte bei der Einwahl anzeigen. Während der Fehlersuche bewirkt die zusätzliche Zeile

```
verb 3
```

deutlich mehr Meldungen im Programmfenster. Eine höhere Zahl generiert mehr Meldungen: bis 5 reicht die normale Fehlersuche, 6 bis 11 ist der Arbeitsbereich eines Debuggers.
Der OpenVPN-Installer von Windows bringt ein kleines GUI-Icon für die Taskleiste mit. Darüber lässt sich die Verbindung starten (Abbildung 11.4) und der Verbindungsaufbau verfolgen.

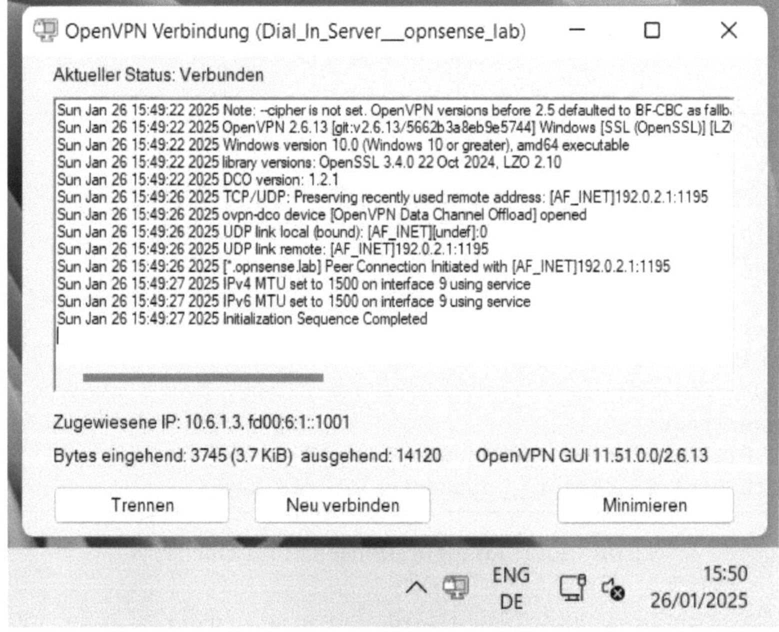

Abbildung 11.4: OpenVPN GUI unter Windows 11

Nach erfolgreicher Einwahl erhält der OpenVPN-Client eine IPv4- und eine IPv6-Adresse, welche für die Dauer der Tunnelverbindung über das TUN-Interface (Zeile 1) geroutet werden. Die Routingtabelle enthält jetzt auch weitere IP-Routen, die der Server beim Verbindungsaufbau angekündigt hat.

VPN: OpenVPN: Verbindungsstatus

Abbildung 11.5: OPNsense zeigt die eingewählten OpenVPN-Clients

Der Server vermerkt jede Clientverbindung, die aktuell aufgebaut ist und zeigt sie in Abbildung 11.5 an.

Zuletzt benötigt der OpenVPN-Server RT-1 ein Regelwerk, welches die Verbindungen der Clients durch den Tunnel gestattet oder einschränkt. Die Vorgehensweise entspricht dem *Regelwerk* auf Seite 148 für Site-to-Site-Tunnel.

# Fehlersuche

Der OpenVPN-Dienst kann in seinen Logmeldungen sehr detailliert das Problem beschreiben. Unter OPNsense berichtet der OpenVPN-Prozess an den Syslog-Dienst. Die aktuellsten Nachrichten zeigt die Weboberfläche bei *VPN → OpenVPN → Protokolldatei* an.

Bei der Fehlersuche ist es hilfreich, die Logbücher beider Endpunkte der OpenVPN-Verbindung einzusehen. Wenn die Meldungen das Problem zwar eingrenzen, aber nicht ausreichend beschreiben, kann die Geschwätzigkeit von OpenVPN erhöht werden.

Je größer die Zahl bei *Ausführlichkeitslevel*, desto logfreudiger wird Open-VPN. Die Voreinstellung von OPNsense liegt bei 1 – während der Fehlersuche sind Werte von 3 bis 5 hilfreich. Nach dem Ende des Troubleshootings nicht vergessen, das Log-Level zurückzusetzen.

Ein guter Fehler kommt wieder und so beschreiben die folgenden Abschnitte typische Problemszenarien bei einer OpenVPN-Einwahl.

## Komprimierung

```
Bad LZ4 decompression header byte: 250
```

Eine Seite der Verbindung komprimiert die Pakete vor dem Versand, während die Gegenstelle unkomprimierte Inhalte erwartet.
Lösung: Beide Firewalls müssen sich bei der Komprimierung einig sein. Entweder *mit* oder *ohne*.


## Krypto-Algorithmus unterschiedlich oder Anmeldung fehlgeschlagen

```
Authenticate/Decrypt packet error: cipher final failed
```

Diese Fehlermeldung kann zwei verschiedene Ursachen haben:

- Die OpenVPN-Teilnehmer einer VPN-Verbindung benutzen einen unterschiedlichen Verschlüsselungsalgorithmus. Der Tunnel wird sich möglicherweise erfolgreich aufbauen, aber keine Pakete transportieren.
  Lösung: Entweder denselben Algorithmus auf beiden Seiten vorgeben oder in den Tunneleinstellungen bei *Erweiterte Konfiguration* mit der Option `--ncp-ciphers` die Algorithmen von OpenVPN aushandeln lassen.

- Die Authentifizierung mithilfe eines gemeinsamen Schlüssels ist gescheitert. Der Schlüssel ist entweder unterschiedlich, oder wurde während der Übermittlung verändert.
  Lösung: Auf beiden OpenVPN-Firewalls muss exakt dieselbe Schlüsseldatei vorhanden sein und der OPNsense-Konfiguration vorliegen.


## Gegenstelle verweigert

```
TCP: connect to [AF_INET]198.51.100.1:1194 failed: \
  Connection refused
```

Die lokale Firewall startet einen Verbindungsversuch und wird von seinem Gegenüber direkt abgewiesen. Das kann mehrere Ursachen haben. Wenn die IP-Adresse der Gegenstelle korrekt angegeben ist, hat die entfernte Firewall eventuell den OpenVPN-Prozess nicht gestartet oder lauscht auf einem anderen TCP-Port. Alternativ fehlt im Regelwerk eine erlaubende Regel oder die Richtlinie verbietet die erfolgreiche Kommunikation.

### Digestalgorithmus unterschiedlich

```
Authenticate/Decrypt packet error: packet HMAC authentication \
  failed
```

Die beiden OpenVPN-Firewalls verwenden unterschiedliche Werte beim
Authentifizierungs-Digestalgorithmus. OpenVPN nutzt SHA-1 als Standard,
wobei dieser Algorithmus allgemein als unsicher eingestuft wird und ein
Umstieg auf SHA-2 oder SHA-3 ratsam ist.
Lösung: Der Digestalgorithmus muss auf beiden Gateways identisch sein.

# Zertifikate

Wenn bereits eine *Public Key Infrastructure* (PKI) im Einsatz ist, können
die benötigten Zertifikate für Clients und Server mithilfe der vorhandenen
*Certificate Authority* (CA) generiert werden.
Wenn keine eigene CA zur Verfügung steht, könnte eine OPNsense-Firewall
diese Rolle übernehmen. OPNsense bringt unter dem Deckmantel *System
→ Sicherheit → Aussteller* die notwendigen Funktionen mit, um eine CA
zu erstellen und Zertifikate auszustellen.

> **Achtung**
>
> Die CA sollte auf einem gut gesicherten Server (oder OPNsense-Fire-
> wall) platziert sein, der keinen Kontakt zum Internet hat. Wenn der
> private Schlüssel der CA kompromittiert wird, ist die Authentifizierung
> des OpenVPN-Netzes gefährdet.

Der Aufstieg zur Zertifikatsautorität ist in Abschnitt *Zertifizierungsstelle*
von Kapitel 14 auf Seite 203 beschrieben. Die Verwaltung der neuen CA
spielt sich auf der Weboberfläche ab.
Weiter geht es mit einem Server-Schlüssel für Firewall RT-1, der von der
CA unterschrieben wird. Zum Tunnelaufbau mit diesem Firewall-Server
benötigt die Gegenstelle ein Client-Zertifikat. Beide Zertifikate erstellt die
CA bei *System → Sicherheit → Zertifikate*. Für beide Zertifikate ist das
Vorgehen *Erstelle ein neues internes Zertifikat*. Der Unterschied liegt im
Typ: Für RT-1 ist *Serverzertifikat* die richtige Wahl, während die Gegenstelle
mit *Client Zertifikat* gut bedient ist.

Alle Zertifikate sind fertig, aber die Unterlagen für RT-2 liegen noch im Dateisystem von RT-1. Die Bereitstellung erfolgt händisch über die Weboberflächen von RT-1 und RT-2. Bei RT-1 lassen sich CA-Zertifikat, Benutzerzertifikat und Benutzerschlüssel mit dem jeweiligen Button exportieren und als Datei auf dem lokalen Rechner zwischenspeichern. In der GUI von RT-2 läuft der Vorgang andersherum ab, denn hier kommen die Zertifikate und der Benutzerschlüssel als Textimport per Copy-and-Paste als neue Zertifikate ins System.

Zuletzt haben beide Firewalls das gemeinsame CA-Zertifikat und ihr jeweiliges Pärchen aus Benutzerzertifikat und -schlüssel. Die temporären Dateien auf der lokalen Festplatte sind nicht nötig und sollten gelöscht werden.

## Technischer Hintergrund

OpenVPN ist eine schlüsselfertige VPN-Software. OPNsense liefert stets mit einer aktuellen Version von OpenVPN aus. Im Bereich der Kryptografie setzt OPNsense auf die Bibliothek *OpenSSL*. Diese ist in der Vergangenheit durch mehrere kritische Sicherheitslücken negativ aufgefallen, bietet aber eine solide Sicherheitsbasis und ist die bevorzugte TLS-Bibliothek der Community.

Die gewählten Einstellungen der Webseite verwandelt OPNsense in Direktiven einer Konfigurationsdatei im Verzeichnis `/var/etc/openvpn/`. Für Start und Stopp von OpenVPN-Prozessen benötigt OPNsense keine Hilfe von Unix-/Linux-typischen Konzepten wie SysVinit, Upstart oder SystemD. Die Identifizierung des Prozesses erfolgt über die Prozess-ID. Bei einem Neustart des Dienstes sendet OPNsense ein TERM-Signal und startet anschließend den Prozess neu. Dieser liest die erstellte Konfigurationsdatei und beginnt seine Arbeit.

Über einen Unix-Socket entlockt OPNsense dem laufenden Prozess die verbundenen Clients, Status und Statistiken. Dieser liefert kommaseparierte Listen, welche die Webseite aufarbeitet und bunt präsentiert.

## Zusammenfassung

Die Webseite von OPNsense bietet ein vollwertiges Konfigurationswerkzeug, das fast keinen Schalter von OpenVPN unerwähnt lässt. Durch diese

Vielseitigkeit können OpenVPN-Tunnel gegen Firewalls anderer Hersteller etabliert werden. Und falls doch etwas fehlt, ist das Freitextfeld *Erweitert* bereit für exotische Settings.

Die Authentifizierung mit Zertifikaten ist rücksichtsvoll in den Konfigurationsprozess eingebaut. Das sollte dazu führen, dass VPN-Tunnel häufiger mit Zertifikaten abgesichert werden.

Die Einrichtung des Site-to-Site-Tunnels ist gewöhnungsbedürftig, denn OPNsense realisiert diesen als Client-Server-Setup.

Ein besonderes Goodie ist der *Clientexport*, der komplette Konfigurationspakete für verschiedene OpenVPN-Clients erstellt und zum Download bereitstellt.

# Kapitel 12

# Hochverfügbarkeit

Firewalls fallen manchmal aus. Und dann erfüllen sie ihre fundamentalste Aufgabe nicht mehr, die darin besteht, Netzwerke zu beschützen.
Und Firewalls fallen genauso gerne aus wie andere elektronische Geräte. Das ist eine akzeptierte Tatsache und aus diesem Grund haben High-End-Firewalls zusätzliche Netzteile, Lüfter, CPUs oder Uplinks. In den unteren Preissegmenten hilft man sich meist damit, dass mehrere Firewalls als Gruppe (Cluster) zum Einsatz kommen. Dann entsteht ein Cluster für Hochverfügbarkeit und Ausfallschutz.
Innerhalb der Gruppe einigen sich die Geräte darauf, dass *eine* Firewall die Arbeit verrichtet und die andere zuschaut und beobachtet. Die Beobachtungen des passiven Geräts sind wichtig, denn dieses übernimmt die Geschäfte, sobald es bemerkt, dass sein Partner hinüber ist.

## Grundlagen

Technisch läuft das in geordneten Bahnen ab, denn alle Firewalls der *Redundanz-Gruppe* müssen sich an den gemeinsamen Standard *Common Address Redundancy Protocol* (CARP) halten.

Sobald CARP auf einer Firewall eingerichtet ist, horcht diese an ihren Netzwerkinterfaces auf Lebenszeichen anderer CARP-Gateways. Der erste Teilnehmer der Gruppe macht sich selbst zum Master und sendet Lebenszeichen im Sekundentakt ins Netz. Die zweite Firewall derselben Gruppe empfängt diese Keepalives und bleibt im Backup-Modus: nichts tun und warten.

> **Hinweis**
>
> Für die Funktionsweise von CARP ist es irrelevant, ob die Teilnehmer aus Firewalls, Routern, Servern oder sonstigen Gateways bestehen. Daher werden die Bezeichnungen in diesem Kapitel synonym verwendet.

Sobald der Backup-Rechner drei Takte lang nichts von seinem Meister hört, muss er von einer Havarie ausgehen und macht sich selbst zum Master. Dann beginnt die Arbeit, denn er muss alle Aufgaben vom ehemaligen Chef übernehmen. Und das so schnell wie möglich, damit das Tagesgeschäft normal weitergehen kann.

Wer erzählt jetzt den anderen Geräten im Netz, dass eine neue Firewall am Start ist? Niemand, denn diese neue Firewall übernimmt auch die IP- und MAC-Adresse der Redundanzgruppe. Für die anderen Teilnehmer im Netz hat sich (außer einer kurzen Unterbrechung) nichts verändert.
Die Lebenszeichen, Heartbeats oder Keepalives, sind IPv4-Pakete an die Multicast-Adresse 224.0.0.18. In diesen Paketen steht die virtuelle IPv4-Adresse, die sich alle CARP-Router teilen. Außerdem hat jede Redundanzgruppe eine eigene Gruppennummer, damit mehrere CARP-Gruppen im selben Netzsegment aktiv sein können.

Die Beschreibung und Funktionsweise erinnert an das Redundanzprotokoll *Virtual Router Redundancy Protocol* (VRRP). Die Ähnlichkeit besteht darin, dass CARP in weiten Teilen eine Kopie von VRRP ist. Die Lizenzpolitik des Betriebssystems BSD macht die Nutzung von VRRP unmöglich, also haben die BSD-Entwickler eine funktionsähnliche Variante unter dem Namen CARP hervorgebracht.

## Labor

Das Demo-Lab stellt drei Firewalls, von denen zwei (RT-1 und RT-2) zusammen ein CARP-Cluster bilden. Abbildung 12.1 zeigt den Aufbau als Netzdiagramm.

Alle Teilnehmer von Standort-1 nutzen als Standardgateway weder die IPv4-Adresse von RT-1, noch die von RT-2, sondern die *zusätzliche* Adresse 10.1.1.5, die der CARP-Gruppe gehört. Das ist die LAN-Seite der Geräte – auf der WAN-Seite bilden die Firewalls neben ihren bekannten IP-Adressen ebenfalls eine zusätzliche CARP-Adresse. Damit der Ausfallschutz funktioniert, muss das CARP-Cluster aus beiden Richtungen über die virtuellen Adressen angesprochen werden.

Auf der WAN-Seite kommuniziert das CARP-Pärchen mit Firewall RT-core, welche zum Ziel der Verbindungsanfragen von Standort-1 wird.

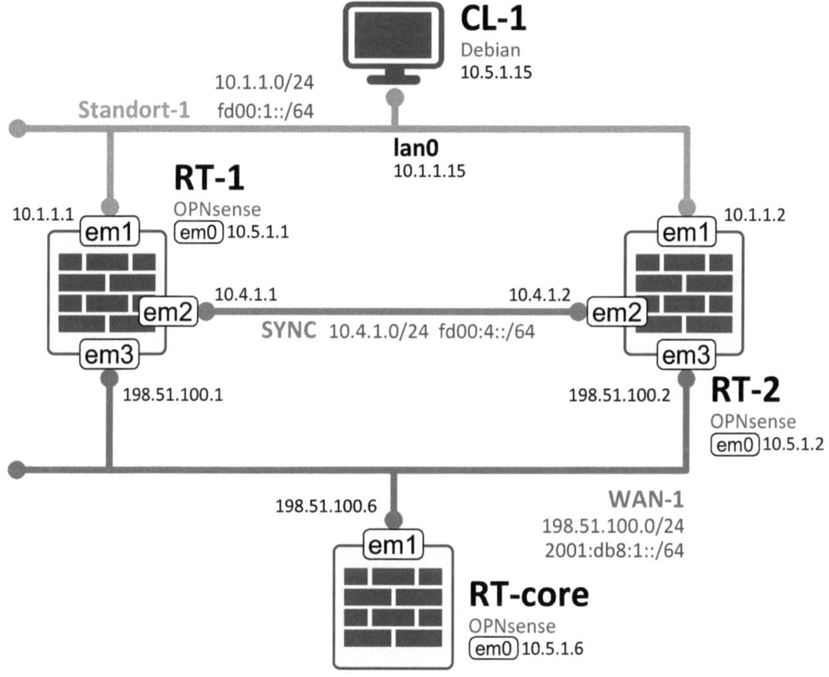


Abbildung 12.1: Laboraufbau mit Hochverfügbarkeit

Damit der Netzverkehr zwischen den Geräten problemlos fließen kann, sind die Regelwerke der beteiligten Firewalls sehr offen gestaltet und erlauben alles. Sobald alle Aspekte der Hochverfügbarkeit funktionieren, sollten die Regeln an den Schutzbedarf der Umgebung angepasst werden.

Das Netzsegment SYNC wird erst später im Kapitel benötigt und dort erklärt.

## CARP-Gruppe

OPNsense wird im Bereich *Schnittstellen → Virtuelle IPs → Einstellungen* zum CARP-Router. Die Einrichtung über den *Plus*-Button zum Hinzufügen erfordert eine eindeutige Gruppennummer und eine virtuelle Adresse mit entsprechender Netzmaske. Tabelle 12.1 listet die Einstellungen für die primäre Firewall RT-1.

| Eigenschaft | LAN | WAN |
|---|---|---|
| Modus | CARP | CARP |
| Schnittstelle | LAN | WAN1 |
| Network / Address | 10.1.1.5/24 | 198.51.100.12/24 |
| Passwort | *beliebig* | *beliebig* |
| VHID Gruppe | 1 | 2 |
| advbase | 1 | 1 |

Tabelle 12.1: Einstellungen der virtuellen IPv4-Adressen

Der Wert von *advbase* gibt die Dauer (in Sekunden) zwischen zwei Lebenszeichen an. Damit symbolisiert *advbase* gleichzeitig eine Priorität der aussendenden Firewall, wobei ein niedriger Wert eine höhere Bedeutung hat. Ein *advbase*-Intervall von 1 garantiert dem Sender seine Rolle als Master. Die passive Firewall muss einen größeren Wert haben.

Das Passwort schützt die CARP-Gruppe vor ungewollten Mitgliedern und muss auf allen Geräten identisch sein.

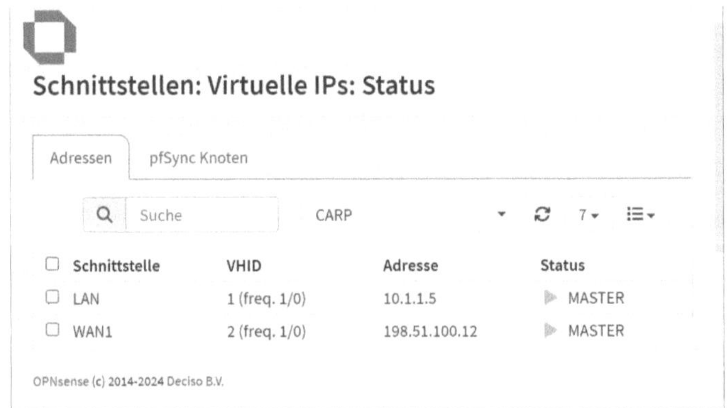


Abbildung 12.2: Firewall RT-1 wird CARP Master

Nach einem anschließenden *Speichern* beginnt RT-1 mit dem Aussenden von Heartbeats auf seiner LAN- und WAN-Schnittstelle. Für RT-2 ist die Vorgehensweise identisch, bis auf den höheren *advbase*-Wert von beispielsweise 3.

Wenige Sekunden danach haben sich die beiden CARP-Kandidaten darauf geeinigt, wer der Chef ist und wer der Assistent. In diesem Beispiel hat RT-1 gewonnen und übernimmt die Masterrolle (Abbildung 12.2).

Bei Firewall RT-2 sieht die Situation ganz ähnlich aus, nur sollte der Status auf BACKUP stehen (Abbildung 12.3).

Falls dort ebenfalls MASTER angegeben ist, sind beide Firewalls in der Masterposition und streiten sich um die virtuelle IP-Adresse. Dieser Zustand darf im normalen Betrieb nicht vorkommen, da es auf der Clientseite meist zu Programmabbrüchen führt.

Beide Teilnehmer werden zum MASTER, wenn sie die Lebenszeichen des anderen *nicht* hören. Die Fehlersuche beginnt bei der Kommunikation der Geräte untereinander mithilfe von `ping` auf die physische IPv4-Adresse.

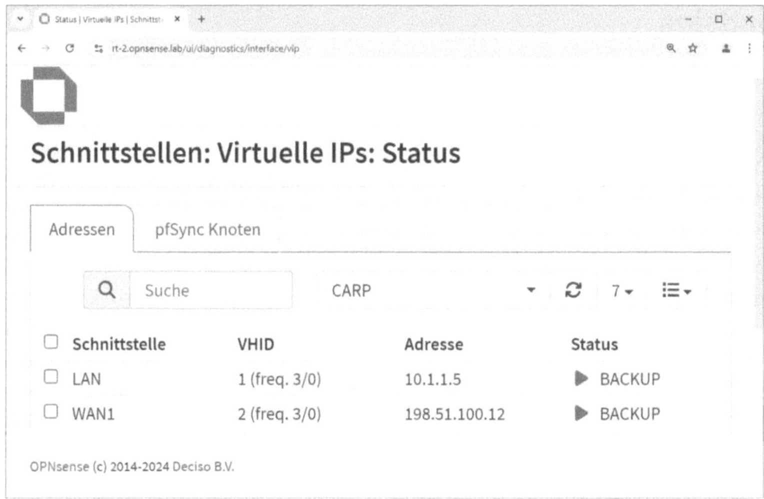


Abbildung 12.3: Firewall RT-2 wird CARP Backup

Sobald sich MASTER und BACKUP geeinigt haben, kann die Ende-zu-Ende-Verbindung von Client CL-1 durch die Firewalls zum Zielhost RT-core mit `traceroute` anschaulich geprüft werden. Denn `traceroute` ermittelt, welchen Weg ein Paket durchs Netz nimmt und zeigt in der folgenden Ausgabe, dass RT-1 für die Weiterleitung zuständig ist.

```
root@cl-1:~# traceroute -I 198.51.100.6
traceroute to 198.51.100.6 (198.51.100.6), 30 hops max [...]
 1  10.1.1.1 (10.1.1.1)  0.931 ms  22.727 ms  *
 2  198.51.100.6 (198.51.100.6)  23.003 ms  43.694 ms  43.712 ms
```

Nachdem dieser Normalzustand herrscht, passiert ein erster simulierter Ausfall. Die Master-Firewall RT-1 erfährt einen plötzlichen Stromausfall oder die virtuelle Maschine wird gestoppt.

Was passiert? RT-2 empfängt keine Lebenszeichen mehr und ernennt sich nach wenigen Sekunden zum Master. Dasselbe `traceroute`-Kommando auf Client CL-1 zeigt nun den geänderten Pfad durch RT-2 bis zum Ziel.

```
root@cl-1:~# traceroute -I 198.51.100.6
traceroute to 198.51.100.6 (198.51.100.6), 30 hops max [...]
 1  10.1.1.2 (10.1.1.2)  0.670 ms  20.554 ms  *
 2  198.51.100.6 (198.51.100.6)  20.844 ms  22.596 ms  22.652 ms
```

### Zustandslos

Wenn kein Traffic im Netz ist, bemerkt auch kein Client den Ausfall von Firewall RT-1. Aber was passiert bei einem Dateitransfer?

Wie sich ein unterbrochener Transfer verhält, hängt ganz von der Anwendung und den Timeouts ab. Ein beispielhafter Webdownload von CL-1, der auf einen öffentlichen Webserver zugreift, kommt während des Ausfalls ins Stocken, läuft aber nach circa vier Sekunden weiter.

Im Moment ist die Konfiguration der Laborgeräte noch ziemlich weltfremd, da die Firewalls den Traffic vom LAN ungehindert weiterreichen und zustandslos arbeiten. In Unternehmensnetzen gibt es jede Menge Hindernisse, wie Adressumsetzung (NAT) oder strikte Firewallregeln, die sich den Zustand jeder Verbindung merken.

## Adressumsetzung

Ein Router mit Kontakt zum Internet hat normalerweise einen Paketfilter an Bord. Höchstwahrscheinlich ist auch noch eine Adressumsetzung (NAT, vgl. Kap. 8) dabei, um von privaten Adressen in öffentliche zu übersetzen.

Um das Labornetz etwas realitätsnäher zu gestalten, vollführen die CARP-Geräte eine Adressumsetzung vom internen Netz 10.1.1.0/24 in die passende öffentliche IPv4-Adresse. Abbildung 12.4 zeigt die Einrichtung von NAT bei Firewall RT-1.

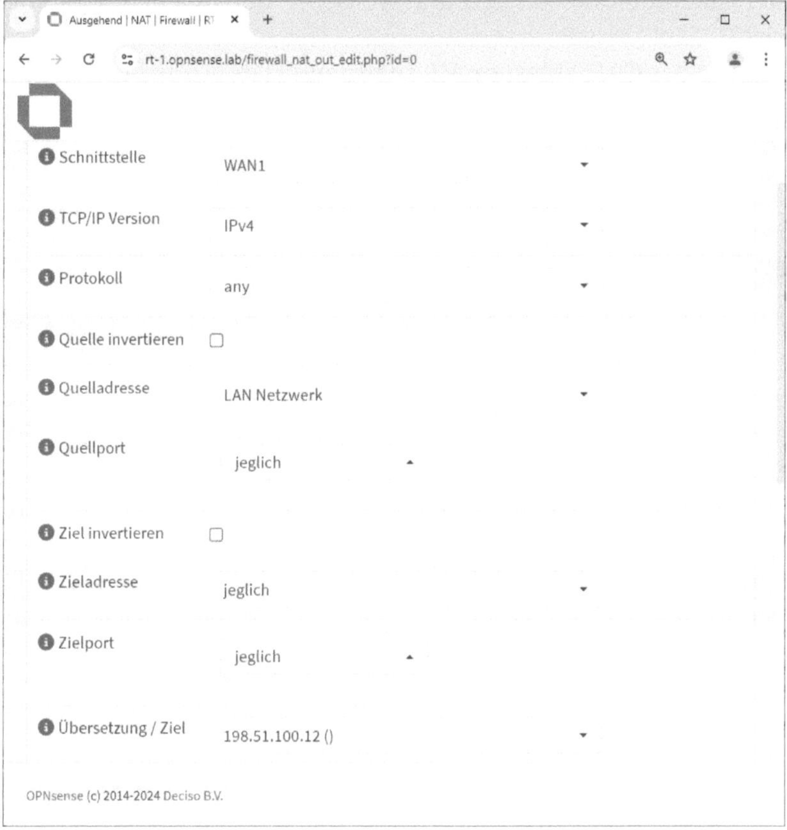

Abbildung 12.4: Firewall RT-1 soll IPv4-Adressen umsetzen

Wichtig ist hierbei, dass der OPNsense-Rechner für die Adressumsetzung *nicht* seine eigene physische IPv4-Adresse am WAN-Adapter verwendet (198.51.100.1), sondern die gemeinsame CARP-Adresse (198.51.100.12). Ansonsten ist die Hochverfügbarkeit nicht mehr gegeben, denn mit dem Ausfall von Firewall RT-1 ist auch die physische Adresse von RT-1 nicht erreichbar. Und genau diese Adresse würde RT-core für die Antwortpakete verwenden.

Also übersetzt RT-1 ausgehende Pakete korrekterweise in die CARP-Adresse, die im Fehlerfall an RT-2 vererbt wird und die Antwortpakete fließen durch RT-2 zurück zum Client.

Jetzt müssen die Firewalls genau Buch führen: Welches (Antwort-)Paket muss der Paketfilter akzeptieren und welche IP mit welchem Port wird wie übersetzt?

Beim Ausfall des CARP-Masters RT-1 wird ein Datentransfer von CL-1 erst stocken und nach dem Schwenk auf die Backup-Firewall abbrechen. Die Ursache liegt in den Firewall- und NAT-Tabellen des Backup-Systems. Denn diese sind leer.

## Zustandstabellen

Eine Zustandstabelle ist grundsätzlich eine feine Sache: Sie listet alle bestehenden Verbindungen auf, die durch die Firewall fließen. Paketfilter und Adressumsetzer schauen für jedes Paket in diese Tabelle, um zu erfahren, ob das Paket zu einer bestehenden Verbindung gehört und weiter behandelt werden darf.

Bei *einer* Firewall ist das eine Verbesserung der Sicherheit. Bei mehreren Firewalls besteht das Problem, dass jedes Gerät seine eigene Tabelle pflegt. Bei CARP hat der Master-Router eine volle Tabelle und die Tabelle des Backup-Routers ist leer, denn er hat noch keine einzige Verbindung gesehen.

## Synchronisation der Tabellen

OPNsense löst das Problem mit den unterschiedlichen Tabelleninhalten durch eine Methode des Betriebssystems. Denn FreeBSD hat seit über zehn Jahren das Protokoll *pfsync* zur Synchronisation von Paketfiltern dabei. *pfsync* ist zwar unabhängig von CARP, aber zusammen sind sie ein gutes Team.

Damit teilt der CARP-Master sein Wissen über die Zustandstabelle mit dem Backup-Router. In kurzen Abständen sendet der Master-Router Änderungen seiner Tabelle an eine frei wählbare IPv4-Adresse oder an eine Multicast-Adresse, sodass der Backup-Router seine lokale Tabelle entsprechend ergänzen kann. Das Ziel ist, dass alle Geräte im CARP-Verbund denselben Inhalt in den Firewall- und NAT-Tabellen haben.

Falls für die Synchronisation ein eigenes Netzsegment zur Verfügung steht, umso besser. Denn der Abgleich zwischen den Teilnehmern muss in Echtzeit passieren. Eine zehn Sekunden alte Firewalltabelle hilft nicht viel bei Verbindungen, die innerhalb der letzten neun Sekunden aufgebaut wurden.

Die Synchronisation beginnt bei *System → Hochverfügbarkeit → Einstellungen*. Im Bereich *Allgemeine Einstellungen* erwartet die Konfigurationsoberfläche eine Synchronisierungsschnittstelle, die in diesem Laborszenario *SYNC* heißt und das IP-Netz 10.4.1.0/24 belegt. Die *Peer-IP* ist die IPv4-Adresse der Gegenstelle; RT-1 (10.4.1.1) sendet seine Berichte an die IPv4-Adresse 10.4.1.2 und erreicht damit RT-2 (Abbildung 12.5). Bei RT-2 ist es genau umgekehrt.

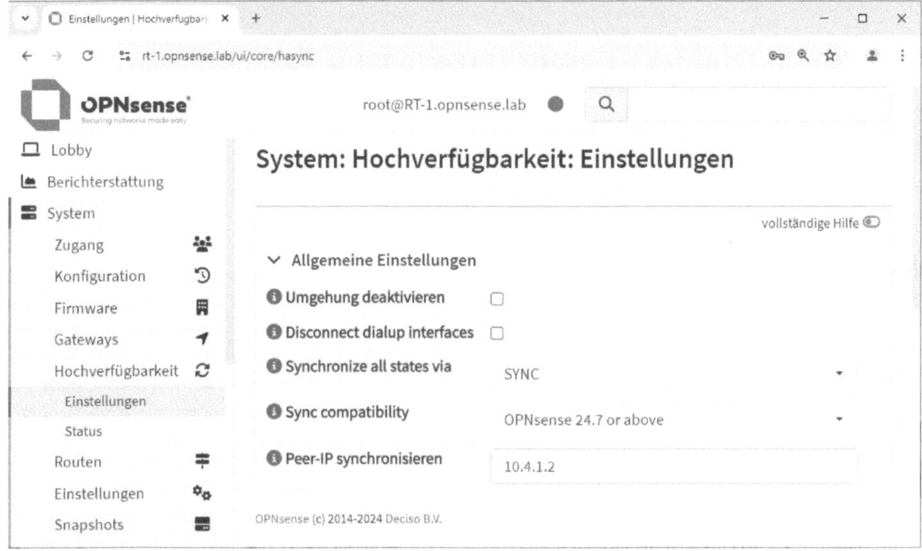


Abbildung 12.5: RT-1 sendet alle Statusänderungen an RT-2

Die *Synchronisierungseinstellungen,* im unteren Bereich der Webseite, senden Konfigurationsänderungen an die Partner-Firewall und werden im Abschnitt *Synchronisation der Konfiguration* beleuchtet.
Der Austausch von Tabelleninhalten passiert über das Interface *em2*, welches eine direkte, aber unabhängige Verbindung zwischen RT-1 und RT-2 darstellt. Bei zwei Firewalls sollte die Zieladresse die IPv4 des Partners sein.

Bei mehreren Firewalls muss das Feld frei bleiben, damit *pfsync* die vordefinierte Multicast-Adresse 224.0.0.240 verwendet und damit alle Teilnehmer im Netzsegment erreicht.

Jetzt lernen die CARP-Enthusiasten gegenseitig ihre Tabelleninhalte. Für CARP würde es ausreichen, wenn nur der Backup-Router vom Master lernt, aber die Synchronisation verläuft in beide Richtungen.

Wenn jetzt wieder ein unerwartetes Ereignis die primäre Firewall RT-1 zur Strecke bringt, übernimmt RT-2 die CARP-Rolle und das Routing der Verbindungen. Der Failover-Prozess dauert ein paar Sekunden, aber dann läuft der Datentransfer von CL-1 weiter, denn er steht bereits *vor* der Havarie in der Sessiontabelle von RT-2.

```
root@RT-2:~ # pfctl -s state | grep 10.1.1.15
all tcp 198.51.100.6:443 <- 10.1.1.15:60616  ESTABLISHED[...]
all tcp 198.51.100.12:39870 (10.1.1.15:60616) -> \
  198.51.100.6:443  ESTABLISHED:ESTABLISHED
```

## Synchronisation der Konfiguration

Neben den Inhalten der Sessiontabelle kann OPNsense auch Konfigurationsänderungen von der primären Firewall auf die Backup-Maschine übertragen. Damit müssen Änderungen an einem Firewall-Cluster nur an *einer* Maschine durchgeführt werden. Das spart Zeit und verhindert Tippfehler.

OPNsense hat dafür kein neues Protokoll erfunden, sondern führt die Konfigurationsbefehle in Echtzeit auf beiden Maschinen aus. Die Kommunikation mit der entfernten Firewall läuft über HTTPS. Aus diesem Grund benötigt die Einrichtung der *Synchronisierungseinstellungen (XMLRPC Sync)* unter *System → Hochverfügbarkeit → Einstellungen* auch Benutzername, Kennwort und die IP-Adresse der sekundären Maschine. Weiterhin benötigt die empfangende Firewall eine Regel, die den Webzugriff des Partners akzeptiert. Wenn die Konfigurationsoberfläche zusätzlich durch die Maßnahmen in Abschnitt *Verwaltungszugang anbinden* aus Kapitel 9 auf Seite 108 gesichert ist, muss hier auch die jeweilige Schnittstelle hinzugefügt werden.

# Best Practice

Bei der redundanten Auslegung von Firewalls gibt es verschiedene Methoden, welche den Ablauf harmonisch gestalten und die Verfügbarkeit verbessern.

## Asymmetrisches Routing

Wenn ein Paket auf dem Hinweg zum Server einen anderen Pfad nimmt als auf dem Rückweg, ist das Routing asymmetrisch. Theoretisch ist das kein Problem, aber in der Praxis verhindern zustandsorientierte Firewalls, NAT-Gateways oder IDS-Systeme eine erfolgreiche Verbindung.
Mit CARP passiert sehr leicht ein asymmetrisches Routing. Diese Asymmetrie entsteht sogar im Labornetz, wenn RT-1 Master für die LAN-Seite ist und RT-2 Master für die WAN-Seite ist.

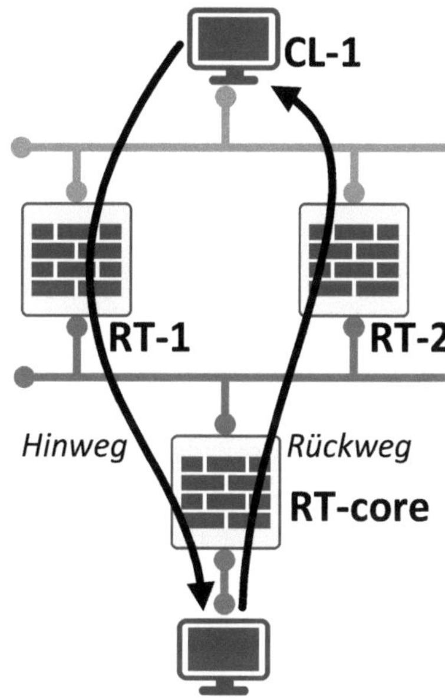


Abbildung 12.6: CARP kann asymmetrisches Routing hervorrufen

In Abbildung 12.6 sendet Client CL-1 Netzpakete an sein Default-Gateway, welche von RT-1 angenommen werden. Über RT-core gelangt das Paket an sein Ziel. Der Weg zurück beginnt bei RT-core. Dieser Router sendet weiter an die CARP-Adresse und wird von RT-2 beantwortet. RT-2 weiß von dieser Verbindung nichts, weil er das erste Paket gar nicht gesehen hat, welches über RT-1 geroutet wurde. Wenn RT-2 als „dummer" Router agiert, leitet er die Pakete weiter zu CL-1 und alles ist gut. Falls RT-2 aber *stateful* arbeitet, wird er alle unbekannten Pakete verwerfen. Dann verhindert asymmetrisches Routing die erfolgreiche Kommunikation von CL-1.

OPNsense kann den CARP-Prozessen eine Priorität mitgeben, sodass *eine* Firewall für alle CARP-Gruppen Master wird. Damit ist und bleibt das Routing symmetrisch. Die Einrichtung von Prioritäten geschieht bei CARP über die Advertising-Frequenz, die im Abschnitt *CARP-Gruppe* auf Seite 164 beschrieben ist.

## Wahl zum Master

Grundsätzlich gewinnt der CARP-Router mit der höchsten Advertising-Frequenz. Diese Frequenz errechnet sich aus den Werten für *advbase* (Basis) und *advskew* (Zeitversatz). Je höher die Frequenz, desto häufiger wird ein Keepalive ins Netz gesendet. Das Intervall zwischen zwei Lebenszeichen berechnet CARP mit Formel 12.1. Also: Je größer die Zahlen, umso niedriger die Advertising-Frequenz und desto unwahrscheinlicher wird die Firewall zum Master.

$$Intervall = Basis \ (advbase) + \frac{Zeitversatz \ (advskew)}{256} \qquad (12.1)$$

Wenn beide Kandidaten die voreingestellten Werte von Basis=1 und Zeitversatz=0 haben, gewinnt der Router mit der größeren IP-Adresse. In diesem Fall wird RT-2 der Master, weil seine IPv4 10.1.1.2 numerisch größer ist, als die von seinem Gegenkandidaten RT-1 mit 10.1.1.1. Auf der WAN-Seite ist das genauso.

Wenn RT-1 die bevorzugte Firewall sein soll, weil beispielsweise die Hardware leistungsstärker oder neuer ist, muss RT-1 mit einer besseren Advertising-Frequenz punkten. Für ein schnelles Failover bleibt der Basiswert auf beiden Firewalls bei einer Sekunde und der Zeitversatz bei RT-2 findet einen hohen Wert von beispielsweise 100.

> **Hinweis**
>
> Der Wert von *advskew* wird sichtbar im erweiterten Modus einer virtu-
> ellen IP-Adresse bei *Schnittstellen → Virtuelle IPs → Einstellungen*.

Mit dieser Manipulation hat RT-2 die schlechteren Karten bei der Wahl. Als Folge schwenkt die Masterrolle von RT-2 zu RT-1.

## Synchronisation

Bei den unterschiedlichen Techniken für die Synchronisation ist die Richtung entscheidend, um neue Inhalte nicht mit alten Werten zu überschreiben. Die Synchronisation von Tabellen arbeitet bevorzugt bidirektional, also sollte bei *Peer-IP synchronisieren* der Statussynchronisation stets die IP-Adresse der Partnerfirewall eingetragen sein. Damit sind sogar Verbindungen abgesichert, die aus Versehen über die Backup-Firewall laufen.
Die Synchronisation der Konfiguration ist ein unidirektionales Geschäft: Die primäre Firewall gibt die Vorgaben an die sekundäre Firewall – nicht umgekehrt. Das Feld *Synchronisiere Konfiguration zur IP* ist auf RT-1 mit der IP-Adresse von RT-2 gefüllt. Auf RT-2 bleibt dieses Feld leer. Damit verbleiben versehentliche Änderungen auf RT-2 lokal und gefährden nicht die Einstellungen des Partners.

## Schnelleres Failover

Andere Redundanzprotokolle für Gateway-Failover erreichen Umschaltzeiten von unter einer Sekunde. Das Intervall für die Keepalives liegt dann im Bereich von wenigen Hundert Millisekunden mit einem Timeout von einer knappen Sekunde.
Dieser Luxus ist bei OPNsense nicht möglich. Die vorgegebene Dauer zwischen zwei Lebenszeichen-Paketen ist gleichzeitig der Minimalwert: eine Sekunde. Höhere Werte lassen sich konfigurieren, aber der Timeout ist stets die dreifache Dauer. Per Voreinstellung sind das etwa 3–4 Sekunden.
Ein flotteres Umschalten ist mit CARP zwar machbar, aber die Implementierung unter FreeBSD legt als Minimum eine Sekunde fest. Failover im Millisekundenbereich leistet CARP nur bei OpenBSD, welches nicht als Plattform für OPNsense auserwählt wurde.

## Lastverteilung

Bei CARP ist immer nur *eine* Firewall der aktive Master. Eine Verteilung der Netzlast auf mehrere Geräte ist im Protokoll mit Tricks möglich.

Für eine „Lastverteilung des kleinen Mannes" (Abbildung 12.7) bekommen die Firewalls eine weitere CARP-Gruppe pro Interface. In dieser neuen Gruppe ist genau die Firewall Master, die in der ersten Gruppe Backup ist. Dem obigen Beispiel folgend ist RT-1 Master und RT-2 Backup der CARP-Gruppe 1. In der neuen CARP-Gruppe 2 ist RT-1 Backup und RT-2 der Master. Während Gruppe 1 die IPv4-Adresse 10.1.1.5 bedient, könnte Gruppe zwei zur Adresse 10.1.1.6 gehören. Der Trick besteht darin, dass die Hälfte der Clients in diesem Netzsegment ihr Standardgateway auf 10.1.1.5 stellen und die andere Hälfte 10.1.1.6 als Gateway nutzen.

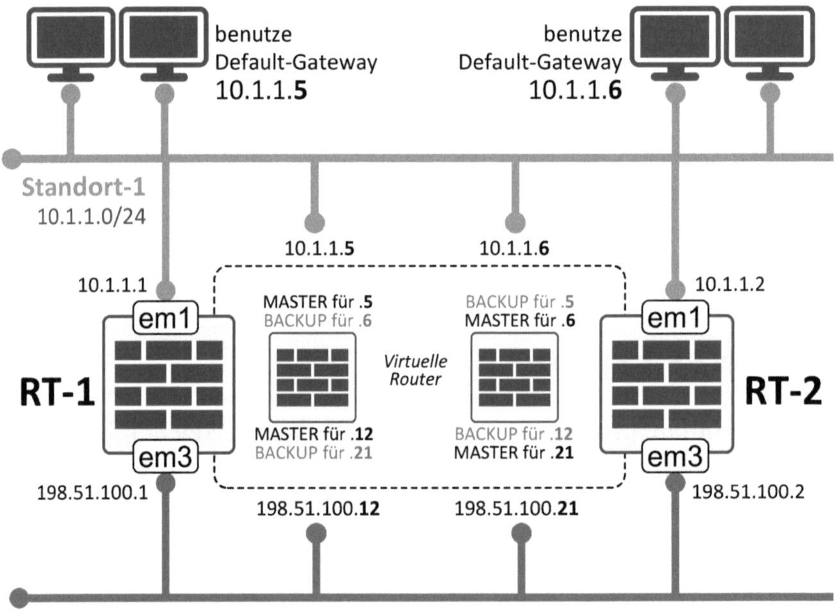


Abbildung 12.7: Lastverteilung mit CARP

Ob eine Firewall Master oder Backup wird, hängt an ihrer Advertising-Frequenz, die über die Werte *advbase* und *advskew* voreingestellt werden. Die Ausgangswerte sind 1 und 0. Die Einstellungen in Tabelle 12.2 machen RT-1 zum Master für Gruppe 1 und zum Backup von Gruppe 2. Genau andersherum wird RT-2 der Backup-Router für Gruppe 1 und der Master von Gruppe 2. Das Wahlergebnis von RT-1 ist in Abbildung 12.8 dargestellt.

| Firewall | Interface | VHID-Gruppe | adv-base | adv-skew | Rolle | IPv4-Adresse |
|---|---|---|---|---|---|---|
| RT-1 | LAN | 1 | 1 | 0 | Master | 10.1.1.5 |
| RT-1 | LAN | 2 | 1 | 100 | Backup | 10.1.1.6 |
| RT-1 | WAN | 7 | 1 | 0 | Master | 198.51.100.12 |
| RT-1 | WAN | 8 | 1 | 100 | Backup | 198.51.100.21 |
| RT-2 | LAN | 1 | 1 | 100 | Backup | 10.1.1.5 |
| RT-2 | LAN | 2 | 1 | 0 | Master | 10.1.1.6 |
| RT-2 | WAN | 7 | 1 | 100 | Backup | 198.51.100.12 |
| RT-2 | WAN | 8 | 1 | 0 | Master | 198.51.100.21 |

Tabelle 12.2: Advertising-Frequenz für eine Lastverteilung mit CARP

Die genauen Zahlen für den Zeitversatz sind nicht entscheidend. Hauptsache die eine Firewall hat einen höheren Wert als die andere.
Damit teilen sich beide Firewalls die Netzlast. Der Anteil jedes Geräts ist nicht kontrollierbar: Im besten Fall arbeitet jedes Gateway genau 50 % der Pakete ab, im ungünstigsten Fall erhält RT-1 über 99 % aller Verbindungen und RT-2 langweilt sich mit dem verbleibenden Prozent.

## Schnittstellen: Virtuelle IPs: Status



Abbildung 12.8: Firewalls RT-1 und RT-2 teilen sich die Arbeit

# IP Version 6

CARP ist durchgängig bereit für IPv6. Aber das ist nur die halbe Miete, denn die Synchronisation der Tabellen hat bei der neueren IP-Version leichte Schwierigkeiten. Das *pfsync*-Protokoll ist für IPv6 ausgelegt und die Weboberfläche akzeptiert eine IPv6-Adresse bei *Peer-IP synchronisieren*. Unter der Haube nutzt *pfsync* jedoch IPv4 für die Kommunikation.

Wenn die Synchronisation tatsächlich sein eigenes Netzsegment belegt, dann fällt die IPv4-Verbindung für den Austausch im restlichen IPv6-Netz nicht weiter auf. Wer im pfsync-Segment eine IPv6-Verbindung benutzen möchte, kann dies mit dem Befehl `ifconfig` auf der Kommandozeile erreichen:

```
ifconfig pfsync0 syncpeer fd00:4::2
```

Glücklicherweise ist die Synchronisation der Konfiguration (XMLRPC Sync) weniger stur und zeigt sich vollständig „IPv6-ready".

## Technischer Hintergrund

OPNsense verrät in der Weboberfläche zum Konfigurieren der Firewall bereits viel über die eingesetzten Protokolle CARP, pfsync und XMLRPC. CARP erstellt für den ausgewählten Netzadapter eine zusätzliche IP-Adresse, die als *Virtuelle IP* konfiguriert wurde. Zu dieser frei wählbaren IP-Adresse gehört die feste MAC-Adresse 00:00:5e:00:01:*NN*, wobei *NN* die Gruppennummer ist. Mit diesem Trick sind in einem Netzsegment mehrere CARP-Gruppen möglich, die sich gegenseitig nicht stören.
Die Lebenszeichen des CARP-Masters sind schlanke Pakete an die Multicastadresse 224.0.0.18 oder FF02::12 bei IPv6. Damit haben alle Teilnehmer im selben Netz ungefragt die Chance, die Multicast-Pakete zu empfangen.

Auf der Kommandozeile sind die Einstellungen und das Wahlergebnis mit dem bekannten Kommando `ifconfig` sichtbar und konfigurierbar. Der LAN-Adapter von RT-2 berichtet über seine CARP-Erfahrungen:

```
root@RT-2:~ # ifconfig em1
em1: flags=1008943<UP,BROADCAST,RUNNING,PROMISC,SIMPLEX, [...]
```

```
description: LAN (opt1)
options=48500b8<VLAN_MTU,VLAN_HWTAGGING,JUMBO_MTU, [...]
ether 00:15:16:02:01:02
inet 10.1.1.2 netmask 0xffffff00 broadcast 10.1.1.255
inet 10.1.1.5 netmask 0xffffff00 broadcast 10.1.1.255 vhid 1
inet 10.1.1.6 netmask 0xffffff00 broadcast 10.1.1.255 vhid 2
inet6 fe80::215:16ff:fe02:102%em1 prefixlen 64 scopeid 0x2
inet6 fd00:1::2 prefixlen 64
inet6 fd00:1::5 prefixlen 64 vhid 3
carp: BACKUP vhid 1 advbase 3 advskew 0
      peer 224.0.0.18 peer6 ff02::12
carp: MASTER vhid 2 advbase 1 advskew 0
      peer 224.0.0.18 peer6 ff02::12
carp: BACKUP vhid 3 advbase 3 advskew 0
      peer 224.0.0.18 peer6 ff02::12
media: Ethernet autoselect (1000baseT <full-duplex>)
status: active
nd6 options=121<PERFORMNUD,AUTO_LINKLOCAL,NO_DAD>
```

Die Synchronisation von pfsync gehört irgendwie zu CARP dazu. Daher ist die Bedienung ähnlich und auch hier ist `ifconfig` das Werkzeug der Wahl. Anders als CARP wird pfsync nicht an einen Netzadapter angehängt, sondern ist ein eigener Adapter mit dem treffenden Namen *pfsync0*. Die Einstellungen lassen sich also mit dem folgenden Kommando auf RT-2 auslesen:

```
root@RT-2:~ # ifconfig pfsync0
pfsync0: flags=1000041<UP,RUNNING,LOWER_UP> metric 0 mtu 1500
    options=0
    syncdev: em2 syncpeer: 10.4.1.1 maxupd: 128 defer: off version: 1400
    syncok: 1
    groups: pfsync
```

Für beide Methoden zur Hochverfügbarkeit ist kein Prozess nötig, der im Hintergrund schnurrt, denn die Implementierung läuft im Kernel ab.

## Zusammenfassung

Die Hochverfügbarkeit von Firewalls mit CARP und pfsync ist eine stabile und einfache Möglichkeit, die Ausfallzeit von Systemen gering zu halten. Der Zauber liegt in einem Firewallpärchen: *Zwei* identische Geräte bilden die Firewall, wobei Gerät-1 die Arbeit erledigt und Gerät-2 übernimmt, sobald sein Kollege schlappmacht.

Der Konfigurationsaufwand ist nur minimal höher, denn mit XMLRPC-Sync gleichen die Teilnehmer der Firewallgruppe sogar ihre Konfiguration selbstständig ab.

# Kapitel 13

# NetFlow

Firewalls sind fleißig, aber schweigsam. Ihrem Besitzer geben sie einen Einblick in die Statistik der Netzadapter. Mehr als übermittelte Byte und verworfene Pakete verrät diese Ansicht allerdings nicht.

Eine Firewall wird deutlich redseliger, wenn das Zauberwort *NetFlow* fällt. Damit wird OPNsense zur Quasselstrippe: Jeder übermittelte IP-Datenstrom wird protokolliert und diese Information per UDP an einen NetFlow-Kollektor gesendet.

Der Kollektor sammelt alle Werte von den Firewalls und hat damit eine ausgezeichnete Informationsquelle für Statistiken, Analysen oder Kapazitätsplanungen.

## Inhalt eines Flows

In einem NetFlow-Paket sind die Steckbriefe mehrerer Datenströme. Jeder Datensatz gibt genaue Information über die IP-Verbindung. Bei der gängigen NetFlow-Version 5 enthält jeder Flow:

- Quell- und Ziel-IPv4-Adressen

- Quell- und Ziel-Ports (bei TCP oder UDP)

- Anzahl der übermittelten Byte und Pakete

- Beginn und Ende der Verbindung

- Eingehendes und ausgehendes Interface der Firewall

- QoS-Informationen

- Autonomes System (bei BGP-Routing)

- TCP-Flags

- IP-Protokoll (TCP, UDP, ICMP)

Die Firewall erhebt diesen Datensatz für jede Verbindung. Dabei ist es egal, ob es sich um eine kurzlebige DNS-Anfrage von 200 Byte oder einen größeren Download von 750 MByte handelt – alles wird notiert, verpackt und an den Kollektor verschickt.

NetFlow basiert auf dem verbindungslosen UDP-Protokoll, also wird die Firewall nicht böse oder blockiert, wenn der Kollektor ihre Pakete nicht annimmt. Gleichzeitig gibt es kein Feedback, wenn diese Pakete verloren gehen.

## Labor

Als professionelles Firewall-Betriebssystem hat OPNsense einen NetFlow-Exporter unter der Haube. NetFlow lässt sich nicht einfach anschalten. Die Einrichtung dreht sich um drei zentrale Fragen: An welchen lokalen Interfaces soll der Verkehr protokolliert werden? Wohin werden die Daten gesendet? Und welche NetFlow-Version erwartet der Empfänger?
Für ein erstes Beispiel ist die Firewall RT-1 bereit, die Flows von seinem LAN-Interface an den Laborserver 10.4.1.7 per NetFlow in der Version 5 zu berichten. Der Laboraufbau ist in Abbildung 13.1 dargestellt.
Die verschiedenen Rollen des NetFlow-Konzepts zeigt Abbildung 13.2. Ein NetFlow-Kollektor ist nicht auf einen einzelnen Exporter beschränkt. Je nach Hardwareausstattung können Tausende von Firewalls ihre NetFlow-Daten an den Kollektor senden.

In OPNsense beginnt die Einrichtung bei *Berichterstattung → NetFlow*. In der simplen Laborumgebung darf die Überwachung alle Interfaces umfassen. Die Firewall merkt sich sämtliche Verbindungen, die ihre Interfaces passieren, und sendet sie als NetFlow-Paket an den Kollektor. Die Einrichtung zeigt Abbildung 13.3 auf Seite 182.

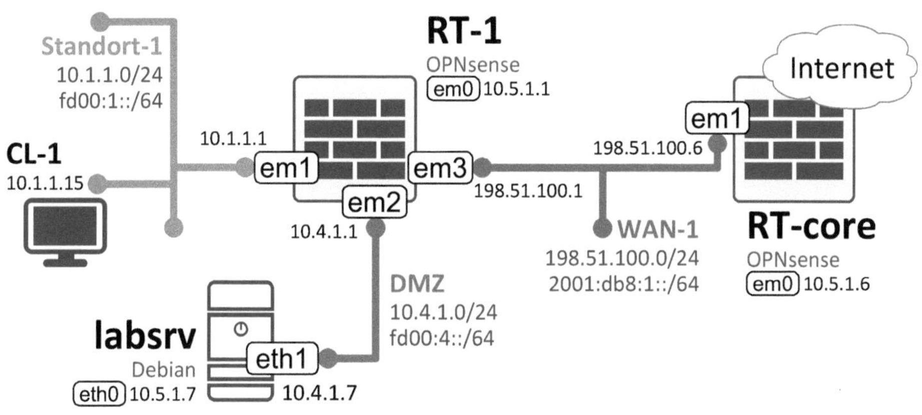



Abbildung 13.1: Firewall RT-1 berichtet per NetFlow

Nach der Einrichtung passiert erst mal nichts, denn solange kein Verkehr durch die Firewall fließt, kann sie auch nichts erzählen.

Traffic erzeugen ist nicht das Problem: Ein paar Webzugriffe von Client CL-1 und der Exporter von RT-1 informiert den Kollektor über die Aktivitäten seiner Klienten. Damit ist die Einrichtung von OPNsense-Seite bereits abgeschlossen. Das Herz einer NetFlow-Installation liegt im Kollektor, der mit der Fülle an Informationen sinnvoll umgehen muss.

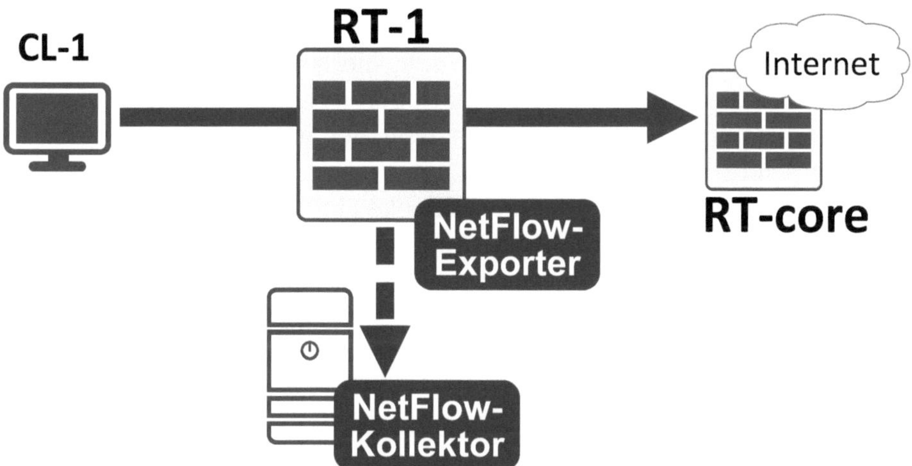



Abbildung 13.2: NetFlow-Exporter und Kollektor arbeiten zusammen

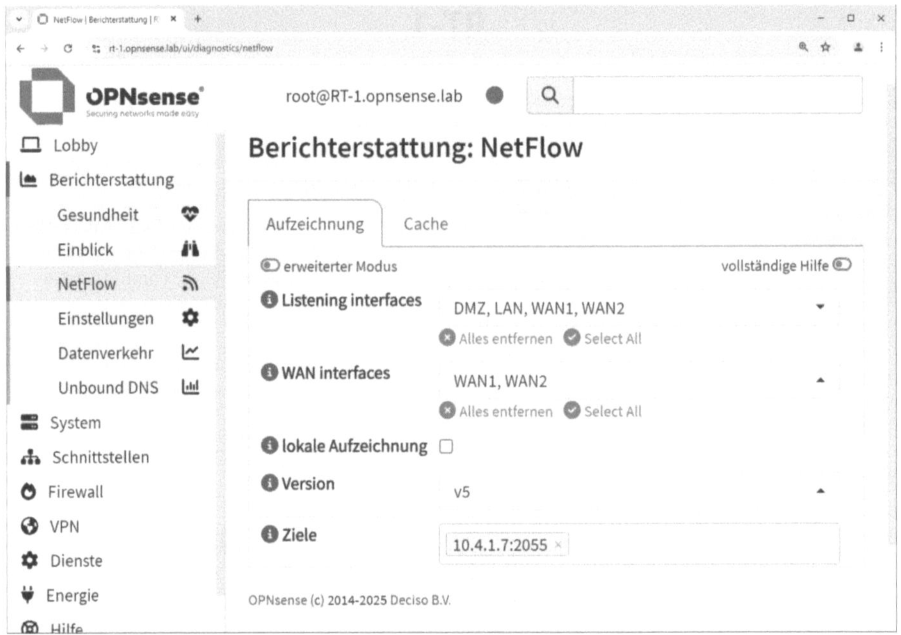

Abbildung 13.3: Die Konfiguration von OPNsense als NetFlow-Exporter

## Kollektor

Der NetFlow-Kollektor ist eine Software, die NetFlow-Pakete empfängt, versteht und die enthaltenen Informationen irgendwo ablegt. Damit verbunden ist fast immer ein NetFlow-Analyser, der aus den Verbindungsdaten wichtige Schlüsse zieht.

Für die Laborumgebung reicht eine schlanke Linux-Software, die den Empfang der Flow-Pakete beherrscht und auf der lokalen Festplatte ablegt. Am Beispiel von *nfdump* [11] erhält der Labserver eine Software mit Kollektorfunktion für NetFlow. Für ein RedHat-basiertes Linux gibt es ein fertiges Paket, sodass die Installation mit minimalem Aufwand abläuft:

```
dnf install epel-release
dnf install nfdump
```

Unter Debian gestaltet sich der Vorgang noch einfacher, da das Paket im regulären Repository vorhanden ist:

```
apt install nfdump
```

Bei Red Hat kommt das Paket kommt ohne Startskript, also ist Fleißarbeit auf der Kommandozeile gefordert.

```
mkdir -p /var/cache/nfdump
/usr/bin/nfcapd -D -6 -p 2055 -S 0 -w /var/cache/nfdump
```

Die Kommandos legen ein Verzeichnis für NetFlow unter /var an und starten den Dienst. Dieser verschwindet sofort in den Hintergrund (-D) und lauscht auf der lokalen IPv4- und IPv6-Adresse (-6) auf dem üblichen UDP-Port (-p). Neue eingehende Pakete werden erst mal im Speicher gehalten und nach maximal fünf Minuten auf die Festplatte geschrieben (-w). Jede Datei hat das Format

```
nfcapd.YYYYMMDDhhmm
```

und enthält Flowinformationen von exakt fünf Minuten. Einen Blick in die Binärdatei bietet das Kommando nfdump, welches dem Softwarepaket seinen Namen leiht. Mit verschiedenen Parametern lässt sich die Ausgabe verschönern, sortieren und zusammenfassen:

```
nfdump -r /var/cache/nfdump/nfcapd.202501131022 -o line -a -O bytes
```

## Troubleshooting

Für die Fehlersuche hat OPNsense den Reiter *Cache* im Konfigurationsbereich von NetFlow. Dort listet die Webseite alle Interfaces, die unter der Überwachung von NetFlow stehen und die gezählten, aber noch nicht versendeten Flows.

## Einblick

Wenn im umgebenden Netz kein NetFlow-Kollektor vorhanden ist, kann OPNsense den integrierten Kollektor befüllen, der auf den Namen *Einblick* hört. Der technische Ablauf ist derselbe, mit dem Unterschied, dass Exporter und Kollektor auf demselben Rechner arbeiten. Die Konfigurationsoberfläche von NetFlow hat dafür die Schaltfläche *lokale Aufzeichnung* vorgesehen. Sobald diese aktiviert ist, fügt die Web-GUI die Adresse 127.0.0.1 als

Ziel hinzu, welches den lokalen Rechner bezeichnet. Gleichzeitig startet im Hintergrund der Kollektorprozess, welcher seine gesammelten Verbindungsdaten im Bereich *Berichterstattung* → *Einblick* der Weboberfläche präsentiert.

*Einblick* gibt tatsächlich einen guten Einblick in die gesichteten Verbindungsdaten: Ein Zeitserien-Graph gibt die Auslastung der überwachten Interfaces, und mehrere Kuchendiagramme (Abbildung 13.4) informieren über häufig aufgerufene IP-Adressen und Ports. Neben dieser bunten Ansicht hat der Reiter *Details* Zugriff auf den Datenbestand in Tabellenform.

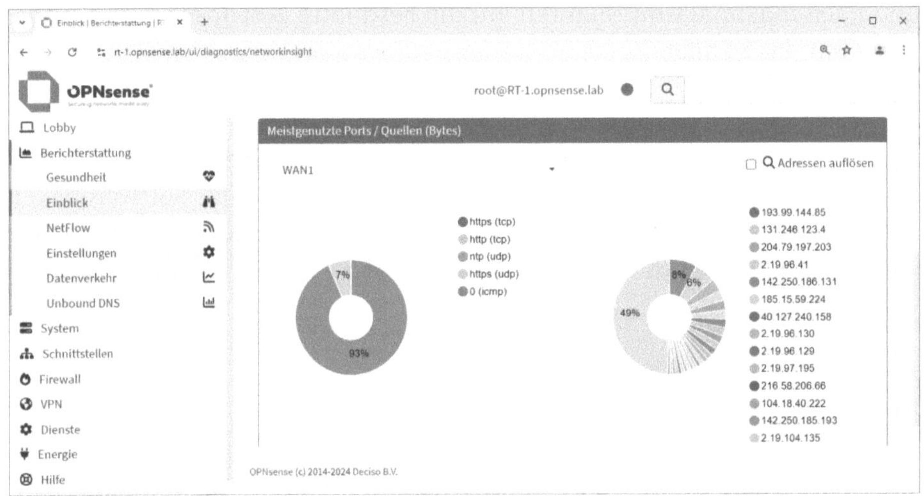

Abbildung 13.4: Der integrierte NetFlow-Kollektor macht Auswertungen

## Technischer Hintergrund

OPNsense erfindet das Rad für die NetFlow-Unterstützung nicht neu, sondern bedient sich des Kernelmoduls *ng_netflow,* welches fester Bestandteil von FreeBSD ist. Das Modul *ng_netflow* horcht auf den konfigurierten Netzadaptern und protokolliert die durchfließenden IP-Verbindungen. Abgeschlossene Verbindungen werden als NetFlow-Paket verpackt und an den lokalen Socket *127.0.0.1:2056* übergeben.

Dort trifft das Paket auf die Software *samplicator* [12], welche das Paket annimmt und an die IPv4-Adressen weiterleitet, die in der Weboberfläche als *Ziele* konfiguriert sind. Die einzige Aufgabe von *samplicate* liegt darin, die anstehenden Pakete an *mehrere* IPv4-Adressen zu verteilen.

Wenn die NetFlow-Pakete in einem entfernten Kollektor analysiert werden, ist die Arbeit von OPNsense damit erledigt. Wenn der lokale Kollektor *Einblick* mit der Analyse beauftragt ist, reicht *samplicate* die Pakete weiter an den Socket *127.0.0.1:2056*. Dort wartet der Prozess *flowd* gierig auf NetFlow-Informationen, um diese für die Weboberfläche aufzuhübschen. Das Ergebnis sind die bunten Kuchendiagramme und Zeitserien, die sich im Bereich *Berichterstattung → Einblick* tummeln.

## IPv6

Die Version 9 von NetFlow ist in der Lage, über IPv6-Verbindungen zu berichten. Die Weboberfläche von OPNsense akzeptiert die IPv6-Adresse des NetFlow-Collectors als [fd00:4::7]:2055. Der Inhalt dieser IPv6-Verbindung sind NetFlow-Pakete, die IPv4- und IPv6-Verkehrsinformationen enthalten. Für den NetFlow-Kollektor aus Abschnitt *Kollektor* ergibt sich keine Änderung. Der Dienst *nfcapd* behandelt die unterschiedlichen NetFlow-Versionen transparent und speichert sie versionsunabhängig. Auch für die Anzeige der Verkehrsinformationen benötigt das bekannte Kommando `nfdump` keine Anpassung.
Der integrierte Kollektor *Einblick* hat ebenfalls mit IPv6-Adressen keine Probleme und behandelt sie in der Weboberfläche genau wie IPv4-Verbindungen.

## Zusammenfassung

NetFlow ist der Klassiker für die Berichterstattung von TCP/IP-Verbindungen in Netzwerken. OPNsense hat branchenüblich einen NetFlow-Exporter dabei und darüber hinaus sogar einen Kollektor zur Visualisierung von einfachen Statistiken. Damit ist die Nutzung von NetFlow in allen Umgebungen möglich.

Die Darstellung von Verkehrsinformationen gibt einen guten Einblick in die tägliche Arbeit der Firewall. Mit welchen Diensten und Servern kommunizieren die Anwender? Wie stark sind die Netzadapter ausgelastet? Neben grafischen Auswertungen hält die Weboberfläche auch detaillierte Tabellen mit Suchfunktion bereit und hilft damit bei der Fehlerfindung.

# Kapitel 14

# Web-Proxy

Ein Proxy ist ein Dienst, der als Vermittler zwischen Client und Server agiert. Der Client redet mit dem Proxy und der Proxy redet mit dem Server. Für den Anwender ist der Proxy unsichtbar, sodass die Kommunikation scheinbar direkt mit dem Server abläuft.

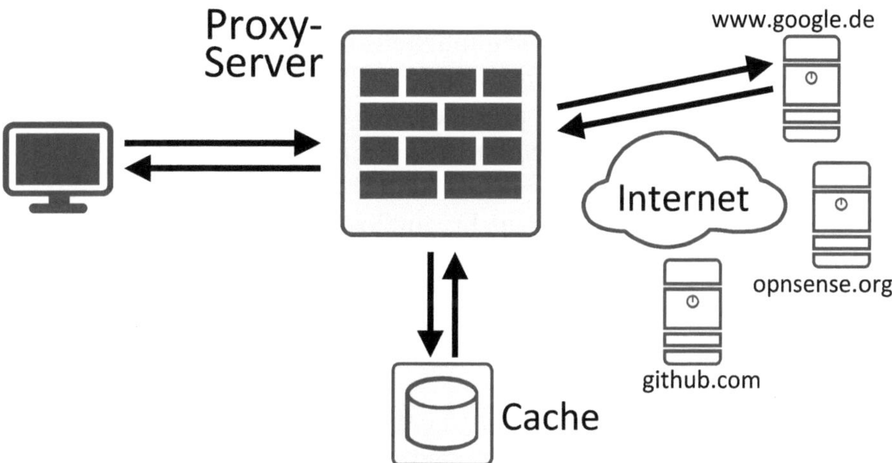


Abbildung 14.1: Der Proxyserver als Vermittler zwischen Client und Server

Der Proxy wird meistens als Vermittler zwischen den Clientcomputern und dem Internet eingesetzt (Abbildung 14.1). Damit stellt er allen Clients den Zugriff zum Web zur Verfügung. Gleichzeitig kümmert er sich um die Sicherheit und gewollte Einschränkungen.

Proxyserver gibt es für alle möglichen Dienste: E-Mail, FTP, DNS, SIP und anwendungsunabhängige Proxys im Sinne von SOCKS. OPNsense beinhaltet einen Proxydienst für HTTP(s) und FTP. Als Plug-in stehen weitere Proxys für SIP, DNS und IGMP bereit.

In der guten alten Zeit war die Stärke eines Proxyservers der Cache zum lokalen Speichern und Bereitstellen von Webinhalten, denn die Bandbreiten waren gering. Zwischen Client und Server ließen sich beispielsweise 64 Kilobit pro Sekunde übertragen, aber zwischen Client und Proxy waren bis zu 100 Mbit/s möglich.
Heutzutage bringt das Zwischenspeichern von Webinhalten keinen merklichen Geschwindigkeitsgewinn. Das hat mehrere Ursachen:

- Heimnetze sind mit ethernetähnlicher Geschwindigkeit ans Internet angebunden. Internetprovider bieten Verbindungsraten bis Gigabit. Der Durchsatz zwischen Client und Server sowie zwischen Client und Proxy, ist sehr ähnlich.

- Das Verhältnis von statischen Inhalten zu dynamischen Webseiten hat sich zugunsten der Dynamik verändert. Die Webseite von Google zeigt andere Inhalte, wenn ein angemeldeter User oder ein neuer Besucher sie aufruft. Welchen Webinhalt soll der Proxy speichern?

Ein Proxy wird dadurch aber nicht nutzlos, denn das Web stellt neue Anforderungen an die Netzinfrastruktur.

## Virenschutz

Der komplette Datenstrom fließt durch den Proxy. Da liegt es nah, die Daten auf Viren zu prüfen. Sobald ein Virenverdacht auftritt, blockiert der Proxy den Download und präsentiert dem Anwender eine warnende Webseite.

## Authentifizierung

Der Zugriff auf das Web ist ausschließlich mit Benutzeranmeldung möglich. Damit kommen nur ausgewählte Anwender in den Genuss des Internets.

### Accounting

Der Proxy weiß, welcher Computer auf welche Webseite zugreift. Mit vorheriger Anmeldung am Proxydienst kommt zu dieser Information auch noch der Name des Anwenders hinzu. Die Logdatei ist also eine mächtige Datenquelle für Auswertung, Statistik und Nachweise.

> **Achtung**
>
> Der Benutzername und sogar die IP-Adresse sind personenbezogene Daten und dürfen nicht ohne Zustimmung des Betroffenen gespeichert werden. Vorher unbedingt die Rechtslage prüfen!

### Filtern

Eine blockierte Webseite schützt den Mitarbeiter oder die Familie vor gefährlichen und unmoralischen Inhalten. Geblockt wird nach IP-Adresse, Webseite, Webdomäne oder Kategorie. Die ersten drei Rubriken eignen sich für einzelne Aktionen, denn eigene Filterlisten anzulegen ist mühsam. Dafür gibt es die Kategorien: Webseiten werden je nach Inhalt in Kategorien zusammengefasst, z. B. *Shopping*. Wenn die Kategorie *Shopping* erlaubt ist, sind automatisch viele weitere Domänen wie www.amazon.de oder www.ebay.de erlaubt. Steht die Kategorie *Shopping* auf der schwarzen Liste, verbietet der Proxy den Zugriff auf alle bekannten Webseiten zum Einkaufen.

Die Zuordnung von Webseite zu Kategorie macht OPNsense nicht selbst, sondern greift auf öffentlich verfügbare Kategorielisten zu.

## Laboraufbau

Ohne echten Webzugriff macht ein Proxyserver keinen Spaß, daher braucht das Labornetz ausnahmsweise Zugriff zum Internet. Die Firewall RT-core ist das Bindeglied zum Internet, wie im Laboraufbau in Kapitel 2 beschrieben. Der Proxydienst läuft auf RT-1 und, für das Hochverfügbarkeitscluster, RT-2. In die Gunst des Proxysurfens kommt der Rechner CL-1 aus dem Netz von Standort-1.

Abbildung 14.2 auf der nächsten Seite zeigt den Aufbau mit IP-Adressen und Interfaces.

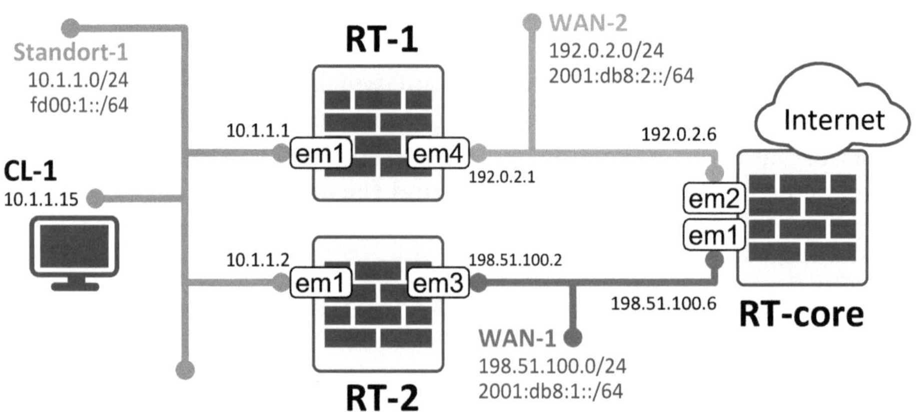



Abbildung 14.2: Laboraufbau mit Proxyserver und Internetzugriff

## Expliziter Proxy

Der explizite Proxyserver erwartet, von den Clients angesprochen zu werden. Die Anwendung muss also proxyfähig sein und der Anwender (oder Administrator) muss die Applikation entsprechend konfigurieren. Die bekannten Webbrowser bieten in den Einstellungen einen Bereich für den HTTP-Proxy. Dorthin gehört die IP-Adresse und Portnummer des Servers, der den Proxydienst bereitstellt. Clientseitig ist die Konfiguration damit abgeschlossen.

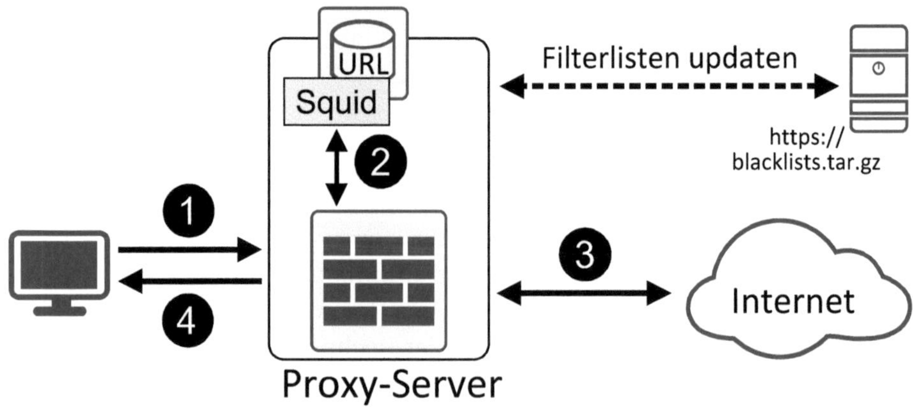



Abbildung 14.3: Das Zusammenspiel von Client, Web-Proxy und Server

Der Proxyserver ist eine OPNsense-Firewall mit eingerichtetem Proxydienst. Abbildung 14.3 verdeutlicht die Arbeitsweise der Proxysoftware von OPNsense. Eine Clientanfrage für den Web-Proxy (Punkt 1) erreicht den Dienst *Squid* (Punkt 2). Erlaubt die Richtlinie den Zugriff, prüft Squid in seinem lokalen Cache, ob die Webseite bereits vollständig oder teilweise vorhanden ist. Anschließend holt Squid den Webinhalt aus dem Internet (Punkt 3), speichert ihn im Cache und übergibt ihn an den Client (Punkt 4). Die dargestellten Filterlisten kommen im Abschnitt *Filtern nach Kategorie* auf Seite 193 zum Zug.

Der Web-Proxy ist ein Plug-in und steht erst nach der Installation von *os-squid* unter *System → Firmware → Erweiterungen* zur Verfügung. Unter *Dienste → Squid Web Proxy → Verwaltung* wird OPNsense mit der einzelnen Checkbox *Proxy aktivieren* zum Web-Proxy. Anschließend benötigt Squid in der Auswahlliste *Proxy Interface* des Reiters *Weiterleitungsproxy* noch die Entscheidung, dass der Proxydienst auf der LAN-Schnittstelle erreichbar sein soll. Nach einer Bestätigung per Button *Anwenden* nimmt die erste OPNsense-Firewall RT-1 bereits Proxy-Anfragen an. Ohne Angabe einer TCP-Portnummer entscheidet sich OPNsense für 3128. Eine neue Filterregel muss erlauben, über diesen Port auf die lokale Maschine zuzugreifen. Ein Client in Standort-1 spricht in seiner Anwendung den Proxy über 10.1.1.1:3128 an.

## URL-Filter

Der Proxy bearbeitet jetzt alle Webzugriffe ohne Einschränkung. Das ist gut, aber ausbaufähig. Denn sinnvoller wäre es, unbequeme Webadressen zu filtern, sodass der Client sie nicht erreichen kann.
Die Funktion zum Filtern versteckt sich hinter dem zweiten Reiter bei *Zugangskontrollliste*. Das Feld *Schwarze Liste* erwartet alle Webseiten, die für Clients nicht mehr zur Verfügung stehen sollen. Die Webadresse muss dazu nicht vollständig ausgeschrieben sein, denn dem Filter reichen auch Teile der Adresse; die Übereinstimmung funktioniert wie die Suchfunktion in einer Textverarbeitung.
Beispielsweise soll die Webseite `http://www.example.net` per Proxy nicht mehr erreichbar sein. Der Eintrag *example.net* blockiert die gewünschte

Webseite, aber zusätzlich noch alle anderen Subdomänen und auch andere Webseiten, die diesen Text irgendwo in der URL haben, z. B.

```
http://www.faqs.org/faqs/faqresults.html?q=example.net
```

> **Hinweis**
>
> Die Einträge der schwarzen Liste sollten so präzise wie möglich und so allgemein wie nötig sein. Das verhindert die Blockade von legitimen Webadressen, die durch einen ungenauen Eintrag zur schwarzen Liste gehören.

Lange Rede, kurzer Sinn: Die Syntax der schwarzen Liste freut sich über *reguläre Ausdrücke* (Regular Expression). Diese Ausdrücke dienen der Mustererkennung in Zeichenketten. Ihre Syntax ist eigenartig, aber ihre Aussagekraft ist erstaunlich. Die schwarze Liste des Web-Proxys sowie die Suchfunktion vieler Hersteller, benutzen die *Perl Compatible Regular Expressions* (PCRE) zur Mustererkennung, sodass etwas Grundwissen in der Syntax auch in anderen Bereichen hilfreich ist.

Ein kleiner Einstieg in die regulären Ausdrücke mit Beispielen zur Anwendung kommt in Anhang C auf Seite 381.

## Schwarze und weiße Listen

Ob eine Webkategorie erlaubt oder verboten ist, entscheidet eine Richtlinie. Diese Richtlinie basiert auf einem von zwei möglichen Prinzipien:

- Alles ist erlaubt, außer was auf der schwarzen Liste steht.

- Alles ist verboten, außer was auf der weißen Liste steht.

Das erste Prinzip lässt sich leicht umsetzen, denn es ist bei OPNsense die Voreinstellung. Im Urzustand wird der Proxy also keine Webseite blockieren. Erst wenn die angefragte Webadresse mit einem Eintrag auf der schwarzen Liste von Abschnitt *URL-Filter* (Seite 191) übereinstimmt oder in eine Kategorie fällt, erhält der Client eine Fehlermeldung im Browser.

Der zweite Ansatz ist deutlich restriktiver und blockiert grundsätzlich alles. Die Konfiguration in OPNsense besteht aus einer schwarzen Liste, die jede denkbare Webadresse enthält. Der reguläre Ausdruck dafür ist der Punkt,

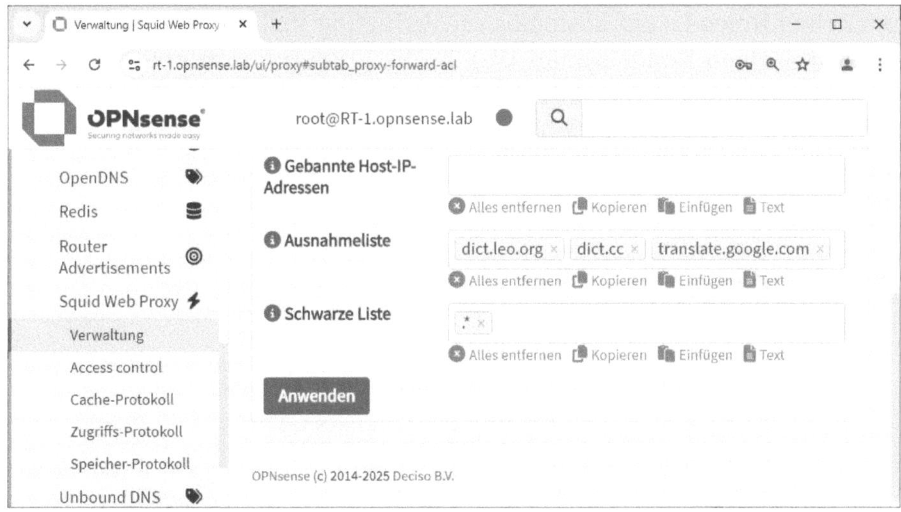

Abbildung 14.4: Der Proxy erlaubt nur wenige Webseiten

der als Sonderzeichen stellvertretend für alle Buchstaben, Zahlen und Zeichen steht (siehe Anhang C).

Die weiße Liste heißt bei OPNsense *Ausnahmeliste.* Ihr Inhalt soll aus Webadressen bestehen, die dennoch erlaubt sein sollen. Auch hier sind reguläre Ausdrücke möglich.

Der beispielhafte Web-Proxy in Abbildung 14.4 arbeitet nach dem Prinzip der weißen Liste. Er erlaubt hier ausschließlich Webseiten, die Wörterbücher zum Übersetzen von Texten anbieten.

## Filtern nach Kategorie

Lange Listen mit Webseiten sind zeitaufwendig zu führen. OPNsense fasst Webseiten mit ähnlichem Inhalt in Kategorien zusammen und setzt den Filter dann bei der Kategorie an.

Die Kategorien bestehen zwar auch aus langen Listen, aber die führt jemand anderes. Zum Einrichten der Kategoriefilter führt der Reiter *Ferne Zugangskontrolllisten.* In der Voreinstellung sind hier keine Einstellungen gesetzt, um einen oder mehrere Anbieter muss sich der Admin selbst kümmern.

Kommerzielle Anbieter liefern aktuelle und umfassende Filterlisten. Für die Demonstration des URL-Filters genügt ein Anbieter, der Listen und Updates unter einer freien Lizenz kostenlos zur Verfügung stellt. Eine neue Filterliste findet im selben Reiter seinen Weg in die Konfigurationsoberfläche. Die Einstellungen für die Blacklist der französischen *Université Toulouse* [13] sind in Tabelle 14.1 beschrieben. Ein anschließendes *Speichern* und *ACLs herunterladen* bringt die schwarzen Listen auf das lokale System, so wie es Abbildung 14.3 auf Seite 190 bereits gezeigt hat.

| **Attribut** | **Wert** |
|---|---|
| Aktiviert | ☑ |
| Dateiname | Capitole |
| URL | https://dsi.ut-capitole.fr/blacklists/ \ <br> download/blacklists.tar.gz |
| Benutzername | *leer* |
| Passwort | *leer* |
| Kategorien | *leer* |
| SSL-Zertifikat ignorieren | ☐ |
| Beschreibung | Blacklist Capitole UT1 |

Tabelle 14.1: OPNsense nutzt die Kategorielisten vom Anbieter *UT1 Capitole*

Mit den Kategorien und den dahinterliegenden Webseiten steht ein mächtiges Werkzeug zum Filtern zur Verfügung. Mit nur wenigen Konfigurationszeilen lassen sich Zigtausende Webseiten ausblenden.

Per Voreinstellung landen alle Kategorien auf der schwarzen Liste – der Proxydienst blockiert also alle Webseiten, die er kennt.

Und welche Kategorien gibt es? Der Button zum *Bearbeiten* der gerade erstellten Filterliste zeigt alle Einträge der knapp 70 Rubriken, darunter Bank, Sport, Dating, Shopping usw. Aus dieser restriktiven Liste können jetzt einzelne Kategorien entfernt werden, die erlaubt sein sollen.

Kategorielisten sind ständig in Bewegung, denn neue Webseiten werden aufgenommen und bestehende Einträge nachgebessert. Mit der Funktion *Plane mit Cron* benutzt OPNsense einen Zeitplaner, um die neuen Listen regelmäßig anzufragen. Um die Anwender nicht im Surfvergnügen zu stören, bietet sich der Update nachts an.

OPNsense macht ein Geheimnis daraus, welche URLs und Webdomänen in die jeweilige Kategorie gehören. Um herauszufinden, warum eine scheinbar legitime Webseite blockiert wird, hilft nur ein Blick in die Original-Blacklist. Listing 14.1 lädt die Datei auf den lokalen Rechner und durchforstet ihren Inhalt anschließend nach einem Stichwort wie beispielsweise *protonmail*. Die Trefferliste zeigt, dass der gesuchte E-Mail-Dienst in die Kategorie *webmail* fällt. Der Suchbegriff lässt sich durch reguläre Ausdrücke weiter verfeinern (vgl. Anhang C).

```
wget https://dsi.ut-capitole.fr/blacklists/download/ \
  blacklists.tar.gz
tar xfz blacklists.tar.gz

grep -r protonmail blacklists/*
blacklists/malware/domains:protonmail.systems
blacklists/phishing/domains:protonmail.sh
blacklists/webmail/domains:protonmail.com
```

Listing 14.1: Die Blackliste enthält die Zuordnung zu den Kategorien

## Einschränkung

Die gewählten Regeln, Filter und Kategorien gelten für alle Clients, die den Proxydienst verwenden. Wenn eine Kategorie als *böse* eingestuft ist, dann blockiert sie den Traffic von *allen* Clients zu Webseiten, die in diese Kategorie fallen.

Die Unterteilung nach Anwender oder IP-Bereich kommt über das Plug-in *os-OPNProxy* hinzu. Nach der Installation erscheint unter *Dienste → Squid Web Proxy* die neue Rubrik *Access control*. Dort lassen sich Richtlinien für den Webzugriff anlegen, die Kategorien, IP-Netze und Benutzer beliebig verknüpfen.

> **Hinweis**
>
> Wenn die Richtlinie aus Benutzern oder Gruppen besteht, müssen sich die Anwender authentifizieren, bevor sie den Web-Proxy verwenden können. Nur dann erkennt der Proxy den Benutzer und kann seine Richtlinie anwenden.

Der OPNProxy ist in die Bereiche *Default Policies* und *Custom Policies* unterteilt. Das Regelwerk von OPNProxy funktioniert wie das Regelwerk eines Paketfilters. Im Reiter *Default Policies* lassen sich Benutzer, IP-Netze und Kategorien mit einer Aktion aus *Erlauben* und *Ablehnen* verknüpfen. Versucht ein Benutzer auf eine Webseite zuzugreifen, die per Richtlinie in eine unerlaubte Kategorie fällt, verweigert Squid den Zugriff. In Abbildung 14.5 erhält der Anwender *msanchez* keinen Zugriff auf Webseiten von Banken.

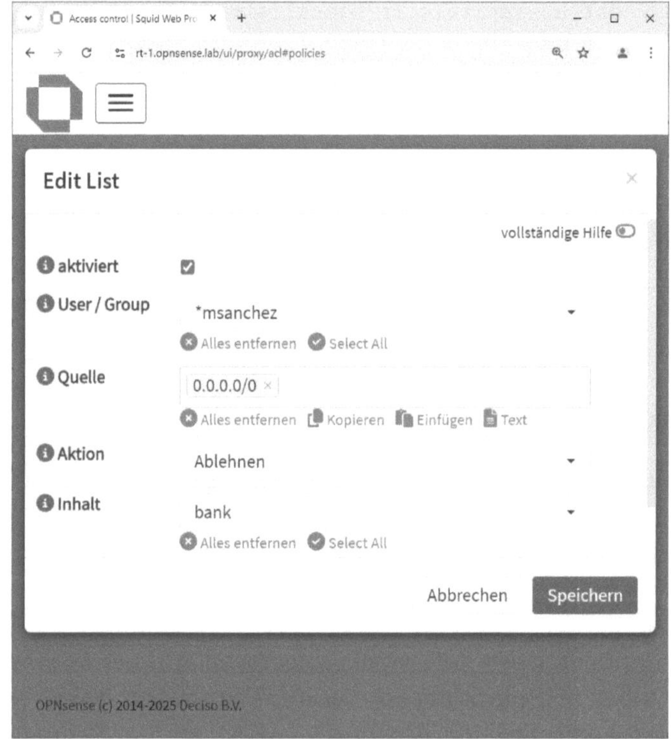

Abbildung 14.5: Mit OPNProxy kann Squid die Kategorien auf einzelne Benutzer anwenden

Der Bereich *Custom Policies* ermöglicht Ausnahmen. Soll eine Webseite trotz Kategoriesperre erreichbar sein, dann ist ein entsprechender Eintrag erforderlich. Das Feld *Inhalt* akzeptiert die Syntax des Abschnitts *URL-Filter* auf Seite 191.

Ein weiteres Goodie ist der Richtlinienprüfer unter *Policy Tester*. Dort lässt sich ein Webzugriff anhand von Benutzername, Quellnetz und Webadresse simulieren (Abbildung 14.6). Das Ergebnis ist die Entscheidung von Squid inklusive der Begründung, warum ein Zugriff erlaubt oder verboten ist.

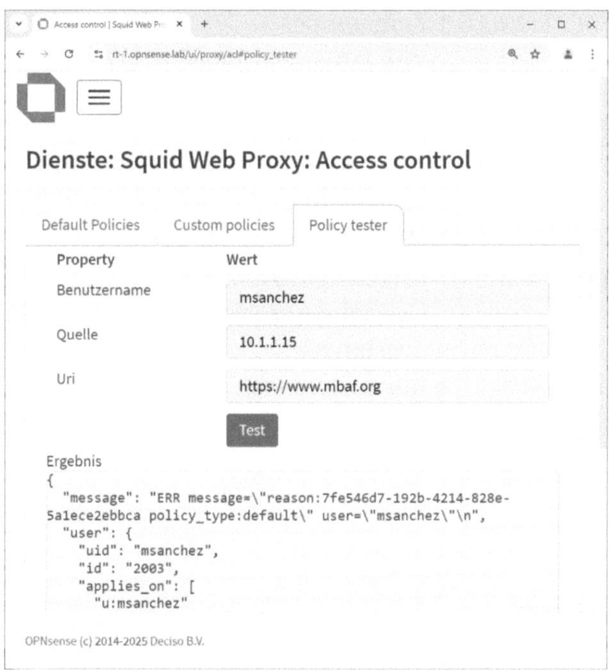

Abbildung 14.6: Der Policy-Tester von *os-OPNProxy* prüft den Webzugriff

Die Entscheidung des *Policy Testers* basiert auf der Ausgabe des Kommandos `squid_acl_helper.py`. Listing 14.2 auf Seite 210 ruft den Tester auf der Kommandozeile auf und erhält die gleichen Informationen.

## Fehlersuche

Wenn es gar nicht so läuft, wie erwartet, hilft ein Blick in die Logdatei. Bei *Dienste → Squid Web Proxy → Zugriffs-Protokoll* gibt es vielfältige Möglichkeiten im Tagebuch von Squid zu stöbern.
Eine typische Logzeile enthält viele Informationen und ist einigermaßen selbsterklärend. OPNsense protokolliert den Zugriff auf eine Webseite mit:

```
2025-01-07T21:49:16.537         498 10.1.1.15 TCP_MISS/200 1105 \
  GET http://example.com/ - HIER_DIRECT/93.184.215.14 text/html
```

Eine kurze Erklärung der einzelnen Felder verrät Tabelle 14.2.

| SquidLog | Beschreibung |
| --- | --- |
| 2025-01-07T21:49:16 | Zeitstempel |
| 498 | Wie lange war der Eintrag im Cache (in ms) |
| 10.1.1.15 | Client IP-Adresse |
| TCP_MISS/200 | Ergebnis des Zugriffs (MISS heisst, dass im Cache nichts gefunden wurde) |
| 1105 | Wieviel Byte wurden übermittelt |
| GET | HTTP Zugriffsmethode |
| http://example.com/ | Angefragte Webseite |
| - | Username (wenn der Proxy eine Anmeldung verlangt) |
| HIER_DIRECT/ 93.184.215.14 | Infos zur Cache-Hierarchie |
| text/html | HTML Typ und Format |

Tabelle 14.2: Alle Felder vom Proxy-Log mit Erklärung

## Proxy-Cluster

Mehrere OPNsense-Firewalls mit aktiviertem Proxy und identischem Regelwerk können die Verfügbarkeit des Webzugriffs steigern oder eine Lastverteilung bewirken. Wenn bereits ein OPNsense-Pärchen als Standardgateway im Einsatz ist (vgl. Kap. 12), kann der Proxydienst diese Infrastruktur mitbenutzen.

Höhere Verfügbarkeit erreicht ein Proxycluster bestehend aus einer primären Firewall (aktiv) und einem Reservegerät (passiv). Auf das Labor bezogen ist die Firewall RT-1 der bevorzugte Proxy und RT-2 kommt ins Spiel, wenn RT-1 ausfällt. Die Hochverfügbarkeit setzt erneut auf das Protokoll CARP (vgl. Kap. 12). Abbildung 14.7 zeigt das Zusammenspiel der beiden Geräte.

Die beiden Firewalls von Standort-1 teilen sich die hochverfügbare IPv4-Adresse 10.1.1.5. Prioritäten und weitere Spitzfindigkeiten von CARP bleiben außen vor, um es einfach zu halten.

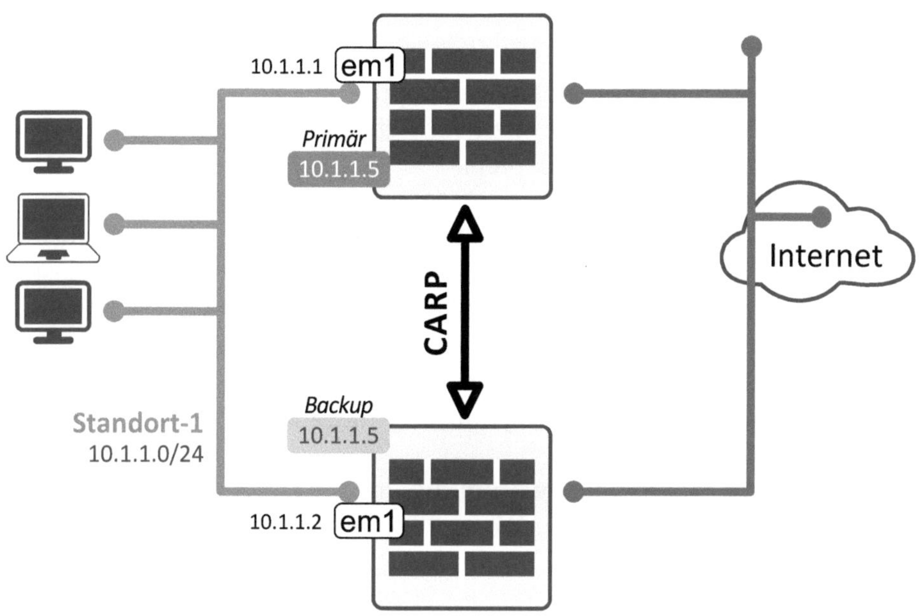


Abbildung 14.7: Aktiv/Passiv-Cluster mit CARP und Squid

Darüber hinaus benötigt das Proxycluster die bidirektionale *Statussynchronisation* über die LAN-Adapter von RT-1 und RT-2. Zum Abgleich der erlaubten Kategorien, der schwarzen Liste und der Proxyeinstellungen bietet OPNsense die *Synchronisierungseinstellungen (XMLRPC Sync)*, welche allerdings nur von RT-1 nach RT-2 wirken. Damit wird RT-1 die Firewall für die Konfiguration und RT-2 der Arbeitsknecht. Was sich zwischen den beiden Partnern nicht synchronisiert, ist der einmalige Klick auf den Button *ACLs herunterladen*.

Es ist wenig überraschend, dass beide Firewalls noch Filterregeln benötigen, welche die XMLRPC-Kommunikation untereinander erlauben. Die passende Regel gestattet TCP-Port 443 des jeweiligen Partners auf dem LAN-Netzadapter.
Danach folgt die Einrichtung zum expliziten Proxy auf der führenden Firewall RT-1. Die resultierende Konfiguration ist auf beiden Geräten identisch, um dasselbe Anwendungsverhalten zu erreichen.

> **Hinweis**
>
> Wenn der Proxydienst für einen Netzadapter eingerichtet ist, akzeptiert er Anfragen der Clients auf allen verfügbaren Adressen (IPv4, IPv6, CARP, virtuelle IP) dieses Adapters.

Die Clients aus Standort-1 kommunizieren mit ihrem neuen Proxycluster über die virtuelle IP-Adresse. Der Webbrowser benötigt in den Proxyeinstellungen die Adresse 10.1.1.5 und den TCP-Port 3128.
Clients sprechen über die neue IP-Adresse immer noch denselben Proxy an. Aber wenn die Firewall RT-1 zusammenbricht, wandert die IPv4 10.1.1.5 zum Reservegerät und der Proxy auf RT-2 nimmt die Webanfragen der Clients an.
Jetzt wird auch verständlich, warum die Proxy-Konfiguration auf beiden Firewalls identisch sein sollte: Wenn RT-2 andere Verbotslisten als RT-1 führt, verhält sich das Internet für die Anwender eigenartig.

## Funktionstest

Wenn der Zugriff aufs Internet funktioniert, muss nicht unbedingt ein Proxyserver im Spiel sein. Einen Beweis für seine Existenz liefern Webseiten zum Aufdecken von Proxys, wie `http://www.whatismyproxy.com`. Im Webbrowser oder auf der Kommandozeile bringt diese Webseite den eindeutigen Hinweis auf einen Proxy, der in Abbildung 14.8 enttarnt wird.

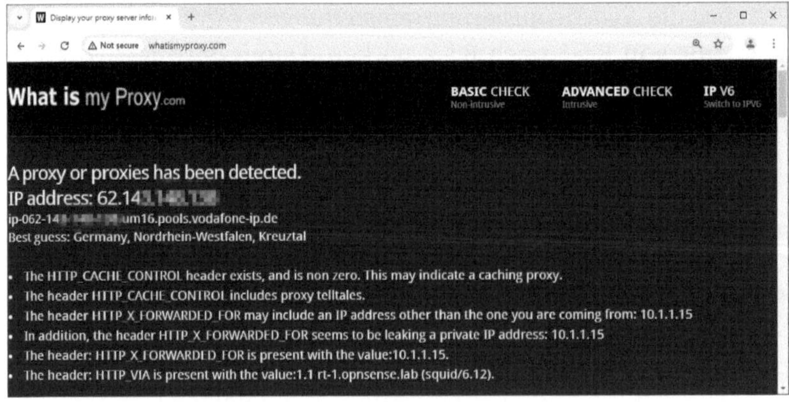


Abbildung 14.8: Webseiten können Proxyserver aufdecken

Wichtiger als die Funktion der einzelnen Firewall ist der Ausfallschutz. Nach einem Systemausfall von RT-1 fordert das CARP-Protokoll ein Timeout von 3 Sekunden, bevor der Notfallplan Gestalt annimmt und RT-2 zum Proxychef befördert. Das normale Surfverhalten der Anwender bemerkt diesen Ausfall kaum. Ein Webdownload stockt für die Dauer des Failovers und läuft anschließend weiter.

## TLS Inspection

Wenn Webseiten mit *Transport Layer Security* gesichert sind, dann handeln Server und Client zuerst eine gesicherte Verbindung aus, bevor die ersten Webinhalte über die Leitung gehen. Erkennbar ist die Verschlüsselung am *https:* in einer Webadresse. Für beide Teilnehmer ist das ein Sicherheitsgewinn, denn Router, Firewalls und Proxys haben keine Einsicht mehr in die Inhalte. Dieser Vorteil ist gleichzeitig ein Nachteil, denn wenn der Firewall die Klartextnachrichten verwehrt bleiben, kann sie auch weder Virenschutz noch Malwareerkennung durchführen.

---

**Hinweis**

Das Verschlüsselungsprotokoll *Secure Socket Layer* (SSL) wurde um die Jahrtausendwende unter dem Kürzel TLS weitergeführt. TLS ist damit der Nachfolger von SSL. In diesem Kapitel werden beide Abkürzungen gleichbedeutend verwendet.

---

Die allgemeine Lösung liegt in einem Kompromiss: Firewall oder Proxy entschlüsseln die HTTPS-Verbindung, aber ausschließlich für ihre Untersuchung. Damit der Client nicht verwirrt ist, leitet die Firewall die Webinhalte verschlüsselt weiter.

Der technische Ablauf dahinter ist anspruchsvoll, wie Abbildung 14.9 und die folgende Erklärung verdeutlichen.

1. Der Client startet eine *https*-Verbindung zu einem Webserver und erwartet eine verschlüsselte Verbindung.

2. Der Proxy hält den Client erst mal hin und baut eine weitere *https*-Verbindung zum Zielserver auf, wobei er selbst die Clientrolle übernimmt.

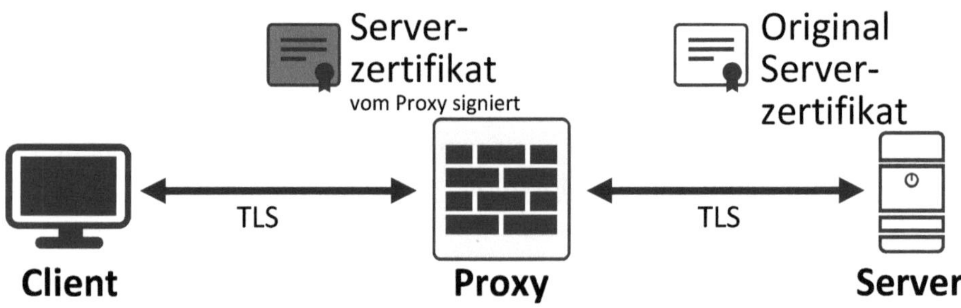


Abbildung 14.9: Der *https*-Verbindungsaufbau mit Proxy

3. Der Server erhält die Verbindungsanfrage. Ob diese Anfrage vom Client oder vom Proxy stammt, ist für den Server unentscheidend – also sendet er seine Antwort zurück.

4. Der Proxy hat jetzt eine *https*-Verbindung zum Server aufgebaut.

5. Anschließend antwortet der Proxy dem Client im Namen des Servers. Die verschlüsselte Verbindung besteht zwischen Client und Proxy, ohne dass dem Anwender dies bewusst ist.

6. Damit der Client den Proxy als Webserver akzeptiert, muss der Proxy das Zertifikat so frisieren, dass der Clientbrowser nichts bemerkt.

Damit hält der Proxy *zwei* TCP-Verbindungen pro Webzugriff: eine zwischen Client und Proxy sowie eine weitere zwischen Proxy und Server. Und bevor die Daten aus der Server-Verbindung in die Client-Verbindung fließen, kann der Proxy damit arbeiten. Zur Auswahl stehen Untersuchungen auf Viren, Malware, Ransomware, aber auch Inhaltserkennung und Kategoriefilter.

Hier endet die Traumreise, denn das Vertrauen von *https*-Verbindungen wird durch Zertifikate gestärkt. Und der Proxyserver hat nicht das Kryptomaterial des Servers. Folglich muss er die *https*-Kommunikation mit dem Client durch ein anderes Zertifikat aufbauen. Und das *muss* dem Browser auffallen, der sogleich seinem Anwender eine Zertifikatswarnung präsentiert.

Der Clientbrowser muss also dem TLS-Proxy vertrauen, damit die Zertifikatswarnungen ausbleiben. Der Trick liegt im Zertifikatsstore: Das CA-Zertifikat des Proxys muss in die Liste der vertrauenswürdigen Stammzertifikate des

Clients aufgenommen werden. Und das bei *jedem* Client, der den Proxyserver verwendet.

## Zertifizierungsstelle

Damit der TLS-Proxy warnungsfrei arbeiten kann, benötigt er eine eigene Zertifikatsautorität (Certificate Authority, CA). Das kann eine selbsterstellte Root-CA sein (vgl. Kap. 24), oder eine Unterzertifizierungsstelle, die von einer vorhandenen Root-CA signiert ist.

Für die Laborumgebung wird die OPNsense-Firewall RT-1 zur Root-CA. Die Zertifikate warten bei *System → Sicherheit → Aussteller*. Der orange Plus-Button zum Hinzufügen stellt alle notwendigen Fragen, die ein Zertifikat ausmachen. Tabelle 14.3 zeigt die beispielhaften Antworten für die neue Zertifizierungsstelle.

| Attribut | Wert |
|---|---|
| Vorgehen | Erstelle eine interne Zertifizierungsstelle |
| Beschreibung | opnsense.lab |
| Lebenszeit (Tage) | 825 |
| Ländercode | Germany |
| Staat oder Provinz | NRW |
| Stadt | Cologne |
| Organisation | Der OPNsense-Praktiker |
| E-Mail Adresse | opnsense@example.net |
| Common Name | opnsense-ca |

Tabelle 14.3: OPNsense wird zur internen Zertifizierungsstelle

Der Button *Speichern* sichert die Einstellungen, erstellt die Schlüssel und signiert sie. Anschließend bietet OPNsense über die Schaltfläche *Herunterladen* an, das resultierende Zertifikat in der Datei `opnsense.lab.crt` zu speichern. Diese Datei wird später von den Clients benötigt.

## Einrichtung

Der Umbau zum TLS-schnüffelnden Proxy ist überraschend einfach. Der Reiter *Weiterleitungsproxy* bei *Dienste → Squid Web Proxy → Verwaltung* hat die verräterische Option *Aktiviere SSL-Untersuchung*. Sobald dieser

Button aktiv ist, wird das Feld *zu verwendende CA* mit dem beschreibenden Namen aus Tabelle 14.3 ausgefüllt und mit dem Button *Anwenden* aktiviert. Abbildung 14.10 zeigt die fertige Konfiguration.

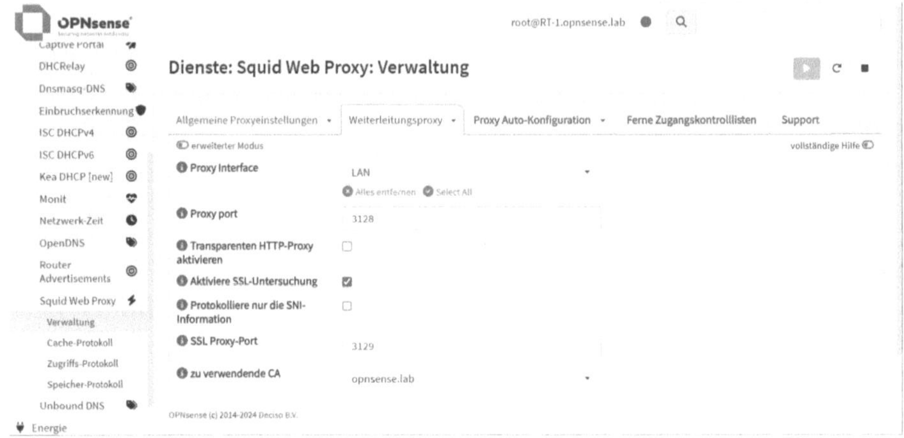

Abbildung 14.10: OPNsense Web-Proxy im TLS-Modus

## Client

Im Gegensatz zum normalen Web-Proxy ist bei der TLS-Untersuchung eine Modifikation am Client wichtig, damit die Zertifikatswarnungen ausbleiben. Denn das Zertifikat `opnsense.lab.crt` aus Abschnitt *Zertifizierungsstelle* muss seinen Weg in die Clientbrowser finden.

Bei den gängigen Webbrowsern genügt ein Doppelklick auf die Datei und ein Assistent übernimmt diese Aufgabe. Während des Importvorgangs ist darauf zu achten, dass der Zertifikatsspeicher *Vertrauenswürdige Stammzertifizierungsstellen* als Ziel herhält. Damit ist der Client ausgerüstet für den TLS-Proxy.

## Funktionstest

Nichts leichter als das, denn eine abschließende Prüfung besteht daraus, einmal die Google-Webseite von dem präparierten Clientbrowser anzusurfen. Die Google-Suche benutzt schon länger *https*, sodass der TLS-Proxy aktiv wird.

Abbildung 14.11 zeigt den Aufruf im Firefox. Auffällig ist das Zertifikat, welches den Client erreicht. Denn dieses lautet zwar auf die Webadresse `www.google.de`, aber ausgestellt ist es von der Zertifizierungsstelle des OPNsense-Proxys. Für den Webbrowser ist es ein gültiges Zertifikat im Sinne von Webadresse, ausstellender CA und (im Screenshot nicht sichtbar) Ablaufdatum.

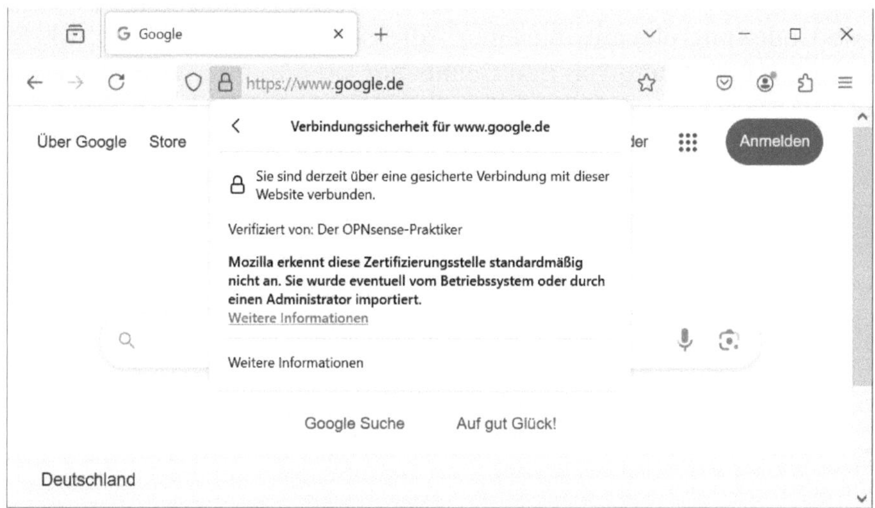


Abbildung 14.11: Die Google-Webseite – betrachtet durch einen TLS-Proxy

## Transparenter Proxy

Während der normale Web-Proxy für den Anwender kein Geheimnis war, bleibt der transparente Proxy so unsichtbar wie möglich. Dieser Proxytyp muss nicht in der Anwendung konfiguriert werden, denn er arbeitet unbemerkt von Anwender und Applikation. Der transparente Proxy „schnappt" sich den HTTP-Datenstrom und leitet ihn an seinen Proxydienst weiter. Dann beginnt die normale Arbeit: Filtern, Cachen und Webseiten für den Client holen. Technisch muss hier viel getrickst werden. Für die Anwender ist es ein ungewollter „Zwangsproxy".

Die Ersteinrichtung unterscheidet sich kaum vom expliziten Proxy, außer dass die Option *Transparenten HTTP-Proxy aktivieren* im Reiter *Weiterlei-*

*tungsproxy* bei *Dienste* → *Squid Web Proxy* → *Verwaltung* ausgewählt sein muss.

Damit arbeitet der Proxydienst im transparenten Modus. Aber OPNsense muss seine Finger direkt im Datenstrom haben, andernfalls hat der Proxy keinen Einfluss auf die Webzugriffe und kann auch nichts filtern.

Es reicht nicht aus, dass der Datenstrom durch die Firewall fließt. Die Webanfragen müssen auch beim Proxydienst vorbeischauen. OPNsense löst diese Umleitung elegant mit einer Adressumsetzung (vgl. Kap. 8). Eingehende HTTP-Pakete von den Clients am LAN-Adapter werden mithilfe einer NAT-Regel so umgebogen, dass ihre Zieladresse die lokale Firewall ist (127.0.0.1) und ihr Zielport der TCP-Port des Proxys (3128). Der gleiche Trick funktioniert für HTTPS, wobei der Zielport unterschiedlich ist und meist 3129 verwendet.

Technisch handelt es sich um eine Portweiterleitung für den LAN-Adapter. Abbildung 14.12 zeigt die NAT-Regeln, um den Proxy in den Datenstrom zu klemmen.

**Firewall: NAT: Portweiterleitung**  Kategorie auswählen

| | Schnittstelle | Protokoll | Quelle Adresse | Ports | Ziel Adresse | Ports | NAT IP | Ports | Beschreibung |
|---|---|---|---|---|---|---|---|---|---|
| ! | MGMT | TCP | * | * | MGMT Adresse | 22, 80, 443 | * | * | Anti-Aussperrregel |
| ! ▷ | LAN | TCP | 10.1.1.45 | * | * | | 443 (HTTPS) | | * | Client 45 |
| ↔ | LAN | TCP | LAN Netzwerk | * | * | | 80 (HTTP) | 127.0.0.1 | 3128 | Squid Web Proxy |
| ↔ | LAN | TCP | LAN Netzwerk | * | * | | 443 (HTTPS) | 127.0.0.1 | 3129 | Squid Web Proxy |
| ↔ | LAN | TCP | LAN Netzwerk | * | * | | 80 (HTTP) | fd00:1::1 | 3128 | Squid Web Proxy |
| ↔ | LAN | TCP | LAN Netzwerk | * | * | | 443 (HTTPS) | fd00:1::1 | 3129 | Squid Web Proxy |

▷ Aktivierte Regel  ! Keine Weiterleitung  ↔ Verknüpfte Regel
▶ Deaktivierte Regel  ! Deaktiviere keine Umleitung  ↔ Verknüpfte Regel deaktiviert

Abbildung 14.12: Der transparente Proxy benötigt zwei
Portweiterleitungen pro IP-Version

Wenn diese Hürde erst mal genommen ist, verhält sich die weitere Konfiguration genau wie beim normalen Web-Proxy. Es wird verboten, erlaubt, gefiltert, geblockt und kategorisiert.

Ausnahmeregelungen funktionieren beim transparenten Proxy etwas anders, denn der Client hat gar nicht die Möglichkeit, auf den Proxy zu verzichten. Meistens soll eine einzelne interne Client-IPv4 in den Genuss von ungefiltertem Internet gelangen. Also muss eine weitere NAT-Regel verhindern, dass die Datenpakete des „besonderen" Clients beim Proxy ankommen. Eine beispielhafte Regel ist bereits in Abbildung 14.12 vorhanden und wirkt *vor* den allgemeinen Proxy-NAT-Regeln. Hierbei ist Client 10.1.1.45 vom transparenten Proxy ausgenommen und unterliegt nicht seinen Spielregeln. Den Zugriff auf das Internet erhält dieser Client über die gewohnten Firewallregeln.

### IPv6

Damit der durchfließende IPv6-Datenverkehr beim Proxyprozess ankommt, erwartet die Firewall die gleichen NAT-Regeln wie bei IPv4 – allerdings mit der IPv6-Adresse des LAN-Adapters im Feld *Ziel-IP umleiten*. Die Adresse des Loopback-Adapters ist hier nicht wirksam, da es sich um eine Adresse aus dem gleichen Scope handeln muss: link-local, site-local oder global. Diese Besonderheit stammt vom unterliegenden Betriebssystem FreeBSD. Die Konfiguration in Abbildung 14.12 enthält bereits die Adressumsetzung für IPv6.

Im nächsten Schritt muss der Proxydienst Squid auch die Anfragen an der LAN-IPv6-Adresse annehmen. Leider legt die Web-GUI dafür keinen passenden Eintrag in der Konfigurationsdatei an. Der folgende Workaround erledigt dies und macht die Firewall damit IPv6-tauglich.

```
cat <<EOF > /usr/local/etc/squid/auth/squid_ipv6_lan.conf
http_port [fd00:1::1]:3128 intercept
https_port [fd00:1::1]:3129 intercept ssl-bump \
  cert=/var/squid/ssl/ca.pem dynamic_cert_mem_cache_size=10MB \
  generate-host-certificates=on
EOF
service squid restart
```

# Technischer Hintergrund

Beim Proxy setzt OPNsense auf die Nummer-1 der freien Proxys in der Open-Source-Welt: Squid. Squid begann 1996 als einfacher Webcache und hat sich zum vollwertigen HTTP/1.1-Proxy hochgearbeitet. Zusätzlich zu den Funktionen, die OPNsense benutzt, unterstützt Squid noch Reverse Proxy und WCCP.

Für die Inhaltskontrolle verwendet OPNsense eigene Methoden zum Beschaffen und Ordnen der Kategorien. Basierend auf der konfigurierten schwarzen Liste lädt OPNsense alle ausgewählten Kategorien von der Webseite des Anbieters. Diese Datenmengen an Webseiten, Domänen und IP-Adressen füllt OPNsense in eine einfache Datei. Und Squid verwendet den Dateiinhalt als Blockliste für die Anfragen seiner Clients. Wenn das Plug-in *os-OPNProxy* aus dem Abschnitt *Einschränkung* von Seite 195 installiert ist, verwendet Squid das Schlüsselwort `external_acl_type`, um die Entscheidung an das Kommando `squid_acl_helper.py` zu übergeben. Das Python-Skript verwendet die In-Memory-Datenbank *Redis*, die alle Domainnamen der schwarzen Liste als Schlüssel speichert. Der Inhalt eines Schlüssels ist eine Liste von Benutzern, die diese Domäne besuchen dürfen oder nicht.

## Ausblick

Für den Web-Proxy hat OPNsense noch ein paar Plug-ins parat. Einen soliden Virenschutz bereitet ClamAV, welches als *os-clamav* auf der Firewall ankommt. Nach der Installation reiht sich ClamAV in die Web-UI unter *Dienste → ClamAV* ein.

Auf die Virenprüfung kann der Web-Proxy über das *Internet Content Adaptation Protocol* (ICAP) zugreifen. Das fehlende Bindeglied ist ein lokal installierter ICAP-Dienst, der als weiteres Plug-in *os-c-icap* in den Startlöchern steht.

Das Zusammenspiel mit dem Web-Proxy beginnt bei *Dienste → Squid Web Proxy → Verwaltung* im Register *ICAP-Einstellungen*. Dort beziehen sich die URLs von *Abfrageänderungs-URL* und *Antwortänderungs-URL* auf den lokalen ICAP-Dienst:

```
icap://[::1]:1344/avscan
```

Nachdem alle Dienste laufen und ClamAV seine Virendatenbank mit den neuesten Signaturen aufgefüllt hat, sollte die Installation mit dem Webdownload des EICAR-Virus [14] validiert werden. Wenn alles funktioniert, meldet der Browser den Virenverdacht und der ICAP-Dienst berichtet:

```
Thu Jan 9 21:35:20 2025, 57165/24789821508096, VIRUS DETECTED: \
  Win.Test.EICAR_HDB-1 , http client ip: 10.1.1.15, http user: -, \
  http url: https://secure.eicar.org/eicar.com
```

Wenn der Web-Proxy auch in die HTTPS-Verbindungen reinschnuppert (siehe Abschnitt *TLS Inspection* auf Seite 201), dann nimmt ClamAV ebenso den verschlüsselten Datenverkehr unter die Lupe.

## Zusammenfassung

OPNsense glänzt mit der Funktionsvielfalt seines Proxys, die für ein lizenzkostenfreies Produkt erstaunlich ist. Neben dem reinen Web-Proxy mit Caching-Funktion ermöglicht OPNsense auch URL- und Kategoriefilter. Letztgenannte blockieren (oder erlauben) eine Webseite anhand ihres Genres.

Der transparente Proxy spielt seine Stärken aus, wenn die Clients keine Proxykonfiguration erlauben oder wünschen. In Netzen ohne administrativen Zugriff auf die Clients (z. B. in anonymen WiFi-Netzen und bei unbekannten Geräten) ist dieser Proxytyp die beste Wahl.

OPNsense wagt sich sogar in die Königsklasse vor und ermächtigt den Proxydienst für einen vorsichtigen Blick in die verschlüsselte Webkommunikation. Damit unterliegen sogar HTTPS-Datenströme den Kategoriefiltern und schwarzen Listen.

```
/usr/local/opnsense/scripts/OPNProxy/squid_acl_helper.py \
  --test_user msanchez --test_src 10.1.1.15 \
  --test_uri https://www.mbaf.org | python3 -m json.tool
{
  "message": "ERR message=\"reason:ad22eef5-486b-4b8d-9659- \
        d86e1d0d561e policy_type:default\" user=\"msanchez\"\n",
  "user": {
    "uid": "msanchez",
    "id": "2000",
    "applies_on": [
      "g:finance",
      "u:msanchez"
    ]
  },
  "policy": {
    "action": "deny",
    "id": "ad22eef5-486b-4b8d-9659-d86e1d0d561e",
    "applies_on": [
      "g:finance"
    ],
    "source_net": [
      "0.0.0.0/0"
    ],
    "policy_type": "default",
    "description": "Kein Banking",
    "path": "/",
    "wildcard": true,
    "domain": "mbaf.org"
  }
}
```

Listing 14.2: Der Policy-Tester simuliert einen Webzugriff und
begründet seine Entscheidung

# Kapitel 15

# Zentrale Authentifizierung

Bei manchen Diensten müssen sich die Anwender gegenüber der OPNsense-Firewall ausweisen, um in den Genuss vom Web-Proxy oder einer VPN-Einwahl zu gelangen. Für die Anmeldung führt die Firewall eigene Benutzerkonten oder kann auf einen externen Authentifizierungsserver zugreifen.

In diesem Kapitel koppelt OPNsense die Anmeldeversuche seiner User mit dem Verzeichnisdienst *Active Directory* von Microsoft. Für den sicheren Austausch von Kennwörtern stehen die bekannten Protokolle *LDAP* und *RADIUS* zur Verfügung.

Das *Active Directory* steht stellvertretend für einen Verzeichnisdienst, der in der eigenen Infrastruktur betrieben wird und meist über ein lokales Netz mit seinen Authentifizierung-Clients verbunden ist.

Aber Verzeichnisdienste machen auch vor der Cloud nicht halt. Unter dem Stichwort *Directory-as-a-Service* (DaaS) gibt es seit wenigen Jahren Anbieter, die ein Anmeldesystem aus der Wolke bereitstellen. Zum Reinschnuppern in die Authentifizierungs-Cloud eignet sich der Klassiker *JumpCloud*.

## Protokolle

Zwischen dem Authentifizierungsserver und dem -client muss eine einheitliche Sprache bestehen. Ein gutes Protokoll schützt die übertragenen Informationen gegen Mitleser, verbindet Systeme unterschiedlicher Hersteller und prüft das Benutzerkennwort (Authentifizierung) sowie dessen Berechtigung (Autorisierung).

OPNsense unterstützt die bewährten und verbreiteten Protokolle *LDAP* und *RADIUS*. Das Zusammenspiel mit den verschiedenen Firewalldiensten zeigt Tabelle 15.1.

| Dienst | Lokale Datenbank | LDAP | RADIUS |
|---|---|---|---|
| OpenVPN | ☑ | ☑ | ☑ |
| IPsec-VPN | ☑ | ☑ | ☑ |
| Web-Proxy | ☑ | ☑ | ☑ |
| Web-GUI | ☑ | ☑[1] | ☑[1] |
| Captive Portal | ☑ | ☑ | ☑ |
| SSH | ☑ | ☑[1] | ☑[1] |
| Konsole | ☑ | ☑[1] | ☑[1] |

Tabelle 15.1: Authentifizierung mit externem Server

---

**Achtung**

Wenn die Authentifizierung von SSH, Web-GUI oder der Konsole gegen einen zentralen Server erfolgt, sollte als zweite Methode die lokale Anmeldung erlaubt sein. Somit ist ein Login auch dann möglich, wenn der LDAP/RADIUS-Server nicht erreichbar ist.

---

## LDAP

Das *Lightweight Directory Access Protocol* (LDAP) ist eine Zugriffssprache zum Abfragen und Manipulieren von Datensätzen in einem Verzeichnisdienst. Da Benutzernamen und Kennwörter in einem zentralen Verzeichnis liegen, eignet sich LDAP auch für die Authentifizierung und Autorisierung. Das Microsoft *Active Directory* stellt seine Informationen per LDAP zur Verfügung. Ein Domänencontroller ist damit automatisch ein LDAP-Server. Der Zugriff ist natürlich kennwortgeschützt und bei Bedarf auch verschlüsselt.

---

[1]Ein lokaler Benutzeraccount muss vorhanden sein, der die Berechtigung enthält. Das Kennwort wird dann per LDAP oder RADIUS gegen den Authentifizierungsserver geprüft.

## RADIUS

Ein waschechtes Authentifizierungsprotokoll ist der *Remote Authentication Dial-In User Service* (RADIUS), denn ihm geht es hauptsächlich um Authentifizierung und Autorisierung. Um die Verwaltung der Benutzerkonten schert sich RADIUS nicht, sodass irgendein Verzeichnisdienst dazugehört. Die Möglichkeiten von RADIUS sind vielseitiger als bei LDAP, denn in die Entscheidung zur Anmeldung können auch Tag und Uhrzeit sowie IPv4- oder IPv6-Adresse des Anfragenden einfließen.
Ein Windows-Server bringt Unterstützung für RADIUS in seinem *Netzwerkrichtlinienserver* (Network Policy Server, NPS) mit, der als zusätzlicher Dienst installiert wird.

## Laboraufbau

Die Firewall RT-1 wird zur zentralen Drehscheibe der Authentifizierung, denn gegenüber diesem Host können sich Clients über alle möglichen Dienste anmelden, die eine Authentifizierung erfordern. RT-1 bietet OpenVPN, IPsec-VPN, einen Web-Proxy und die unvermeidliche Web-GUI zur Administration. Die Zugangsdaten dieser Dienste liegen in einem zusätzlichen Server, den die OPNsense-Firewall über LDAP und RADIUS ansprechen wird.

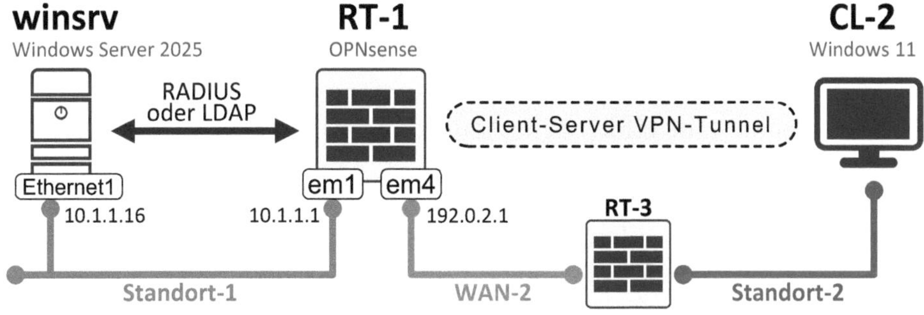


Abbildung 15.1: Laboraufbau zur Authentifizierung mit Active Directory

In Abbildung 15.1 ist dieser Authentifizierungsserver ein *Windows Server 2025* mit einem *Active Directory* und dem Netzwerkrichtlinienserver.

Der zugreifende Client ist CL-2 im Standort 2, welcher über die weitere Firewall RT-3 angebunden ist.

## Microsoft Server

Der Directory-Server von Microsoft steht stellvertretend für ein Authentifizierungssystem, welches Benutzerdaten verwaltet und eine Anmeldung per LDAP oder RADIUS akzeptiert. Alternative Produkte sind *OpenLDAP* oder *Novell eDirectory*. Die Beispiele und Anleitungen beziehen sich auf den Microsoft Windows-Server, da diese Lösung in Unternehmensnetzen weit verbreitet ist.

Der Windows Server speichert Benutzerkonten, Kennwörter und Gruppenmitgliedschaften in seinem Verzeichnisdienst *Active Directory* (AD). Damit wird der Server zum *Domain Controller* und stellt automatisch einen LDAP-Dienst bereit. Für die Laborumgebung lautet die Stammdomäne *opnsense.lab* und daraus leitet sich auch der Pfad innerhalb der LDAP-Struktur ab.

> **Hinweis**
>
> Der Microsoft Windows Server wird per LDAP niemals das Kennwort eines Benutzers preisgeben.

Auf welche Weise kann die Firewall ein Benutzerkennwort beim LDAP-Server überprüfen? Die Echtheit des Kennworts kontrolliert die Firewall nicht selbst, sondern meldet sich mit den Zugangsdaten des Benutzers beim LDAP-Server an. Eine erfolgreiche Anmeldung zeigt, dass das Kennwort des Anwenders gültig ist.

Sicherheitsbewusste kombinieren LDAP mit TLS und schützen damit die Übertragung gegen Mitlesen und Manipulation. Aus LDAP wird LDAPS – die Funktionalität ändert sich nicht.

> **Hinweis**
>
> Per Voreinstellung bietet der Windows Server nur unverschlüsseltes LDAP. Für die verschlüsselte LDAP-Kommunikation benötigt der Server ein Zertifikat.

Dazu müssen die *Active Directory-Zertifikatsdienste* installiert sein und es muss explizit ein Zertifikat für den LDAP-Dienst angefordert werden. Danach lauscht der Server auf dem TCP-Port 636 und beantwortet seine Anfragen verschlüsselt.

Ein neuinstallierter Server hat noch keine Funktionen aktiviert und benötigt die Rolle *Active Directory-Domänendienste*, um zum Domain Controller aufzusteigen. Das vorerst blanke Active Directory wird verschönert mit mehreren Organisationseinheiten (Organizational Unit, OU), in welchen sich die Objekte tummeln können.

Abbildung 15.2 zeigt die administrative Sicht auf das konstruierte Active Directory *opnsense.lab* mit den organisatorischen Einheiten *Admins, Anwender, Dienste* und *Gruppen*. In die OU *Dienste* kommen die AD-Objekte von nicht-personellen Konten, wie z. B. einer Firewall, die sich per LDAP verbinden möchte.

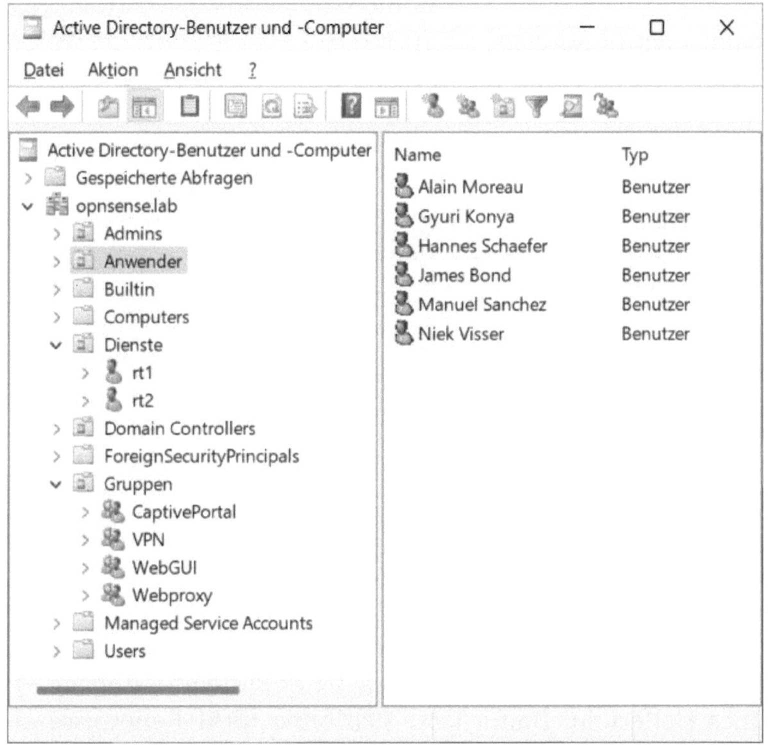

Abbildung 15.2: Active Directory mit Benutzern und Gruppen

## LDAP

Die über LDAP sichtbare Verzeichnisstruktur orientiert sich an der Windows-Domäne und den Organisationseinheiten. Die Einrichtung der LDAP-Authentifizierung bei OPNsense muss deshalb zum eigenen Aufbau im Active Directory passen und wird hier nur beispielhaft gezeigt.

Auf der Clientseite erwartet OPNsense die Konfiguration eines LDAP-Servers bei *System → Zugang → Server*. Die Werte in Tabelle 15.2 passen zum vorgestellten AD. Als Bind-Zugangsdaten kommt jeder gültige AD-Benutzer infrage, allerdings empfiehlt sich ein dedizierter Service-Account (hier *rt1*), der im Ernstfall deaktiviert und überwacht werden kann.

| Einstellung | Wert |
| --- | --- |
| Beschreibender Name | winsrv_ldap |
| Typ | LDAP |
| Hostname oder IP-Adresse | 10.1.1.16 |
| Port-Wert | 389 |
| Transport | TCP - Standard |
| Protokollversion | 3 |
| Bind Zugangsdaten | |
|   Benutzer DN | rt1 |
|   Passwort | *Passwort* |
| Suchbereich | Kompletter Unterbaum |
| Basis DN | dc=opnsense,dc=lab |
| Authentifizierungscontainer | Button *Auswählen* und alle Container/ OUs anklicken, die Userobjekte enthalten |
| Erweiterte Abfrage | *leer* |
| Initiale Vorlage | Microsoft AD |
| Benutzerbenennungsattribut | sAMAccountName |

Tabelle 15.2: Authentifizierung von OPNsense gegen das Active Directory

Für die Erfolgskontrolle liefert OPNsense unter *System → Zugang → Tester* ein kleines Helferlein. Damit lässt sich ohne LDAP-Kenntnisse eine Anmeldung vornehmen. Mehr Tipps zur Fehlersuche kommen in Abschnitt *Fehlersuche* auf Seite 230.

Bei dieser Konfiguration ist *jeder* Benutzer des Active Directory berechtigt, die Dienste der OPNsense-Firewall in Anspruch zu nehmen. Einschränkungen sind möglich und kommen über die *Erweiterte Abfrage* ins Spiel. Denn ihr Inhalt ist ein LDAP-Filter, welcher bei der Authentifizierung durchlaufen wird. Nur wenn der anmeldende Benutzer in den LDAP-Filter „passt", kann die Authentifizierung zum Erfolg führen – ein korrektes Passwort vorausgesetzt.

LDAP-Filter haben den Operator vorn und die Bedingungen folgen in Klammern. Die folgenden Beispiele aus der Praxis liefern Möglichkeiten, die Dienste einer Firewall auf ausgewählte Benutzer oder Gruppen zu limitieren.

```
&(ObjectClass=user)(memberOf=CN=VPN,OU=Gruppen,DC=OPNsense,DC=lab)
```

Die Bedingung des Filters ist erfüllt, wenn beide Checks innerhalb der Klammern wahr sind. Der anmeldende Benutzer muss ein `user`-Objekt sein, welches Mitglied (`memberOf`) der Gruppe *VPN* ist. Das führende Zeichen & steht für eine logische UND-Verknüpfung.

```
|(memberOf=CN=VPN,OU=Gruppen,DC=OPNsense,DC=lab)(memberOf= \
  CN=Webproxy,OU=Gruppen,DC=OPNsense,DC=lab)
```

Der Filter erlaubt den Zugriff, wenn der Anmelder Mitglied einer der beiden Gruppen ist: *VPN* oder *Webproxy*. Das einleitende Zeichen | bedeutet eine logische ODER-Verknüpfung.

```
msNPAllowDialin=TRUE
```

Der LDAP-Filter liefert Erfolg, wenn das anzumeldende AD-Objekt das Attribut `msNPAllowDialin` besitzt und den booleschen Wert *wahr* hat. Dieses kryptische Attribut ist die Art von Microsoft zu sagen, dass sich ein User einwählen darf. Das AD-Userobjekt verwahrt diese Eigenschaft im Register *Einwählen*. Der LDAP-Filter trifft zu, wenn unter *Netzwerkzugriffsberechtigung* die Auswahl auf „Zugriff gestatten" steht.

## RADIUS

Der Windows Server bietet einen separaten RADIUS-Dienst, allerdings ist dieser nicht einfach so dabei, sondern beginnt seine Arbeit mit der zusätzlichen Serverrolle *Netzwerkrichtlinien- und Zugriffsdienste*. Nach der

Installation steht der *Netzwerkrichtlinienserver* bereit, der in der englischsprachigen Dokumentation als *Network Policy Server* (NPS) bekannt ist und die Authentifizierung per RADIUS übernimmt.

Microsoft verleiht seinem RADIUS-Dienst mehr Entscheidungsfreude als bei LDAP. Die Bedingungen, ob eine Anmeldung erfolgreich sein wird oder nicht, können bei RADIUS nicht nur aus Benutzer, Computer oder Windows-Gruppe bestehen. Zusätzlich dazu kann die Anmeldung von der Uhrzeit abhängen (z. B. in der Mittagspause von 12 bis 13 Uhr) oder vom Wochentag (z. B. Montag bis Freitag). Zuletzt kann sogar die IPv4- oder IPv6-Adresse Teil der Entscheidung werden.

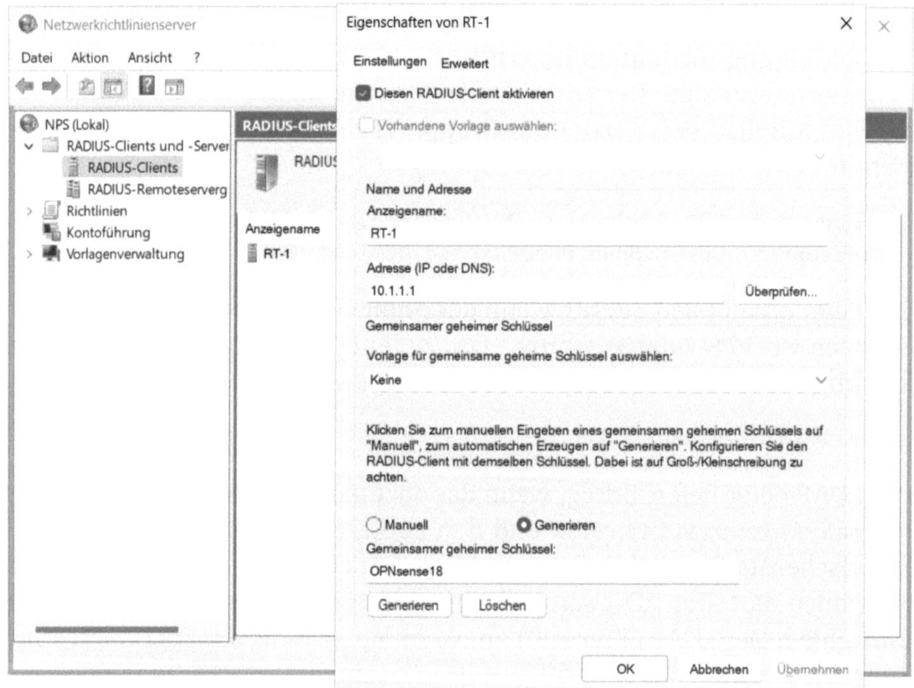


Abbildung 15.3: Netzwerkrichtlinienserver mit einem RADIUS-Client

Bei der Authentifizierung per RADIUS übernimmt der Server die Entscheidungslogik. Dem Client sind interne Strukturen wie Gruppen oder Organisationseinheiten egal. Er sendet lediglich Benutzername mit Kennwort und erwartet eine Antwort. Folglich ist auch die Einrichtung des Netzwerkrichtlinienservers etwas anspruchsvoller.

Die Konfiguration beginnt im Windows Server bei *Start* → *Alle Apps* → *Windows-Tools* → *Netzwerkrichtlinienserver*. Im Bereich *RADIUS-Clients* erwartet der NPS die IPv4/IPv6-Adresse aller RADIUS-Clients, die den Dienst benutzen dürfen.

Der gemeinsame geheime Schlüssel ist ein vorbestimmter Kurztext, mit dem Teile des RADIUS-Pakets während der Kommunikation verschlüsselt werden. Abbildung 15.3 zeigt den RADIUS-Client für die Firewall RT-1.

Unter welchen Bedingungen sich ein Anwender über diesen RADIUS-Client einwählen darf, steuern die *Netzwerkrichtlinien*. Die Einstellungen in Abbildung 15.4 prüfen, ob der anmeldende User Mitglied der Gruppe *VPN* ist. Genau wie bei LDAP sind hier Verknüpfungen von mehreren Gruppen mit ODER möglich.

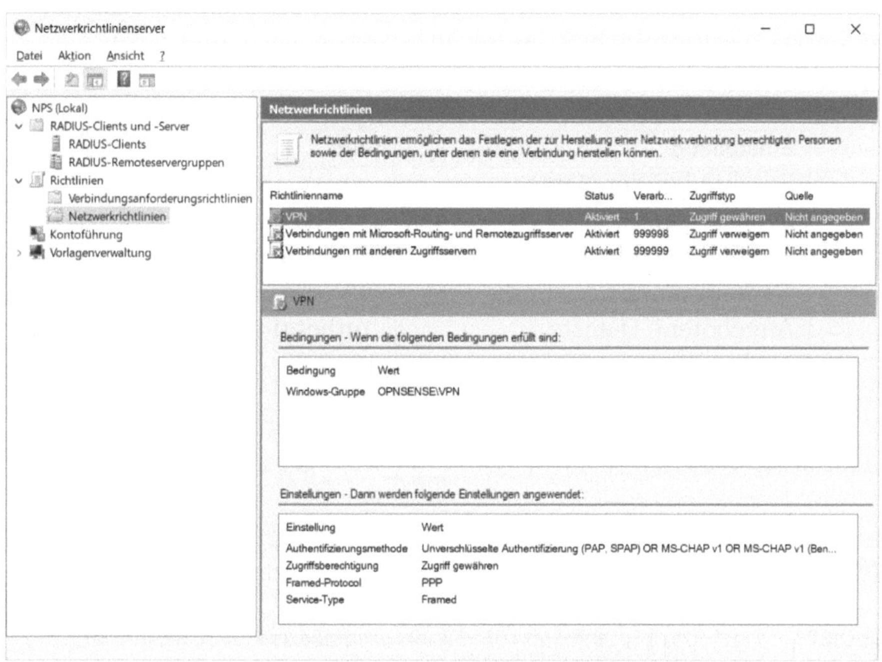

Abbildung 15.4: Netzwerkrichtlinien beim NPS

Wenn die Bedingung erfüllt ist, verhält sich der NPS so, wie unter *Zugriffsberechtigung* festgelegt. In diesem Fall wird der Zugriff gewährt.

Die *Netzwerkrichtlinien* können aus mehreren einzelnen Richtlinien bestehen, die von oben nach unten durchlaufen werden. Sobald die Bedingung
einer Richtlinie auf den einwählenden Benutzer passt, wird sie vollzogen.
Wenn keine Richtlinie gefunden wird, behandelt der RADIUS-Server seine
Clients stets mit Ablehnung. Die Abarbeitungslogik entspricht dem Paketfilter einer Firewall, allerdings nicht für IP-Pakete, sondern für RADIUS-
Clients.

---

**Hinweis**

Der Netzwerkrichtlinienserver protokolliert seine Entscheidungen per
Voreinstellung in eine Logdatei im Verzeichnis

```
C:\Windows\system32\LogFiles\
```

---

Bei OPNsense beginnt die Konfiguration erneut bei *System → Zugang →
Server*. Da die harte Arbeit im RADIUS-Server verrichtet wird, sind die
Einstellungen auf Clientseite überschaubar (siehe Tabelle 15.3).

| Einstellung | Wert |
|---|---|
| Beschreibender Name | winsrv_radius |
| Typ | Radius |
| Hostname oder IP-Adresse | 10.1.1.16 |
| Gemeinsames Geheimnis | OPNsense18 (Beispiel) |
| Angebotene Dienste | Authentifizierung |
| Authentifizierungsportnummer | 1812 |
| Authentifiktionstimeout | 5 |

Tabelle 15.3: RADIUS-Anmeldung von OPNsense gegen das Active Directory

Wenn der *Tester* mit einem gültigen Benutzer erfolgreich war, honoriert der
NPS diese Aktion durch einen Eintrag in seine Logdatei (gekürzt):

```
"WINSRV","IAS",01/13/2025,21:55:15,2,,"opnsense.lab/Anwender/ \
   James Bond",,,,,,,,,0,"10.1.1.1","RT-1",,,,,1,2,1,"VPN",0, \
   "311 1 10.1.1.16 01/13/2025 20:15:30 1", [...]
```

Auch eine gescheiterte Anmeldung wird protokolliert. Für eine Fehlersuche
oder eine Sicherheitsanalyse erhält die Logdatei den (gekürzten) Eintrag:

```
"WINSRV","IAS",01/13/2025,21:58:30,3,,"OPNSENSE\jbond",,,,,,,,,0, \
  "10.1.1.1","RT-1",,,,,,,1,,16, \
  "311 1 10.1.1.16 01/13/2025 20:15:30 4", [...]
```

Der wesentliche Unterschied der beiden Zeilen ist die markierte Antwort des RADIUS-Servers: Der Pakettyp 2 steht für eine erfolgreiche Anmeldung (Access-Accept) und Typ 3 bedeutet die Ablehnung (Access-Reject).

## Directory-as-a-Service

Bei dem Konzept *as-a-Service* wird der vorangestellte Dienst „Directory" von einem Anbieter aus der Cloud bezogen. Der Verzeichnisserver steht also irgendwo und wird vom Dienstleister installiert, gewartet, gesichert und mit Updates aktuell gehalten. Auch die kritischen Themen Verfügbarkeit, Dienstgüte und Lizenzierung fallen in den Aufgabenbereich des Anbieters. Der gewährte Blick auf den Dienst besteht aus einer Konfigurationsoberfläche und der vereinbarten Leistung; hier ein Verzeichnisdienst mit LDAP- und RADIUS-Anmeldung.

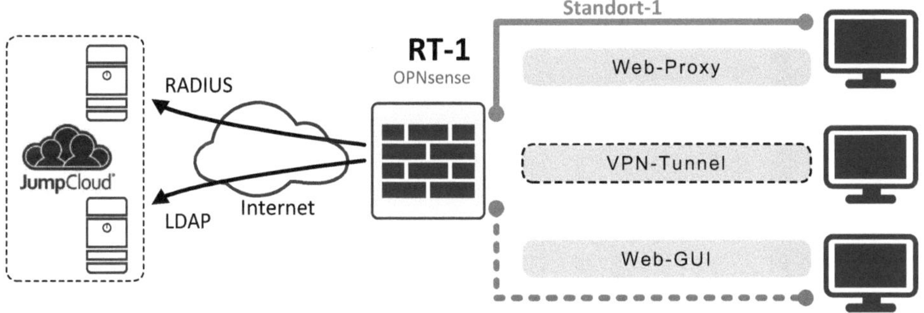


Abbildung 15.5: Laboraufbau zur Authentifizierung mit JumpCloud

Um die Möglichkeiten von Directory-as-a-Service zu erkunden, nutzt dieses Kapitel den Cloud-Anbieter *JumpCloud* [15], welcher RADIUS und LDAP anbietet und für kleine Umgebungen kostenlos ist.
Für den Laboraufbau ändert sich nur der Authentifizierungsserver. RT-1 kommuniziert für eine Useranmeldung nicht mehr mit dem lokalen Windows-Server, sondern mit einer IP-Adresse im Internet, die zu einem Server von JumpCloud führt (Abbildung 15.5).

Doch vorher stehen die Registrierung bei JumpCloud und die Einrichtung von Benutzern, Passwörtern und Gruppen an. Für größere Umgebungen gibt es Migrationspfade von einem bestehenden *Active Directory*. In der überschaubaren Laborumgebung lassen sich die wenigen Useraccounts händisch anlegen.

Nach der Registrierung bei JumpCloud und einer Anmeldung als Administrator meldet sich die Webseite zur Konfiguration, die JumpCloud etwas unpassend als *Console* bezeichnet.

Ein neuer Anwender benötigt im Bereich *Users* einen Vor- und Nachnamen, seine E-Mail-Adresse und einen unveränderlichen Benutzernamen. Die Option *Specify initial password* akzeptiert ein vorausgewähltes Kennwort, andernfalls generiert JumpCloud ein Passwort und sendet es an die angegebene E-Mail-Adresse. Zuletzt erhält der Benutzeraccount über die Option *Enable as LDAP Bind DN* die Berechtigung zum Anmelden am Verzeichnisserver über eine LDAP-Verbindung. Der Button *Save User* legt den neuen Benutzer an und hinterlegt den LDAP *Distinguished Name* (DN), der später für die LDAP-Authentifizierung der OPNsense-Firewall benötigt wird.

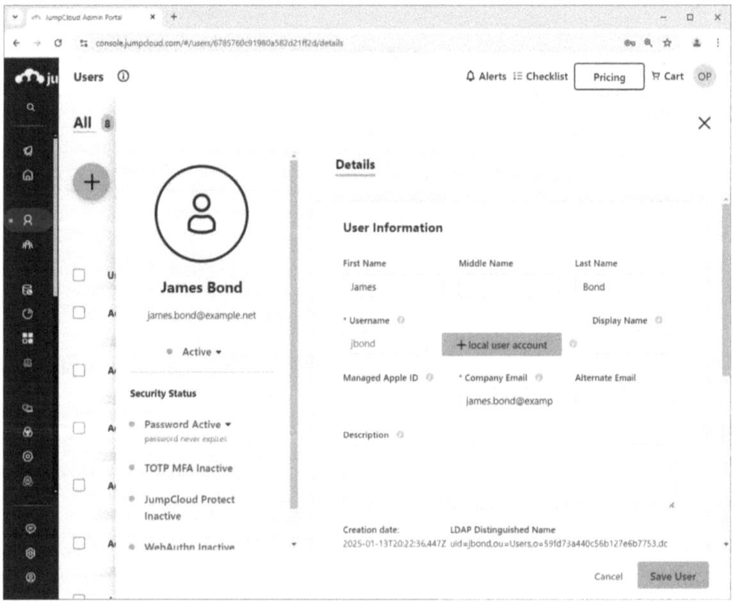

Abbildung 15.6: Die Weboberfläche von JumpCloud legt Benutzerkonten an

Abbildung 15.6 zeigt einen erstellten Benutzer. Einen zusätzlichen Account braucht die Firewall, um sich mit dem LDAP-Verzeichnis zu verbinden und darin nach Benutzern zu suchen. Von diesem Service-User werden später nur der DN und das Kennwort benötigt. Der eindeutige LDAP-Name des neu angelegten Accounts für die Firewall RT-1 lautet:

```
uid=rt1,ou=Users,o=59fd73a440c56b1234567890,dc=jumpcloud,dc=com
```

Damit ist der Authentifizierungsdienst aus der Wolke nutzbar.

## OPNsense als LDAP-Client

Die Firewall RT-1 tritt bei einer Benutzeranmeldung mit dem Verzeichnisserver über seinen Servernamen *ldap.jumpcloud.com* in Kontakt, um die Anmeldedaten zu prüfen. Die Einrichtung bei OPNsense erfolgt mehrstufig:

1. Die Zertifizierungsstelle hinzufügen, welche JumpCloud für ihre Server verwendet. Dieser Schritt ist optional, aber empfohlen.

2. Danach wird eine Vertrauensstellung zu einem LDAP-Server angelegt.

3. Zuletzt können die Firewalldienste mit Benutzeranmeldung die LDAP-Authentifizierung verwenden.

Wenn die LDAP-Kommunikation über unsichere Netze erfolgt, sollte die Verbindung verschlüsselt sein. Der Unsicherheitsfaktor *Internet* auf dem Weg zum JumpCloud-Server erfordert die Absicherung per *TLS*. Ironischerweise erlaubt JumpCloud sogar die unverschlüsselte Kommunikation, welches nicht einmal für Testzwecke genutzt werden sollte.

Der LDAP-Server wird sich mit einem Zertifikat ausweisen, welches die OPNsense-Firewall nur dann prüfen kann, wenn es ihr bekannt ist oder wenn sie der ausstellenden Zertifikatsautorität vertraut. Aktuell werden JumpClouds Zertifikate vom US-amerikanischen Internetdienstleister *GoDaddy* erstellt. Das CA-Zertifikat von GoDaddy ist in vielen Webbrowsern und auch im Zertifikatsstore von OPNsense vorinstalliert, sodass die TLS-Verbindung mit JumpCloud automatisch validiert wird. Andernfalls muss das entsprechende CA-Zertifikat von GoDaddy auf der Firewall unter *System → Sicherheit → Aussteller* hinzugefügt werden.

Mit dem richtigen Zertifikat an Bord kann die Konfiguration des LDAP-Clients beginnen. Unter *System → Zugang → Server* startet der Button

*Hinzufügen* die Einrichtung des neuen LDAP-Servers. Tabelle 15.4 zeigt die gewählten Werte für die verschlüsselte Kommunikation mit dem LDAP-Server von JumpCloud.

| Einstellung | Wert |
|---|---|
| Beschreibender Name | jumpcloud_ldap |
| Typ | LDAP |
| Hostname oder IP-Adresse | ldap.jumpcloud.com |
| Port-Wert | 636 |
| Transport | SSL – Verschlüsselt |
| Protokollversion | 3 |
| Bind Zugangsdaten | |
|   Benutzer DN | uid=rt1,ou=Users,o=59fd73a440c56 \<br>  b1234567890,dc=jumpcloud,dc=com |
|   Passwort | *Passwort* |
| Suchbereich | Eine Stufe |
| Basis DN | o=59fd73a440c56b12345,dc= \<br>  jumpcloud,dc=com |
| Authentifizierungscontainer | ou=Users,o=59fd73a440c56b12345 \<br>  67890,dc=jumpcloud,dc=com |
| Benutzerbenennungsattribut | uid |

Tabelle 15.4: Einrichtung von JumpCloud als LDAP-Server

In der vorgestellten Konfiguration ist jeder Anwender berechtigt, jeden Dienst zu benutzen. Das lässt sich mit der *Erweiterten Abfrage* weiter einschränken, indem die LDAP-Abfrage an eine oder mehrere Bedingungen geknüpft wird. Falls nur Mitglieder der Gruppe *VPN* eine positive Rückmeldung vom Verzeichnisserver erhalten sollen, kommt der folgende Filter als *Erweiterte Abfrage* hinzu:

```
memberOf=cn=VPN,ou=Users,o=59fd73a440c56b1234567890, \
  dc=jumpcloud,dc=com
```

Die Abfrage von mehreren Gruppen ist ebenfalls möglich, wie auf Seite 217 beispielhaft beschrieben ist.

> **Hinweis**
>
> Das LDAP-Verzeichnis von JumpCloud legt die erstellten Gruppen in der Organisationseinheit *Users* ab.

> **Achtung**
>
> JumpCloud gibt unter *Custom Attributes* die Möglichkeit, eigene Attribute zu vergeben. Diese Attribute bleiben einer LDAP-Abfrage verborgen und können nicht für eine Authentifizierung herangezogen werden.

Ob die Anmeldung korrekt abläuft, validiert die Web-GUI von OPNsense per *System → Zugang → Tester*, welches in Abschnitt *Fehlersuche* auf Seite 230 weiter beschrieben wird.

## OPNsense als RADIUS-Client

JumpCloud bietet auch RADIUS-as-a-Service als Authentifizierung an. Das Ziel ist dasselbe wie bei der Anmeldung per LDAP: Benutzername und Kennwort prüfen. Zusätzlich dazu wird bei JumpClouds RADIUS stets eine Gruppenmitgliedschaft vorausgesetzt.

In der Webconsole von JumpCloud leitet die Rubrik *RADIUS* im linken Menübereich zur Konfiguration der RADIUS-Clients. Ein solcher Client hat im wesentlichen nur vier Eigenschaften: Name, IP-Adresse, gemeinsamer Schlüssel und eine oder mehrere Gruppen, deren Mitglieder die RADIUS-Authentifizierung bestehen können.

> **Hinweis**
>
> RADIUS ist ein Client-Server-Modell. Die OPNsense-Firewall agiert dabei als RADIUS-Client und sendet Benutzerinformationen an den RADIUS-Server, der von JumpCloud betrieben wird. Die Webconsole von JumpCloud bezeichnet die angelegten RADIUS-Objekte inkorrekt als RADIUS-Server, was zu Verwirrung in den folgenden Abbildungen führen kann.

Die erwartete IP-Adresse ist die öffentliche Adresse der OPNsense-Firewall. Hier muss die exakte IP-Adresse hinterlegt werden, ein Netz*bereich* wie

198.51.100.0/24 wird von der Webconsole zurückgewiesen. Auch ein dynamischer Hostname ist inakzeptabel. Für Internetanschlüsse mit wechselnden Adressen hat JumpCloud eine Lösung, die ähnlich wie DynDNS funktioniert.

Da JumpCloud keine vordefinierten Gruppen mitbringt, müssen diese im Menübaum bei *User Groups* noch angelegt werden. Der einzige Stolperstein besteht darin, dass die neue Gruppe vom Typ *Group of Users* ist. Anders als beim Active Directory wird hier die Form der Gruppe schon beim Erstellen festgelegt. Die Konfiguration des RADIUS-Clients zeigt Abbildung 15.7.

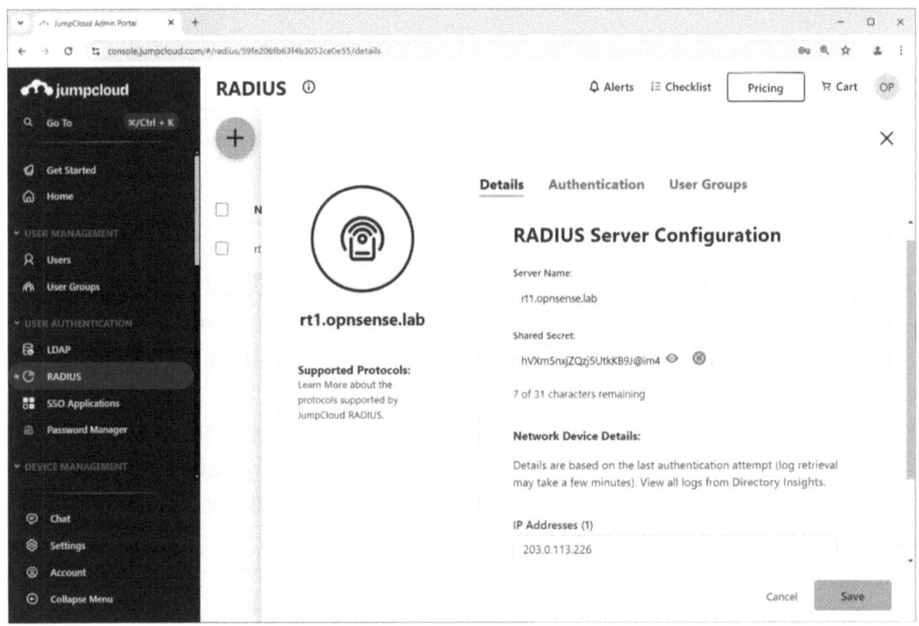

Abbildung 15.7: Die Konfiguration des RADIUS-Clients für RT-1

Auf der Gegenstelle bei OPNsense beginnt die Einrichtung bei *System* → *Zugang* → *Server*. Die Schaltfläche mit dem Plus-Symbol erfragt sogleich die Anmeldewerte, die in Abbildung 15.8 dargelegt sind.

Die IP-Adressen der RADIUS-Server verrät JumpCloud in seinem *Support Center*: 76.223.67.151 und 75.2.116.112. Das *Gemeinsame Geheimnis* ist die lange Zeichenkette, die bei JumpCloud als *Shared Secret* angegeben ist. JumpCloud bietet nur den Dienst *Authentifizierung* an. Der Zusatz

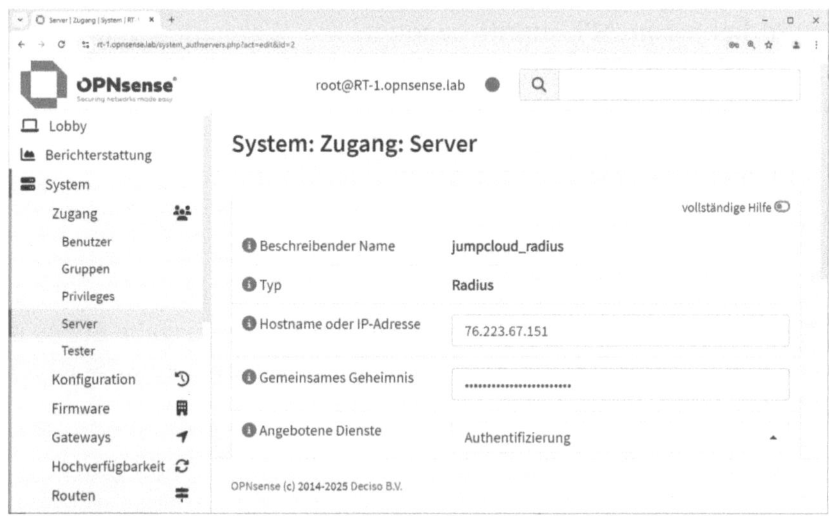

Abbildung 15.8: Die Konfiguration des RADIUS-Servers auf RT-1

*Verrechnung* wird selbst im Deutschen häufig mit *Accounting* geführt und bezieht sich auf statistische Daten, die für Abrechnung und Monitoring genutzt werden können. Dazu gehören die Zeitstempel, wann sich Benutzer an- und abgemeldet haben, und die übertragenen Datenmengen. Derartige *Accounting-Requests* werden von JumpCloud stillschweigend ignoriert.

## Dynamische IP-Adresse

JumpCloud erwartet als Angabe für den RADIUS-Client eine statische IP-Adresse. Das funktioniert gut für Kunden mit einer festen Adresse an ihrem Internetanschluss. Ein RADIUS-Client hinter einem DSL-Anschluss mit dynamischer IP-Adresse muss nach jedem Wechsel JumpCloud über die neue Adresse informieren. Freundlicherweise stellt JumpCloud dafür eine Programmierschnittstelle (API) bereit, damit der Informationsaustausch per Skript vonstattengehen kann.

Zugriff auf die API hat jeder Kunde von JumpCloud. Der Schlüssel für die API verbirgt sich in der Webconsole bei *My API Key*. Dieser Schlüssel hat die Form

```
jca_5MsDUhMx37Y5ZTeDN5RZuH3ppTQfhb8c4pga
```

und wird bei *jedem* API-Zugriff benötigt. Die Webseite von JumpCloud liefert ein einfaches Beispiel, welches mithilfe der API alle konfigurierten RADIUS-Clients auflistet:

```
1  curl --silent -X GET -H "Content-Type: application/json" \
2    -H "Accept: application/json" \
3    -H "x-api-key: jca_5MsDUhMx37Y5ZTeDN5RZuH3ppTQfhb8c4pga" \
4    "https://console.jumpcloud.com/api/radiusservers/" \
5    | json_pp -json_opt pretty
```

Der Zusatz in Zeile 5 ist optional und formatiert die Ausgabe etwas übersichtlicher. Bei korrektem API-Key liefert das Kommando eine JSON-formatierte Liste der RADIUS-Clients.

```
{
   "results" : [
      {
         "_id" : "59fe206fb63f4b3053ce0e55",
         "authIdp" : "JUMPCLOUD",
         "caCert" : "",
         "deviceCertEnabled" : false,
         "id" : "59fe206fb63f4b3053ce0e55",
         "mfa" : "DISABLED",
         "name" : "rt1.opnsense.lab",
         "networkSourceIp" : "203.0.113.226",
         "organization" : "59fd73a440c56b1234567890",
         "requireTlsAuth" : false,
         "sharedSecret" : "hVXm5nxjZQzj5UtkKB9J@im4",
         "userCertEnabled" : false,
         "userLockoutAction" : "REMOVE",
         "userPasswordEnabled" : true,
         "userPasswordExpirationAction" : "REMOVE"
      }
   ],
   "totalCount" : 1
}
```

Die Adresse des RADIUS-Objekts findet sich als Variable `networkSourceIp` wieder. Das Attribut `_id` ist eine interne Kennzeichnung von JumpCloud, die für das folgende Skript benötigt wird.

Ein fertiges Update-Skript bietet JumpCloud zwar per GitHub an [16], allerdings ist das Skript auf die *Bourne-Again Shell* (Bash) fixiert, welche bei

OPNsense fehlt. Die Bash lässt sich nachinstallieren, aber der Umgang des Update-Skripts mit Sonderzeichen von FreeBSD liefert unerwartete Fehler. Über Anhang D auf Seite 387 gibt es eine angepasste Variante, welche die C-Shell benutzt und damit unter OPNsense lauffähig ist.

Das Skript `radiusUpdate.csh` ermittelt die eigene, öffentliche IP-Adresse und vergleicht diese mit der Adresse, die JumpCloud gespeichert hat. Falls sich die Adressen unterscheiden, nutzt das Skript die Programmierschnittstelle, um bei JumpCloud die neue Adresse zu hinterlegen.
Ein Abgleich der IP-Adresse mit JumpCloud beginnt, sobald die WAN-Schnittstelle eine Änderung ankündigt. OPNsense vermeldet die Änderung ebenfalls per Skript: `rc.newwanip` informiert Paketfilter, Dienste, Routingtabelle und Gatewaygruppen über die Veränderung. Das ist der ideale Platz, um die JumpCloud-API mit der neuen IP-Adresse zu erfreuen.
Das Update-Skript und die Platzierung im lokalen Dateisystem der OPNsense-Firewall benötigt nur wenige Kommandos:

```
curl --output /usr/local/bin/radiusUpdate.csh \
  https://raw.githubusercontent.com/der-opnsense-praktiker/ \
  der-opnsense-praktiker.github.io/master/Kapitel/15/ \
  radiusUpdate.csh

chmod +x /usr/local/bin/radiusUpdate.csh

cat <<EOF >> /usr/local/etc/rc.newwanip
# Informiere JumpCloud über die Änderung der IP-Adresse
system("/usr/local/bin/radiusUpdate.csh | logger -t jumpcloud");
EOF
```

Bevor das Skript erstmalig gestartet wird, muss der eigene API-Schlüssel und die ID des RADIUS-Clients im Skript hinterlegt werden. Anpassungen von Dateien per Kommandozeile beschreibt Anhang B ab Seite 377.

## Zwei-Faktor-Authentifizierung

Die Stärke einer passwortbasierten Anmeldung lässt sich weiter absichern, indem ein zweiter Faktor verlangt wird wie beispielsweise der Nachweis über den Besitz eines Geräts. Bei OPNsense ist dieser Besitz ein PIN-Generator, der eine sechsstellige Zahl erzeugt, die *zusätzlich* zum Kennwort bei der Anmeldung erwartet wird. Der PIN-Generator ist entweder ein separates Gerät oder eine Smartphone-App.

Kapitel 9 beschreibt auf Seite 113 die Anmeldung *lokaler* Benutzer an der Weboberfläche der Firewall mittels Zwei-Faktor-Authentifizierung.

Die Firewall bietet als Anmeldemethode auch die Kombination von LDAP mit einem zeitbasierten Einmalkennwort an. Die Konfigurationsschritte unter *System → Zugang → Server* verwenden den Typ *LDAP + Zeitbasiertes Einmalpasswort* und erfordern die Werte aus Tabelle 15.2. Unterhalb dieser Felder befinden sich die Settings für das Einmalkennwort, das standardmäßig aus sechs Ziffern besteht und dreißig Sekunden gültig ist.

Da der LDAP-Verzeichnisdienst das Einmalkennwort nicht kennt, benötigt jeder Benutzer zusätzlich zu seinem Konto auf dem LDAP-Server einen lokalen Account auf der Firewall. Dieses lokale Konto besteht aus seinem Benutzernamen und dem OTP-Seed für die Smartphone-App. Diese Verknüpfung der Smartphone-App mit dem lokalen Benutzerkonto ist auf Seite 115 beschrieben.

Zum Testen der Anmeldung steht erneut der Tester zur Verfügung. In der Voreinstellung benötigt das *Passwort*-Feld *zuerst* die Einmal-PIN und *danach* das Kennwort. Wer von anderen Firewall-Herstellern die Reihenfolge von PIN und Passwort „andersrum" gewohnt ist, kann die Option *Umgekehrte Tokensortierung* nutzen.

---

**Hinweis**

Die Kombination von RADIUS mit dem Einmalkennwort bietet OPNsense nicht an.

---

## Fehlersuche

Die Web-GUI von OPNsense bringt mit *System → Zugang → Tester* einen Schnelltest für die Authentifizierung mit. Hier wird mit echten Benutzerdaten eine Anmeldung nachgespielt. Dabei wird auch das Kennwort des Benutzers benötigt, welches der Administrator nicht kennen sollte. Aus diesem Grund empfiehlt sich ein „Demo"-Benutzer, der keiner Person zugeordnet ist und nur für die Fehlersuche zum Einsatz kommt.

> **Hinweis**
>
> Die Methoden und Kommandos der Fehlersuche eignen sich gleicher-
> maßen für das *Active Directory* und die Dienste von JumpCloud.

Die Prüfung in Abbildung 15.9 zeigt eine erfolgreiche Anmeldung gegenüber dem Authentifizierungsserver von JumpCloud. Wenn das Ergebnis
negativ ist, obliegt die Fehlerfindung ausschließlich bei dem Client, denn
JumpCloud gibt keinen Einblick hinter die Kulissen in seine Logdateien.

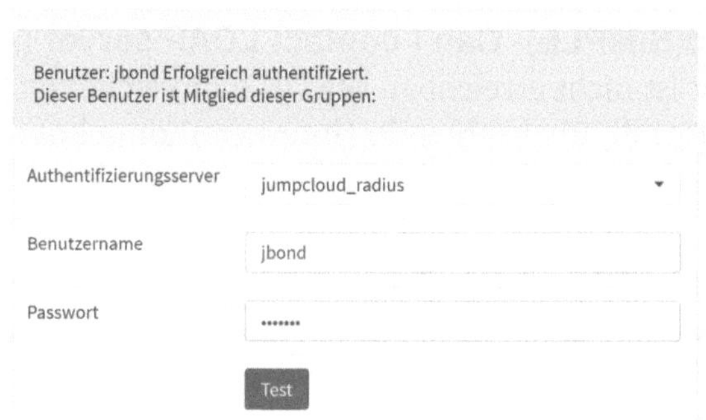


Abbildung 15.9: Der Authentifizierung-Tester von OPNsense

Etwas aussagestärker als die wortkarge Webseite des Testers ist der gleich-
wertige Aufruf per Kommandozeile, der eine zielführende Fehlermeldung
zurückgibt. Für eine Authentifizierung per LDAP eignet sich das Suchkom-
mando `ldapsearch`. Bei RADIUS liefert das Plug-in *os-freeradius* neben
dem versprochenen RADIUS-Server auch eine Kommandozeilenversion für
die Fehlersuche.

## LDAP

Die Anmeldung per LDAP von der Kommandozeile erwartet – genau wie die
Webseite – einen Benutzer nebst Kennwort. Mit dem Serviceuser *rt1* sollte
sich das folgende `ldapsearch` mit dem Server von JumpCloud verbinden.

```
ldapsearch -H ldaps://ldap.jumpcloud.com -n \
  -b "ou=Users,o=59fd73a440c56b1234567890,dc=jumpcloud,dc=com" \
  -D "uid=rt1,ou=Users,o=59fd73a440c56b1234567890,dc=jumpcloud,dc=com" \
  -w mein_geheimes_kennwort
```

Das Kommando ist erfolgreich, wenn es *keine* Fehlermeldung auswirft. Durch die Option -n wird außer dem LDAP-BIND nichts weiter gemacht. Wenn es nicht klappt, gibt die Kommandozeile eine entsprechende Fehlermeldung:

### ldap_bind: Invalid credentials (49)

Das Benutzerkonto ist unbekannt oder das Passwort ist falsch. Dieser Fehler tritt auch auf, wenn der *Distinguished Name* (DN) des Users inhaltlich fehlerhaft ist.

### ldap_sasl_bind(SIMPLE): Can't contact LDAP server (-1)

Der LDAP-Server ist nicht erreichbar. Die Ursache reicht von einer zwischengeschalteten Firewall, über fehlende (Internet-)Konnektivität, bis zu einer falschen IP-Adresse im `ldapsearch`-Kommando.

### ldap_bind: Invalid DN syntax (34)

Die Schreibweise des Anmeldekontos ist inkorrekt. Der Pfad innerhalb der Verzeichnisstruktur muss in der LDAP-Syntax angegeben sein. Im Zweifel kann man bei JumpCloud die richtige DN aus den Eigenschaften des Users von der Webkonsole kopieren. Beim Active Directory führt der grafische LDAP-Client *LDP* durch die Verzeichnisstruktur.


## RADIUS

Einen eigenständigen RADIUS-Client bringt OPNsense nicht mit. Für die Fehlersuche auf der Kommandozeile eignet sich das Plug-in *os-freeradius*, das entweder über die Web-GUI oder per Befehl nachinstalliert wird:

```
pkg install os-freeradius
```

Anschließend steht das Kommando `radtest` zur Verfügung, welches eine RADIUS-Authentifizierung vollbringen kann.

```
radtest USER PASSWORT 76.223.67.151 100 hVXm5nxjZQzj5UtkKB9J@im4
```

Benutzername und Kennwort erscheinen im Kommandotext und in der folgenden Ausgabe im Klartext. Der kryptische String ist das *Shared Secret*, welches der RADIUS-Server verwendet.

Eine erfolgreiche Anmeldung mit einem gültigen Benutzer und korrekter Gruppenmitgliedschaft meldet diese Ausgabe:

```
Sent Access-Request Id 119 from 0.0.0.0:20266 to 76.223.67.151[...]
        User-Name = "jbond"
        User-Password = "Hugo12#"
        NAS-IP-Address = 10.5.1.1
        NAS-Port = 100
        Message-Authenticator = 0x00
        Cleartext-Password = "Hugo12#"
Received Access-Accept Id 119 from 76.223.67.151:1812 to [...]
        Message-Authenticator = 0xd8e8dcc0b6cd4b4e64119d8a8c6a1a65
```

Alternative Antworten liefert `radtest`, wenn der RADIUS-Server die Anmeldung verweigert. Aus der Fehlermeldung lässt sich auf die Ursache schließen, wobei die angegebene *Id* in jeder Antwort wechselt und nicht für die Ursachenforschung relevant ist:

### Received Access-Reject Id 183 from 76.223.67.151:1812

Die Benutzeranmeldung ist fehlgeschlagen. Im einfachsten Fall ist nur der Benutzername unbekannt oder das Kennwort fehlerhaft. Möglicherweise ist das verwendete Userkonto auch nicht Mitglied der Gruppe, die der RADIUS-Server für eine erfolgreiche Anmeldung voraussetzt.

### No reply from server for ID 95 socket 3

Der RADIUS-Server sendet keine Antwort. Mit `ping` lässt sich sogleich eine Ende-zu-Ende-Kommunikation auf Netzwerkebene prüfen, aber RADIUS-Server verweigern auch ihre Aussage, wenn das *Shared Secret* unterschiedlich ist. Unbedingt überprüfen.

> **Hinweis**
>
> Wenn das RADIUS-Plug-in nach der erfolgreichen Fehlersuche vom System verschwinden soll, übernimmt `pkg remove os-freeradius` diese Aufgabe.

## Technischer Hintergrund

Alle Dienste mit der Möglichkeit zur externen Authentifizierung verwenden unter der Haube die hauseigene Bibliothek von OPNsense.

Der IPsec-VPN-Dienst *strongSwan* (vgl. Kap. 10), der Web-Proxy *squid* (vgl. Kap. 14), der SSH-Dienst und die Konsole erledigen die Benutzeranmeldung per *Pluggable Authentication Module* (PAM). Das verwendete PAM-Modul `pam_opnsense.so` bemüht im Backend die Methode `authenticate()` aus dem Framework *AuthenticationFactory*.

OpenVPN schleust die Anmeldung vorab durch ein Skript, um die Benutzer separat von den Zertifikaten zu prüfen. Im weiteren Verlauf der Validierung endet die Programmierreise erneut in der AuthenticationFactory.

Die Web-GUI und die API integrieren das *AuthenticationFactory*-Framework ohne Umwege über PAM und Skripte. Die verwendete Bibliothek

```
/usr/local/www/authgui.inc
```

greift auf genau die gleiche Methode zur Überprüfung der Benutzeranmeldungen zu wie die zuvor genannten Komponenten.

Beim *Captive Portal* erfolgt die Authentifizierung über die Anmeldung an einer Webseite. Die Webseite bemüht die hauseigene API mit der Validierung. Diese entscheidet ebenfalls per AuthenticationFactory über die Gültigkeit von Benutzernamen und Kennwörtern.

Die mehrfach erwähnte AuthenticationFactory ist ein PHP-Skript des MVC-Frameworks von OPNsense (vgl. Kap. 24). Über diese Software realisiert OPNsense auch das Konfigurationsbackup, die Programmierschnittstelle und verschiedene Funktionen der Firewall.

## Zusammenfassung

Die zentrale Authentifizierung von OPNsense ist eine pfiffige Methode, um die Anmeldung von Anwendern und Administratoren zu vereinheitlichen. Damit gehört die Zeit der fehlenden lokalen User der Vergangenheit an, da jeder Berechtigte in seinen Rollen mitspielen darf. Ebenso schnell lassen sich Konten auch wieder sperren und der Passwortzoo bleibt übersichtlich. Die Unterstützung von Protokollen beschränkt OPNsense auf LDAP und

RADIUS, was aber zu den üblichen Authentifizierungsservern passt. Bei unsicheren Verbindungen arbeitet LDAP mit TLS zusammen und verschlüsselt die Paketinhalte. RADIUS hat von Hause aus schon eine Kryptofunktion, die allerdings nur das Kennwort schützt.
Lediglich die Fehlersuche gestaltet sich bei der Firewall zu knapp. Einem ernsthaften Problem kommt man nur über die Kommandozeile auf die Spur.

OPNsense hat noch weitere Tricks drauf, die in diesem Kapitel nicht angesprochen wurden. Den zeitlich beschränkten Internetzugang, wie er in Hotels und Restaurants angeboten wird, regelt OPNsense über *Voucher*. Mit diesen generierten Bons authentifiziert sich ein Gast, ohne dass vorher ein neues Benutzerkonto angelegt werden muss.

# Teil IV

# Für Praktiker

# Kapitel 16

# Multi-WAN

Wenn die Leistungsgrenze eines Computersystems erreicht ist, passieren meist unerwünschte Effekte: Server verweigern die Anmeldung, Arbeitsspeicher wird auf die Festplatte ausgelagert oder Firewalls lassen keine neuen Verbindungen durch.

Wenn Netzwerkverbindungen ausgelastet sind, beginnen Router damit IP-Pakete zu verwerfen. Das ist im Einzelfall nicht weiter schlimm und im TCP-Protokoll auch so vorgesehen. Bei einer Überlast steigt die Verlustrate und damit fehlen allen TCP-Verbindungen ein paar Pakete im Datenstrom. Die Auswirkung reicht von stockenden Anwendungen, über langsame Dateitransfers bis hin zum Abbruch. Eine Überlastung des Netzwerks hat Einfluss auf alle Endgeräte.

Die offensichtliche Lösung besteht aus der vertikalen Skalierung, bei der begrenzende Komponenten aufgerüstet werden. Der Server erhält leistungsstärkere Bauteile, die Firewall bekommt eine größere Sessiontabelle oder die Netzverbindung erhält ein Technologieupdate mit mehr Bandbreite.

Aktive Komponenten im Netzwerk lassen sich häufig nicht nachträglich in ihrer Leistung verbessern. Der Gigabit-Switch wird nicht über Nacht zum TenGigabit-Switch, der VPN-Durchsatz eines Routers hat eine obere Grenze (vgl. Kap. 20) und die Internet-Leitung der nächsten Generation scheidet zumeist aus finanziellen Gründen aus.

Der Plan B ist die horizontale Skalierbarkeit, die eine Leistungssteigerung durch mehrere parallele Geräte oder Leitungen vorsieht. Eine Gruppe von

Servern beantwortet die Anfragen, mehrere gebündelte Gigabit-Leitungen verbinden Switches und Router und eine zweite (günstige) Internetverbindung steigert die verfügbare Bandbreite. Die Last wird auf mehrere Komponenten *verteilt*.

Bezogen auf die Welt der Netzwerkgeräte ist die horizontale Skalierung die gängigste Form der Leistungsverbesserung, weil der finanzielle Einsatz überschaubar bleibt. Zusätzlich gibt es offene Standards (RFCs) für den Parallelbetrieb, die von vielen Herstellern akzeptiert und implementiert sind: Gateway-Redundanz per CARP (vgl. Kap. 12), Bündelung von Ethernet-Schnittstellen als *Link Aggregation* (nach IEEE 802.3ad) oder mit einem dynamischen Routingprotokoll.

Dieses Kapitel untersucht die parallele Nutzung von mehreren Uplinkverbindungen, die administrativ nicht zum eigenen Netzwerk gehören. Typischerweise sind das Internet-Verbindungen, aber es könnte sich auch um MPLS- oder Standleitungen handeln. Grundsätzlich wird erwartet, dass sich der eigene Netzverkehr nach den Regeln der fremden Leitung richtet – vor allem in Bezug auf öffentliche IP-Adressen.

## Anforderung

Was muss eine Lastverteilung über mehrere Leitungen erreichen? Die genauen Anforderungen ergeben sich aus der umgebenden Infrastruktur, orientieren sich aber an den folgenden Stichpunkten:

- Ausgehende Lastverteilung: Die Clients im LAN erreichen die Webserver im Internet über *mehrere* Leitungen.

- Ausfallschutz: Eine fehlerhafte Leitung muss zeitnah erkannt und aus der Logik der Lastverteilung ausgenommen werden.

- Konfiguration: Die Wahl der Leitung darf nicht willkürlich erfolgen, sondern muss konfigurierbar sein.

- Gewichtung: Eine Internetleitung muss abhängig von ihrer Bandbreite belastet werden.

Diese Wunschliste betrifft nur den Bereich der Lastverteilung. Die Regeln für die Sicherheit im Internet mit Firewallpolicy bestehen weiterhin!

# Lastverteilung im WAN

Was in der Theorie so einfach aussieht, wird in der Praxis zur Herausforderung. Wohin soll die Default-Route bei zwei Internetleitungen zeigen? Müssen die Bandbreiten der Uplinks gleichstark sein? Und wie können wichtige Anwendungen stets die bessere Leitung nutzen?

Die WAN-Lastverteilung unterscheidet zwischen ausgehendem Netzverkehr (vom LAN ins Internet) und eingehenden Verbindungen (vom Internet ins LAN oder in die DMZ). Bei ausgehenden Paketen entscheidet der letzte eigene Hop, welchen Internet-Service-Provider (ISP) er mit dem Transport beschäftigen wird. Für diese Entscheidung benutzt der lastverteilende Router seine konfigurierte Richtlinie.

Diese Richtlinie besteht aus dem Regelwerk der Firewall (vgl. Kap. 6), welches die Routingentscheidung anhand der *Regel* trifft und nicht anhand der Routingtabelle. Damit kann sehr granular bestimmt werden, welche Anwendung, welcher Client oder welches Zielnetz über welchen Serviceprovider das Internet betritt. Eine finale Default-Regel sendet den Traffic über eine zufällig gewählte Leitung oder blockiert ihn gänzlich.

Bevor das Paket auf die Reise geht, greift die Netzwerk-Adressumsetzung (NAT, vgl. Kap. 8) und passt die Quell-IP-Adresse der gewählten Internetleitung an. Dieser Schritt ist sehr wichtig, denn damit wird sichergestellt, dass die Antwortpakete über dieselbe Leitung zurückkommen.

# Laborumgebung

In dieser Partie treten die Firewalls, Clients und Netze des Demo-Labors (Abbildung 16.1) fast vollständig an: Standort-1 ist ein internes Netz, welches über den Lastverteiler RT-1 mit dem simulierten Internet kommuniziert. Dabei verfügt RT-1 über zwei Internetzugänge: Der erste ISP bietet eine gedachte Bandbreite von 34 Mbit/s über das WAN-1-Netz und den Zugangsrouter RT-core. Die zweite Internetleitung führt über das WAN-2 mit 10 Mbit/s zum ISP-Router RT-3.

Hinter den ISP-Routern RT-3 und RT-core befindet sich Standort-2. In Standort-2 wird der angeschlossene Client zum Server befördert und darf sogleich mithilfe eines Webservers ein paar Demoseiten anzeigen. Diese Webseiten sollen nur prüfen, ob eine TCP-Verbindung zustande kommt und anzeigen, von welcher Leitung die Anfrage stammt.

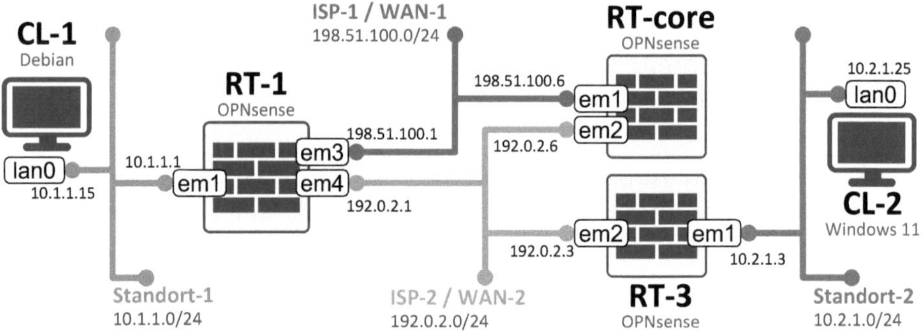


Abbildung 16.1: Standort-1 erreicht Standort-2 über mehrere Leitungen

## Webserver

Für die bessere Nachvollziehbarkeit benötigt das Netz von Standort-2 einen HTTP-Server zum Anzeigen einer kleinen Webseite mit Statusinformationen. Für diesen Zweck eignet sich die vorhandene Maschine CL-2, aber jeder andere Server mit Webdienst erledigt hier ebenso gute Dienste.

Ein *Apache HTTP*-Server ist unter Windows schnell installiert. Das angebotene CGI-Skript `ip.cgi` (siehe Anhang D) gehört unter Windows in den Ordner:

```
c:\Apache24\cgi-bin\
```

Verschlüsselung und Zertifikate verbessern zwar die Sicherheit im Web, helfen aber nicht beim Aufbau des Labors, also wird darauf verzichtet. Für die Prüfung der Lastverteilung reicht TCP-Port 80.

## Arbeitsweise

OPNsense koppelt die Gatewayentscheidung an das Regelwerk der Firewall. Damit kann jede Firewallregel ihre eigene Entscheidung treffen, über welches Gateway oder Gatewaygruppe die ausgehenden Pakete weitervermittelt werden sollen.

Die Entscheidung der Regel wird mit der Erreichbarkeit des benachbarten Gateways verglichen, denn nur ein erreichbares Gateway wird zur Weiterleitung benutzt.

# Einrichtung

Bevor die Firewallregel ein Gateway nutzen kann, muss dieses eingerichtet und mit Verfügbarkeitschecks versehen werden.

## Gateways

Die OPNsense-Firewall verschickt den normalen Netzwerkverkehr über das konfigurierte Standard-Gateway ins Internet. Bei mehreren Internetleitungen erwartet OPNsense mehrere Gateways – jeweils eins pro Uplink und IP-Protokoll. Bei zwei Leitungen, die sowohl IPv4- und IPv6-Zugang bieten, sind das vier Gateways.

Im Webmenü entstehen die neuen Gateways bei *System* → *Gateways* → *Konfiguration*. Die wichtigen Angaben für ein Gateway sind Schnittstelle, Adressfamilie, IP-Adresse, eine Monitor-IP und ein Name, der später nicht mehr geändert werden kann. Abbildung 16.2 zeigt die Uplinks von RT-1 mit den eingerichteten Gateways.

Die Schaltfläche *erweiterter Modus* (oben links) zeigt zusätzliche Optionen an, die eine Feinabstimmung des Gateway-Monitorings ermöglichen. Für den Regelbetrieb ist die Gewichtung maßgeblich. Sie entscheidet, wie viel Datenverkehr die konfigurierten Gateways vertragen können, sobald sie in einer Gatewaygruppe eingesetzt sind. Eine höhere Zahl bei Gewichtung bewirkt *mehr* Netzverkehr.

Die Auswahl einer guten Monitor-IP und weitere Feineinstellungen der Checks erklärt der nächste Abschnitt.

## Gesundheits-Check

Ob der auserwählte Netzadapter tatsächlich funktioniert, prüft im eigenen Netz meist ein Routingprotokoll mit dem regelmäßigen Austausch von Paketen als Lebenszeichen. Im Internet läuft dies über das *Border Gateway*

*Protocol* (BGP), welches für große Szenarien vorgesehen ist. Für bescheidene Umgebungen prüft die OPNsense-Firewall mit eigenen Methoden ihre Uplinks auf Funktionalität.

Im einfachsten Fall sendet RT-1 regelmäßig einen Ping an das Gateway und hofft auf Antwort. Ob der Uplink funktioniert, erfährt man damit jedoch nicht. Vorteilhafter ist eine Monitor-IP, die sich *hinter* dem Internetgateway befindet. Die Monitoring-Adresse muss zuverlässig antworten, denn ausbleibende Antworten deaktivieren das Gateway. Ein hohes Maß an Zuverlässigkeit haben Googles DNS-Server erreicht, die auch noch leicht zu merkende Adressen haben: 8.8.8.8, 8.8.4.4, 2001:4860:4860::8888 und 2001:4860:4860::8844.

Die Häufigkeit der Pings und die Toleranz für erfolglose Prüfungen haben großen Einfluss auf die Dauer, in der eine defekte Leitung unerkannt bleibt. Kleinere Werte erkennen eine ausgefallene Internetverbindung schneller, erhöhen jedoch die Grundlast der Leitung und führen zu Fehlalarmen.

> **Hinweis**
>
> Als Vergleichswert: Routingprotokolle verwenden ein Ping-Intervall von 10 Sekunden und alarmieren nach 40 Sekunden.

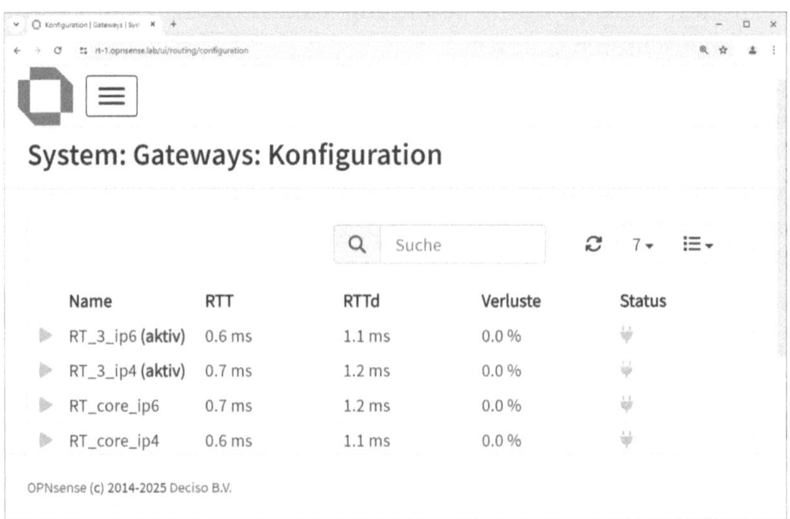


Abbildung 16.2: Alle überwachten Gateways sind gesund und munter

Die Zieladresse 203.0.113.6 ist im Laborumfeld eine zusätzliche Adresse auf dem ISP-Router RT-core, welche als virtuelle IP zum Leben erweckt wird. Damit lassen sich später Ausfälle simulieren, indem die IPv4-Adresse kurzfristig deaktiviert wird.

Für die andere Leitung sieht der Health-Check ähnlich aus, mit Ausnahme von Interface und Monitor-IP, die von Firewall RT-3 beantwortet wird. Ob beide Internetleitungen gesund und nutzbar sind, zeigt die Ansicht unter *System → Gateways → Konfiguration* und Abbildung 16.2.

## Gateway-Gruppen

Eine Gateway-Gruppe fasst mehrere Gateways zusammen. Innerhalb der Gruppe erhält jedes Gateway eine Priorität, welches OPNsense *Ebene* nennt. Sie bescheinigt dem Gateway, wie wichtig es innerhalb der Gruppe ist. Mit diesen Gruppen und Prioritäten lassen sich mehrere Szenarien konfigurieren:

- Ausfallschutz. Die Datenkommunikation erfolgt über das bevorzugte Gateway (Ebene 1). Nur im Fehlerfall kommt die Reserve-Leitung (Ebene 2) zum Einsatz.

- Load-Sharing. Alle Internet-Leitungen kommen zum Einsatz, wobei die genaue Verteilung weniger wichtig ist als die Verfügbarkeit. Die Gateways erhalten Ebene 1 und eine Gewichtung von 1.

- Load-Balancing. Die ausgehenden Verbindungen werden so verteilt, dass die Internet-Leitungen gleichmäßig ausgelastet sind. Alle Gateways sind Ebene 1, aber die jeweilige Gewichtung muss zur Bandbreite des Uplinks passen.

Diese Szenarien lassen sich auch kombinieren. OPNsense verteilt die ausgehende Last über zwei Gateways (Ebene 1) und hat gleichzeitig noch eine weitere Backup-Leitung (Ebene 2) in der Hinterhand.

Beim Load-Balancing erreicht der Lastverteiler im Idealfall eine Verteilung der Sessions im Verhältnis 34 zu 10 über seine Internet-Provider.

Wann ist ein Gateway nutzbar und wann pausiert es? Das regelt OPNsense über *Auslösende Stufe* einer Gatewaygruppe.

- *Mitglied inaktiv.* Das Gateway geht außer Betrieb, wenn es unerreichbar ist und damit 100 % Paketverlust erzeugt.

- *Paketverlust.* OPNsense betrachtet das Gateway als inaktiv, wenn der Paketverlust höher als der festgelegte *obere* Schwellenwert ist. Sobald die Verlustrate sinkt und den *unteren* Schwellenwert unterschreitet, ist das Gateway wieder aktiv. Die Vorgaben sind 10 % und 20 %.

- *Hohe Latenz.* OPNsense erkennt das defekte Gateway, wenn die Latenz größer ist, als der *obere* Schwellenwert. Bessert sich die Situation und die Verzögerung fällt unter den *unteren* Schwellenwert, darf das Gateway wieder mitspielen. Die Vorgaben sind 200 ms und 500 ms.

- *Paketverlust oder hohe Latenz.* OPNsense kombiniert die beiden Konditionen und ignoriert ein Gateway, sobald *eines* der beiden Werte über seinen Schwellenwert klettert.

Die erwähnten Schwellenwerte für Paketverlust und Latenz sind eine Eigenschaft des Gateways, und nicht seiner Gruppe. Die Konfiguration liegt bei *System → Gateways → Konfiguration*.

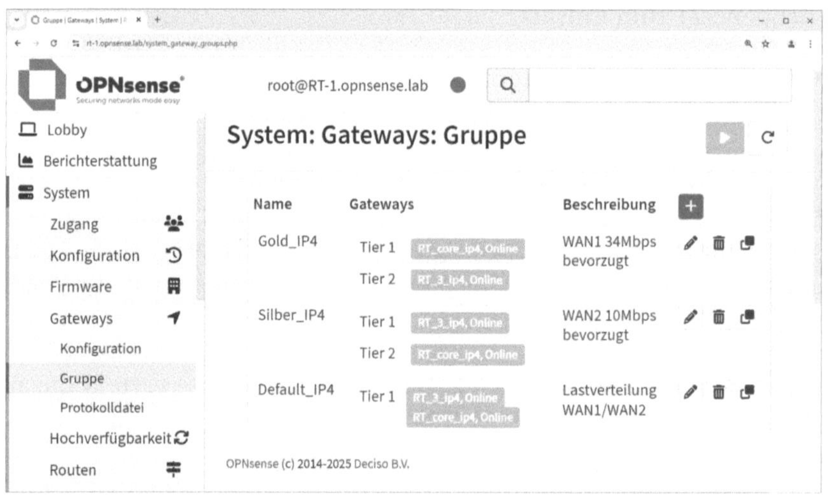


Abbildung 16.3: Gatewaygruppen entscheiden über den Einsatz der Gateways

Für die beiden Gateways im Labornetz gibt es mehrere Möglichkeiten der Gruppierung. Die beispielhafte Gatewaygruppe *Gold* bevorzugt das bandbreitenstärkere Gateway RT-core und schaltet nur im Fehlerfall auf das Reservegateway RT-3 um (Abbildung 16.3). Gruppe *Silber* macht es genau anders herum und verschickt erst mal über die schmalere Leitung zu Gateway RT-3. Beim Ausfall schwenkt der Traffic auf RT-core um und profitiert sogar von der höheren Bandbreite. Applikationen ohne Ansprüche an die Bandbreite passen zur Gruppe *Default*, die IP-Verbindungen nach dem Zufallsprinzip an ein Gateway weiterreicht.

Gateways verschiedener IP-Versionen können innerhalb einer Gatewaygruppe nicht vermischt werden, also gibt es jede Gruppe doppelt: einmal mit den IPv4-Adressen der Gateways und einmal mit dem IPv6-Pendant.

## Firewall

Wie die Gatewaygruppen eingesetzt werden, steuert bei OPNsense die Firewall. Die Firewallregeln treffen die Auswahl eines einzelnen Gateways oder einer Gatewaygruppe. Vorausgewählt ist bei jeder neuen Regel das Default-Gateway. Für das *richtlinienbasierte Routing* wird das Default-Gateway kurzerhand durch eins der eingerichteten Gatewaygruppen ersetzt. Die Möglichkeit dazu führt OPNsense in jeder Firewallregel im Feld *Gateway*. Die verfügbaren Optionen im nebenstehenden Dropdown-Menü beinhalten die Gatewaygruppen (Abbildung 16.4).

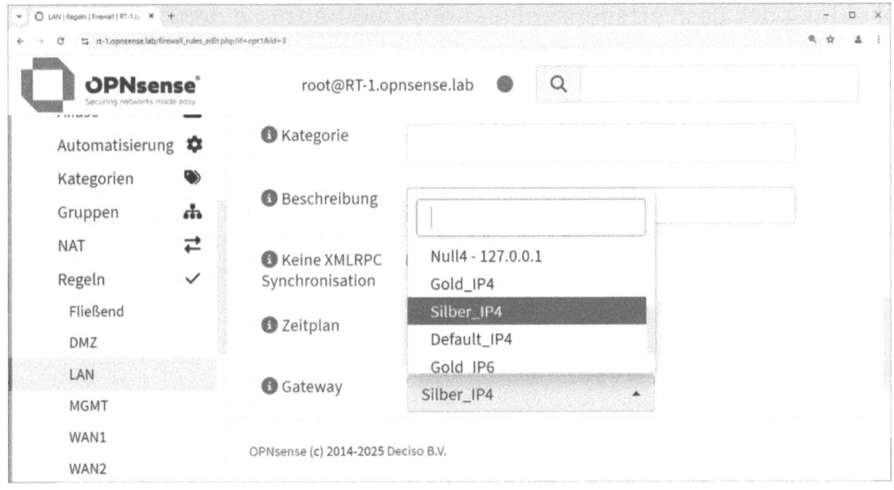


Abbildung 16.4: Die Firewallregel entscheidet über das Routing

## Adressumsetzung

Die beiden WAN-Netze stellen das Internet dar und tolerieren, wie im echten Internet, keine privaten IPv4-Adressen. Die Firewall RT-1 muss zusätzlich zu ihrer neuen Aufgabe als Lastverteiler die Absenderadresse der ausgehenden IPv4-Pakete durch eine öffentliche Adresse ersetzen (vgl. Kap. 8). Damit sind die Pakete der internen Clients von Standort-1 auch im Labor-Internet routbar.

Eine passende öffentliche IPv4-Adresse erhält OPNsense von dem jeweiligen Interface, welches das Regelwerk der Lastverteilung (oder der Zufall) für den ausgehenden Traffic vorgesehen hat.

# Szenario

Damit ist der Lastverteiler RT-1 eingerichtet, hat aber noch keine Regeln für abweichendes Routing. In einem ersten Szenario soll der Webzugriff von Client CL-1 aus Standort-1 auf die Gegenstelle CL-2 in Standort-2 gesondert behandelt werden: Zugriff auf Port 81 soll bevorzugt über WAN-1 und RT-core fließen, während Zugriff auf Port 82 über WAN-2 und RT-3 präferiert wird. Den Aufruf von Port 80 soll der Lastverteiler über beide Leitungen duschen. Der Webserver auf CL-2 gibt Auskunft über die Entscheidung des Lastverteilers anhand der Quell-Adresse der Zugriffe.

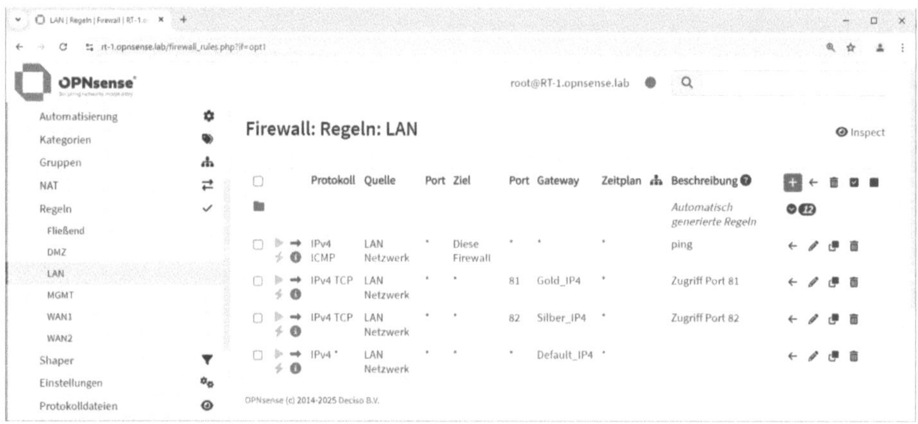

Abbildung 16.5: Firewallregeln treffen die Routingentscheidung

Für die *Erlaubnis* würde eine einzelne Firewallregel ausreichen. Aber da es drei verschiedene Wünsche gibt, werden drei ähnliche Regeln benötigt. Die Regeln haben stets *Erlauben* als Aktion, unterscheiden sich aber in der Zielportnummer und in ihrer Gatewayentscheidung. Abbildung 16.5 zeigt das benötigte Regelwerk für eine Lastverteilung anhand der TCP-Ports.

## Ausfall

Es ist so weit: Die Internetleitung über RT-core funktioniert nicht mehr. Der Health-Check erkennt diesen Zustand, weil die Ping-Antworten ausbleiben. Der Ausfall lässt sich leicht simulieren, indem eine Filterregel auf RT-core die Pings nicht zurückschickt oder die virtuelle IP-Adresse von RT-core gelöscht wird.

Kurz darauf ändert sich der Gatewaystatus von Lastverteiler RT-1, denn das Gateway RT-core steht nicht mehr zur Verfügung. In Abbildung 16.6 sind alle Gatewaygruppen von diesem Ausfall betroffen. Ausgehende Verbindungen

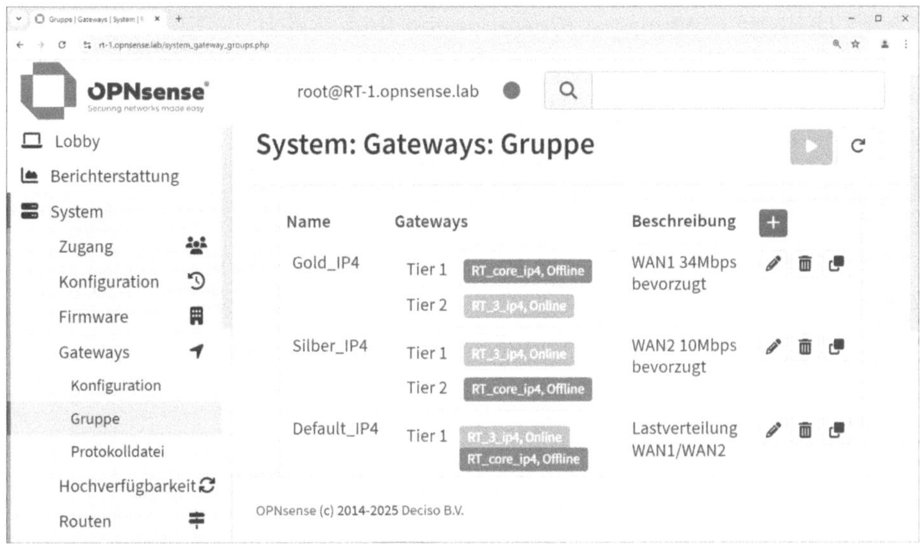

Abbildung 16.6: Das unerreichbare Gateway wird als inaktiv markiert

wechseln auf die alternative Leitung. Bestehende TCP-Verbindungen werden abbrechen, weil die ausgehenden Pakete mit einer anderen öffentlichen Quelladresse beim Zielsystem ankommen. Und wechselnde IP-Adressen mag das TCP-Protokoll gar nicht. Robuste Applikationen bauen unmittelbar eine neue Verbindung auf, sodass dem Anwender eine Fehlermeldung erspart bleibt.

## Monitoring

Der Ausfall einer einzelnen Leitung bleibt weitgehend unbemerkt, bis auch der zweite Internetlink seinen Geist aufgibt und das Web unerreichbar macht. Wichtig ist also, dass wenigstens der verantwortliche Administrator oder ein Monitoring-Team über den Zustand informiert werden und mit der Entstörung beginnen.

OPNsense überwacht die Internetleitungen durch den dpinger-Prozess und zeigt die Verfügbarkeit bei *System → Gateways → Konfiguration* oder *Gruppe*.

Beim Ausfall eines Uplinks kann OPNsense den Admin per E-Mail erreichen. Unter *Dienste → Monit → Einstellungen* finden sich die Einstellmöglichkeiten für E-Mail-Adresse und Mailserver. Der vorinstallierte Check *gateway_alert* kommuniziert mit *dpinger*, erfährt die ausgefallenen Gateways und alarmiert per E-Mail.

> **Achtung**
>
> Monit sendet eine E-Mail für jede Zustandsänderung eines Gateways und in regelmäßigen Abständen als Erinnerung. Bei instabilen Leitungen kann OPNsense sehr geschwätzig werden.

## IPv6

Die beschriebene Lastverteilung von IPv4-Paketen basiert auf Adressumsetzung (NAT). Die Notwendigkeit von NAT resultiert aus der Knappheit von IPv4-Adressen. Die IPv6-Welt hat ausreichend Adressen und benötigt kein NAT mehr.

Lastverteilung ist auch in IPv6-Netzen erwünscht, also hat sich NAT ebenfalls in die IPv6-Landschaft geschmuggelt. Etwa 20 Jahre nach dem Beginn von IPv6 erschien RFC 6296 mit dem Konzept der Präfixersetzung *Network*

*Prefix Translation* (NPTv6). Dabei werden interne IPv6-Netze in externe IPv6-Netze übersetzt. Bezogen auf das Labornetz ändert Firewall RT-1 Pakete von Clients aus ihrem lokalen Netz fd00:1::/64 mit NPTv6 in eine globale Adresse aus dem Präfix 2001:db8:11::/64. Der Client fd00:1::15 ist danach im Internet sichtbar als 2001:db8:11::15. Die Konfiguration von NPTv6 ist in Abschnitt *IPv6* von Kapitel 8 auf Seite 102 beschrieben.

> **Hinweis**
>
> NPTv6 akzeptiert ein statisches Präfix, so wie es typischerweise bei einem Internetanschluss für Geschäftskunden vorkommt. Bei einem dynamischen Präfix für einen Privatkundenanschluss kann NPTv6 über die Funktion *Track Interface* auf das zugewiesene Präfix zugreifen, sobald der Netzadapter es erhält. Die Anwendung ist im Abschnitt *IPv6 mit Präfix-Delegation* des Kapitels 17 ab Seite 264 beschrieben.

Für zwei Gateways benötigt OPNsense zwei Präfixumsetzungen. Mit der Konfiguration aus Abbildung 16.7 übersetzt OPNsense ausgehenden Datenverkehr in eine passende IPv6-Adresse des ausgewählten Providers. Wenn das zugehörige Interface oder Gateway gestört sind, ignoriert OPNsense das hinterlegte Präfix, damit die IPv6-Adresse zuverlässig zum Provider passt.

## Firewall: NAT: NPTv6

| Regeln | | | |
| --- | --- | --- | --- |
| Q Suche | Kategorien ▾ | ⟳  7 ▾ | ☰ ▾ |
| ☐ Aktiviert | Interner IPv6-Präfix | Externer IPv6-Präfix | Track if |
| ☐ ☑ | fd00:1::/64 | 2001:db8:11::/64 | Keines |
| ☐ ☑ | fd00:1::/64 | 2001:db8:22::/64 | Keines |

Abbildung 16.7: IPv6-Präfixumsetzung für mehrere Internet-Provider

## Technischer Hintergrund

Für die mehrfache Anbindung an das Internet bedient sich OPNsense verschiedener Techniken, die harmonisch zusammen wirken: Die Prüfung der Gateways erledigt der Dienst *dpinger* und die Routingentscheidung übernimmt der Paketfilter *pf*.

Ob die benachbarten Gateways erreichbar sind, prüft OPNsense mit der Software *dpinger*. Der Name ist Programm, denn *dpinger* ist ein kleiner Dienst im Hintergrund, der in regelmäßigen Abständen ICMP-Echos an sein konfiguriertes Ziel sendet. Die Ergebnisse hält *dpinger* in einem Unix-Socket fest, welche die Web-GUI für die grafische Aufarbeitung nutzt. Für jedes Gateway läuft eine eigene *dpinger*-Instanz, sodass bei vier Gateways vier Sockets bereitstehen. Die Sockets liefern beim Ausfall einer Verbindung folgende beispielhafte Inhalte:

```
root@RT-1:~ # cat /var/run/dpinger_*.sock
RT_3_ip4 390 113 0
RT_3_ip6 400 129 0
RT_core_ip4 391 190 16
RT_core_ip6 411 215 16
```

Die erste Zahl zeigt die Umlaufzeit in Millisekunden, direkt gefolgt von der Schwankung. Die letzte Zahl entspricht dem Paketverlust in Prozent.

Sobald eine Firewallregel eine Gatewaygruppe einsetzt, benutzt die erzeugte *pf*-Regel das Schlüsselwort `route-to`, um die Routingtabelle zu umgehen. Die Routingentscheidung liefert dann den Wert von `route-to`, der aus dem ausgehenden Interface und der IP-Adresse des benachbarten Gateways besteht.

Die Syntax der beispielhaften Regel am LAN-Adapter für eingehenden TCP-Verkehr zu Port 3389 verwendet `route-to`, um die Pakete an das Gateway 198.51.100.6 zu senden.

```
pass in quick on em1 route-to {( em3 198.51.100.6 )} inet \
  proto tcp from {any} to {any} port {3389} keep state \
  label "f352afb6251ec53574759e6aa4f2c775" # RDP
```

Im Fall der Lastverteilung, also mit mehreren Routingkandidaten, erhält `route-to` mehrere Gateways für die Entscheidung.

```
pass in quick on em1 \
  route-to {( em4 192.0.2.3 ) ( em3 198.51.100.6 )} \
  round-robin inet proto tcp from {any} to {any} port {3389} \
  keep state label "4438efa6ebfad54eb8670b958f164dc1" # RDP
```

Wenn sich die Erreichbarkeit der Gateways ändert, wird *dpinger* das merken und die *pf*-Regeln entsprechend anpassen.

## Zusammenfassung

OPNsense ist rundum bereit für mehrere Internetleitungen, um den Bandbreitenhunger der Applikationen über diese Zugänge zu verteilen. Dabei kann das Regelwerk sehr granular steuern, welcher Traffic über welchen ISP zum Internet gelangt. Und falls ein Internetzugang mal gestört ist, melden sich die Gesundheitschecks und OPNsense nutzt innerhalb von Sekunden eine andere Leitung.

Bei IPv6 ist die Verteilung noch etwas unsauber, was auf die Präfixersetzung zurückzuführen ist.

# Kapitel 17

# DSL-Router

Zu einem DSL-Anschluss gehört ein DSL-Router, der sich um die Einwahl, Adressumsetzung und Absicherung des internen Netzwerks kümmert. Im Heimumfeld sind die DSL-Geräte noch mit Wireless Access Point, Telefonanlage und Mini-NAS ausgestattet. Im Geschäftsumfeld wird eher Wert auf VPN und Verwaltbarkeit gelegt.

Dieses Kapitel beschreibt den Einsatz einer OPNsense-Firewall an einem VDSL2-Anschluss der Deutschen Telekom mit IPv4 und IPv6.

## DSL-Anschlüsse

Seit 2011 setzt die Deutsche Telekom verstärkt IP-basierte Telefonanschlüsse ein. Über das DSL-Signal flitzen dann nur noch IP-Pakete, die Telefonie, Fernsehen und normalen Webtraffic transportieren. Damit spart sich die Telekom den Unterhalt für die abgekündigte ISDN-Infrastruktur. Zusätzlich ist das Telefonkabel frei von Frequenzen, die bisher für die analoge Telefonie oder ISDN reserviert waren. Diese Frequenzbereiche nutzt der Router am All-IP-Anschluss für eine höhere Uploadrate.

Die Deutsche Telekom vermarktet den IP-basierten Anschluss unter den Begriffen *DeutschlandLAN* für Geschäftskunden und *MagentaZuhause* für Privatkunden. Die Technik hinter diesen Anschlüssen basiert auf unterschiedlichen Standards:

- ITU-T G.992.5 Annex J. Die Übertragung benutzt die Technik von ADSL2+ mit den Frequenzänderungen nach Annex J. Im Downstream sind 16 Mbit/s möglich und im Upstream 2,4 Mbit/s.

- ITU-T G.993.2. Diese VDSL2-Übertragungstechnik bietet dem Kunden einen Downstream von 50 Mbit/s mit einem Upstream von 10 Mbit/s.

- ITU-T G.993.5. Eine Beschleunigung des VDSL2-Zugangs bietet das Vectoring, welches den Downstream auf 100 Mbit/s und den Upstream auf 40 Mbit/s erweitert. Vectoring verbessert die Datenraten, indem es negative physikalische Effekte minimiert, die bei der Übertragung per Telefonkabel auftreten.

- ITU-T G.993.2 Annex Q. Eine Erweiterung des Vectorings ist das Supervectoring, welches die Datenraten nochmals anhebt: Im Downstream liefert die Telekom bis zu 250 Mbit/s und der Upstream steigt auf 40 Mbit/s. Die höheren Bandbreiten sind möglich, indem Supervectoring ein größeres Frequenzspektrum nutzt als Vectoring.

## Laboraufbau

Bei dem eingesetzten DSL-Router handelt es sich um einen *X30 4-LAN* [17] der Marke XCY. Ausgestattet ist er mit 4x GBit-Netzwerk, SSD-Medium, HDMI/VGA-Videoausgang und 2x USB-Anschluss.
Die Firewall-Hardware verfügt über kein internes VDSL-Modem, sodass die Terminierung der VDSL-Leitung durch ein zusätzliches Gerät erfolgen muss. Die Firewall ist direkt mit dem Modem verbunden.
Abbildung 17.1 zeigt den Einsatzort eines typischen DSL-Routers.

> **Hinweis**
>
> Der verwendete DSL-Router benutzt Netzadapter von Intel, die FreeBSD mit *igc0* bis *igc3* benennt. Die Namenskonvention ist in Kapitel 5 auf Seite 57 beschrieben.

Über den Adapter *igc2* erfolgt die Einwahl und anschließend der Zugriff auf das Internet. Die Schnittstelle *igc0* erlaubt SSH- und HTTPS-Zugriffe auf die Managementoberfläche von OPNsense. Die verbleibende Schnittstelle

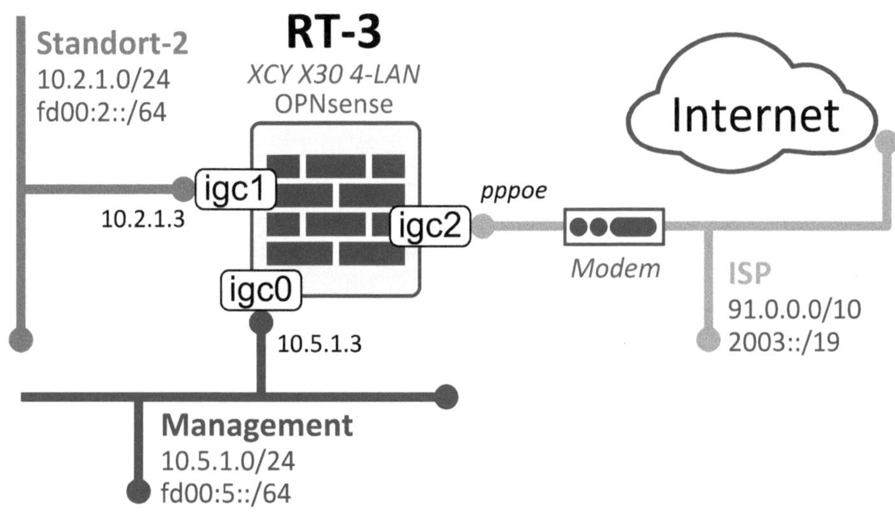


Abbildung 17.1: XCY *X30 4-LAN* als VDSL-Router

*igc1* gehört zum internen Netz und dient den Clients für die Internetkommunikation.

Die Trennung von Managementzugang und internem LAN-Port erhöht die Sicherheit nur dann, wenn ein separates Managementnetz in der umgebenden Infrastruktur vorhanden ist. Falls das nicht der Fall ist, kann das Interface *igc0* als normaler LAN-Adapter betrieben werden, um einen weiteren physischen Anschluss zu haben.

## PPPoE-Einwahl

Auch wenn DSL eine Standleitungstechnologie ist, erwarten die meisten Internetprovider einen Verbindungsaufbau. So können sie eine Einwahl mit Useranmeldung, Adresszuweisung und Abrechnung erzwingen.

Bei deutschen ISPs kommt weitgehend PPPoE zum Einsatz, welches das Point-to-Point-Protokoll (PPP) für Wählleitungen mit dem schnellen Ethernet verheiratet.

Die Deutsche Telekom geht noch einen Schritt weiter und nutzt bei den IP-basierten Anschlüssen eine VLAN-Markierung für die PPPoE-Pakete. Mit dem VLAN-Konzept lässt sich ein großes gemeinsames Netzwerk in mehrere kleine Subnetze teilen, um Dienste, Abteilungen oder Rechenzentren voneinander abzuschotten.

Die Telekom separiert mit diesem Ansatz ihr IP-basiertes Fernseh-Angebot (IPTV) vom regulären Internetbetrieb. Die IPTV-Plattform wurde anfangs parallel zum normalen Internetverkehr transportiert, was mit steigender Kundenzahl zu Problemen führte. Aus diesem Grund trennen VLANs den Multicast-IPTV-Traffic vom normalen Internetverkehr. Andere nationale Serviceprovider nutzen denselben Ansatz und separieren teilweise noch ihre VoIP-Technik mit einem weiteren VLAN.

Aus der Menge der VLAN-Nummern von 1 bis 4094 hat sich die Telekom für die 7 entschieden. Damit muss das einwählende Gerät RT-3 die PPPoE-Pakete markieren, bevor sie auf die Reise gehen.

Die Zuweisung von einem VLAN auf einen bestehenden Netzadapter macht die Web-GUI von OPNsense bei *Schnittstellen → Geräte → VLAN*. Der *Parent* ist hier *igc2* und das *VLAN Tag* ist 7.

Die Benutzerkennung für die DSL-Einwahl erwartet OPNsense unter *Schnittstellen → Geräte → Punkt-zu-Punkt*. Passenden Werte für eine Einwahl ins DSL-Netz der Deutschen Telekom liefert Tabelle 17.1 und Abbildung 17.2. Für die Zugangsdaten hat die Deutsche Telekom ihr eigentümliches Format, welches seit der ISDN-Ära unverändert ist.

| **Attribut** | **Wert** |
| --- | --- |
| Verbindungstyp | PPPoE |
| Verbindungsschnittstelle(n) | vlan07 |
| Benutzername | 001234567890123456#0001@t-online.de |
| Passwort | 12345678 |

Tabelle 17.1: Internet-Zugang per PPPoE

Anschließend steht eine neue Schnittstelle bei *Schnittstellen → Zuweisungen* mit dem Namen *pppoe0 (vlan07)*, gefolgt von der DSL-Benutzerkennung, zur Verfügung. Ein Klick auf den Hinzufügen-Button macht die Schnittstelle nutzbar.

Die Einstellungen aus Tabelle 17.2 verknüpfen die neue Schnittstelle mit den Einwahldaten aus Tabelle 17.1. Die Zuordnung erfolgt über den *Modemport*.

Abbildung 17.2: OPNsense übernimmt die PPPoE-Einwahl

Der Fokus der Einwahl liegt vorerst nur bei IPv4. Die Angaben für IPv6 werden erst ab Abschnitt *IPv6 mit Präfix-Delegation* auf Seite 264 relevant und können vorübergehend ignoriert werden.

Durch den zusätzlichen PPPoE-Header mit einer festen Länge von 8 Byte geht dem Ethernet-Frame etwas Platz verloren. Von den maximalen 1500 Byte hat sich PPPoE bereits acht Byte reserviert, sodass eine maximale Größe von 1492 Byte nutzbar ist (vgl. Kap. 20). Diese Matheaufgabe übernimmt OPNsense: Damit der Einwahlprozess die passende MTU von 1492 Byte benutzt, muss die Web-UI den realen Wert der Ethernetschnittstelle von 1500 Byte vorweisen.

| Attribut | Wert |
|---|---|
| Aktivieren | ☑ |
| Beschreibung | VDSL |
| Blockiere private Netze | ☑ |
| Blockiere Bogon-Netze | ☑ |
| IPv4 Konfigurationstyp | PPPoE |
| IPv6 Konfigurationstyp | Keines |
| MTU | 1500 |
| **Point-to-Point Konfiguration** | |
| Modemport | vlan07 |

Tabelle 17.2: Die neue Schnittstelle nutzt PPPoE und das
angelegte VLAN-Interface

---

**Hinweis**

Wenn das Modem die VLAN-Markierung übernimmt, benötigt die Firewall keine VLAN-Kennung mehr und kann eine normale PPPoE-Einwahl vornehmen. In dem Fall entfällt die Konfiguration der VLAN-Nummer auf der Firewall.

---

Bei richtiger Verkabelung sollte die Firewall bereits mit der PPPoE-Verhandlung beginnen. Wenn das DSL-Modem eine synchronisierte Verbindung meldet, steht einer Einwahl nichts mehr im Weg.

Nach einer erfolgreichen PPPoE-Verbindung erhält die Firewall IP-Adressen und das Interface *pppoe0* oder *VDSL* erscheint in der Liste der Netzadapter (Abbildung 17.3). Bei Misserfolg lohnt sich ein Blick in die Logdatei bei *Schnittstellen → Punkt-zu-Punkt → Protokolldatei*.

Im Folgenden wird die OPNsense-Firewall Schritt-für-Schritt zu einem vollwertigen DSL-Router ausgebaut, sodass Fehler in einem Konfigurationsschritt besser lokalisiert und gelöst werden können. Der Sicherheitsaspekt steht dabei im Hintergrund.

## LAN-Ports

Der Netzadapter *igc1* stellt die Verbindung zum Standortnetz dar. Seine IPv4-Adresse ist eine statische Adresse aus dem lokalen IP-Bereich, wie

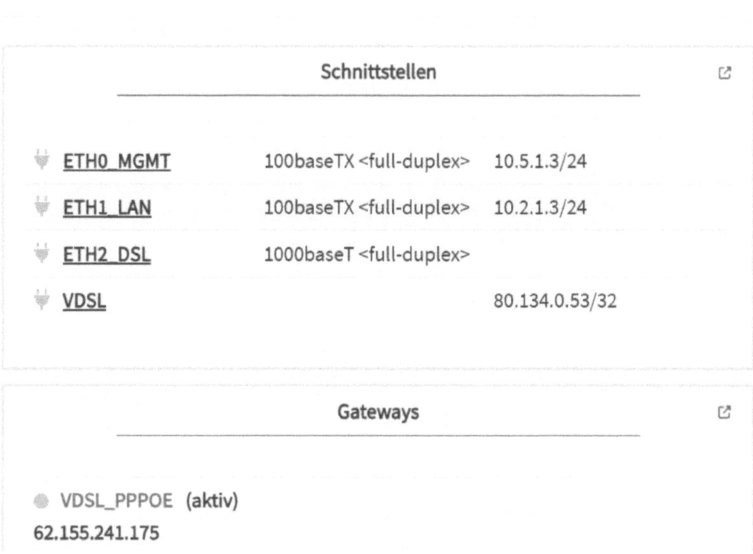



Abbildung 17.3: Das Dashboard zeigt die lokalen IP-Adressen und
Gateways an

Abbildung 17.1 auf Seite 257 zeigt. Bei IPv6 ist die eigene Adresse ungewiss, denn diese erhält die Firewall im folgenden Abschnitt *IPv6 mit Präfix-Delegation* auf Seite 264 vom Internetprovider.

## Netzbrücke

Falls die verwendete Hardware mehrere LAN-Ports hat, können die ungenutzten Ethernet-Anschlüsse von Endgeräten für den Internetzugang benutzt werden. Die verbliebenen Ports verhalten sich wie ein kleiner Switch und werden ebenso konfiguriert.

Bei *Schnittstellen* → *Geräte* → *Brücke* kommen die ungenutzten physischen Adapter zusammen und bilden den internen Switch *bridge0*. Die angeschlossenen Clients können ohne weitere Einrichtung untereinander kommunizieren. Unter *Schnittstellen* → *Zuweisungen* wird die Netzbrücke zu einer waschechten Schnittstelle. Die IPv4-Adresse der Brücke ist gleichzeitig das Default-Gateway für die angeschlossenen Computer.

## DNS und DHCP

Die beiden Infrastrukturprotokolle DNS und DHCP werden meist zusammen betrachtet, obwohl sie unterschiedliche Aufgaben erfüllen. Das *Domain Name System* (DNS) behandelt die Namensauflösung. Sie verwandelt Servernamen wie `www.example.net` in ihre IPv4- oder IPv6-Adresse, die für die Kommunikation verwendet wird. Ein Client-Computer wird im Web keine Seite aufrufen können, wenn er keinen DNS-Server nach der hinterlegten Adresse fragen kann.

Das *Dynamic Host Configuration Protocol* (DHCP) ist die Plug-and-Play-Technik für IP-Netze. Der DHCP-Server weist Clients eine IP-Adresse zu und verrät ihnen weitere Fakten über das lokale Netzwerk. So erhält der anfragende Client alle notwendigen Informationen, um sich im Netz zurechtzufinden.

In der Disziplin DNS übernimmt OPNsense die Rolle des Vermittlers. Anfragen von Clients nimmt die Firewall entgegen und kontaktiert für die Antwort einen externen DNS-Server.

Dafür hat OPNsense zwei konkurrierende Dienste: *Unbound DNS* und *Dnsmasq-DNS*, wobei der erstgenannte die akzeptable Voreinstellung ist.

Die Adresse des DNS-Servers zur Weiterleitung erhält OPNsense automatisch per PPPoE. Wenn der ISP diese Informationen nicht mitliefert, erhält die Firewall ihre DNS-Server während der Ersteinrichtung (vgl. Kap. 5). Wer die IP-Adressen der Nameserver seines Providers nicht im Kopf hat, freut sich bestimmt über die Adresswahl von *Google Public DNS* (Abbildung 17.4).

| ⓘ DNS-Server | DNS-Server | Verwende Gateway |
| --- | --- | --- |
| | 8.8.8.8 | VDSL_PPPOE - opt2 - 62.1! ▾ |
| | 8.8.4.4 | VDSL_PPPOE - opt2 - 62.1! ▾ |
| | 2001:4860:4860::8888 | VDSL_DHCP6 - opt2 - fe80: ▾ |
| | 2001:4860:4860::8844 | VDSL_DHCP6 - opt2 - fe80: ▾ |

Abbildung 17.4: OPNsense benutzt die DNS-Resolver von Google

Den DHCP-Dienst konfiguriert OPNsense bei *Dienste → ISC DHCPv4*. Beim Reiter *LAN* erwartet die GUI die Angaben zur Umgebung, welche den Clients mitgeteilt werden. Als Minimum muss der IP-Bereich angegeben sein – und die Checkbox bei *Aktivieren* darf nicht fehlen. Wenn die restlichen Felder leer sind, kündigt sich die Firewall selbst als DNS-Server und Gateway an. Abbildung 17.5 zeigt die Einstellungen von RT-3.

Dienste: ISC DHCPv4: [ETH1_LAN]

vollständige Hilfe

| | |
|---|---|
| Aktivieren | ☑ Aktiviere den DHCP-Server auf der ETH1_LAN-Schnittstelle |
| Unbekannte Clients ablehnen | ☐ |
| Ignore Client UIDs | ☐ |
| Subnetz | 10.2.1.0 |
| Subnetzmaske | 255.255.255.0 |
| Verfügbarer Bereich | 10.2.1.1 - 10.2.1.254 |
| Bereich | von: 10.2.1.10   bis: 10.2.1.199 |

Abbildung 17.5: OPNsense verteilt IPv4-Adressen per DHCP

---

**Hinweis**

Langfristig wird OPNsense den Dienst *ISC DHCP* durch *Kea DHCP* ersetzen. In der Version 25.1 von OPNsense unterstützt Kea noch kein DHCPv6.

---

Das Gateway für die Clients ist die lokale Firewall, da sie den Pfad ins Internet kennt. Zur Namensauflösung können sich die Clients zwischen der Firewall und Google-DNS entscheiden. Die Zuweisung einer IPv4-Adresse ist endlich und beträgt zwei Stunden (7.200 Sekunden).
Sobald ein Computer an einem LAN-Port der Firewall angeschlossen ist und als DHCP-Client eingerichtet ist, wird er im Netz nach einer IP-Adresse fragen. Dieser Antrag wird von RT-3 mit der nächsten freien IPv4-Adresse beantwortet.

## IPv4 mit Adressumsetzung

Mit der bisherigen Konfiguration erreichen die Clients ihre Firewall und die Firewall erreicht das Internet. Aber private IPv4-Adressen dürfen im Internet nicht mitspielen und müssen vor dem Eintritt ins große Netz durch eine öffentliche Adresse ersetzt werden. Diese Aufgabe erledigt OPNsense mit einer Adressumsetzung (NAT, vgl. Kap. 8) aller ausgehenden Pakete. Die Adresse im IPv4-Header tauscht OPNsense bei allen Verbindungen,

Abbildung 17.6: Alle IPv4-Clients benutzen die öffentliche Adresse der Firewall

wenn ein Client aus dem IP-Netz 10.2.1.0 ankommt und über das Interface *pppoe0* ins Internet möchte. Für die Ersetzung der IPv4-Adresse verwendet OPNsense die eigene öffentliche Adresse des ausgehenden Interfaces (Abbildung 17.6).
Clients können jetzt mit anderen Servern im Internet kommunizieren, Webseiten aufrufen und E-Mails verschicken. Aber nur über IP Version 4.

## IPv6 mit Präfix-Delegation

Seit 2012 stattet die Deutsche Telekom DSL-Neuanschlüsse mit Dual-Stack-Technik aus. Dabei erhält der einwählende Router seine bewährte IPv4-Adresse und – wenn er danach fragt – auch ein IPv6-Präfix (vgl. Kap. A). Damit kann die OPNsense-Firewall mit der IPv6-Welt kommunizieren.
Die Adressumsetzung ist bei IPv6 verpönt, also muss die Firewall ein weiteres IPv6-Präfix beantragen und seine Clients per Präfix-Delegation damit ausstatten. Die Telekom versorgt ihre Kunden recht großzügig mit /56-Präfixen. Damit kann die OPNsense-Maschine 256 weitere interne IPv6-Netze adressieren und hat mehr IPv6-Adressen, als der ganze Adressraum von IPv4 hergibt.

Zuerst muss die Firewall bei der Einwahl ihren IPv6-Wunsch nach einem bescheidenen /64-Präfix äußern. Mit dem kleinen Finger nimmt OPNsense die ganze Hand und fordert sogleich ein großes /56-Präfix.

| Attribut | Wert |
| --- | --- |
| IPv6 Konfigurationstyp | DHCPv6 |
| Konfigurationsmodus | Einfach |
| Präfixdelegationsgröße | 56 |
| Fordern Sie nur ein IPv6-Präfix an | ☐ |
| Sende einen IPv6-Präfixhinweis | ☑ |

Tabelle 17.3: Internet-Zugang per DHCPv6

Für den Einstieg in IPv6 benutzt OPNsense denselben Netzadapter, der im vorherigen Abschnitt *PPPoE-Einwahl* herhalten musste. Nur die Methode ist eine andere, denn bei IPv6 ist DHCPv6 angesagt. Tabelle 17.3 listet die neuen Einstellungen für den Adapter *Schnittstellen → [VDSL]*, die für einen Anschluss der Deutschen Telekom passen. Die Konfigurationen für IPv4 und PPPoE bleiben unverändert.

Dieses zusätzliche IPv6-Netz ist für die Clients im LAN bestimmt. Der LAN-Adapter der Firewall spendiert sich selbst ebenfalls eine IPv6-Adresse aus dem zugewiesenen Präfix. Dafür ist der IPv6-Konfigurationstyp *Schnittstelle aufzeichnen* geeignet, was eine ungünstige Übersetzung aus dem englischen *Track interface* darstellt. Er überwacht die IPv6-Adresse der VDSL-Schnittstelle (Abbildung 17.7). Wenn dieses Interface eine neue Adresse erhält, reserviert sich der LAN-Adapter davon ein Subnetz. Für welches er sich entscheidet, regelt die Nummer bei *IPv6 Präfix ID*.

Abbildung 17.7: OPNsense reicht eine IPv6-Adresse weiter an den LAN-Adapter

Das IPv6-Präfix im LAN wird per *Stateless Address Auto-Configuration* (SLAAC) genutzt. Bei diesem Verfahren zur Adressvergabe gibt OPNsense per *Router Advertisement* gerade genug Ankündigungen, dass sich der Client im Netz zurechtfindet.

Für einen vollwertigen DHCPv6-Server erwartet OPNsense eine statische IPv6-Adresse, die es in diesem Szenario der Präfix-Delegation nicht gibt. Also bestreiten der Client und die Firewall den Mittelweg des *zustandslosen* DHCPv6. Dieser abgespeckte DHCPv6-Dienst liefert den unwissenden Hosts nur die Angaben zum IPv6-Präfix, DNS- und NTP-Server seiner Umgebung – eine IP-Adresse fehlt! Um die eigene IPv6-Adresse muss sich der Client selbst kümmern. Diese baut er sich aus dem gelernten Präfix und seiner MAC-Adresse zusammen.

## Schnittstellen: Überblick

| Status | Schnittstelle | Verbindungstyp | IPv4 | IPv6 |
|---|---|---|---|---|
|  | ETH0_MGMT (lan) | static | 10.5.1.3/24 | fe80::20d:b9ff:fe35:ae74/64 |
|  | ETH1_LAN (wan) | static | 10.2.1.3/24 | 2003:e1:71a:5201:20d:b9ff:fe35:ae75/64<br>fe80::20d:b9ff:fe35:ae75/64 |
|  | ETH2_DSL (opt1) | none |  | fe80::20d:b9ff:fe35:ae76/64 |
|  | Loopback (lo0) | static | 127.0.0.1/8 | ::1/128<br>fe80::1/64 |
|  | Unassigned Interface |  |  |  |
|  | Unassigned Interface |  |  |  |
|  | Unassigned Interface |  |  | fe80::20d:b9ff:fe35:ae76 |
|  | VDSL (opt2) | pppoe | 91.40.173.178/32 | 2003:e1:7ff:1ada:20d:b9ff:fe35:ae74/64<br>fe80::20d:b9ff:fe35:ae74/64 |

Abbildung 17.8: Das Dashboard zeigt die lokalen IPv4- und IPv6-Adressen an

Der Vorgang der Präfix-Delegation ist dynamisch, denn bei einer erneuten Einwahl erhält die Firewall eine andere IPv6-Adresse und ein anderes IPv6-Präfix für ihre Clients. Eine Unterbrechung der DSL-Verbindung bewirkt also eine Umadressierung aller IPv6-Geräte. Nach einer erneuten Einwahl hat die Firewall das beispielhafte Präfix 2003:e1:71a:5200::/56 erhalten und daraus ein /64-Netz seinem Interface *bridge0* bzw. *igc1* spendiert.

Welche IPv4- und IPv6-Adresse an welchem Interface präsent sind, zeigt die Weboberfläche bei *Schnittstellen* → *Überblick* oder das Dashboard (Abbildung 17.8).

## Firewall

Eine Dual-Stack-Firewall mit ihren Füßen in beiden IP-Welten ist über beide Internet-Protokolle angreifbar. Daher benötigt sie für beide Protokolle ein Firewallregelwerk, um sich und ihre Clients zu schützen. OPNsense unterscheidet in den Firewallregeln stets nach IPv4, IPv6 oder agiert für beide Protokolle (vgl. Kap. 6).

> **Hinweis**
>
> Die folgenden Firewallrichtlinien sind minimalistisch und sollten vor einem produktiven Einsatz mit den eigenen Anforderungen abgeglichen werden. Die Beispiele erheben keinen Anspruch auf Vollständigkeit.

### IPv4/IPv6

Das Regelwerk zum Filtern von IPv4-Datenverkehr begrenzt einen Zugriff vom Internet auf interne Ressourcen oder den DSL-Router. Für die Datenkommunikation auf dem Rücken von IPv6 gelten dieselben Spielregeln wie bei IPv4, allerdings mit ein paar Erweiterungen.

Das Internet-Protokoll in der Version 6 verleiht dem *Internet Control Message Protocol* (ICMP) mehr Bedeutung. Die Funktionalität des *Address Resolution Protocol* (ARP) unter IPv4 gehört bei IPv6 zur Abteilung von ICMP. Auch die SLAAC bedient sich bei ICMPv6. Aus diesem Grund lässt sich ICMP nicht vollständig blockieren, sondern hat seine Daseinsberechtigung in einer Firewallpolicy. OPNsense erstellt die notwendigen Regeln, damit die Adresszuweisung nicht versehentlich blockiert wird. Dasselbe gilt bei Regeln für *Bogon*-Netze, also Zugriffsversuche von IP-Adressen aus ungenutzten Netzbereichen.

Ohne eine vorhandene Firewallregel beim VDSL-Adapter erlaubt OPNsense folglich nur die Pakete für eine Interneteinwahl mit PPPoE oder DHCPv6 sowie die Antwortpakete von bestehenden Verbindungen.

Die einzigen Regeln für Verbindungen aus dem Internet beziehen sich auf Dienste, die hinter der DSL-Leitung bereitgestellt werden sollen (vgl. Kap. 6).

Die Richtlinie für das interne Netz eines DSL-Routers sieht meist viel lockerer aus. Grund genug für OPNsense zwei Regeln vorzulegen: Regel Eins erlaubt jeglichen IPv4-Verkehr zum Internet, und Regel Zwei gestattet dieselbe Freizügigkeit für IPv6.

## Managementzugang

In Umgebungen mit erhöhtem Sicherheitsbedarf kann der Verwaltungszugang zur Firewall vom Netzverkehr der Anwender getrennt werden (vgl. Kap. 9). Dazu werden die Dienste von SSH und Weboberfläche auf dem Managementadapter erlaubt und auf den anderen Interfaces blockiert.
Das Regelwerk für die Firewall kann den Zugriff auf seine Dienste zusätzlich einschränken und nur bestimmte IP-Netze erlauben. Weiterhin verhindert es, dass das Managementinterface für das Routing missbraucht wird.
Diese Firewallrichtlinie erlaubt eingehende Kommunikation per SSH und HTTPS vom IP-Netz 10.5.1.0/24 und den üblichen Ping. Wenn weitere IP-Netze auf die Konfigurationsoberfläche zugreifen sollen, benötigt die Firewall noch statische Routen, die den Traffic zurück an das richtige Gateway senden. Ansonsten wandern die Antwortpakete über die Default-Route ins Internet.

## Technischer Hintergrund

Die Einwahl ins Internet mittels PPPoE realisiert OPNsense mit dem *netgraph multi-link PPP daemon* (MPD5). Dieser Dienst arbeitet weitgehend im Userspace und nutzt nur wenige Methoden aus dem Kernelspace. Die Aufteilung zwischen User- und Kernelspace begründet MPD5 mit Sicherheit und Geschwindigkeit. Für die Aushandlung und Verkapselung der PPP-Pakete bedient sich MPD5 beim *netgraph* Netzsubsystem.

Die Einstellungen für PPPoE schreibt OPNsense in die Konfigurationsdatei `/var/etc/mpd_opt2.conf` und startet anschließend den MPD5-Prozess.

Dieser ist verantwortlich für die Einwahl, Aushandlung und Überwachung der Internetverbindung.

Bei IPv6 setzt die Deutsche Telekom auf die *Router Advertisements* von ICMP, um IPv6-Adresse, DNS-Server und MTU an die einwählenden Clients zu verteilen.
Auf Anfrage erhalten die DSL-Router aber noch ein weiteres Präfix für ihre angeschlossenen Endgeräte. Für die Delegation von zusätzlichen IPv6-Netzen benutzt die Telekom ebenfalls DHCPv6. Auf der Kundenseite erwartet dieser Aufbau einen DHCPv6-Clientprozess, der das IPv6-Netz zur Delegation anfragt. Dieser Prozess ist `dhcp6c` und er läuft permanent, denn über DHCPv6 kündigt der ISP auch Veränderungen im Netz an. Die Konfiguration liegt in der Datei:

```
/var/etc/dhcp6c_opt2.conf
```

Welchem Netzadapter dieses Präfix einmal gehören soll, regelt derselbe Dienst.

Und wer informiert die Clients im Netz über die IPv6-Umgebung? Das steuert OPNsense im Hintergrund über *Router Advertisements* und den Dienst `radvd`. Dieser Dienst flutet seine Informationen alle 3–10 Sekunden per Multicast in das lokale Netz. Die Ankündigungen enthalten den erlernten DNS-Server und das IPv6-Präfix. Weitere Einstellungen erhält `radvd` aus seiner Konfigurationsdatei:

```
/var/etc/radvd.conf
```

## Zusammenfassung

Mit der beschriebenen Konfiguration und einem passenden Modem wird OPNsense auf beliebiger Hardware zum vollwertigen DSL-Router, der seinen Clients das Internet über IPv4 und IPv6 eröffnet.

Aber OPNsense hat noch weitere Tricks, die über den regulären Router-Betrieb hinausgehen:

- Dynamisches DNS. Mit dem Plug-in *os-ddclient* hinterlegt die Firewall ihre öffentliche IP-Adresse bei einem DNS-Anbieter und ist damit unter ihrem Namen im Internet erreichbar.

- Verkehrsanalyse. OPNsense untersucht den Datenstrom und führt Statistiken über die verwendeten Anwendungen und Webdienste. Die Auswertung liefert einen Einblick in die Nutzung der Internetleitung (vgl. Kap. 13).

- Traffic-Shaping. Die Firewall kann Datenströme anhand der IP-Adresse oder Anwendung gezielt ausbremsen. Damit klaut beispielsweise das nächste internetbasierte Software-Update der CAD-Anwendung nicht mehr die volle Bandbreite, sondern beschränkt sich zwangsweise auf die konfigurierten 6 Mbit/s.

# Kapitel 18

# Einbruchserkennung

Firewalls geben ihr Bestes, um die Sicherheitsrichtlinie technisch korrekt umzusetzen. Selbst bei anschließenden Sicherheitsüberprüfungen sind Fehler in der Konfiguration oder Implementierung nicht ausgeschlossen. Im schlimmsten Fall schafft es sogar ein Angreifer mit genügend Know-how und Zeit an der Firewall vorbei ins Herz des Netzwerks und beginnt zu wüten.

Einbrüche in Netzwerke sind nie ganz auszuschließen, egal wie gut oder teuer die Firewall ist. Und auch die Einbruchserkennung bringt keine 100 % Sicherheit ins Haus. Aber bei richtiger Platzierung und gewissenhafter Anpassung kann ein System zur Einbruchserkennung den einen oder anderen Angriff abwehren.

## IPS und IDS

Ein System zur Erkennung von Angriffen und Einbrüchen (Intrusion Detection System, IDS) wirft einen tiefen Blick in die vorbeiziehenden IP-Pakete. Wenn die analysierten Inhalte verdächtig aussehen, gibt das System einen Einbruchsalarm. Ob ein Paket einen möglichen Angriff enthält, weiß das IDS über eine Datenbank, die mit den bekannten Angriffsmustern gefüllt ist. Damit ähnelt das IDS einem Virenscanner: Daten untersuchen und mit bekannten Mustern vergleichen.

Das IDS beschränkt sich auf die *Erkennung,* sodass der Einbruch bemerkt aber nicht verhindert wird. Wenn der erkannte Einbruch auch direkt gestoppt werden soll, nimmt das System die Gestalt des IPS an (Intrusion Prevention System, IPS).

Der Unterschied zwischen IPS und IDS liegt nur im letzten Arbeitsschritt: Während das IDS jede verdächtige Aktivität petzt, wird das IPS die Aktion direkt verhindern, indem es Pakete nicht weiterleitet oder Verbindungen aktiv trennt.

In der Theorie ist das System zur Einbruchsverhinderung ein Wunderheilmittel: IPS im Netz platzieren und die Zeit der Einbrüche sind Geschichte. Unglücklicherweise leiden viele IPS-Umgebungen an einer hohen Rate an Falschmeldungen. Wenn legitime Verbindungen während der normalen Kommunikation abbrechen, weil das IPS ein scheinbar böses Paket entdeckt hat, dann hat das mit dem Schutz vor Einbrüchen nicht viel zu tun. Das IDS dagegen lässt die Netzverbindungen in Ruhe und geht nur dem Monitoring-Team mit den inkorrekten Meldungen auf die Nerven.

Die Kunst der Einbruchserkennung liegt im Feinschliff! Nach der Ersteinrichtung ist die Alarmierungsrate hoch, weil das IDS das neue Netz noch nicht kennt. Die Falschmeldungen müssen dann durch Ausnahmen oder einzelne deaktivierte Prüfungen minimiert werden. Erst wenn das System die Umgebung als *normal* einstuft und keinen falschen Alarm mehr produziert, darf der Schalter von IDS auf IPS umgelegt werden.

## Platzierung im Netz

Das IDS benötigt für seine Untersuchung Einblick in jedes Netzpaket. Dazu muss das System nicht unbedingt im Datenpfad sitzen, sondern kann für seine Analyse auch mit Kopien der Pakete arbeiten. Für die Einbruchserkennung in Echtzeit eignet sich dafür ein Spiegelport am Netzwerkswitch (vgl. Kap. 23), der von jedem übermittelten Paket eine Kopie an das IDS sendet. Alternativ kann das IDS seinen geschulten Blick über eine Aufzeichnung von Paketen schweifen lassen, um verdächtige Aktivitäten zu finden. Das IPS geht auf Tuchfühlung mit den Netzpaketen, denn es muss notfalls auch in den Datenstrom eingreifen, um schlimmeres zu verhindern. Ein

IPS sitzt normalerweise *im* Datenpfad und untersucht die Paketinhalte in Echtzeit.

Die Einbruchsanalyse von OPNsense ist ein zusätzlicher Dienst auf dem Firewallsystem und damit automatisch *im* Datenpfad.

## Laboraufbau

Die Firewall RT-1 bekommt die zusätzliche Funktion der Einbruchserkennung und untersucht den Netzverkehr ins Servernetzwerk der DMZ. Simulierte Angriffe aus dem Internet über WAN-1 stammen vom Schwachstellenscanner *OpenVAS* [18], der gezielt den Server labsrv auf Sicherheitslücken prüft. Zwischen dem Angreifer und dem Ziel kann das IDS auf der Firewall RT-1 alle verdächtigen Aktivitäten melden und verhindern.

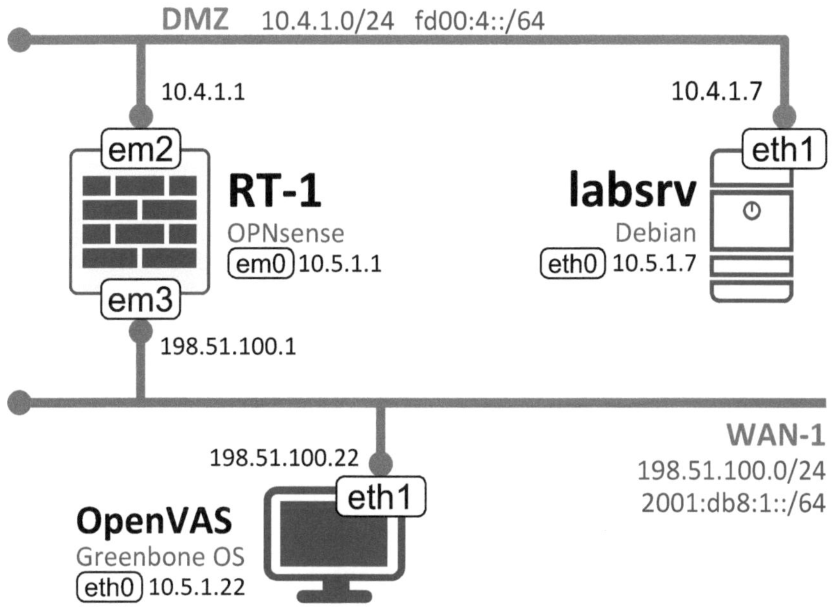


Abbildung 18.1: OPNsense sucht Einbrecher im Netzwerk

Die Firewall RT-1 arbeitet auf der Ebene eines Routers (vgl. Kap. 6) und ist für Angreifer im Datenstrom erkennbar und angreifbar. Abbildung 18.1 zeigt den Laboraufbau.

Für die Prüfung des IDS eignen sich auch andere Schwachstellenscanner, solange sie Gutes im Schilde führen und die Verwundbarkeit melden anstatt auszunutzen.

Die Installation und Einrichtung von OpenVAS werden nicht weiter beschrieben. Mithilfe der fertigen virtuellen Appliance des Herstellers und der menübasierten Einrichtung ist die Vorbereitungszeit dafür überschaubar.

## Angriff

Damit der Schwachstellenscanner auch fündig werden kann, hat die Firewall RT-1 nur ein paar lockere Filterregeln konfiguriert, die unbeschränkten Zugriff auf den Zielserver labsrv gestatten.

> **Hinweis**
>
> Für den praktischen Einsatz ist dieses Regelwerk unbrauchbar, da die Firewall die erste Verteidigungslinie darstellt und das IDS danach nichts mehr finden sollte.

Der Schwachstellenscanner beginnt mit seiner ersten Untersuchung, wobei das IDS noch abgeschaltet ist. Diese Grundmessung zeigt, ob die Verbindung zwischen den Systemen funktioniert und unter welchem Sicherheitsniveau der Zielhost steht.

## IDS einschalten

Genau wie bei einem Virenscanner benötigt das IDS erst mal einen aktuellen Stand über Angriffssignaturen und Filter.
In der Weboberfläche von OPNsense startet das IDS unter *Dienste* → *Einbruchserkennung* → *Verwaltung*. Hinter dem Reiter *Herunterladen* warten etwa 60 fertige Regelwerke, die in die Analyse eingebunden werden können (Abbildung 18.2). In der Voreinstellung sind alle Regeln inaktiv und lokal nicht vorhanden.
Die Titel der Regelwerke geben einen guten Hinweis auf ihr Fachgebiet: Die Stärke von *ET open/emerging-imap* liegt offensichtlich in IMAP-Protokoll

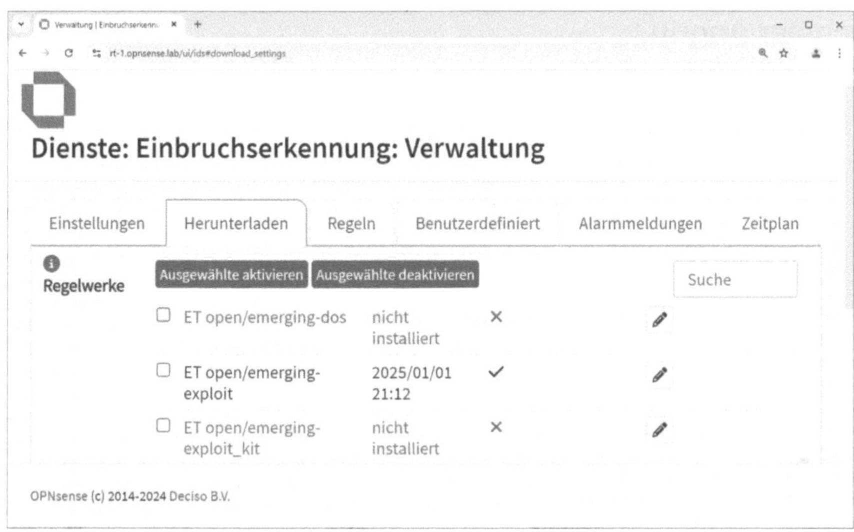

Abbildung 18.2: Fertige Regelwerke erleichtern den Einstieg ins IDS

und *ET open/emerging-voip* beschäftigt sich mit der Internet-Telefonie. Bei aussageschwachen Namen hilft die Detailansicht eines Regelwerks, welches stets eine weiterführende Webadresse anbietet.

Nach der Auswahl mehrerer – oder aller – Regelwerke, holt der Button *Herunterladen & Regeln aktualisieren* die neuesten Signaturen auf das lokale System. Die Spalte *Aktiviert* informiert welche Regelwerke aktiv sind und bei der Einbruchsanalyse herangezogen werden.

Die einzelnen Regeln sind fortan beim Reiter *Regeln* aufgelistet und können, auch einzeln, an- und abgeschaltet werden. Für die Unterdrückung von Fehlalarmen ist das essenziell!

Mit den aktuellen Regelwerken im Zustand *aktiv* ist das IDS bewaffnet für den ersten Einsatz und soll vorsichtig in die Netzpakete hineinschauen. Die Auswahl bei *Interface* lautet *WAN1*, denn von dort wird der Schwachstellenscanner angreifen. Der kleine Schalter *Aktiviert*, beim Reiter *Einstellungen*, startet die Hintergrundprozesse und die Überwachung beginnt. Die Betonung liegt auf *Überwachung*, denn in diesem Modus schaut OPNsense bei einem Einbruch nur zu und meldet jede Auffälligkeit im Reiter *Alarmmeldungen*.

## Nächster Angriff

Ein erneuter Pseudoangriff des Schwachstellenscanners wird einen identischen Sicherheitsbericht liefern. Aber jetzt hat das IDS aufgepasst und kann von vielen (wenn nicht sogar allen) Sicherheitsvorfällen berichten.

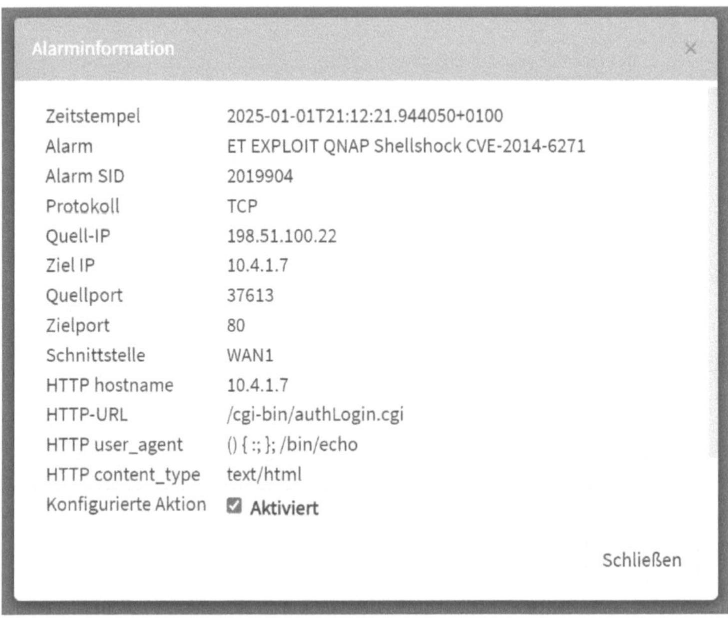


Abbildung 18.3: OPNsense findet Einbrüche im Netzwerk

In Abbildung 18.3 hat OPNsense die Ausnutzung einer Lücke in der Bash entdeckt, die als *Shellshock*-Schwachstelle bekannt wurde. Die Alarmmeldung beinhaltet neben Quell-, und Ziel-IPv4-Adresse auch die CVE-Nummer, unter der diese Sicherheitspanne verzeichnet ist. Weitere Informationen stehen in den öffentlichen Schwachstellen-Datenbanken bereit [19].

> **Hinweis**
>
> Wer keinen Schwachstellenscanner aufsetzen will, kann sein IDS mit einem Pseudo-Angriff testen. Ähnlich wie bei EICAR für Virenscanner (vgl. Kap. 14) gibt es eine präparierte Webseite, die einem aktiven IDS auffallen soll. Der Zugriff auf die Webseite `http://testmyids.org`

sollte eine Alarmmeldung von *GPL ATTACK_RESPONSE id check returned root* erzeugen. Dabei spielt es keine Rolle, ob dies per Browser oder `curl` passiert, solange die Webseite über die Firewall aufgerufen wird. Die Hintergründe sind in Abschnitt *Regeln* auf Seite 282 beschrieben.

## Regulierung

In diesem *Erkennungs*modus schädigt das IDS nicht den guten Ruf des Netzwerks, da es keine Kommunikation aktiv verhindert. Als Nächstes geht es darum, dem IDS die Flausen auszutreiben, denn Fehlalarme sind an der Tagesordnung und im späteren IPS-Modus überaus störend.

Die Aufgabe erfordert ein händisches Überprüfen der Meldungen über mehrere Tage oder Wochen nach dem Start des IDS. Falls das IDS einen Alarm ohne wirkliche Bedrohung ausgelöst hat, sollte die Regelaktion unbedingt auf *Alarm* stehen. Die schlechtere Wahl ist *Verwerfen*, denn damit behindert die Firewall im späteren IPS-Modus den regulären Betrieb. Wenn es das Angriffsziel im Netzwerk gar nicht gibt, kann die verursachende Regel auch deaktiviert werden (Register *Regeln*). In beiden Fällen wird die Verbindung im IPS-Modus nicht unterbrochen, wobei eine inaktive Regel nie mehr nach diesem Angriff suchen wird.

# IPS einschalten

Die aggressive Vorgehensweise gegen Einbrüche ist die Erkennung mit sofortiger Unterbindung: Das IDS wird zum IPS.
Bei einem gut abgestimmten IDS passiert der Wechsel zum IPS durch Umlegen des Schalters *IPS-Modus* im Bereich *Einbruchserkennung → Verwaltung* der OPNsense Weboberfläche (Abbildung 18.4).

Ein erneuter, geplanter Angriff auf die Dienste des Laborservers durch die Firewall RT-1 sollte jetzt vom IPS teilweise verhindert werden. Der Sicherheitsreport des Schwachstellenscanners fällt nun kürzer aus und enthält nicht mehr die Berichte über Schwachstellen, die das IPS erfolgreich unterbunden hat.

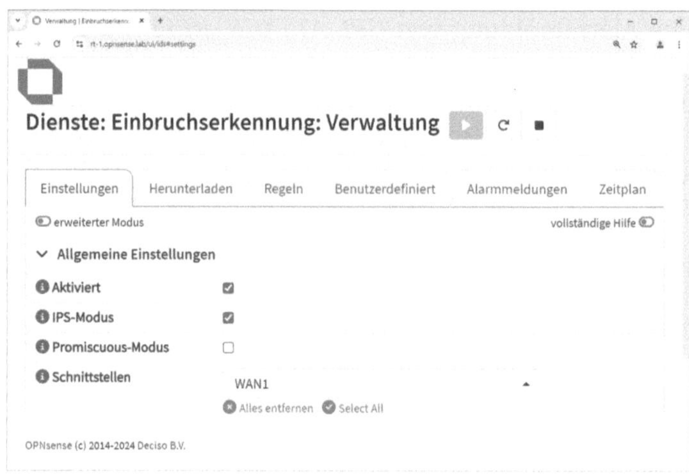


Abbildung 18.4: OPNsense verhindert Einbrüche im Netzwerk

Selbst ein gutes IPS kann nicht jeden Angriff vollständig verhindern, da viele Attacken durch verschlüsselte Protokolle wie HTTPS oder SSH verdeckt sind.

## Transparentes IDS

Genau wie eine Firewall kann die Einbruchserkennung transparent auf der Ethernet-Ebene arbeiten (vgl. Kap. 7). Damit ist das IDS für die benachbarten Systeme weitgehend unsichtbar. Der Vorteil liegt aber nicht nur in diesem Tarnmodus, sondern in der einfachen Integration in ein bestehendes Netzwerk. Im transparenten Modus müssen die Nachbargeräte ihre IP-Adressen oder Routen nicht verändern. Das IDS wird in eine bestehende physische Verbindung reingebrückt. Bei Problemen lässt sich das IDS durch Umstecken des Kabels genauso schnell wieder entfernen. Abbildung 18.5 zeigt den Laboraufbau mit transparentem IDS zwischen dem Schwachstellenscanner und dem Zielrechner.

Die dargestellte Laborumgebung ist minimalistisch aufgebaut und daher etwas weltfremd. Der Aufbau zeigt Angreifer und Zielhost im gleichen Netzsegment, was ein unübliches Szenario darstellt. Für die Untersuchung der Einbruchserkennung ist dieser Umstand nicht entscheidend, da die-

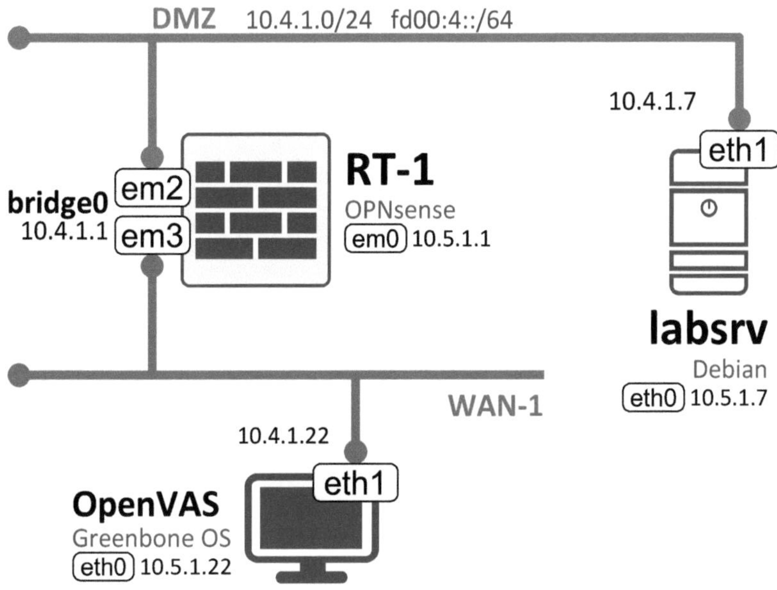


Abbildung 18.5: OPNsense sucht Einbrecher unbemerkt von den Nachbarn

ses Kapitel die Möglichkeiten des IDS aufzeigt und nicht die Details des Firewalldesigns ausleuchtet.

## Netzbrücke

Für die transparente Arbeit benötigt OPNsense eine Netzbrücke, welche die Adapter der DMZ und des WAN zusammenschaltet. Der Datenverkehr kann diese Netzbrücke passieren, ohne dass die OPNsense-Firewall aktiv über ihre IP- oder MAC-Adresse angesprochen wird.

> **Hinweis**
>
> In einer virtuellen Umgebung benötigen die beiden Adapter der Netzbrücke erweiterten Zugriff auf die Netzwerkkarte des Hostsystems. In der Konfigurationsoberfläche der virtuellen Maschine heißt diese Erlaubnis *Promiscuous mode*.

Der Umbau vom Routing-Modus in den transparenten Modus besteht aus mehreren Schritten:

1. Netzbrücke anlegen und teilnehmende Adapter definieren.

2. Neues Interface *bridge0* für die Netzbrücke hinzufügen.

3. IP-Adressen von den teilnehmenden Adaptern entfernen.

4. Interface der Netzbrücke mit einer IP-Adresse bestücken.

5. Filterfunktion von den physischen Adaptern auf die Netzbrücke verschieben.

Abbildung 18.6: Eine Netzbrücke verbindet DMZ und WAN

Die Vorgehensweise ähnelt der transparenten Firewall aus Kapitel 7 und wird hier nur noch verkürzt beschrieben. Die vollständige Beschreibung beginnt auf Seite 85.

Die Einrichtung der Brücke startet bei *Schnittstellen* → *Geräte* → *Brücke*. Abbildung 18.6 zeigt die soeben erstellte Netzbrücke *bridge0*, die zwei Mitglieder hat und sich nach der Einrichtung als normaler Netzadapter im System präsentiert.

Das neue Interface hat nach seiner Zuweisung bei *Schnittstellen* → *Zuweisungen* erst mal den vorgegebenen Namen *OPT3*, wobei die Ziffer variieren kann. Unter *Schnittstellen* → *[OPT3]* erhält der neue Adapter dann einen würdigen Namen wie beispielsweise *br0*.

Bevor die Netzbrücke *br0* eine IPv4-Adresse bekommt, sollten die Mitglieder *DMZ* und *WAN1* ihre Adressen abgeben. Die ehemalige IPv4-Adresse vom Adapter der DMZ wird die neue Adresse des Bridge-Interfaces.

> **Achtung**
>
> Wenn die Firewall über die IP-Adresse des *DMZ*- oder *WAN1*-Adapters verwaltet wird, wird die Webverbindung scheitern, sobald die Adressen entfernt sind. In diesem Fall empfiehlt sich der Zugriff über einen separaten Netzadapter, der ausschließlich für die Konfiguration zuständig ist.

Anschließend muss der Paketfilter von den physischen Interfaces *DMZ* und *WAN1* zum logischen Adapter *br0* verschoben werden. Dazu hat OPNsense leider keine bequemen Schalter in die Web-GUI eingebaut, sondern bedient sich verschiedener Kerneloptionen. Immerhin lassen sich diese Kernelfunktionen über die Weboberfläche verändern: Bei *System → Einstellungen → Optimierungen* warten die Kernelparameter auf ihre Anpassung.

- `net.link.bridge.pfil_member = 0`
  informiert den Kernel darüber, dass für die Mitglieder der Netzbrücke nicht gefiltert werden soll.

- `net.link.bridge.pfil_bridge = 1`
  bewirkt im Kernel, dass die Filterei jetzt beim Bridge-Interface stattfindet.

Letztendlich ist die Netzbrücke einsatzbereit und erhält ein ähnlich offenes Regelwerk wie anfangs das physische WAN-Interface aus Abschnitt *Angriff* auf Seite 274.

An den Einstellungen des IDS sind keine Änderungen notwendig. Für die Einbruchserkennung ist es uninteressant, ob die Pakete über ein IP-Interface oder über eine Netzbrücke beschnüffelt werden.


## Technischer Hintergrund

Das System zur Einbruchserkennung von OPNsense ist *Suricata* [20] und steht unter der freien GNU-Lizenz. *Suricata* wird seit 2010 entwickelt und ist ein quelloffenes IDS und IPS für alle großen Betriebssysteme.
FreeBSD stellt den Suchdienst als einzelnen Prozess bereit, der von der Weboberfläche konfiguriert und gesteuert wird.

```
/usr/local/bin/suricata -D --pcap=em3 \
  --pidfile /var/run/suricata.pid \
  -c /usr/local/etc/suricata/suricata.yaml
```

Dieser Prozess erhält eine Kopie aller Netzwerkpakete vom Interface *em3* und vergleicht den Inhalt mit seinen bekannten Regeln, die Angriffsmuster beschreiben. Für *Suricata* ist es grundsätzlich egal, *wie* die Pakete den eigenen Analyseprozess erreichen. Solange der Datenstrom lokal untersucht werden kann, wird das IDS erfolgreich berichten.

## Regeln

Die Regeln werden vorab über die Webseite ausgewählt, wie in Abschnitt *IDS einschalten* beschrieben. Im Hintergrund hat das Skript

```
/usr/local/opnsense/scripts/suricata/rule-updater.py
```

die gewünschten Regeln heruntergeladen und als Textdateien unter

```
/usr/local/etc/suricata/rules/
```

abgelegt. Anschließend bekommt der Suricata-Prozess einen Hinweis auf das neue Regelmaterial und lädt sie in seinen Speicher. Der Updatevorgang verläuft ohne Unterbrechung des IDS.
OPNsense benutzt die Regeln des Community-Projekts *Emerging Threats* [21]. Alle angebotenen Regeln stehen unter der BSD-Lizenz und sind kostenlos nutzbar. Einen direkten Einblick in die Regeldateien gibt der Anbieter auf seiner Downloadseite

```
https://rules.emergingthreats.net/open/suricata/rules/
```
Der Inhalt dieser *rules*-Dateien besteht aus einzelnen Regeln, die Angriffe oder ungewöhnliche IP-Pakete beschreiben. Eine Suricata-Regel liest sich wie die Regel eines Paketfilters. Sie hat eine feste Syntax, gegen die alle Felder jedes IP-Pakets geprüft werden.

```
Aktion Protokoll Quelle Port -> Ziel Port (Optionen)
```

Wenn die Bedingungen aus Protokoll, Quelle, Ziel, Ports und Optionen zutreffen, wird die Aktion ausgeführt.

Am Beispiel der Datei `emerging-attack_response.rules` gibt es eine Regel mit dem Inhalt:

```
alert ip any any -> any any (msg:"GPL ATTACK_RESPONSE id \
  check returned root"; content:"uid=0|28|root|29|"; \
  classtype:bad-unknown; sid:2100498; rev:7; [...] )
```

Die angegebene Regel prüft, ob sich der String `uid=0(root)` im Inhalt des IP-Pakets befindet. Wenn die Bedingung der Regel zutrifft, wird die gewählte Aktion *alert* einen Alarm melden und das Paket weiterleiten. Diese Signatur eignet sich dazu, das eigene Einbruchsystem zu prüfen. Die Webseite `http://testmyids.com` liefert den verdächtigen Text, sodass die Signatur anschlagen sollte.

## Zusammenfassung

Eine Methode zur Einbruchserkennung ist nur so gut wie das Regelwerk und die Aktualität der Regeln. Für ein kostenloses und quelloffenes IDS leistet Suricata hervorragende Arbeit. Die Position des berichtenden IDS im Herzen einer Firewall macht den Umstieg zu einem blockierenden IPS denkbar einfach.

Die Programmiersprache der Regeln zur Erkennung von verdächtigen Paketen bleibt im Hintergrund, denn Suricata benutzt fertige Regelwerke verschiedener Anbieter. Der *Zeitplan* hält die Regeln stets auf einem aktuellen Stand.

Die Notwendigkeit der Feinabstimmung geht an der Einbruchserkennung von OPNsense nicht spurlos vorbei. Erst wenn die Rate der Fehlalarme ein akzeptables Minimum erreicht, wird das IDS ein sinnvolles Mitglied der Sicherheitsfamilie und wird vielleicht sogar zum IPS befördert.

# Kapitel 19

# Kommandozeile

Für die alltäglichen Konfigurationsarbeiten präsentiert sich OPNsense in einer modernen Weboberfläche. Durch ihr *Responsive Design* ist die Bedienung von jedem Browser einheitlich gestaltet. Der Abstieg zur Kommandozeile ist nur für die Ersteinrichtung erforderlich oder wenn kritische Konfigurationsänderungen fehlgeschlagen sind.
OPNsense besitzt in der Grundausstattung kein vollwertiges Kommandozeileninterface (Command Line Interface, CLI), so wie es von vielen kommerziellen Routern bekannt ist. Die vorhandene Kommandozeile beschränkt sich auf den Einsatz als Erste-Hilfe-Koffer. Das zusätzliche Tool aus Abschnitt *Erweiterung: opn-cli* auf Seite 289 ermöglicht es, auf der Kommandozeile Firewallregeln anzulegen.

Dieses Kapitel zeigt die Möglichkeiten der Textkonsole. Während die Funktionen von OPNsense menübasiert sind, erwartet das unterliegende Unix-Betriebssystem ausformulierte Befehle. Bequemer Zugriff auf das Dateisystem über einen Dateibrowser erläutert der Abschnitt *Zugriff von Windows* auf Seite 338.

## configd

Die zentrale Anlaufstelle für Dienste ist `configd`, welcher ebenfalls als Dienst läuft. Er überwacht, startet und stoppt andere Dienste bei Konfigurationsänderungen oder wenn Werte abgefragt werden sollen. Die direkte

Kommunikation mit einem Dienst ist nicht erwünscht und wird über den Aufpasser `configd` abgewickelt.

Dabei schränkt `configd` den Zugriff nicht ein, sondern bringt neue Funktionen mit. Beispielsweise erhält der OpenVPN-Dienst zusätzlich zu den üblichen Aufgaben *Start, Stopp* und *Restart* noch die Tätigkeiten *genkey* und *connections*.

Der `configd`-Dienst wird per Kommandozeile über den Befehl `configctl` angesprochen. Der gewünschte Dienst und seine Aufgabe werden per Option angehängt:

```
configctl Dienst Aktion
```

Der einfache Neustart des Zeitplaners *cron* passiert mit:

```
root@RT-1:~ # configctl cron restart
OK
```

Die Faszination von `configd` ist seine Erweiterbarkeit. Denn der *Dienst* ist eine Beschreibungsdatei im Verzeichnis

```
/usr/local/opnsense/service/conf/actions.d/
```

und die *Aktion* ist ein Abschnitt in der entsprechenden Datei. Am einfachen Beispiel von *cron* besteht der Inhalt von `actions_cron.conf` nur aus der Aktion des Neustarts:

```
[restart]
command:/usr/local/sbin/pluginctl -s cron restart
parameters:
type:script
message:restarting cron
description:Restart Cron service
```

Welche Aktionen kann ein Dienst ausführen? Die Antwort, in Form einer Liste aller Dienste und Aktionen, gibt der Aufruf (Ausgabe gekürzt):

```
root@RT-1:~ # configctl configd actions
service reload delay [   ]
service reload all [   ]
service list [   ]
service start [   ]
```

Hinter den Kulissen lauscht der Prozess `configd.py` auf die Anweisungen seines Meisters `configctl` und konsultiert für jede Aktion die entsprechende Beschreibungsdatei des Dienstes. Die Dateierweiterung von `configd.py` lässt schon erahnen, dass der Daemon in Python programmiert ist. Python ist eine modern Skriptsprache, die die OPNsense-Entwicklern bevorzugt einsetzen.

Python-Skripte lassen sich mit einem Texteditor öffnen (siehe Anhang B) und auch ohne Detailwissen dieser Sprache ansatzweise verstehen.


## Konfigurationsänderungen


Die Entwicklung einer vollwertigen Kommandozeile für Änderungen der Konfiguration steht nicht auf der Roadmap. Die Strategie ist auf eine RESTful API ausgerichtet, die wiederum von der CLI benutzt werden könnte. Die inoffizielle Erweiterung *opn-cli* setzt ab Seite 289 genau da an.

Aus diesem Grund sind Änderungen an den Einstellungen über die Kommandozeile keine gute Idee und sollten sich auf den Notfall beschränken. OPNsense will im Gewand einer schönen Webseite bestaunt werden und nicht in einem schwarz-weißen Konsolenfenster.

Wer ohne Furcht und Tadel (aber mit Sicherung) ist, darf sich gerne an der zentralen Konfigurationsdatei `/conf/config.xml` versuchen und in der Struktur die gewünschten Einstellungen modifizieren. Die Datei benutzt die *Erweiterbare Auszeichnungssprache* (Extensible Markup Language, XML) und ist damit ein offenes Textformat. Direkte Änderungen sind möglich, erwarten aber ein Grundverständnis dieses Formats.


Weniger riskant ist die schützende Umgebung des textbasierten XML-Browsers *xmllint*. Nach einer Konfigurationsänderung mit *xmllint* ist zumindest die syntaktische Fehlerfreiheit garantiert.

*xmllint* stellt die Struktur der XML-Datei wie ein Dateisystem mit Verzeichnissen dar. Jede Hierarchiestufe von XML entspricht einem Unterverzeichnis, welches mit dem Kommando `cd` betreten oder verlassen wird.

Mit einem Beispiel lässt sich das viel leichter darstellen und verstehen: Die Web-GUI der Firewall soll eine andere Anzeigesprache verwenden. Bewaffnet mit *xmllint* führt der Befehl `cd` hinab in die passende Ebene.

```
root@RT-1:~ # xmllint --shell /conf/config.xml
/ > cd opnsense
opnsense > cd system
system > cd language
language > set de_DE
language > save
language > quit
```

Die Entwickler benutzen die übliche Kombination aus Sprachcode und Landescode, um die Sprache der Web-GUI festzulegen. Zuletzt schreibt das Kommando *save* die Änderungen zurück in die XML-Datei.

Nach einer Modifikation an der Konfigurationsdatei `config.xml` wissen die Dienste von OPNsense aber noch nichts von dieser Neuerung. Und sie fragen auch nicht bei `configd` oder bei der XML-Datei nach, weil diese Art der Systemänderung nicht vorgesehen ist.

Zwei wenig schöne Lösungen zwingen die Dienste, einen Blick in die zentrale Konfigurationsdatei zu werfen:

- Ein Neustart der Dienste ist – mit Ausnahme von IPS und Web-Proxy – kurz und schmerzlos. Das Kommando

  `/usr/local/etc/rc.reload_all`

  nimmt die Arbeit ab und triggert jeden Dienst einzeln an. Je nach Leistung der Firewallhardware liegt der Ausfall bei unter einer Minute. Diese Methode ist wirkungslos für Änderungen an Schnittstellen, Routing, und allem, was kein Dienst ist.

- Die 100 %-Lösung liegt bei einem Neustart der Firewall. Der Ausfall liegt bei mehreren Minuten.

Beide Vorgehensweisen zeigen deutlich, dass OPNsense noch nicht bereit ist, die täglichen Konfigurationsarbeiten von der Kommandozeile zu erledigen. Bei ungewöhnlichen Sicherheitsrichtlinien oder sturen Admins kann die Dauer der Störung durch eine Hochverfügbarkeitslösung (vgl. Kap. 12) minimiert werden. Der administrative Aufwand steigt, aber die Anwender bemerken die Konfigurationsänderungen und den Ausfall nicht.

## Erweiterung: opn-cli

Die Software *opn-cli* [22] ist ein API-Client und ermöglicht Befehle für die Kommandozeile, mit denen sich das Regelwerk der Firewall bearbeiten lässt. Da es sich um eine inoffizielle Erweiterung handelt, ist das Programm nicht über die Webseite verfügbar, sondern kommt über den Paketmanager von Python auf die lokale Firewall:

```
pkg install wget py311-lxml
wget https://pkg.freebsd.org/FreeBSD:14:amd64/latest/All/ \
  py311-pip-23.3.2_3.pkg
pkg install py311-pip-23.3.2_3.pkg
pip install opn-cli
```

Dabei muss *opn-cli* gar nicht auf derselben Firewall laufen, sondern lässt sich auf jedem Linux- oder Windows-Rechner nutzen, der eine IP-Verbindung zur Webseite der OPNsense-Box aufbauen kann. Dies kann beispielsweise der Laborserver sein, der die Software unter Linux mit ähnlichen Befehlen installiert:

```
apt install python3-pip
pip3 install opn-cli
```

Die Software *opn-cli* greift über die API auf die Funktionalität der Firewall zu. Vor dem ersten Zugriff benötigt die Software einen gültigen API-Schlüssel, der im Webmenü unter *System → Zugang → Benutzer* zu finden ist. Kapitel 24 auf Seite 351 erklärt die genaue Vorgehensweise.
Opn-cli erwartet den API-Schlüssel in seiner Konfigurationsdatei, die Listing 19.1 mit beispielhaftem Inhalt füllt. Wenn opn-cli nicht auf der Firewall läuft, muss diese in Zeile 5 als Webadresse angegeben sein.

```
1  mkdir ~/.opn-cli
2  cat <<EOF > ~/.opn-cli/conf.yaml
3  api_key: 21T868Y69MavQmO6zfLEWfuAo5CghgzW3Yb4qu3IyZojzd4T/ka[...]
4  api_secret: VrAEfTOwE4LH2vlqaQAauPCgvCkzi+frsC9a1OipA73iCwR1[...]
5  url: https://localhost/api
6  timeout: 60
7  EOF
```

Listing 19.1: Die Software *opn-cli* erhält Zugriff auf die API von OPNsense

Damit hat `opn-cli` den erforderlichen API-Zugriff und wartet auf seine Befehle. Ob der Zugang tatsächlich funktioniert, lässt sich mit dem Aufruf von `opn-cli version` überprüfen. Die verfügbaren Kommandos konzentrieren sich auf Firewallregeln, HAProxy und VPN.

Wenn der HTTPS-Zugang der Firewall mit einem selbstsignierten Zertifikat ausgestattet ist, muss das Zertifikat der ausgebenden Stelle als Datei unter `~/.opn-cli/ca.pem` bereitliegen. Die Zertifikatsprüfung lässt sich mit dem Argument `--no-ssl-verify` deaktivieren, was generell nicht empfehlenswert ist.

## Firewallregeln

Der Fokus von *opn-cli* liegt auf Firewallregeln. Die von `opn-cli` erstellten Filterregeln bezeichnet OPNsense als *Automatisierungsregeln* und diese befinden sich im Webmenü bei *Firewall → Automatisierung → Filter*.

Eine neue Regel entsteht mit `opn-cli firewall rule create`, gefolgt von allen Parametern der Regel als Kommandoargument. Das folgende Beispiel möchte mit einer Filterregel DNS-Anfragen blockieren, die über den LAN-Adapter (Interface *opt1*) die Firewall erreichen:

```
opn-cli firewall rule create --enabled --action block --interface opt1 \
  --direction in --protocol UDP  --source-net any --destination-net any \
  --destination-port 53  --description "DNS blockieren" 10
```

Die generierte Regel lässt sich ebenfalls per `opn-cli` in Listing 19.2 anzeigen oder über die Web-GUI in Abbildung 19.1 betrachten. Wer die herkömmliche Ansicht der Firewallregeln bevorzugt, findet die neuen Einträge bei den *Rules from Automation* unter *Firewall → Regeln* beim jeweiligen Netzadapter.

```
root@RT-1:~ # opn-cli firewall rule list -c interface,action, \
  direction,protocol,destination_port
+-----------+--------+-----------+----------+------------------+
| interface | action | direction | protocol | destination_port |
+-----------+--------+-----------+----------+------------------+
|   opt1    | block  |    in     |   UDP    |        53        |
+-----------+--------+-----------+----------+------------------+
```

Listing 19.2: `opn-cli` listet die vorhandene Firewallregel

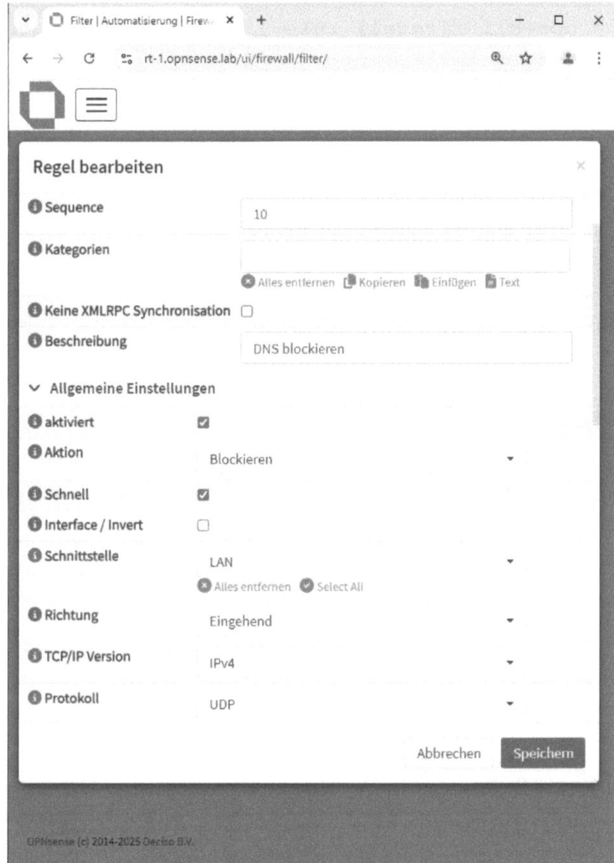

Abbildung 19.1: Die Web-GUI zeigt die neue Regel bei Automatisierung

---

**Hinweis**

Automatisierungsregeln haben Vorrang vor den fließenden und regulären Firewallregeln.

---

Mit demselben Befehl und ähnlicher Syntax lassen sich Regeln modifizieren (`update`) und löschen (`delete`). Beim Anpassen einer Regel erwartet das `opn-cli`-Kommando die UUID, welche jede Regel nach ihrer Erstellung erhält. Das Beispiel in Listing 19.3 fragt zuerst die UUID ab und ändert dann die Aktion der Regel von *block* zu *pass*.

```
root@RT-1:~ # opn-cli firewall rule list -c uuid,sequence
+--------------------------------------+----------+
|                 uuid                 | sequence |
+--------------------------------------+----------+
| 9b94f492-ce23-4e22-a7b2-547d42a75d37 |    10    |
+--------------------------------------+----------+

root@RT-1:~ # opn-cli firewall rule update \
  9b94f492-ce23-4e22-a7b2-547d42a75d37 --action pass
```

Listing 19.3: Beim Ändern der Automatisierungsregel benötigt opn-cli die UUID

## Rückgängig

Auch in der Weboberfläche können Konfigurationsänderungen verheerende Folgen haben. Und ein Neustart der Firewall löst meist das Problem nicht, da OPNsense den Fehler bereits in die Konfigurationsdatei aufgenommen hat.

Den bequemen Button für *Rückgängig* hat OPNsense sinnvollerweise in die Textkonsole integriert. Bei einem Out-of-Band-Management sollte ein Zugriff per SSH noch möglich sein, sodass das Textmenü erreichbar ist (vgl. Kap. 9).

Der Menüeintrag 13 *Restore a backup* ist zuständig für einen Blick auf vorherige Konfigurationsstände. Aus der Liste der Konfigurationsdateien lässt sich anhand vom Zeitstempel schnell eine ältere, aber funktionierende, Konfiguration ausmachen. Der gewählte Eintrag wird damit zur aktuellen Konfiguration und OPNsense empfiehlt einen Neustart für den sauberen Abschluss.

```
Enter an option: 13

    1.  Fri Dec 20 21:35:44 CET 2024
    2.  Fri Dec 20 19:56:16 CET 2024
    3.  Wed Dec 18 21:41:32 CET 2024
    4.  Tue Nov 12 21:20:35 CET 2024
    5.  Mon Nov 11 22:01:00 CET 2024

Select backup to restore or leave blank to exit: 3

Do you want to reboot to apply the backup cleanly? [y/N]:
```

Je nach Dringlichkeit der Wiederherstellung lässt sich der Neustart auf einen späteren Zeitpunkt verschieben, der den Anwendern weniger störend auffällt.

## Updates

Bei einer großen Anzahl an OPNsense-Firewalls kommt schnell der Wunsch nach Automatisierung auf. Und dafür eignet sich die Kommandozeile deutlich besser als die Weboberfläche. Die Schaltfläche *Auf Aktualisierungen prüfen* ruft im Hintergrund den Befehl

```
/usr/local/opnsense/scripts/firmware/check.sh
```

auf, welcher einen Blick ins Paketrepository wirft. Sobald dort eine neuere Version auftaucht, bietet OPNsense dem Administrator das Update an. Die OPNsense-Entwickler nutzen für die Aktualisierungen ihrer Software das Paketsystem von FreeBSD. Der Updatevorgang basiert im Wesentlichen auf dem Kommando:

```
/usr/local/sbin/opnsense-update
```

Sollte der Vorgang einen Neustart erfordern, wird ein Dialogfenster darüber informieren. OPNsense macht den Reboot automatisch im Anschluss an das Software-Update. Wenn der Ausfall durch den Neustart inakzeptabel ist, sollte das Update außerhalb der Arbeitszeiten stattfinden.
Ein vollständig automatisiertes Update mit anschließendem Reboot macht wahlweise das Kommando

```
/usr/local/etc/rc.firmware
```

oder

```
configctl firmware auto-update
```

Die Mitnutzung der Paketstruktur von FreeBSD zeugt nicht von Mangel an Fantasie, sondern von der ausgezeichneten Integration mit dem unterliegenden Betriebssystem.

## Pakete

Die verfügbaren Plug-ins unter *System → Firmware → Erweiterungen* sind
ebenfalls Softwarepakete, die über das Paketsystem verwaltet werden.
In einer virtuellen Umgebung, auf Basis von VMware, ist die Installation
der VMware-Tools ein Muss, wenn es um Leistung und Treiber geht. Das
CLI-Kommando:

```
pkg install os-vmware
```

holt sich die notwendigen Pakete und deren Abhängigkeiten vom öffentlichen OPNsense-Repository. Anschließend installiert es die VMware-Tools
und berichtet dem Paketsystem über den Erfolg. Das installierte Paket ist
jetzt über die Webseite sichtbar und nutzbar.
In Umgebungen mit sehr begrenzten Ressourcen empfiehlt sich die Installation über die Kommandozeile sogar. Das *pkg*-Kommando gibt Möglichkeiten
zum Einschreiten und Hinweise auf den benötigten Speicherplatz.

## Zusammenfassung

Der Funktionsumfang der Kommandozeile von OPNsense beschränkt sich
auf die Ersteinrichtung der Netzadapter und verschiedene Methoden zur
Fehlersuche. Normale Konfigurationsänderungen am System sind bei der
Weboberfläche deutlich besser aufgehoben. Für das Troubleshooting kommen hauptsächlich die Befehle des Betriebssystems FreeBSD zum Einsatz.

# Kapitel 20

# Performance Tuning

OPNsense basiert auf Unix. Als universelles Betriebssystem läuft Unix zwar auf fast jeder Hardware, aber der Grundgedanke war stets die Vielseitigkeit und nicht der schnelle Transport von Datenpaketen. Verglichen mit hochoptimierten Systemen, die nur Durchsatz im Kopf haben, bietet Unix eine schwache Performance. Auch wenn das lokale System mit leistungsstarker Hardware punkten kann, ist der Netzwerk-Stack von Unix doch eher ein Allrounder, der mit jeder Umgebung klarkommt und kein Spezialist für Hochleistungsnetze.

Dennoch macht Unix auf Netzwerkgeräten eine gute Figur. Im Unix-Kernel und seinen Anwendungsprogrammen gibt es mehrere Schalter und Regler, um die Paketverarbeitung voranzutreiben. Eigene Verbesserungen im TCP/IP-Stack sind meist eher Wunschdenken, aber auch kleine Schritte können Steigerungen bewirken.

Wie viel Leistung und Bandbreite ist von einer Unix-basierten Firewall zu erwarten? Die folgenden Abschnitte zeigen, mit welchen Kommandos sich das Ergebnis prüfen und eventuell steigern lässt.

## Laboraufbau

Dieses Kapitel untersucht OPNsense-Firewall RT-1 auf Leistung beim Durchreichen von Paketen mit und ohne Verschlüsselung. Zur Messung sendet die benachbarte Firewall RT-2 Pakete mit maximaler Bandbreite durch RT-1 an RT-3, welche die Daten empfängt, protokolliert und verwirft.

Die Messung der Crypto-Leistung benutzt einen VPN-Tunnel zwischen RT-1 und RT-3, wobei RT-3 gleichzeitig Messpunkt ist. Abbildung 20.1 zeigt den Versuchsaufbau.

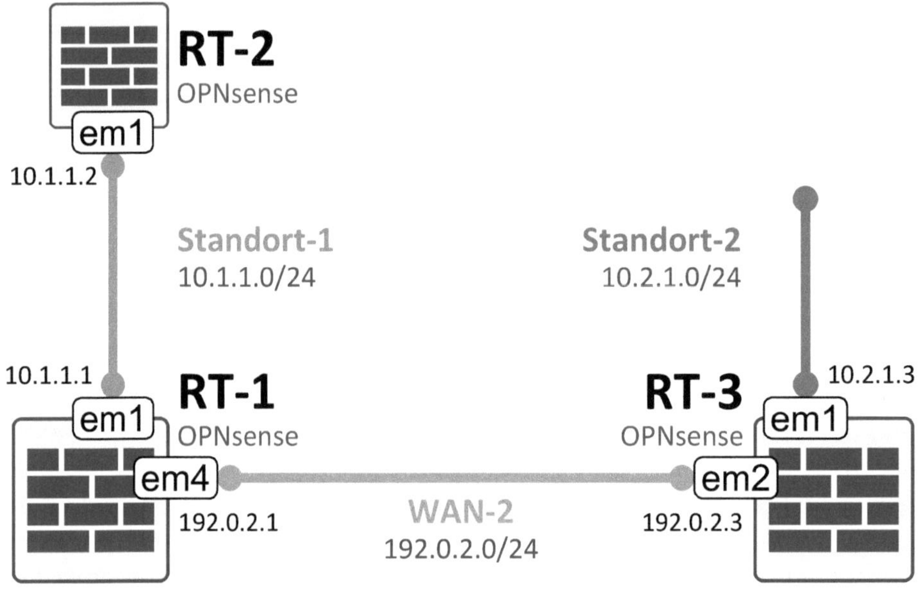


Abbildung 20.1: Laboraufbau zur Leistungsmessung

## Auslastung

Bevor es mit den Tricksereien losgeht, kommt OPNsense auf den Prüfstand, um die momentanen Leistungsdaten zu ermitteln. Während benachbarte Geräte mit maximaler Rate Pakete durch die Firewall schieben, bieten verschiedene Befehle detaillierten Einblick in die Ressourcenauslastung.

Diese Überwachungstools gehören zu den üblichen verdächtigen Unix-Kommandos, die beim Troubleshooting gern gesehen sind und in keiner Distribution fernbleiben dürfen. Wenn einer der folgenden Befehle auf der lokalen Firewall fehlt, kann dieser über die Kommandozeile mit `pkg install` nachgeladen werden.

**top**   Neben einer aktuellen Liste von Unix-Prozessen liefert `top` noch die momentane Auslastung von Prozessor, Arbeitsspeicher, SWAP und System-Load.

**netstat**   Welche TCP/UDP-Verbindungen hat die OPNsense-Firewall aufgebaut? Und auf welchen Ports warten Anwendungen auf Zugriff von außen? `netstat` liefert die Antworten und darüber hinaus noch Statistiken über Puffer, Timer und Warteschlangen. Mit der Option `-r` listet `netstat` die Routingtabelle.

**ifconfig**   Viele Informationen zu einer Netzschnittstelle auf einen Blick: MAC-, IPv4- und IPv6-Adresse, Flags und den Status der ausgehandelten Geschwindigkeit nebst Duplex-Modus.

**ifinfo**   Die Ausgabe präsentiert Information zu den Netzadaptern, die sich auf die physische Ebene beziehen. Zusätzlich gibt es die Anzahl der übertragenen Byte, Multicasts, Kollisionen und verworfenen Paketen.

**iftop**   Welche Client-Verbindungen transportiert die Firewall? Das zeigt `iftop` pro Interface an und listet neben der Session auch die Übertragungsrate der letzten 2, 10 und 40 Sekunden.

**pfctl**   steuert den Paketfilter und liefert den Inhalt der Statustabelle der Firewall, Statistiken und Timeouts. Mit der Option `-s all` verrät `pfctl` alles, was es kennt.

**pftop**   ist eine Echtzeitanzeige für die Sessiontabelle des Paketfilters. Zu jeder Verbindung zeigt `pftop` die bisherige Dauer und die übertragene Datenmenge.

**systat**   enthüllt Prozesse, die augenblicklich die größte CPU-Last verursachen. Alternativ forscht `systat` auch nach Prozessen mit vielen Festplattenzugriffen, Netzzugriffen oder hohem Bedarf an Arbeitsspeicher.

## Virtueller Netzadapter

In einer virtuellen Umgebung lässt sich der Typ des Netzadapters eines Gastsystems mit wenigen Handgriffen ändern.

VirtualBox hat die Auswahl des Adaptertyps in die GUI eingebaut. Die Dropdown-Box ist gefüllt mit Netzwerkkarten von AMD und Intel, die dem Gastsystem als Hardware präsentiert werden. Aber es geht auch ohne Emulation: Der paravirtualisierte Netzadapter *virtio-net* stellt dem Gast eine software-basierte NIC bereit. Das Gastbetriebssystem muss dieses Prinzip kennen und bereits Treiber dabei haben. Da *virtio* ein offener Standard ist, hat FreeBSD (und damit auch OPNsense) seit 2012 den passenden Code direkt im Kernel.

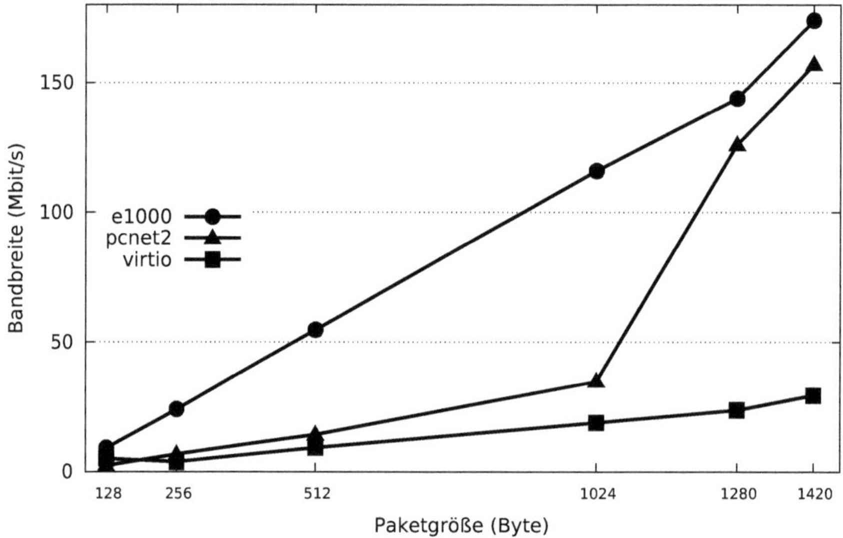


Abbildung 20.2: Durchsatzraten bei verschiedenen Paketgrößen (VirtualBox)

VMware Workstation wählt automatisch den Intel e1000-Adapter. ESXi pendelt zwischen e1000 und dem hauseigenen Adapter, aber auch Hardware von AMD ist verfügbar. Zur Leistungssteigerung bietet VMware ebenfalls den Ansatz der Paravirtualisierung bei Netzadaptern, allerdings mit eigener Software unter dem Begriff *VMXNET*. Der Treiber für VMXNET-Adapter ist in den VMware-Tools enthalten, die auf dem Gastsystem installiert sein müssen.

Bei VMware ist die Änderung des Adaptertyps durch einen Eingriff in die Beschreibungsdatei des Gastsystems möglich. Auf dem VM-Host liegt im Verzeichnis jedes Gasts eine Datei mit der Erweiterung `.vmx`. Diese Textdatei enthält die Konfiguration des Gastsystems mit der Angabe des Netzadapters, z. B. `ethernet0.virtualDev = "e1000"`

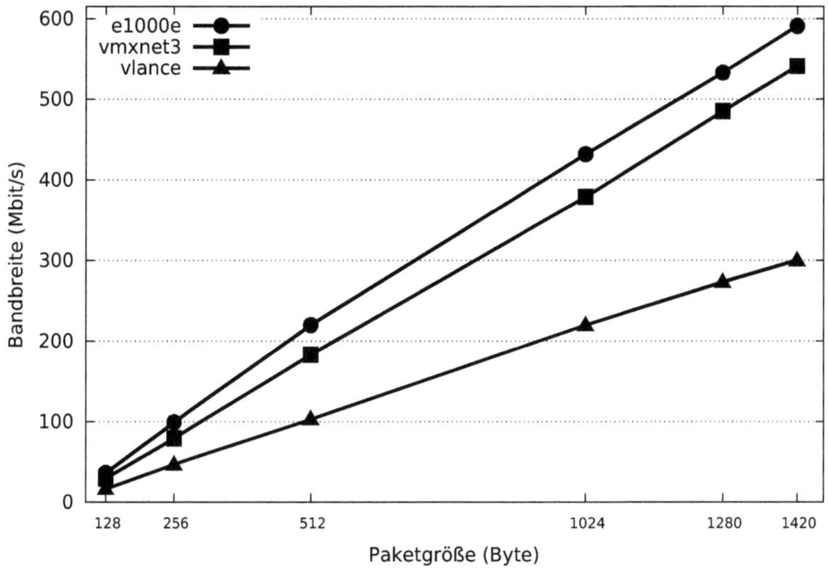


Abbildung 20.3: Durchsatzraten bei verschiedenen Paketgrößen (ESXi 8)

Änderungen an der Datei funktionieren nur bei ausgeschalteter virtueller Maschine. Mögliche Adaptertypen sind *vlance*, *vmxnet3*, *e1000* und *e1000e*.

Welcher Adapter ist der Richtige oder der Schnellste? Abbildungen 20.2, 20.3 und 20.4 zeigen die Durchsatzraten der verschiedenen Adapter bei unterschiedlichen Paketgrößen und Hypervisoren. Die gemessene Bandbreite ist weniger entscheidend als die Leistungs*unterschiede* der Adapter.

Diese Messungen zeigen die Durchsatzraten einer virtuellen OPNsense-Firewall ohne aktivierte Funktionen, IPsec, NetFlow oder NAT. Lediglich der Paketfilter ist aktiv und erlaubt mit einer einzigen Regel jeden Datenverkehr. Andere Betriebssysteme oder andere Treiber können zu unterschiedlichen Ergebnissen führen. Daher gelten die Aussagen der Abbildungen nur für OPNsense 25.1.r1 auf den verwendeten Hostsystemen.

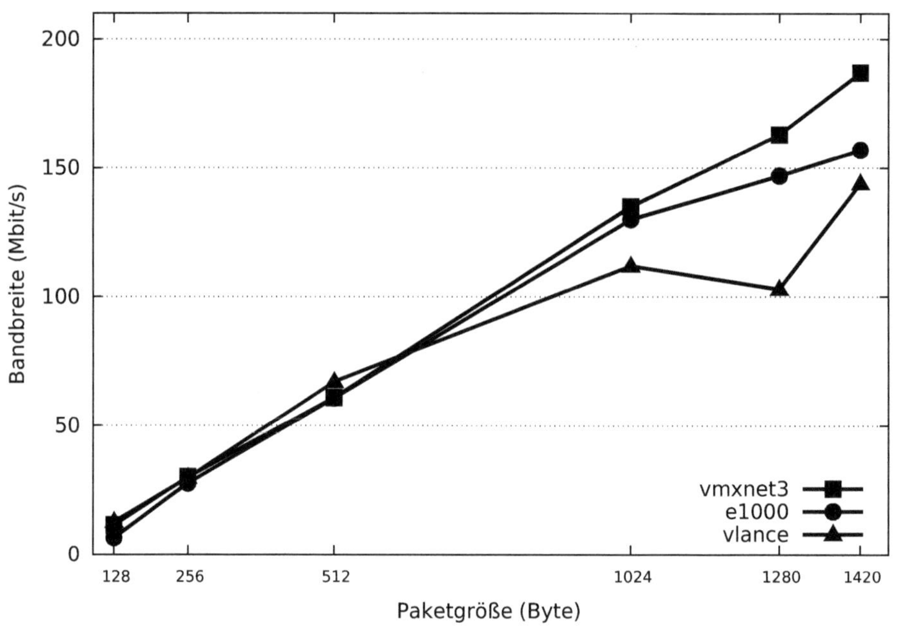



Abbildung 20.4: Durchsatzraten bei verschiedenen Paketgrößen
(VMware Workstation)

Die Messung der unterschiedlichen Adaptertypen ist einseitig und berücksichtigt lediglich die reine Durchsatzrate. Fähigkeiten wie Jumbo Frames, TCP-Checksum-Offload, TCP-Segmentation-Offload und die verursachte CPU-Last während der Messung bleiben unberücksichtigt.

## Routing-Durchsatz

Wenn die Firewall-Hardware hohe Datenraten erreichen soll, lohnt sich ein Blick auf die Zuweisung von Netzadapter zu Prozessorkern. In der Voreinstellung überlässt OPNsense diese Entscheidung dem Unix-Kernel.
In einem ungünstigen Fall landen die stärksten Netzadapter beim gleichen Prozessor und streiten sich um die CPU-Zyklen, während andere Kerne gelangweilt zuschauen.
Dann ist Eingreifen angesagt und FreeBSD stellt für diesen Fall Kommandos bereit, die die Interrupts einer Netzwerkkarte gezielt an einen CPU-Kern

senden können. Ob diese ungünstige Verteilung tatsächlich vorliegt, zeigt ein Blick in die Liste der Interrupts.

```
root@RT-1:~ # vmstat -i | egrep "em|total"
interrupt                           total        rate
irq16: em2:irq0                         8           0
irq17: em3:irq0+                   121401         177
irq18: em0:irq0+                     7142          10
irq19: em1:irq0                         8           0
```

In diesem Beispiel erhascht der Netzadapter *em2* die meiste Aufmerksamkeit der CPU. Während dieser Lastsituation sind die beiden CPU-Kerne tatsächlich ungleichmäßig belastet, wie das Kommando `top -P CC` bestätigt:

```
CPU 0:  0.0% user,  0.0% nice, 82.8% system,  0.0% interrupt, 17.2% idle
CPU 1:  0.0% user,  0.0% nice,  1.6% system, 27.9% interrupt, 70.5% idle
```

Der nächste Schritt besteht darin, die Arbeit der Netzadapter auf die CPU-Kerne zu verteilen. Das Arbeitspferd *em3* (IRQ 17) könnte auf dem ersten Kern schuften, während sich die Adapter *em0* (IRQ 18) und *em2* (IRQ 16) auf dem zweiten Kern vergnügen. FreeBSD stellt für dieses Vorhaben das Kommando `cpuset` ab, welches eine Zuweisung anzeigt oder setzt:

```
root@RT-1:~ # cpuset -l 0 -x 17
root@RT-1:~ # cpuset -l 1 -x 16
root@RT-1:~ # cpuset -l 1 -x 18
root@RT-1:~ # cpuset -g -x 16 ; cpuset -g -x 17 ; cpuset -g -x 18
irq 16 mask: 1
irq 17 mask: 0
irq 18 mask: 1
```

> **Hinweis**
>
> Die Adressierung der CPUs, oder Kerne, basiert auf einer Bitmaske, die in Tabelle 20.1 mit Beispielen dargestellt ist.

Mit dieser Konfiguration erhält die High-Speed-NIC ihre eigene CPU und die Gesamtlast verteilt sich besser. Eine anschließende Leistungsmessung sollte entweder mehr Durchsatz zeigen oder geringere CPU-Last auf der Firewall bewirken.

```
CPU 0:  0.0% user,  0.0% nice, 50.9% system,  0.0% interrupt, 49.1% idle
CPU 1:  0.0% user,  0.0% nice, 41.8% system,  0.0% interrupt, 58.2% idle
```

| CPU | Bitmaske | Hexadezimal |
| --- | --- | --- |
| CPU 0 | 0001 | 1 |
| CPU 1 | 0010 | 2 |
| CPU 2 | 0100 | 4 |
| CPU 3 | 1000 | 8 |
| CPUs 0 oder 1 | 0011 | 3 |
| CPUs 0 oder 2 | 0101 | 5 |
| CPUs 0 oder 3 | 1001 | 9 |
| CPUs 0, 1 oder 2 | 0111 | 7 |
| CPUs 2 oder 3 | 1100 | C |
| Alle CPUs | 1111 | F |

Tabelle 20.1: Binäre und hexadezimale Nummerierung der CPUs

## IPsec-Durchsatz

Wenn hohe Durchsatzraten für einen IPsec-Tunnel benötigt werden, ist eine vorherige Untersuchung sinnvoll, um die Hardware passend zu dimensionieren. Die IPsec-Leistung ist leider kein fester Wert, der einfach abgelesen wird. Die Verschlüsselungsleistung ist abhängig von:

- Prozessor. Eventuell bringt die CPU eine Hardwareunterstützung für Kryptobefehle mit. Diese Befehlssatzerweiterung beschleunigt die Ver- und Entschlüsselung, aber die VPN-Software muss sie auch benutzen, um ihre Vorteile auszureizen.

- Crypto-Prozessor, Hardwarebeschleunigung oder *IPsec Offload*. Ein dedizierter Chip für die Verschlüsselung entlastet die Haupt-CPU und bringt bei hoher Last eine gleichbleibende Durchsatzrate.

- Bus. Wie schnell bringt der interne Datenbus die Paketinhalte von der Netzwerkkarte zur CPU und zurück?

- Crypto-Bibliothek. Wie effizient haben die Programmierer gearbeitet und die Algorithmen in ihrem Quellcode umgesetzt?

- Eingesetzter Algorithmus und Schlüssellänge. OPNsense 25.1 bietet bei IPsec nicht mehr die unsicheren Klassiker DES, 3DES und Blowfish an, sondern setzt vollständig auf AES mit 128, 192 oder 256 Bits. Je nach Schlüssellänge steigt oder sinkt der Aufwand zum Kryptieren und damit der erreichbare Durchsatz. In Phase 1 des Legacy-Modus lassen sich die unsicheren Algorithmen noch auswählen, was jedoch nicht empfehlenswert ist [23].

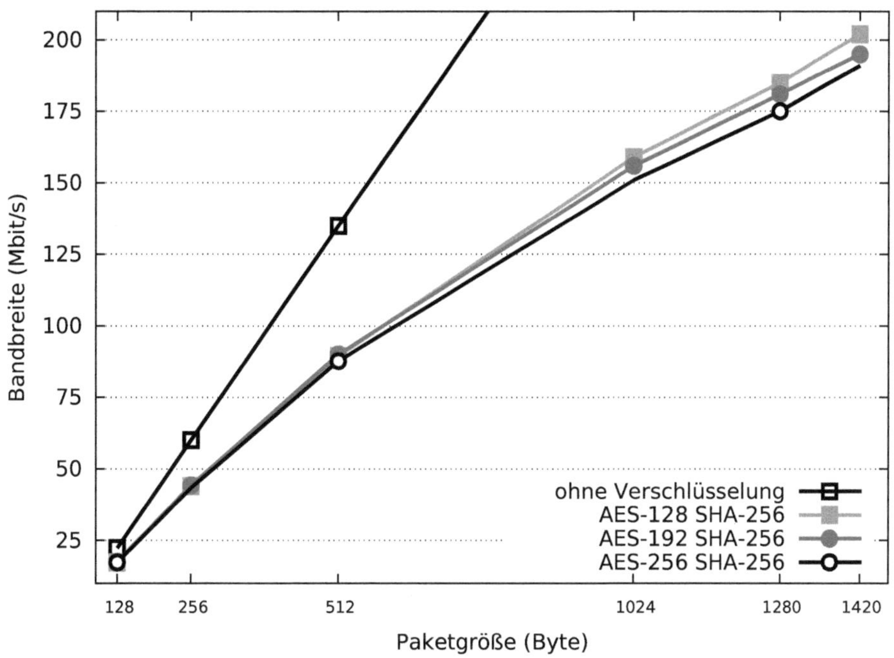


Abbildung 20.5: Durchsatzrate mit verschiedenen Schlüssellängen

Die Ergebnisse der Messung in Abbildung 20.5 zeigen beispielhaft die erreichte Bandbreite bei gleichzeitiger Verschlüsselung. Die Arbeit verrichtet eine virtuelle Maschine mit vmxnet3-Adapter auf VMware ESXi. Paketgröße und Schlüssellänge variieren, um den Einfluss auf die ermittelte Durchsatzrate zu verdeutlichen.

Zuletzt sind die Ergebnisse auch abhängig von der Dauer des Tests. Ein kurzer Test von weniger als 10 Sekunden erzeugt kaum Paketverluste, weil die Firewall die Überlastpakete nicht verwerfen muss, sondern in Puffern zwischenspeichern kann. Das ist grundsätzlich ein vorteilhaftes Verhalten, aber es verfälscht das Ergebnis. Ein aussagestarkes Resultat wird nach 60 bis 120 Sekunden erreicht.

## Messmethodik

Um die Gunst der besten Messmethode buhlen mehrere RFCs und Internet-Drafts. Für die Ermittlung der IPsec-Durchsatzrate sendet ein neutraler Messrechner Pakete an das erste IPsec-Gateway. Dieses verschlüsselt die Pakete und leitet sie weiter an das zweite Gateway zum Entschlüsseln. Zuletzt erreichen die Pakete das Ziel. Abbildung 20.1 zeigt den unveränderten Versuchsaufbau.

Die gleichbleibenden Rahmenbedingungen einer Messung sind:

- Testdauer von 60 Sekunden,

- IPsec im Tunnelmodus,

- Jeder Test wird dreimal wiederholt, um Ausreißer zu finden und einen Durchschnittswert zu ermitteln,

- Die Paketgröße wird in festen Schritten verändert, so wie RFC 2544 es empfiehlt.

Für die Durchführung der Messung kann OPNsense auf ein hervorragendes Werkzeug zurückgreifen: *iperf3* [24]. iperf3 übermittelt Pakete mit maximalem Durchsatz zwischen zwei Geräten und zeigt anschließend die erreichte Transferrate an. Auf dem ersten Host wird iperf als Server gestartet, der die Messpakete empfängt. Der zweite Host startet iperf als Client mit Angabe der IP-Adresse des Servers. Sofort beginnt der Client Pakete zu generieren und an den Server zu senden.

> **Achtung**
>
> iperf gibt es in den zueinander inkompatiblen Versionen 2 und 3. Für die Beispiele in diesem Buch kommt Version 3 zum Einsatz, da es bei OPNsense einfacher zu installieren ist.

Die unterschiedlichen Paketgrößen erhält der iperf-Client per Skript in Listing 20.1. Das Ergebnis ist eine gute Abschätzung der möglichen Durchsatzrate der Firewall bei verschiedenen Paketgrößen.

```
#!/bin/csh
set INTERFACE=vmx1
foreach MTU ( 1420 1280 1024 512 256 128 )
  echo "*** Messung mit MTU $MTU Byte"
  ifconfig $INTERFACE mtu $MTU
  sleep 2
  iperf3 --client 192.0.2.3 --window 128K --time 60 \
    --interval 60 --omit 10 --format m | grep bits
end

ifconfig $INTERFACE mtu 1500
/usr/local/etc/rc.newwanip        # neue MTU aktivieren
```

Listing 20.1: Das Skript misst die Durchsatzrate bei unterschiedlichen
Paketgrößen

---

**Hinweis**

Leistung und Durchsatz von virtuellen Maschinen schwanken in Abhängigkeit von der Lastsituation des Hostsystems und der anderen Gäste.

---

Die Messergebnisse sind dann weniger aussagestark und müssen mit einer gewissen Toleranz betrachtet werden.

# Leistungssteigerung

Der Erfolg von Maßnahmen zur Leistungssteigerung hängt von der Hardwareausstattung und Netzwerkumgebung ab. Die folgenden Empfehlungen können Verbesserungen ermöglichen, aber nicht versprechen.

## AES-NI

Neuere Prozessoren von Intel und AMD unterstützen die Befehlssatzerweiterung *AES-NI*, um Verschlüsselung besser (und schneller) zu bearbeiten. Der Name deutet es schon an: Der Befehlssatz behandelt nur den Algorithmus AES. Um die Vorteile von AES-NI nutzen zu können, müssen Prozessor, Software und Konfiguration die neuen Befehle beherrschen und verwenden.

Spricht der verwendete Prozessor AES-NI? Dann muss die CPU-Info das Schlüsselwort aes liefern.

```
root@RT-1:~ # dmesg | grep aes
aesni0: <AES-CBC,AES-CCM,AES-GCM,AES-ICM,AES-XTS>
```

Diese Aussage genügt der Firewall, damit ihr Kernel die Befehlserweiterung nutzen kann. Vor OPNsense 22.1 lag die Kenntnis der Krypto-Sprache in einem Kernel-Modul. Mit dem Befehl kldstat | grep aes ließ sich einfach nachprüfen, ob der Kernel das Modul geladen hatte. OPNsense bietet bei OpenVPN-Tunneln die beiden Algorithmen 3DES und AES mit verschiedenen Schlüssellängen. Heutzutage ist AES der bevorzugte Crypto-Algorithmus, weil:

- Die meisten x86-Prozessoren enthalten den optimierten Befehlssatz für AES.

- Die Bearbeitung von AES ist grundsätzlich schneller, weil 3DES dreimal hintereinander verschlüsselt.

- AES ist sicherer als 3DES. Das liegt am stärkeren Schlüssel, an der größeren Blocklänge, an der Unanfälligkeit für die bekannten Attacken auf den Algorithmus und an der deutlich längeren Zeitspanne für einen Brute-Force-Angriff.

3DES wurde entwickelt für den Einsatz auf Hardware. Bei einem Vergleich der Crypto-Leistung eines Routers mit zusätzlicher Hardwarebeschleunigung für 3DES könnte AES unterliegen.

## IPsec

Ein IPsec-VPN wird durch den charon-Prozess ausgehandelt und im laufenden Betrieb vom Kernel betreut. Beide nutzen Kernelcode zur Verschlüsselung mit AES in allen verfügbaren Schlüssellängen.

OPNsense benutzt strongSwan [9] Version 5.9.14 als IPsec-Engine, welches seit Mitte 2015 auf AES-NI zurückgreift. Durch die Platzierung der AES-Routinen direkt im Kernel wird die Verschlüsselung der VPN-Tunnel beschleunigt. StrongSwan benutzt keine zusätzliche SSL-Bibliothek; also steht AES-NI nichts im Weg, *wenn* der VPN-Tunnel AES zur Verschlüsselung verwendet.

Die Leistungssteigerung liegt beim IPsec-VPN lediglich darin, AES als Verschlüsselungsalgorithmus zu nutzen.

## OpenVPN

Die Softwareentwickler von OpenVPN benutzen die Bibliothek OpenSSL für alle Krypto-Operationen. Die Alternative LibreSSL ist seit OPNsense Version 23.1 nicht mehr verfügbar.

OPNsense verwendet AES-NI automatisch, auch wenn es in der Web-GUI nicht ausgewählt ist. Und das ist gut so, denn die VPN-Tunnel profitieren von 30–50 % mehr Durchsatz bei aktiviertem AES-NI. Die pure Verschlüsselungsleistung der CPU ist noch um ein Vielfaches höher, aber der Weg des Pakets durch die Firewall besteht nicht nur aus Verschlüsseln.

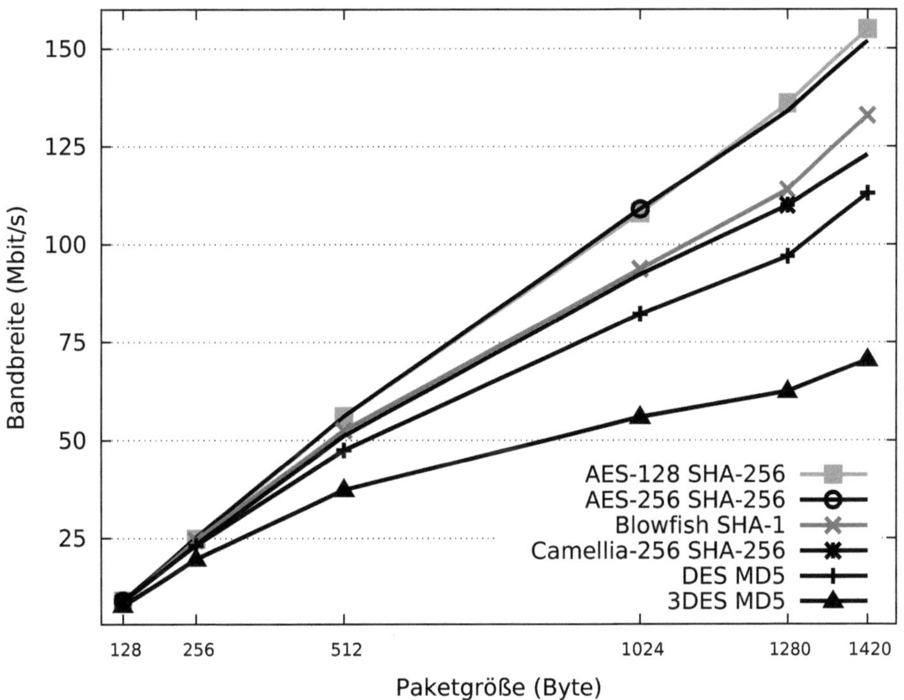


Abbildung 20.6: Durchsatz von OpenVPN bei verschiedenen Chiffren

Die Messung in Abbildung 20.6 zeigt den Durchsatz eines OpenVPN-Tunnels mit verschiedenen Krypto-Algorithmen, welche durch OpenSSL vertreten sind. Die unterschiedlichen Bandbreiten unterstreichen die Vorteile von AES.

> **Hinweis**
>
> Die Algorithmen DES, 3DES und Blowfish gelten als unsicher [23] und sollten in neuen Setups nicht mehr verwendet werden.

## Mehr Prozessor-Kerne

Ein Prozessor mit mehreren Kernen kann Aufgaben parallel erledigen und sie damit schneller abarbeiten. Bei der Ver- und Entschlüsselung von Paketen bringt das eventuell nichts. Die Protokolle der höheren Schichten erwarten die Pakete in der richtigen Reihenfolge. Wenn Crypto-Arbeit auf mehrere CPU-Kerne verteilt wird, müssen die entschlüsselten Pakete danach korrekt sortiert werden, was Zeit kostet. Beim Verschlüsseln und Verschicken muss der Empfänger die Reihenfolge kontrollieren und die Sortierung einhalten, bevor das Anwendungsprogramm die Daten erhält. Je nach „Unordnung" der empfangenen Pakete, dauert das Sortieren seine Zeit und schmälert den Datendurchsatz.

In einer virtuellen Umgebung kann (und sollte) die Durchsatzrate der VPN-Gateways mit unterschiedlich vielen CPU-Kernen geprüft werden.

## MTU und MSS

Die Technik des Transportnetzes gibt eine maximale Größe für ein einzelnes Paket vor. Bei Ethernet sind das die bekannten 1500 Byte. Diese Grenze ist die *Maximum Transmission Unit* (MTU). Beim TCP-Protokoll nennt sich das Limit *Maximum Segment Size* (MSS) und bestimmt die maximale Anzahl Byte, die in ein TCP-Segment passen. Das Prinzip beider Größen ist dasselbe.

Wenn Client und Server nur durch Ethernet-Switches verbunden sind, stellt die MTU keine Herausforderung dar. Die Schwierigkeit liegt bei Topologien, die mit zusätzlichen Kopfzeilen (Header) etwas Platz im Paket beanspruchen. Da die MTU des Pakets nicht wachsen kann, muss die Datenmenge schrumpfen.

Ein VPN-Tunnel mit seinen vielen Headern (vgl. Kap. 10) nagt deutlich am Budget. Ungünstigerweise wissen weder Client noch Server von der reduzierten Nutzdatenmenge und senden weiter mit ihrer bekannten MTU bzw. MSS.

Das Performanceproblem beginnt beim Gateway, das vom Client volle 1500-Byte-Pakete erhält und diese mit zusätzlichen VPN-Headern versehen muss, bevor sie auf die Reise ins Internet gehen. Da die Pakete bereits die maximale Größe haben, wird die Firewall aus diesem Paket *zwei* Pakete machen und verschicken. Die fragmentierten Pakete erreichen das Zielgateway, welches sie entschlüsselt und an den Server zustellt.

Bei vollen Paketen müssen beide Firewalls doppelt so viele Pakete verschlüsseln und entschlüsseln. Die Durchsatzrate der VPN-Verbindung bricht oberhalb der MSS des Tunnels ein.

Viel günstiger ist es, wenn Client und Server nur Pakete schicken, die von den Firewalls und Routern nicht fragmentiert werden müssen. Aber damit muss den Endgeräten im LAN die MSS des Tunnels bekannt sein.

Zum Ermitteln der MSS gibt es zwei Methoden: Ausrechnen oder Ausprobieren. Bei der Berechnung wird die Größe aller beteiligter Header aufsummiert und von der MTU abgezogen. Das Ergebnis ist die MSS.

Natürlich gibt es webbasierte Helferlein, die ein Tunnelpaket grafisch nachbauen und die berechnete MSS anzeigen. Empfehlenswert ist [25] oder eine Stichwortsuche nach *ipsec overhead calculator*.

Weniger akademisch ist das Ausprobieren der richtigen MSS. Hierfür ist `ping` ein guter Partner, der mit einem *sweeping ping* die Paketinhalte langsam erhöht, bis die maximale Größe gefunden ist. Sobald die Pakete fragmentiert werden müssen, ist die MSS gefunden. Der Trick dabei ist, dass `ping` seine Pakete mit dem *Don't Fragment*-Bit versendet. Nachfolgende Router sollen übergroße Pakete nicht in mehrere Fragmente aufteilen, sondern das gesamte Paket verwerfen. Standardmäßig übernimmt OPNsense den Wert dieses Bits beim IPsec-Tunnel *nicht* vom inneren IP-Header in den äußeren IP-Header, sodass Pakete dennoch fragmentiert werden. Bevor der *sweeping ping* seine Magie entfalten kann, muss der Kernel per `sysctl`-Anweisung die DF-Bits korrekt verarbeiten.

```
root@RT-1:~ # sysctl net.inet.ipsec.dfbit=2
root@RT-1:~ # ping -S 10.1.1.1 -D -g 1280 -G 1500 -i 0.2 10.2.1.3
PING 10.2.1.3 (10.2.1.3): (1280 ... 1500) data bytes
1288 bytes from 10.2.1.3: icmp_seq=0 ttl=64 time=0.847 ms
1289 bytes from 10.2.1.3: icmp_seq=1 ttl=64 time=0.526 ms
[...]
1362 bytes from 10.2.1.3: icmp_seq=74 ttl=64 time=0.297 ms
1363 bytes from 10.2.1.3: icmp_seq=75 ttl=64 time=0.433 ms
```

Sobald die `ping`-Antworten ausbleiben, ist die MSS gefunden – in diesem Beispiel liegt sie bei 1363 Byte.

Wenn beide Methoden zu aufwendig sind, oder keine sinnvollen Werte liefern, gibt es noch den Faustwert von 1300 Byte. Diese MSS berücksichtigt die verschiedenen Tunnelmodi, Verschlüsselungstypen und NAT-Traversal. Negativ macht sich bemerkbar, dass in jedem Paket ein paar Byte unbenutzt sind, was den Durchsatz ein wenig schmälert.

Die ermittelte MSS wird in Abbildung 20.7 auf elegante Weise den Endgeräten mitgeteilt. Beim Aufbau einer TCP-Verbindung kündigen beide Teilnehmer ihre bevorzugte MSS an (Schritte 1 und 3), die für die Dauer der Verbindung genutzt wird.

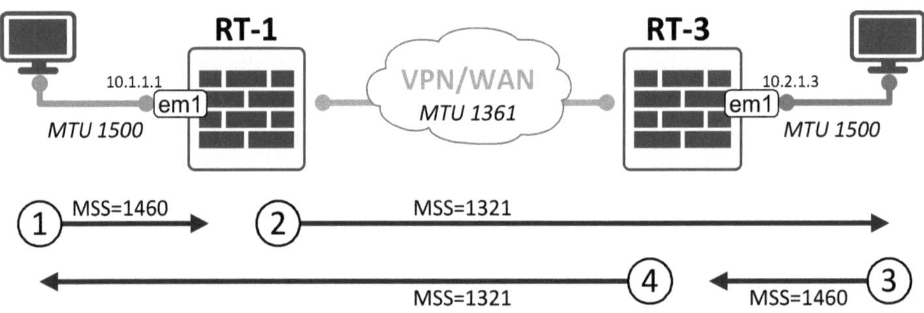


Abbildung 20.7: Die OPNsense-Firewall manipuliert die Werte für MSS

OPNsense muss nun in die TCP-Aushandlung eingreifen und die Werte für MSS überschreiben (Schritte 2 und 4). Aus der Sicht der Teilnehmer hat der jeweilige Partner die geringere MSS vorgeschlagen. Tatsächlich hat das VPN-Gateway die MSS stellvertretend festgelegt, um eine Fragmentierung vorbeugend zu verhindern.

Die Firewalls müssen an beiden Enden des VPN-Tunnels die MSS manipulieren. OPNsense bewerkstelligt diesen Eingriff mit *Normalisierungs*-Regeln, die im Bereich der Web-GUI etwas abseits bei *Firewall → Einstellungen → Normalisierung* zu finden sind. Die Regeln für Normalisierung ähneln den normalen Firewallregeln, allerdings erlauben oder verbieten sie keine Datenverbindungen, sondern greifen in die Paketeigenschaften ein. Die hier benötigte Manipulation liegt in der Reduzierung der MSS.

Die erforderliche Regel hat die folgenden Parameter:

- Schnittstelle: LAN

- Richtung: Jedes

- Protokoll: TCP

- Quelle: 10.1.1.0/24

- Ziel: 10.2.1.0/24

- Max MSS: 1321

Diese Regel wird insgesamt zweimal benötigt, wobei in der zweiten Regel die Angaben von Quelle und Ziel vertauscht sind. Damit wird sichergestellt, dass beide Seiten der Verbindung die geringere MSS verwenden. Abbildung 20.8 zeigt beide Regeln mit invertierten IP-Netzen für Quelle und Ziel.

**Detaillierte Einstellungen**

| | Schnittstellen | Quelle | Ziel | Beschreibung | | | |
|---|---|---|---|---|---|---|---|
| LAN | 10.1.1.0 | 10.2.1.0 | Max MSS: 1321 | ← ✎ 🗑 🗐 |
| LAN | 10.2.1.0 | 10.1.1.0 | Max MSS: 1321 | ← ✎ 🗑 🗐 |

Alias (zur Betrachtung/Bearbeitung klicken)

Abbildung 20.8: OPNsense manipuliert die MSS mit Normalisierungs-Regeln

Die Normalisierungsregeln unterstützen die Wahl einer günstigen MSS für alle Arten von Tunneln. Für OpenVPN gibt es alternativ den Parameter `mssfix`, der ohne Normalisierung die MSS beeinflusst. Der OpenVPN-Tunnel nutzt diese Option bei *VPN → OpenVPN → Servers [legacy]* im Bereich *Erweitert*. Dort bewirkt der Text

```
mssfix 1321
```

die gewünschte Reduzierung der MSS auf 1321 Byte.

## ARP-Cache befüllen

Wenn ein Router die MAC-Adresse des nächsten Routers nicht kennt, kann er sie mit dem *Address Resolution Protocol* (ARP) ermitteln. Während sich die Router über ihre MAC-Adressen austauschen, müssen die Endgeräte ein paar Sekunden warten, bevor der Verkehr fließen kann.

Der Verbindungsaufbau der Clients ist etwas schneller, wenn der ARP-Cache der Router bereits die MAC-Adressen aller Nachbarn enthält.

Das Skript in Listing 20.2 ermittelt die Next-Hop-Router anhand der Routingtabelle und prüft, ob es für jeden Nachbarn einen ARP-Eintrag gibt. Fehlt dieser Eintrag, wird mit ping eine ARP-Anfrage ausgelöst, deren Antwort den ARP-Cache aktuell hält.

```
#!/bin/sh

NEIGHBORS4=$(/usr/bin/netstat -4rn | grep UGS | awk '{ print $2 }')
for NHR in $NEIGHBORS4 ; do
  arp -n $NHR >/dev/null  ||  ping -t1 -c1 -W1 $NHR >/dev/null
done

NEIGHBORS6=$(/usr/bin/netstat -6rn | grep UGS | awk '{ print $2 }')
for NHR in $NEIGHBORS6 ; do
  ndp $NHR >/dev/null  ||  ping6 -t1 -c1 -W1 $NHR >/dev/null
done
```

Listing 20.2: Skript zum Auffrischen der Nachbarschaften

Das Skript versendet nur Pakete, wenn der ARP-Cache Lücken enthält – ein häufiges Ausführen erzeugt also keine erhöhte Netzlast.

Ab Zeile 8 befüllt das Skript auch die Nachbarschaftslisten von IPv6, die prinzipiell genauso ablaufen.

Ein möglicher Speicherort ist unter /usr/local/sbin/, denn in diesem Verzeichnis parkt OPNsense auch die eigenen Skripte.

Mit wenigen Befehlen startet der Aufgabenplaner das Skript mit dem beispielhaften Namen fill_arp_cache.sh regelmäßig (vgl. Kap. 22).

```
( crontab -l ; \
  echo "*/5  *  *  *  *    /usr/local/sbin/fill_arp_cache.sh" ) \
  | crontab -
```

# Fazit

Eine Leistungssteigerung ist machbar, wenn Einstellungen unpassend getroffen sind oder die Konfiguration nicht zur Umgebung passt.

Die Reise beginnt beim Messen der aktuellen Performance. Danach zeigen die virtuellen Netzadapter ihre Leistungsprofile. Wenn in der CPU mehr als ein Kern arbeitet, können sich diese die Netzlast teilen. Bei Verschlüsselung kommen weitere Hindernisse dazu, denn IPsec und OpenVPN erwarten ganz unterschiedliche Methoden für eine Verbesserung. Und falls die maximale Datenmenge pro Paket überschritten wird, drohen unerwartet Leistungseinbußen.

Wenn die Firewall bereits mit den optimalen Settings arbeitet, ist der nächste Schritt für mehr Durchsatz eine leistungsstärkere Hardware.

# Teil V

# Für Trickser

# Kapitel 21

# Best Practice

Wenn alles funktioniert, geht es nur noch darum, Kleinigkeiten zu verbessern und Arbeitsabläufe zu vereinfachen. Die vorgestellten *Best Practices* gelten gleichermaßen auch für Firewalls anderer Hersteller, lediglich die praktische Umsetzung ist unterschiedlich.

## Factory-Default

Jedes gute Netzwerkgerät hat die Möglichkeit, alle Änderungen zu verwerfen und damit den Auslieferzustand zu erreichen. Diese Werkseinstellungen sind nötig, wenn die Firewall verkauft wird oder die Teststellung zurück zum Hersteller muss. Im einfachsten Fall wechselt das Gerät nur seine Funktion und soll keine störenden Konfigurationsreste aufweisen. Grundsätzlich wird eine Firewall auf *Factory-Default* gesetzt, wenn alle Spuren gelöscht werden sollen.

Der Werkszustand kann auf mehrere Weise herbeigeführt werden:

- In der Weboberfläche lauert er hinter *System → Konfiguration → Standardwerte*.
- Im Konsolenmenü startet die Prozedur bei Menüpunkt 4 *Reset to factory defaults*.
- In der Textkonsole oder nach der Einwahl per SSH lautet das Löschkommando:

```
/usr/local/opnsense/scripts/shell/defaults.php
```

Danach fährt die Firewall herunter. Nach einem Neustart meldet sie sich mit der initialen IPv4-Adresse 192.168.1.1 auf dem LAN-Netzadapter zurück. Der WAN-Adapter fragt per DHCP nach seiner Adresse. Das Passwort für den Admin-Zugang lautet *opnsense*.

Für eine Funktionsänderung ist diese Methode ausreichend.

### Gründlicher

Wenn das Gerät seinen Besitzer wechselt, müssen *wirklich* alle Spuren beseitigt werden. Dann ist eine doppelte Kontrolle der Werkseinstellungen ratsam.

Die sicherste und gründlichste Methode zum Entfernen aller Spuren ist die Neuinstallation des Betriebssystems. Dieses Vorgehen ist ratsam, wenn die Firewall eigene Modifikationen erfahren hat (vgl. Kap. 15, 19 und 23). Weiterhin halten sich nicht jeder Dienst und jedes Plug-in an die Ordnerstruktur und speichern Konfigurationsdaten abseits der Pfade. Zuletzt spricht für die Neuinstallation ein ruhiges Gewissen, keine sensiblen Daten verloren zu haben.

## Durchsatz messen

Der verfügbare Durchsatz zwischen zwei Firewalls entspricht nur im Idealfall der Bandbreite der Netzschnittstelle. Meistens sind limitierende Faktoren auf der Strecke, die den Durchsatz verringern.

Zwischen zwei OPNsense-Instanzen kann mit *iperf3* schnell die verfügbare Bandbreite gemessen werden. *iperf3* lässt sich als Plug-in oder über die Kommandozeile nachinstallieren. Es ist leicht zu verwenden, liefert aussagestarke Ergebnisse und läuft auch unter Linux und Windows, dort sogar mit Java-basierter GUI.

Bei *iperf3* verschickt der Sender Daten mit maximaler Geschwindigkeit zum Empfänger und beide ermitteln den Durchsatz.

Eine OPNsense-Firewall ist der Empfänger und die andere ist der Sender. Die Rollen entscheiden über die Richtung der Messung, denn die ermittelte Bandbreite gilt von Sender zum Empfänger. Für eine Messung der Gegenrichtung wird das Experiment wiederholt, allerdings mit vertauschen Rollen.

Nicht vergessen: Eine Firewallregel muss die Messpakete von *iperf3* auf Port 5201 erlauben. Dazu eignet sich eine *fließende* Firewallregel, die für mehrere Netzadapter gilt und bei *Firewall* → *Regeln* unter *Fließend* zu finden ist. Tabelle 21.1 zeigt die Details der neuen Regel.

| Feld | Wert |
|---|---|
| Aktion | Erlauben |
| Schnittstelle | DMZ,LAN,MGMT |
| Richtung | in |
| TCP/IP Version | IPv4+IPv6 |
| Protokoll | TCP/UDP |
| Quelle | jeglich |
| Ziel | Diese Firewall |
| Zielportbereich | 5201 |
| Beschreibung | iperf3 |

Tabelle 21.1: Eine Firewallregel erlaubt die Messpakete von iperf3

Der Empfänger startet im Operationsmodus mit `iperf3 -s` und der Sender führt `iperf3 -c <IP_der_Gegenstelle>` aus. Wenn zwischen den Messpunkten eine weitere Firewall versteckt ist, muss Port 5201 erlaubt sein. *iperf3* funktioniert gleichermaßen über IPv4- und IPv6-Verbindungen.

```
root@RT-2:~ # iperf3 --server --interval 10
------------------------------------------------------------
Server listening on 5201 (test #1)
------------------------------------------------------------
Accepted connection from 10.4.1.1, port 3478
[  5] local 10.4.1.2 port 5201 connected to 10.4.1.1 port 9352
[ ID] Interval           Transfer     Bitrate
[  5]   0.00-10.01  sec   418 MBytes   350 Mbits/sec
- - - - - - - - - - - - - - - - - - - - - - - - -
[ ID] Interval           Transfer     Bitrate
[  5]   0.00-10.01  sec   418 MBytes   350 Mbits/sec
```

Listing 21.1: iperf-Server auf RT-2

Im folgenden Beispiel von Listing 21.1 und 21.2 sendet RT-1 an RT-2 und zeigt die gemessene Bandbreite. Die Messdauer von 10 Sekunden ist die Voreinstellung und kann über das Kommandozeilenargument `--time` beliebig verändert werden. Alle Optionen zeigt `iperf3 --help` an.

```
root@RT-1:~ # iperf3 --interval 10 --client 10.4.1.2
Connecting to host 10.4.1.2, port 5201
[  5] local 10.4.1.1 port 9352 connected to 10.4.1.2 port 5201
[ ID] Interval             Transfer      Bitrate        Retr  Cwnd
[  5]  0.00-10.01  sec   420 MBytes   352 Mbits/sec    17  90.2 KBytes
- - - - - - - - - - - - - - - - - - - - - - - - - - - -
[ ID] Interval             Transfer      Bitrate        Retr
[  5]  0.00-10.01  sec   420 MBytes   352 Mbits/sec    17   sender
[  5]  0.00-10.01  sec   418 MBytes   350 Mbits/sec         receiver
```

Listing 21.2: iperf-Client auf RT-1

## SSH-Login ohne Passworteingabe

OPNsense erwartet für ein SSH-Login den Benutzernamen nebst Kennwort. Und da ein gutes Passwort aus vielen Buchstaben, Zahlen und Sonderzeichen besteht, ist die wiederholte Eingabe mühsam.

Hinter dem SSH-Login verbirgt sich der vielseitige OpenSSH-Server, der nicht nur die Authentifizierung per Passwort anbietet. Die Kennworteingabe lässt sich mit kryptografischen Schlüsseln erweitern oder ersetzen.

Wenn die vorherrschende Sicherheitsrichtlinie der Umgebung es erlaubt, authentifiziert sich der Administrator mit seinem privaten Schlüssel gegenüber der OPNsense-Firewall (Abbildung 21.1). Diese überprüft den angebotenen Schlüssel und startet eine Login-Shell, welche dem Admin die CLI präsentiert – ohne Passwort. Und solange der Admin seinen privaten Schlüssel nicht verliert, ist diese Einwahlmethode sicherer als das normale Kennwort.

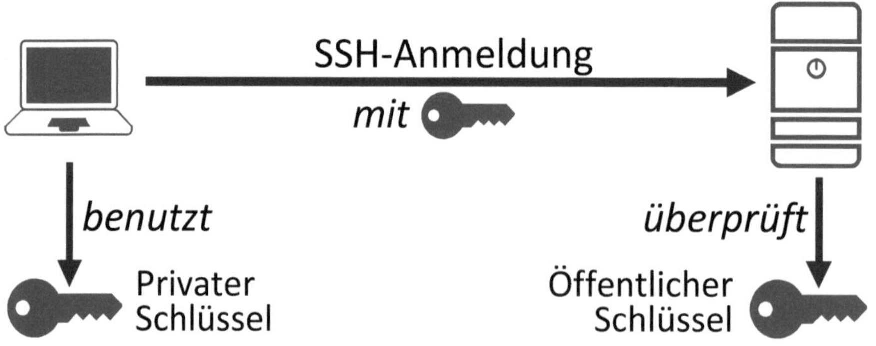


Abbildung 21.1: SSH-Login mit Anmeldung per Schlüssel

Bevor dieser Ablauf nutzbar ist, werden Schlüssel erzeugt und verteilt:

1. Schlüsselpaar erzeugen. Das passiert einmal pro Administrator.

2. Privaten Schlüssel gesichert ablegen.

3. Öffentlichen Schlüssel auf den OPNsense-Firewalls eintragen, die in der Verantwortung des Admins sind.

Eine Linux-Distribution bringt häufig OpenSSH als SSH-Client mit. Unter Windows hat es die Software *PuTTY* [26] zu großer Akzeptanz gebracht, was vermutlich daran liegt, dass sie vielseitig und einfach zu bedienen ist. Weiterhin muss PuTTY nicht installiert werden und ist kostenlos.

## Schlüsselpaar erzeugen

Ein Windows-Rechner benötigt das grafische Werkzeug *puttygen.exe* zum Erstellen eines Schlüsselpärchens. Die folgenden Beispiele basieren auf einem ECDSA-Schlüssel mit einer Schlüssellänge von 256 Bit. Aus Sicht des *Bundesamts für Sicherheit in der Informationstechnik* (BSI) ist das ein ausreichend starker Schlüssel [27]. Bei einem hohen Sicherheitsbedarf kann der Schlüssel auch 384 Bit lang sein.

---

**Hinweis**

Seit OPNsense Version 17.7.7 werden RSA-Schlüssel mit weniger als 1024 Bit Länge nicht mehr akzeptiert.

---

Der Button *Generate* beginnt mit dem Sammeln von Zufallszahlen und zeigt anschließend den erzeugten öffentlichen Schlüssel. Für die weiteren Schritte werden beide Teile des Schlüssels benötigt, also unbedingt mit den beiden Save-Buttons abspeichern. Die Dateinamen sind grundsätzlich egal, daher kann die Namenskonvention von OpenSSH übernommen werden: `id_ecdsa.pub` für den öffentlichen Schlüssel und `id_ecdsa` für den privaten Schlüssel.

Unter Linux ist das Tool zum Schlüsselerzeugen mit dem OpenSSH-Paket meist vorinstalliert. Einen Schlüssel vom selben Typ generiert der Befehl:

```
ssh-keygen -t ecdsa -b 256 -f ~/.ssh/id_ecdsa -N ''
```

und legt es in Dateiform im Ordner `.ssh/` des Home-Verzeichnisses ab. Der private Teil des Schlüssels muss geheim, verborgen, gesichert und am besten passwort-geschützt werden. Wenn der private Schlüssel kompromittiert wird, ist die Sicherheit dahin! Dann hilft nur: schnell die öffentlichen Schlüssel dieses Pärchens von den Firewalls entfernen.

## Öffentlichen Schlüssel anzeigen

Zur Kontrolle folgt ein Blick in die Datei mit dem öffentlichen Schlüssel. Ziemlich unspektakulär zeigt sich der Key als ein langes Wort aus ASCII-Zeichen. Dazu gibt es noch einen Identifier, der im Beispiel grau hinterlegt ist. Unter Windows lautet der soeben erzeugte öffentliche Schlüssel:

```
---- BEGIN SSH2 PUBLIC KEY ----
Comment: "ecdsa-key-20241126"
AAAAE2VjZHNhLXNoYTItbmlzdHAyNTYAAAAIbmlzdHAyNTYAAABBBCKbNaWdN1cT
5ROtsTX4o4T4dw5by+yUQbz9+b6v6uKOEsRFq1ihzjSOkNJ/FOeQcJ/AKgi7h5Nq
8eTSfOltnLI=
---- END SSH2 PUBLIC KEY ----
```

Unter Linux meldet sich der Schlüssel in einer ähnlichen Syntax:

```
ecdsa-sha2-nistp256 AAAAE2VjZHNhLXNoYTItbmlzdHAyN[...] root@labsrv
```

## Öffentlichen Schlüssel auf OPNsense-Firewall eintragen

Nun muss der lange Buchstabencode des öffentlichen Schlüssels seinen Weg zum Web-GUI der Firewall finden. Dieser verbindet dann den Schlüssel mit einem Benutzeraccount, sodass ein passwortloses Login möglich wird. Die Weboberfläche organisiert unter *System → Zugang → Benutzer* die hinterlegten Schlüssel. Jeder Benutzer kann unter *Autorisierte Schlüssel* seine Keys einsehen, löschen oder hinzufügen. Das Format entspricht der Syntax unter Linux:

```
ecdsa-sha2-nistp256 einzeiliger_Schlüsseltext root@labsrv
```

> **Hinweis**
>
> Pro User können mehrere Schlüssel hinterlegt werden. Das ist hilfreich beim Auswechseln von Schlüsseln oder wenn sich mehrere Admins einen Account teilen.

> **Achtung**
>
> Der öffentliche Schlüssel ist eine *einzeilige* Zeichenkette. Auch wenn `puttygen` den Schlüssel mehrzeilig abspeichert, muss er bei OPNsense ohne Zeilenumbrüche ankommen.

Im Hintergrund speichert die Web-GUI den Schlüsseltext in der Textdatei `authorized_keys` des Unterordners `.ssh` im Home-Verzeichnis des jeweiligen Users.

## Login mit privatem Schlüssel

Der SSH-Client unter Linux verwendet automatisch die neue Schlüsseldatei im Unterverzeichnis `.ssh/`, sodass ein Login auf der Firewall bereits passwortlos erfolgen sollte:

```
ssh root@10.5.1.1
```

PuTTY dagegen erwartet unter *Connection → SSH → Auth → Credentials* den Pfad zur privaten Schlüsseldatei. Anschließend verwendet die SSH-Anmeldung anstelle des Kennworts die Krypto-Schlüssel.

# Passwort zurücksetzen

Irgendwann ist es soweit, und der Zugriff auf die Firewall scheitert an einem falschen Kennwort oder Schlüssel. Wenn die Anmeldung an der Web-GUI als auch per SSH-Konsole unmöglich ist, bietet OPNsense eine Vorgehensweise, die das Passwort zurücksetzt.
Diese Prozedur erwartet Zugriff auf die Textkonsole. Dort wartet der ersehnte Menüpunkt *3) Reset the root password*, um das Kennwort von *root* auf einen bekannten Wert zu setzen.

> **Hinweis**
>
> Das unbekannte Kennwort wird mit dieser Methode überschrieben. Es wird *nicht* anschließend im Klartext angezeigt oder gespeichert.

Unter *System* → *Einstellungen* → *Verwaltung* gibt es die restriktive Option *Das Konsolenmenü mit einem Passwort schützen*. Wenn diese Hürde besteht, lässt sich das Kennwort trotzdem zurücksetzen. Dazu nutzt OPNsense Methoden des Betriebssystems, um seinem Bediener wieder *root*-Zugriff zu gewähren.

1. Neustart. Der Reboot ist notwendig, um das System im *Single User*-Modus zu starten.

2. Im Bootmenü (siehe Abbildung 21.2) ermöglicht der Eintrag *2. Boot Single User* ein Zugriff ohne Passwort.

Abbildung 21.2: Das Bootmenü von OPNsense

3. Der Bootvorgang ist abgeschlossen, wenn die Textkonsole meldet:

```
Enter full pathname of shell or RETURN for /bin/sh:
```

Die *Return*-Taste bestätigt, dass für das Vorhaben eine einfache Shell ausreicht.

4. OPNsense bzw. FreeBSD, speichert die Kennwörter in einer Datei auf der Festplatte. Diese wird mit dem `mount`-Kommando zum Bearbeiten eingehängt.

```
mount -o rw /
```

5. Anschließend ist das OPNsense-eigene Kennwortprogramm verfügbar und wird gestartet mit:

```
/usr/local/opnsense/scripts/shell/password.php
```

Die folgenden Fragen beziehen sich auf ein *neues* Kennwort. Das bekannte `passwd`-Kommando funktioniert hier nicht.

6. Neustart. Der abschließende Neustart bootet das System im normalen Modus. Ein Login mit dem neuen Passwort sollte über die Textkonsole, SSH-Konsole und Weboberfläche möglich sein.

Abbildung 21.3 zeigt die Kommandos der Textkonsole als Screenshot.

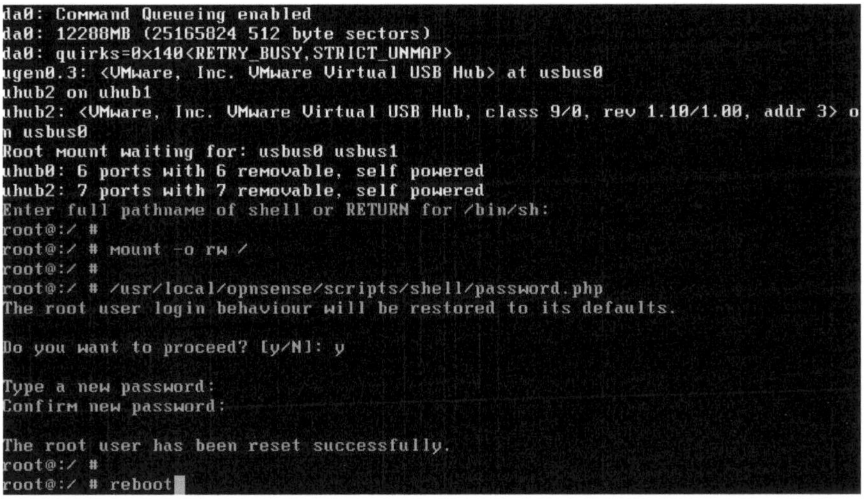

Abbildung 21.3: Passwortreset per Kommandozeile von OPNsense

# Kapitel 22

# Konfiguration

Das Einzigartige an einer OPNsense-Firewall ist ihre Konfiguration. Alles andere stammt vom Installationsmedium. Grund genug, der Konfigurationssicherung ein eigenes Kapitel zu widmen.

OPNsense speichert die Konfiguration ungefragt nach jeder Änderung auf der lokalen Festplatte und merkt sich in der Voreinstellung die letzten sechzig Änderungen.

In diesem Kapitel sichert OPNsense seine Konfigurationsdaten nach Dropbox und Google Drive. Auf diese Weise lässt sich die Konfiguration aller Firewalls an einer zentralen Stelle ablegen, ohne dass ein eigener Server bereitstehen muss. Die Verbindung zum Cloudserver des Anbieters ist zwar gesichert, aber wo und wie die US-amerikanischen Anbieter die Daten speichern, ist nicht immer nachvollziehbar.

Das Plug-in *os-git-backup* ermöglicht eine Sicherung in ein Git-Repository. Wer seine Konfiguration nicht GitHub oder GitLab anvertrauen möchte, kann seinen Repository-Server selbst hosten – zum Beispiel mit Gitea.

---

**Achtung**

Die folgenden Schritte führen Änderungen am Betriebssystem durch und können die Stabilität der OPNsense-Firewall beeinträchtigen.

---

## Dropbox

Dropbox ist der Klassiker für günstigen Speicherplatz im Internet. Die ersten Gigabyte gibt es kostenlos und Dropbox akzeptiert alle Arten von Dateien, die man ihr vorwirft – also auch Konfigurationsdateien.
Auf die einfache Bedienung, die den Anbieter populär gemacht hat, kann OPNsense nicht zurückgreifen. Denn die Dateiübertragung läuft auf der Kommandozeile ab, und die benötigt einen Dropbox-Client.

Unter OPNsense stehen kaum Compiler zur Verfügung und die Auswahl an Interpretern ist sehr begrenzt. Ein Dropbox-Client, der lediglich `curl` und die Bash-Befehle nutzt, wartet bei GitHub auf seinen Einsatz [28]. Die Installation verläuft über die Kommandozeile, die in der Textkonsole mit Menüeintrag *8) Shell* beginnt.

```
1  pkg install bash
2  curl --output /usr/local/bin/dropbox \
3    https://raw.githubusercontent.com/andreafabrizi/ \
4    Dropbox-Uploader/master/dropbox_uploader.sh
5  chmod +x /usr/local/bin/dropbox
```

Anders als bei einem Linux-System fehlt die Bash im Standardumfang von OPNsense. Ein vorkompiliertes Paket ist im Repository von OPNsense vorhanden und findet in der ersten Zeile seinen Weg ins lokale Dateisystem. GitHub erwartet zwar seinen eigenen Client für den Zugriff auf Projektdaten, aber ein einfacher Aufruf von `curl` zum Übertragen reicht auch. Aus den Quellen wird lediglich das Bash-Skript benötigt, welches in Zeile 2 in einem Unix-typischen Pfad platziert wird. Damit ist der Dropbox-Client startklar und wird mit dem simplen Befehl `dropbox` angesprochen.

Beim ersten Start begrüßt `dropbox` mit viel Information, wie im eigenen Dropbox-Account die API aktiviert und der Zugriff eingerichtet wird. Diese Schritte sind notwendig, damit der `dropbox`-Befehl gesichert auf den richtigen Cloudstorage zugreift.
Sobald das `dropbox`-Skript seinen *App key, App secret* und *Access code* erhalten hat, ist der Zugriff auf Dropbox möglich. In einem ersten Test sendet das Kommando die lokale Konfiguration an Dropbox.

```
dropbox upload /conf/config.xml `hostname -s`.config.xml
 > Uploading "/conf/config.xml" to "/RT-1.config.xml"... DONE
```

Das Kommando meldet zwar Erfolg, aber erst der Blick in die Weboberfläche von Dropbox gibt Gewissheit, wie Abbildung 22.1 bestätigt.

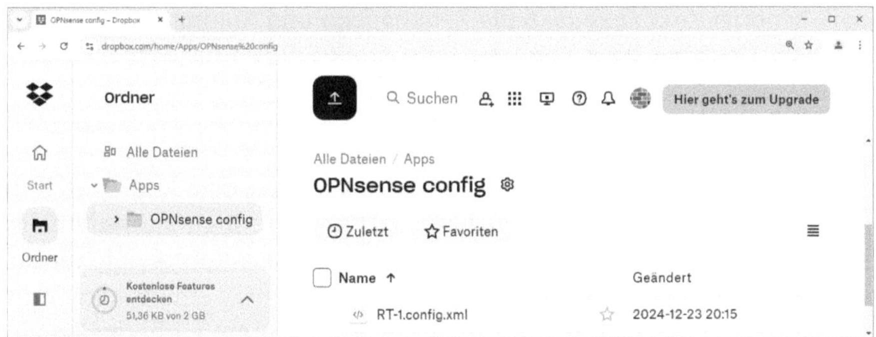

Abbildung 22.1: Dropbox als Speicherort für Konfigurationsdateien von OPNsense

> **Hinweis**
>
> Wenn der Upload erfolgreich war, aber Dropbox die neue Datei nicht anzeigt, dann enthält die hochgeladene Datei keine Änderungen.

## Automatische Sicherung

Die neue Form der Sicherung ist etwas umständlich, denn OPNsense speichert standardmäßig nur auf der lokalen Festplatte und ignoriert Dropbox. Für eine automatische Kopie der Konfigurationsdatei in die Dropbox benötigt OPNsense die Hilfe seines Zeitplaners *cron*. Dieser kann Befehle regelmäßig zu festen Uhrzeiten ausführen und damit die Sicherung zur Dropbox erledigen.

Der folgende Befehl bewirkt einen täglichen Upload, um das Dropbox-Archiv synchron zu halten. Im Fehlerfall beschwert sich der Prozess im Logbuch (Zeile 3) über seinen Misserfolg.

```
1  cat <<EOF >> /etc/periodic/daily/900.backup-config
2  dropbox -q upload /conf/config.xml `hostname -s`.config.xml || \
3    logger -t dropbox -p local0.error \
4    "Sicherung der Konfiguration nach Dropbox fehlgeschlagen"
5  EOF
6  chmod +x /etc/periodic/daily/900.backup-config
7  configctl cron restart
```

> **Hinweis**
>
> Wenn die Konfiguration häufiger oder seltener hochgeladen werden
> soll, benötigt `/etc/crontab` die Zeitangaben und Kommandos für den
> Upload. Die Man-Page von *cron* gibt bereitwillig Auskunft über die
> Syntax: `man 5 crontab`

Mit dieser Erweiterung sendet OPNsense regelmäßig eine Kopie der Konfiguration in die Dropbox. Der Speicherbedarf einer Konfigurationsdatei liegt bei wenigen Kilobyte, sodass in das kostenlose Basis-Konto viele tausend Konfigurationen reinpassen. Obendrein macht Dropbox eine Versionierung der Dateien (Abbildung 22.2) und gibt damit Zugriff auf vorherige Konfigurationsstände.

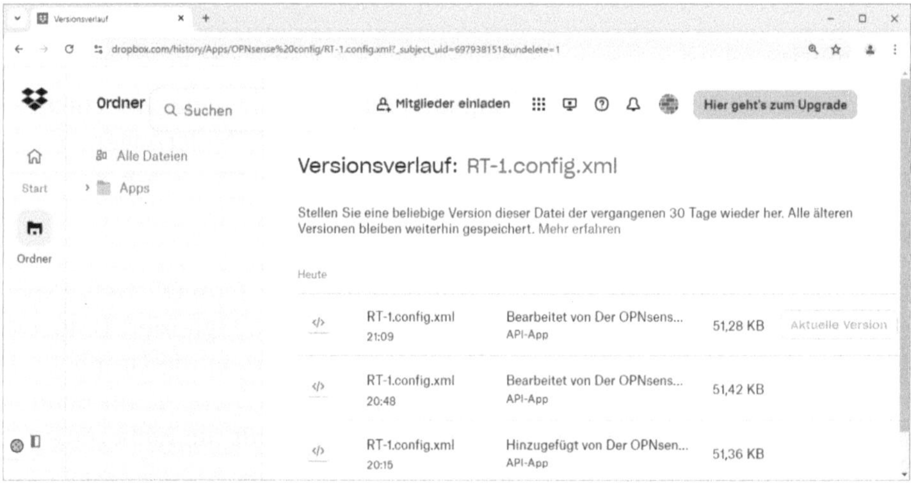

Abbildung 22.2: Dropbox sichert Konfigurationsdateien versioniert

Wer seiner Dropbox nicht vertraut, kann die Konfigurationsdatei vor dem Upload verschlüsseln. Damit ist der Inhalt der Konfiguration für Dritte nur einsehbar, wenn das Kennwort bekannt ist.

Im Fall der Fälle nutzt OPNsense die gesicherte XML-Datei für eine Systemwiederherstellung. Also *muss* die Verschlüsselung der Sicherungsdatei exakt dieselbe Methode benutzen, wie die normale Konfigurationssicherung:

```
1   cat <<EOF > /tmp/config.enc
2   ---- BEGIN config.xml ----
3   Version: OPNsense 25.1
4   Cipher: AES-256-CBC
5   PBKDF2: 100000
6   Hash: SHA512
7
8   `openssl enc -e -aes-256-cbc -md sha512 -pbkdf2 -iter 100000 \
9     -in /conf/config.xml -pass pass:"password" | b64encode -m -r .`
10  ---- END config.xml ----
11  EOF
12  dropbox upload /tmp/config.enc `hostname -s`.config.enc
```

OPNsense benutzt diesen Aufruf von `openssl` in der Funktion `encrypt()` seiner Bibliothek `OPNsense\Backup` zum Verschlüsseln. Ungünstigerweise benötigt das Skript für die Verschlüsselung das Passwort im Klartext (Zeile 9).

# Google Drive

Die Konfigurationssicherung mit Google Drive unterscheidet sich von Dropbox dadurch, dass OPNsense diese Form des *Configuration Cloud Backup* in seine Web-GUI eingebaut hat. Die Einrichtung auf der Clientseite benötigt keine inoffiziellen Änderungen am Betriebssystem. Für die Kommunikation mit Drive verwendet OPNsense die Google API. Das Ergebnis ist dasselbe wie bei Dropbox: Die Konfigurationsdatei befindet sich – nach etwas Einrichtungsaufwand – im Cloudspeicher.

## Zugang zur API

Google hat seine Programmierschnittstelle (Application Programming Interface, API) gut abgesichert: Die Kommunikation der Teilnehmer verläuft über das gesicherte HTTPS und für die Authentifizierung empfiehlt Google Zertifikate. Wenig überraschend erwartet der Zugang zur API ein Google-Konto. Vor der ersten Verwendung muss die API aktiviert werden. Die Reise beginnt bei

```
https://console.developers.google.com/apis/api/drive.googleapis.com/
```

Dort startet der Button *Projekt erstellen* ein neues Projekt. Der Name ist unerheblich, aber es schadet nicht, wenn er das Thema umschreibt, wie beispielsweise „OPNsense config backup".
Anschließend bietet Google über eine Webseite an, die *Google Drive API* zu aktivieren. Nach einem bestätigenden Klick auf den *Aktivieren*-Button ist die Programmierschnittstelle nutzbar.

Bei *APIs und Dienste* → *Anmeldedaten* beginnt die Autorisierung mit dem Button *Anmeldedaten erstellen*. Aus der bereitgestellten Liste (Abbildung 22.3) ist *Dienstkonto* die richtige Art für die Nutzung in OPNsense. Innerhalb des Dienstkontos lässt sich mit *Schlüssel hinzufügen* das benötigte Kryptomaterial erstellen. Der Schlüsseltyp muss auf P12 lauten, denn diesen Typ erwartet OPNsense. Anschließend erstellt Google brav ein P12-

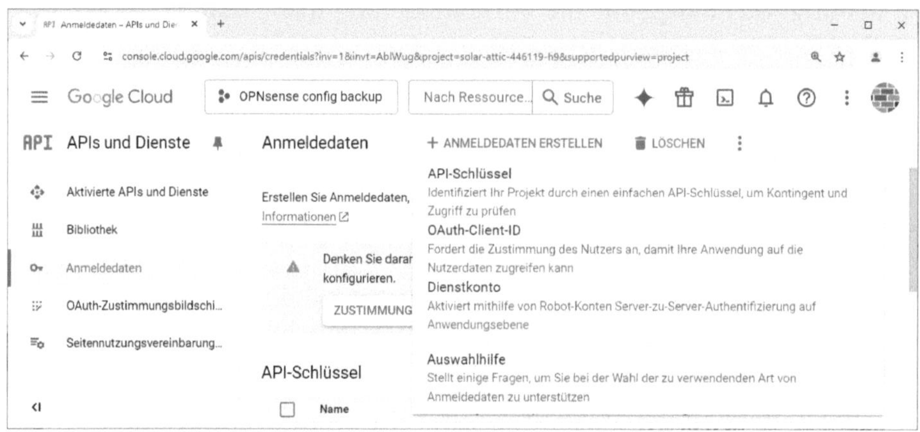

Abbildung 22.3: Zugangsdaten für die Google API

Zertifikat und bietet es zum Download an. Diese Datei wird für den Import in OPNsense später benötigt.
Wichtig ist noch die Dienstkonto-ID, die wie eine E-Mail-Adresse aussieht und zum privaten Schlüssel der P12-Datei passt. Eine beispielhafte ID ist:

```
opnsense@solar-attic-446119-a1.iam.gserviceaccount.com
```

Mit der Dienstkonto-ID und der Zertifikatsdatei ist der Zugriff auf die Google API für Drive möglich.

## Drive einrichten

Google spendiert seinem Drive die Webseite `https://drive.google.com`, die mit einem angemeldetem Google-Konto aufgerufen werden muss. Um das eigene Drive übersichtlich zu halten, kommen die zukünftigen Konfigurationsdateien in ihren eigenen Ordner. Der Button *Neu* links oben erstellt diesen Ordner mit dem beispielhaften Namen „RT-1". Weiter geht es mit einer Ordnerfreigabe, die per Rechtsklick auf den neuen Ordner und dem Kontextbefehl *Freigeben* beginnt.

Wer darf auf diesen Ordner zugreifen? Hier kommt das Dienstkonto aus dem vorherigen Abschnitt ins Spiel, das mit seiner E-Mail-Adresse im Feld *Personen* Platz findet. Das letzte fehlende Puzzlestück ist die Ordner-ID, die Google hinter dem Button *Link kopieren* in der URL verbirgt. Der folgende Link zeigt eine beispielhafte URL für die Ordnerfreigabe mit der markierten Ordner-ID.

```
https://drive.google.com/drive/
  folders/1NihF1TyQdDaaXyVUQVlwlEe2PPo-1uUD?usp=sharing
```

Der Button *Fertig* schließt die Einrichtung und Freigabe des Drive ab.

## Upload starten

Im Gegensatz zu Dropbox macht Google Drive beim normalen Upload keine automatische Versionierung von Dateien mit gleichem Namen. Nach zehn Uploads von zehn Firewalls liegen bereits einhundert namensähnliche Dateien im Drive, die sich äußerlich nur durch ihre Zeitstempel unterscheiden. Nun ist OPNsense am Zug und benutzt den Zugang zu Google Drive in seiner Web-GUI bei *System → Konfiguration → Sicherungen*.

Die beispielhaften Werte aus den vorherigen Abschnitten sind in Tabelle 22.1 zusammengefasst. Weiterhin erwartet OPNsense ein Kennwort für die Verschlüsselung der Konfigurationsdatei, damit im Drive keine Klartextdateien liegen. Zuletzt wird es noch mal spannend, denn der Button *Google Drive einrichten/testen* überprüft nun den Zugang zur Google API und lädt direkt die erste Konfiguration ins Drive.

Abbildung 22.4: Ein Blick von Google Drive in die Firewallkonfiguration

| Attribut | Beispiel |
| --- | --- |
| Aktivieren | ☑ |
| E-Mail Adresse | opnsense@solar-attic-446119-a1.iam \ .gserviceaccount.com |
| P12 Schlüssel | Zertifikatsdatei aus Abschnitt *Zugang zur API* verwenden |
| Ordner ID | 1NihF1TyQdDaaXyVUQVlwlEe2PPo-1uUD |
| Die Backupdatei mit dem Hostnamen präfixen | ☑ |
| Anzahl an Sicherungen | 60 |

Tabelle 22.1: OPNsense benötigt Zugriff auf das Google Drive

Im Erfolgsfall enthält das Drive die verschlüsselte Konfigurationsdatei, von der Google nur Bahnhof versteht, wie Abbildung 22.4 anschaulich zeigt.

## Automatische Sicherung

Eine einmalige Sicherung ins Drive ist gut, aber eine regelmäßige Sicherung ist besser. Und hier hat OPNsense mitgedacht und lädt selbstständig einmal am Tag die Konfiguration ins Drive. Händischer Eingriff ist nicht notwendig. Nach mehreren Tagen füllt sich das Drive und ähnelt eventuell dem Ordner in Abbildung 22.5.

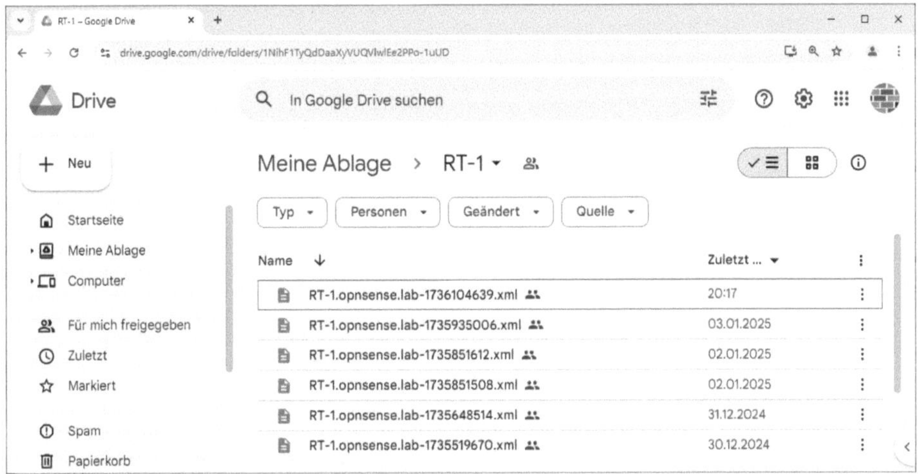

Abbildung 22.5: Firewallkonfiguration nach Google Drive ausgelagert

## Zusammenfassung

OPNsense kann mit eigenen Methoden seine Konfiguration in die Cloud sichern. Diese Form des Outsourcings legt die Konfigurationsdatei an einer neutralen Stelle ab, sodass im Katastrophenfall die OPNsense-Firewall wieder aufgebaut werden kann.

Der vorgegebene Cloud-Provider ist Google Drive, aber andere Provider mit offener API sind ebenfalls möglich, wobei die Integration von Dropbox hier vorgestellt wurde. Alternativ sichert OPNsense in eine private Cloud per *Nextcloud*, als schlichtes Backup via SCP oder in ein Git-Repository.

# Kapitel 23

# Life Hacks

Wie gestaltet sich das Arbeiten mit OPNsense einfacher? Oder effizienter?
Als quelloffenes Produkt lässt sich in der Firewallsoftware einiges anpassen,
ungewöhnliche Kommandos angleichen oder Features nachrüsten. Dieses
Kapitel beschreibt Methoden, mit denen der Umgang und die Fehlersuche
mit OPNsense wirksamer ablaufen.

> **Achtung**
>
> In diesem Kapitel werden Dateien verändert, deren Modifikation im
> normalen Firewallbetrieb nicht vorgesehen sind. Vor der ersten Umar-
> beitung sollte eine Kopie der Datei erstellt werden, damit bei Proble-
> men schnell der Originalzustand hergestellt werden kann.

Wer bei Linux oder Unix zu Hause ist, kann die Dateien direkt auf der
Kommandozeile ändern. Als Editor stehen `vim`, `nano`,[1] `joe`,[1] `emacs`[1] oder
der *Easy Editor* bereit. Eine kleine Auffrischung rund um die Arbeit an
Dateien unter Unix gibt es in Anhang B.
Windows-User brauchen sich nicht an der Unix-Welt neu zu orientieren,
denn es gibt grafische Dateibrowser, von denen ein bekannter Vertreter im
folgenden Abschnitt *Zugriff von Windows* vorgestellt wird.

Die beschriebenen Änderungen in den lokalen Dateien beziehen sich auf
die OPNsense Version 25.1.

---

[1]Software per `pkg install` auf der Kommandozeile nachinstallieren

## Zugriff von Windows

Verfechter von Windows müssen sich für den Zugriff auf die Verzeichnisstruktur von Unix nicht die Finger wundtippen. Unter Windows vollbringt ein grafischer SFTP-Client gute Dienste, sodass mit der Maus in einer Explorer-ähnlichen Ansicht gearbeitet wird. Der namhafte Vertreter *WinSCP* [29] verbindet sich nach Angabe von Hostnamen oder IP-Adresse, Usernamen und Kennwort mit der OPNsense-Firewall und startet das Browsen im Home-Verzeichnis des Anwenders. Von hier aus können die folgenden Verzeichnisse angesteuert werden und die Dateien liegen zur Bearbeitung bereit.

## Mirror Port

Das Spiegeln von Netzwerkverkehr hat viele Namen: *Port mirroring, Port monitoring, Switched Port Analyzer* (SPAN) oder *Mirror port.* Gemeint ist stets dasselbe: Die ein- und ausgehenden Netzwerkpakete von einem Interface werden auf ein anderes Interface kopiert. Der Originalverkehr bleibt davon unberührt.
Hinter dem Port mit den Paketkopien lauscht meistens irgendeine Art von Netzwerkanalyser oder *Intrusion Detection*-System.

OPNsense benutzt den Umweg über eine Netzbrücke, um Netzwerkports zu spiegeln. Zuerst benötigt die Firewallhardware einen unbenutzten Netzadapter, der die Paketkopien erhält. Die Firewall RT-1 benutzt dafür den neuen Adapter *em5*, der unter *Schnittstellen → Zuweisungen* sogleich den Namen *MIRROR* bekommt und auf eine IP-Adresse verzichtet.

Im folgenden Beispiel sollen alle Pakete zwischen RT-1 und der DMZ in Kopie an Interface *MIRROR* gesendet werden.
Dafür benötigt OPNsense unter *Schnittstellen → Geräte → Brücke* eine neue Netzbrücke. Diese bekommt nur ein einziges Mitglied: der zu überwachende Netzadapter *DMZ*. Die Spiegel-Funktion liegt in den erweiterten Optionen bei *Verbindender Anschluss.* Die Bezeichnung lässt zwar keinen SPAN-Port erahnen, aber die Hilfe dazu ist passend, wie Abbildung 23.1 zeigt. Der verbindende Anschluss ist der Netzadapter *MIRROR*.

Abbildung 23.1: OPNsense nutzt den SPAN-Port einer Netzbrücke

Sobald die Konfiguration der Netzbrücke mit *Speichern* abgeschlossen ist, beginnt der Portspiegel seine Arbeit. Jetzt überwacht die Netzbrücke alle Pakete an ihrem Mitgliedport und sendet eine Kopie ins Netz des verbindenden Anschlusses. Es ist auch möglich mehrere Quellinterfaces auf einen einzelnen Zielport zu spiegeln. Dazu erhält die Netzbrücke mehrere Mitglieder. Der SPAN-Adapter darf dabei *nicht* Mitglied der Brücke werden! Wenn aus Versehen als Zielport das Management-Interface angegeben wurde, passiert nichts Schlimmes, denn OPNsense sendet die Paketkopien *zusätzlich* zum normalen Netzverkehr. Die eigene SSH-Verbindung bleibt also bestehen. Der *Switched Port Analyser* auf Cisco Routern und Switches ist in dieser Situation nicht so freundlich.

## Telegram

Wirklich wichtige Meldungen gehören auf das Smartphone des verantwortlichen Administrators – und zwar in Echtzeit.
Bisher liegen alle Logeinträge im Dateisystem der Firewall oder beim zentralen Loghost. Falls dieser Loggingserver keine Methode zum Versenden von kritischen Meldungen hat, kann der Syslog-Dienst von OPNsense diese Aufgabe übernehmen.
Streng genommen übergibt Syslog die Kopie einer kritischen Nachricht an ein Skript zur Überprüfung. Wenn Syslog die Meldung als berichtenswert einstuft, folgt eine Alarmmeldung auf das Smartphone.
Syslog-NG erwartet die Konfigurationsdatei `telegram.conf` aus Listing 23.1 im Verzeichnis `/usr/local/etc/syslog-ng.conf.d/`. Mit einem Neustart des Dienstes wird die Änderung wirksam:

```
configctl syslog restart
```

Die verwendeten Texte sind beispielhaft und stellen kein vollständiges Monitoring dar. Die neue Konfigurationsdatei bewirkt, dass kritische Sys-

```
1  destination d_telegram {
2    program("/usr/local/bin/telegram.sh"
3      template("${DATE} ${HOST} ${MESSAGE}\n") );
4  };
5  filter f_telegram {
6    message(".*telegram-test.*")
7    or message(".*failed authentication for.*")
8    or message(".*Alarm latency.*")
9    or message(".*failed waiting for configd.*")
10  };
11  log {
12    source(s_all);
13    filter(f_telegram);
14    destination(d_telegram);
15  };
```

Listing 23.1: Syslog-NG berichtet wichtige Meldungen per Telegram

lognachrichten (Zeilen 6 bis 9) zusätzlich zur normalen Bearbeitung an das Skript `telegram.sh` (Listing 23.2) ausgehändigt werden (Zeile 2). Das Skript erhält alle Meldungen über STDIN und muss ausführbar sein:

```
chmod +x /usr/local/bin/telegram.sh
```

> **Hinweis**
>
> Diese Richtlinie sucht nicht in älteren Syslogmeldungen nach den Schlagworten, sondern nur in den Meldungen, die aktuell im System geloggt werden.

Für den Empfang am Smartphone genügt ein Socialmedia-Messenger, der einen Nachrichtenversand über die Kommandozeile erlaubt, wie beispielsweise *Telegram* [30]. Das Beispiel in Listing 23.2 erwartet einen API-Key und eine Chat-ID, die Telegram nach Einrichtung eines Chatbots preisgibt. Das Skript erhält seine Meldungen von Syslog per STDIN (Zeile 4). Der Kontakt mit der Telegram-API benötigt einen textbasierten Webclient und beginnt in Zeile 5.

```csh
#!/bin/csh
set API_KEY=419840419:AAGPcJDOIe5YCS_ep3yfgPJM-f7E7m8MMMA
set CHAT_ID=273171581
set LINE = "$<"
/usr/local/bin/curl --insecure \
  --data "chat_id=${CHAT_ID}&text=${LINE}" \
  https://api.telegram.org/bot${API_KEY}/sendMessage
```

Listing 23.2: OPNsense sendet Logmeldungen als Chatbot an Telegram

> **Hinweis**
>
> Die normale Protokollierung von Nachrichten einer OPNsense-Firewall
> wird *nicht* unterbrochen, wenn das Telegram-Skript fehlerhaft arbeitet
> oder unerwartet abbricht.

Damit Syslog und das Telegram-Skript ihre neuen Aufgaben auch wahr-
nehmen können, muss OPNsense die Konfigurationsdatei erneut einlesen.
Das geschieht bei *System → Diagnose → Dienste* durch Knopfdruck auf
*Neustart* beim Dienst *Syslog-NG* oder spätestens beim nächsten Reboot.
Zum Testen der Alarmierung genügt eine harmlose Syslognachricht, die
von der Kommandozeile erzeugt wird:

```
root@RT-1:~ # logger telegram-test
```

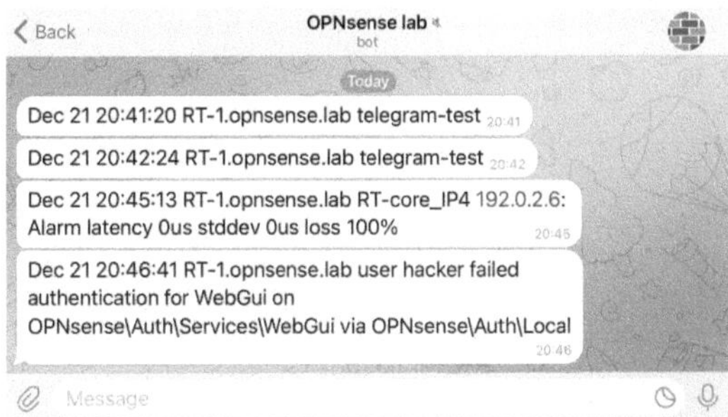


Abbildung 23.2: Wichtige Nachrichten schickt OPNsense auf das Smartphone

Danach sollte sich das Smartphone melden und die Syslognachricht als
Telegramm anzeigen. Abbildung 23.2 zeigt verschiedene Alarme von der
Labor-Firewall an die Smartphone-App.

# Firewallregeln mit Kategorien

Die Liste der Firewallregeln kann lang und unübersichtlich werden. Bevor das Regelwerk ins Chaos übergeht, liefert OPNsense mit den *Kategorien* eine Möglichkeit zur Ordnung. Jede einzelne Firewallregel kann zu einer Kategorie gehören, die in den Regeldetails frei wählbar ist (Abbildung 23.3).

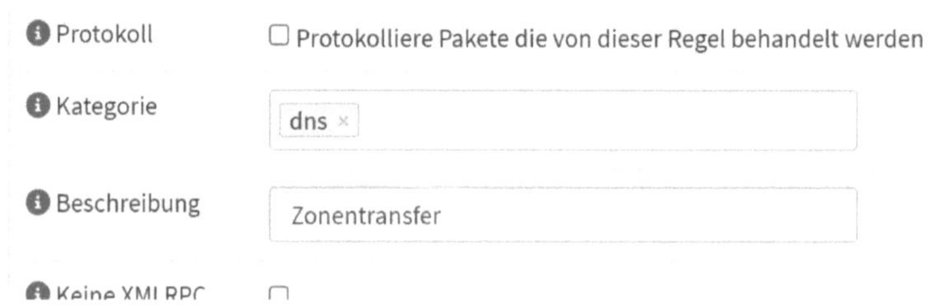

Abbildung 23.3: Jede Firewallregel kann zu einer Kategorie gehören

Sobald das Regelwerk in Kategorien einsortiert ist, wird von dieser Fleißarbeit profitiert. Jetzt lässt sich die Ansicht der Firewallregeln nach diesen Kategorien filtern. Das Regelwerk in Abbildung 23.4 zeigt nur noch die Regeln an, die mit dem Wort *dns* kategorisiert sind. Dabei ist eine Mehrfachauswahl möglich.

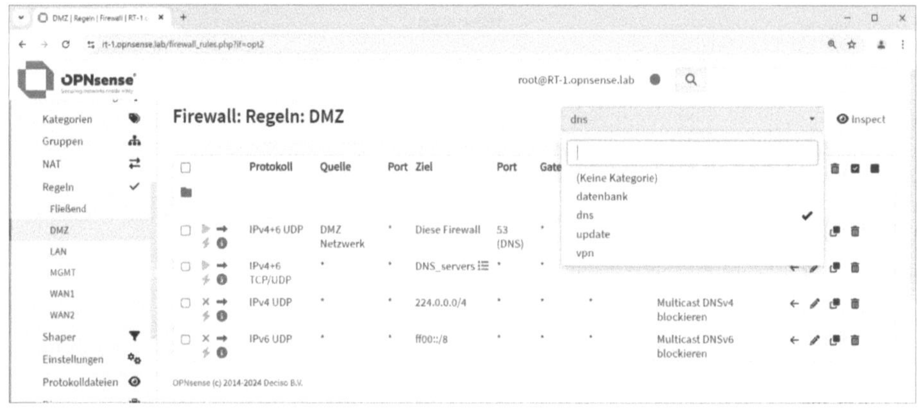

Abbildung 23.4: Auflistung aller Firewallregeln einer Kategorie

> **Hinweis**
>
> Das Ziel der Kategorien ist die bessere Organisation des gesamten Regelwerks. Die Wirksamkeit der Firewall wird davon nicht eingeschränkt.

## Schnellsuche

Umsteiger von pfSense werden manche Themen vermissen, weil OPNsense sie in der Weboberfläche an anderer Stelle platziert hat. Diese Suche ist frustrierend und erschwert den Umstieg auf OPNsense.

Dafür bietet die Web-GUI in der Titelzeile eine Schnellsuche, die alle verfügbaren Themen anzeigt, sobald die ersten Buchstaben eingetippt werden. In Abbildung 23.5 sucht der Admin nach dem Zauberwort *dns* und bekommt sogleich alle Bereiche aufgelistet, die sich mit der Namensauflösung beschäftigen. Ein Mausklick auf die gewünschte Zeile führt zum gewählten Thema.

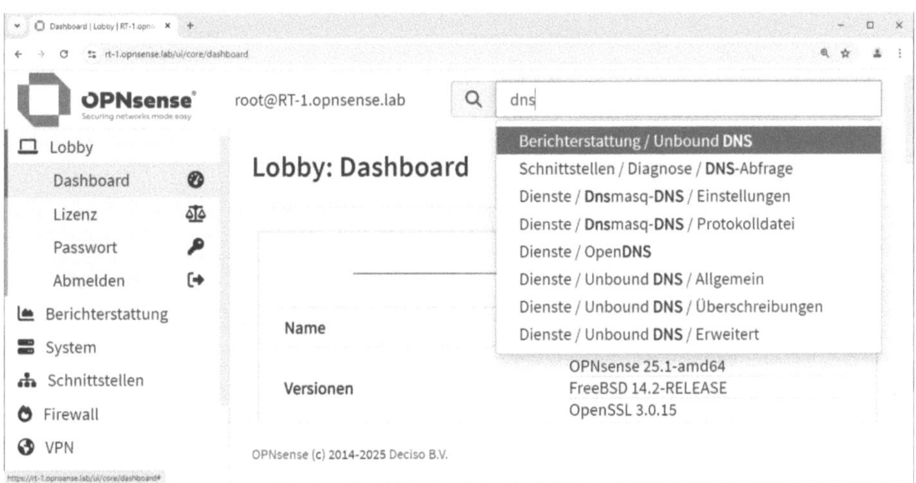


Abbildung 23.5: Ohne lange Suche findet OPNsense das gewünschte Thema

## Snapshots

Die OPNsense-Firewall ist in der Lage, Schnappschüsse des Dateisystems zu erstellen und damit eine Momentaufnahme aller Dateien anzulegen. Dieses Snapshot-Feature richtet sich an physische Geräte und funktioniert ähnlich wie bei den Virtualisierungslösungen von VMware Workstation und VirtualBox.

Snapshots sind nicht als vollwertige Datensicherung geeignet, sondern als Rettungsschirm für riskante Konfigurationsänderungen oder Updates. Falls ein Problem auftritt, lässt sich die Firewall auf einen älteren, aber funktionierenden, Snapshot zurücksetzen.

Die Snapshots sind ein Feature des ZFS-Dateisystems und daher nur verfügbar, wenn bei der Installation (vgl. Kap. 4) die Wahl auf ZFS fiel. Eine nachträgliche Umstellung auf das ZFS-Dateisystem ist nicht möglich. Außerdem benötigt die Firewall mit ZFS einen größeren Datenträger von mindestens 16 GByte.

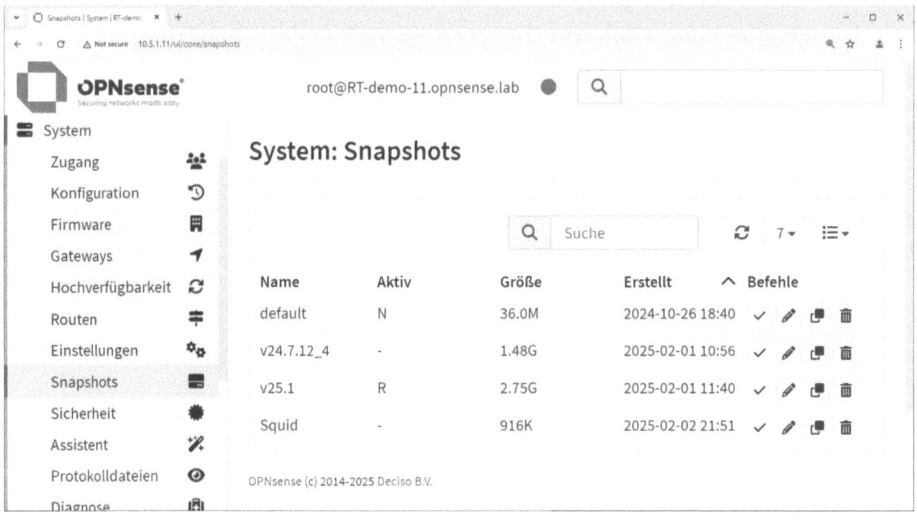


Abbildung 23.6: Mit dem ZFS-Dateisystem kann die Firewall Snapshots erstellen

Unter *System* → *Snapshots* lassen sich die vorhandenen Snapshots einsehen, löschen und neue erstellen. In Abbildung 23.6 war der Administrator vorsichtig und hat vor jedem Update einen Snapshot angelegt. Der Buchstabe N in der Spalte *Aktiv* zeigt, welcher Snapshot aktuell ist. Beim nächsten Neustart wird die Firewall den Snapshot booten, der mit dem Buchstaben R markiert ist.

Falls nach einem fehlgeschlagenen Update die Weboberfläche nicht mehr nutzbar ist, wechselt der Bootloader in der Option *8. Boot Environments* zu einem funktionierenden Snapshot.

# Kapitel 24

# Application Programming Interface

Der Zugriff auf ein OPNsense-System ist nicht nur über die Weboberfläche möglich, sondern auch über eine Programmierschnittstelle. Während der Webzugriff für den menschlichen Anwender konzipiert ist, eignet sich die Programmierschnittstelle für Zugriffe von Maschinen, Skripten und Monitoringsystemen.

Als offene Plattform stellt OPNsense seine Methoden per *Application Programming Interface* (API) zur Verfügung. Auf diese Schnittstelle können Softwareprojekte der Community zugreifen, um die Firewall zu steuern. Beispielsweise verwendet der Befehl `opn-cli` die API, um Firewallregeln über die Kommandozeile zu erstellen. Kapitel 19 ab Seite 289 liefert weitere Informationen zur Verwendung von `opn-cli`.

Die Bedienung der API ist unabhängig von einer Programmiersprache. Zum Erweitern der Programmierschnittstelle ist etwas Grundwissen in Python notwendig und dann steht dem Nachrüsten von Kommandos nichts mehr im Weg.

Die offene Programmierschnittstelle ist ein neues Konzept von OPNsense, welches es unter dem Vorgänger pfSense nicht gab.

## Wie funktioniert die API?

Die Programmierschnittstelle von OPNsense folgt dem *Representational State Transfer*-Prinzip (REST). Die Arbeitsweise von REST basiert auf einer Client-Server-Architektur: Der Client stellt die Fragen und der Server gibt die Antworten. Die Verbindung zwischen den Partnern ist zustandslos, d. h. in der Anfrage sind stets alle notwendigen Informationen enthalten, die der Server für seine Antwort benötigt.

Abbildung 24.1 zeigt die Architektur von OPNsense. Der Zugriff auf das System erfolgt gleichberechtigt über den Webzugang und über die API. Beide Zugänge haben ihre eigene Ansicht (*View*; siehe Abschnitt *Model View Controller* auf Seite 349) auf die OPNsense-Firewall. Die Anfragen landen im Hintergrund beim *Controller,* der sich intern um die Bearbeitung kümmert.

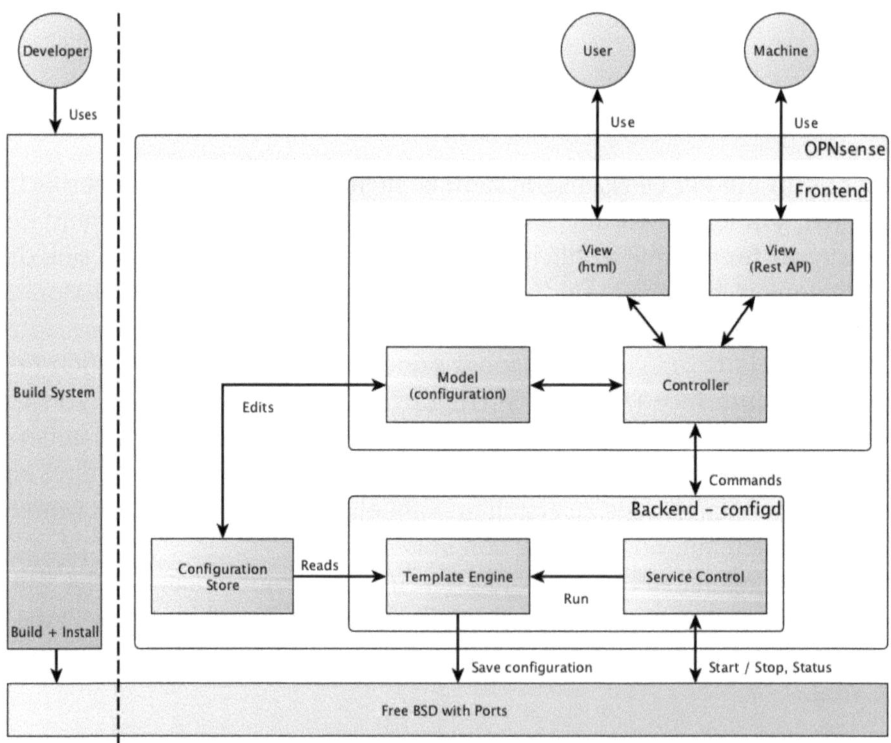


Abbildung 24.1: Das Zusammenspiel der Komponenten von OPNsense

Die Kommunikation zwischen Client und Server läuft über das bekannte HTTP-Protokoll. Der Client formuliert seine Frage als Webadresse, z. B.

```
http://opnsense.example.net/api/core/firmware/running
```

Damit will der Client wissen, ob ein Firmwareupdate im Gang ist. Der Server erkennt die Frage und prüft, welche Auskunft er geben kann.
Die Antwort formatiert der Server als *JavaScript Object Notation* (JSON). Trotz seines Namens ist dieses Format in den allermeisten Programmiersprachen bekannt und für Skripte und Programme einfach zu lesen. Auch für das menschliche Auge ist der Blick auf einen JSON-Ausdruck wenig geheimnisvoll:

```
{"status":"ready"}
```

Ein wichtiger Ansatz von REST ist die einheitliche Schnittstelle. Zwischen den Versionen von OPNsense sollte sich die API nicht verändern, damit die Programme der Clientseite nicht umprogrammiert werden müssen. Die Einheitlichkeit ist der Grund dafür, dass die Schlüsselwörter der API nicht ins Deutsche übersetzt werden.

Über die API kann der Client auch die Konfiguration der OPNsense-Firewall ändern. Woher weiß der Server, ob der Client etwas ändern möchte oder nicht? Hier kommen die Befehle von HTTP ins Spiel, die bei der Benutzung eines normalen Webbrowsers im Hintergrund ablaufen.
Beim Zugriff auf die API kann der Client die Methode *GET* verwenden, um eine Information zu erfragen. Mit der *POST*-Methode sendet der Client zusätzliche Daten an den Server, die nicht in die Webadresse gehören und vom Server benötigt werden. Die *POST*-Anfrage an eine Web-API wird grundsätzlich verwendet, um einen Zustand im Server zu verändern. Bei OPNsense bedeutet das eine Konfigurationsänderung. Dagegen hat die *GET*-Anfrage den Ruf einer Auskunft ohne Änderungen am System.
Das HTTP-Protokoll hat noch weitere Methoden im Angebot, die von der OPNsense-API nicht gebraucht werden.

## Model View Controller

OPNsense nutzt die Unterteilung von Software nach dem Prinzip des *Model View Controller* (MVC). Dieses Muster unterstützt die Wiederverwendung von Programmcodes und ermöglicht die parallele Arbeit von mehreren Entwicklern.

Die drei Komponenten *Model*, *View* und *Controller* sind voneinander abhängig wie Abbildung 24.2 darstellt.

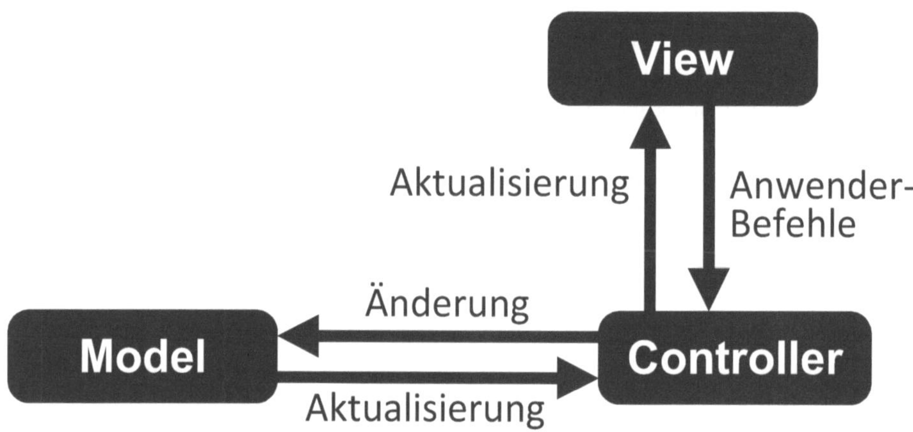


Abbildung 24.2: Das Zusammenspiel von Model, View und Controller

- Das Modell (*Model*) enthält die Daten des Systems, die es vom *Controller* bekommt und in der *View* darstellt.

- Die Präsentation (*View*) stellt die Daten anschaulich dar und erwartet Benutzeraktionen.

- Die Steuerung (*Controller*) erhält seine Befehle von der *View* und damit vom Anwender. Der *Controller* wertet die Befehle aus, manipuliert das *Model* und aktualisiert die *View*, als Bestätigung für die Anwender.

Die Abbildung 24.1 auf Seite 348 zeigt die Nutzung bei OPNsense. Die *View* ist die Sicht der HTTP-Clients. Es gibt eine *View* für den Zugriff von einem Webbrowser. Die Antworten sind als schicke, bunte Webseiten formatiert. Die *View* der API hat als Antwort nur JSON übrig und kümmert sich nicht um eine grafische Aufarbeitung.

Hinter den *Views* arbeitet der *Controller*, der das zentrale Element der Datenverarbeitung darstellt. Er versteht die Anfragen und erstellt daraus

Kommandos für die Hintergrunddienste (vgl. Kap. 19). Bei Änderungswünschen wendet sich der *Controller* an das *Model,* welches den Datenbestand hält. Bei OPNsense bestehen die Daten aus der laufenden Konfiguration, die sich weitgehend in der zentralen Datei `config.xml` befindet. Einfach oder nicht: Der *Controller* darf seine Hände nicht direkt an die `config.xml` legen, sondern *muss* seinen Kollegen *Model* für Änderungswünsche beauftragen. Denn dieser ist der Experte für den Datenbestand und weiß, nach welcher Änderung ein Dienst neu gestartet werden muss.

## Dokumentation

Die offizielle Dokumentation enthält zu jedem Modul und zu jedem Plug-in exakte Angaben über die Verwendung und eine Übersicht der verfügbaren Optionen. Leider kommt die Erklärung etwas zu knapp, und der Sinn einer API-Ressource erschließt sich nur aus dem Funktionsnamen. Beispielsweise lässt sich erahnen, dass die Funktion *upgrade* aus dem Bereich *Firmware* ein Software-Update startet. Weniger offensichtlich ist die Bedeutung der Funktion *dirty* von Monitoringtool *Monit.*
Passend dazu sind auch die Fehlermeldungen wenig hilfreich. Wenn ein Aufruf fehlschlägt, liefert die API nur knappe Antworten wie:

```
{"result":"failed"}
```

Die Erweiterung der API mit eigenen Aufrufen ist auf der Homepage von OPNsense gut dokumentiert. Neben Beispielen, Namenskonventionen und Richtlinien gibt es Vorlagen zum schnellen Programmierstart des eigenen Moduls.

## Lesender Zugriff

Bevor es losgeht, benötigt der Client Zugriffsrechte auf die Funktionen der API. Dieser Zugriff ist vergleichbar mit der Benutzeranmeldung auf der Weboberfläche, denn ohne Authentifizierung beantwortet die API gar nichts.
Den API-Schlüssel gibt es im Webmenü unter *System → Zugang → Benutzer.* Für die ersten Experimente eignet sich der voreingestellte Benutzer *root.* In der Übersicht der Benutzer lässt sich ein API-Schlüssel durch einen

Klick auf das Ticket-Symbol erstellen und herunterladen. Der API-Zugang besteht aus einem Schlüssel (Key) und einer geheimen Parole (Secret). Zusammen ermöglichen sie den Zugriff auf die API.

```
key=fG6CxLiMDrROt7QgQlgTagzSEiSr6BORvs711lxfNXrVOYCqR88JiHaQ[...]
secret=7ci6YJ/zO9yXKek7hfFcqURG7mOH6Y5vcSOApUevEc+cKDd3fA6bk[...]
```

Jeder Useraccount kann beliebig viele API-Schlüssel erzeugen. Die offizielle OPNsense-Dokumentation empfiehlt für jeden Einsatzzweck einen neuen Schlüssel.

Damit sind die Formalitäten erledigt und die erste Frage-Antwort-Runde kann beginnen. Für diesen Start genügt ein Webclient für die Kommandozeile wie *curl* [31].

> **Hinweis**
>
> Der API-Schlüssel wird in den folgenden Beispielen verkürzt dargestellt, um die Lesbarkeit der Kommandos zu verbessern.

```
curl --silent --user "fG6CxLiMDr":"7ci6YJ/zO9" \
  http://opnsense.example.net/api/core/firmware/status
```

Der API-Schlüssel ist für *curl* die Kombination aus Benutzernamen und Kennwort, um sich gegenüber einer Webseite zu authentifizieren. Die Berechtigung muss mit jeder Anfrage wiederholt werden.
Bei korrektem Schlüssel und erreichbarer Gegenstelle kommt die prompte Antwort als JSON-Botschaft:

```
{"product":{"product_abi":"25.1","product_arch":"amd64","produc \
t_check":null,"product_conflicts":"os-firewall os-firewall-deve \
l os-wireguard os-wireguard-devel os-wireguard-go os-wireguard- \
go-devel","product_copyright_owner":"Deciso B.V.","product_copy \
right_url":"https://www.deciso.com/","product_copyright_years": \
"2014-2025","product_email":"project@opnsense.org","product_has \
h": "da994c043","product_id":"opnsense","product_latest":"25.1" \
,"product_license":[],"product_log":1,"product_mirror":"https:/ \
/pkg.opnsense.org/FreeBSD:14:amd64/25.1","product_name":"OPNsen \
se","product_nickname":"Ultimate Unicorn","product_repos":"OPNs \
ense (Priority: 11)","product_series":"25.1","product_tier":"1" \
,"product_time":"Wed Jan 29 20:04:57 CET 2025","product_version \
":"25.1","product_website":"https://opnsense.org/"},"status_msg \
":"Firmware status requires to check for update first to provid \
e more information.","status":"none"}
```

Da sich der API-Schlüssel in jedem Aufruf von *curl* wiederholt, lässt er sich in Variablen auslagern, was die Lesbarkeit und Skriptfähigkeit verbessert.

```
key=fG6CxLiMDrROt7QgQlgTagzSEiSr6BORvs711lxfNXrVOYCqR88Ji[...]
secret=7ci6YJ/z09yXKek7hfFcqURG7mOH6Y5vcSOApUevEc+cKDd3fA[...]
fw=10.5.1.1
curl --silent --user "${key}":"${secret}" \
  http://${fw}/api/core/firmware/status | jq
```

Die Kommandoverkettung mit *jq* in Zeile 5 bewirkt die Aufarbeitung des JSON-Codes als eingerückter Text mit Zeilenumbrüchen. Die Antwort des Servers sieht damit optisch vorteilhafter aus. Der tatsächliche Inhalt ist unverändert, wobei die Antwort hier verkürzt abgedruckt ist:

```
{
  "product": {
    "product_abi": "25.1",
    "product_arch": "amd64",
    "product_check": null,
    "product_copyright_owner": "Deciso B.V.",
    "product_copyright_url": "https://www.deciso.com/",
    "product_copyright_years": "2014-2025",
    [...]
  },
  "status_msg": "Firmware status requires to check for [...]",
  "status": "none"
}
```

Damit ist der lesende Zugriff auf die API möglich. Zum Skripten ist die Kommandozeile der ideale Einsatzort; für die Erkundung der API gibt es grafische Werkzeuge, von denen eins im Abschnitt *API-Browser* auf Seite 356 vorgestellt wird.

## Schreibender Zugriff

Ein Zugriff auf die API kann auch Änderungen in der Konfiguration bewirken. Dieser schreibende Zugriff verlangt die HTTP-Methode *POST*.
Am Beispiel des Systems für die Einbruchserkennung (vgl. Kap. 18) zeigt die API die Details einer IDS-Regel und erlaubt Änderungen daran. Die Information zu Regelnummer 2027758 liefert der nachfolgende Aufruf von *getRuleInfo*, wobei der API-Schlüssel in den Umgebungsvariablen erwartet wird.

```
curl --silent --user "${key}":"${secret}" \
  http://10.5.1.1/api/ids/settings/getRuleInfo/2027758 | jq
```

Die API listet brav alle Informationen und Zustände dieser IDS-Regel.

```
{
  "action": {
    "alert": {
      "value": "Alert",
      "selected": 1
    },
    "drop": {
      "value": "Drop",
      "selected": 0
    }
  },
  "action_default": "alert",
  "affected_product": "Any",
  "attack_target": "Client_Endpoint",
  "classtype": "bad-unknown",
  "confidence": "High",
  "created_at": "2019_07_26",
  "deployment": "Perimeter",
  "enabled": 1,
  "enabled_default": 1,
  "gid": null,
  "matched_policy": null,
  "msg": "ET DNS Query for .cc TLD",
  "reference": null,
  "rev": 5,
  "sid": 2027758,
  "signature_severity": "Informational",
  "source": "emerging-dns.rules",
  "status": "enabled",
  "updated_at": "2020_09_17"
}
```

Durch die Kommandoverkettung mit *jq* hat die Antwort einen gut lesbaren
Aufbau. Die Aktion dieser Regel steht auf *Alert*.
Mit dem Änderungsbefehl *setRule* lässt sich die Regelaktion umstellen.

```
1  curl --silent --user "${key}":"${secret}" \
2    --request POST \
3    --data '{"action":"drop"}' \
4    --header "Content-Type: application/json" \
5    http://10.5.1.1/api/ids/settings/setRule/2027758
```

Der API-Befehl erwartet die HTTP-Methode *POST* (Zeile 2), die geplante Änderung (Zeile 3) und die Angabe des JSON-Formats (Zeile 4). Welche Regel geändert werden soll, steht unverändert in der Webadresse (Zeile 5).

---

**Hinweis**

*curl* hat für die meisten seiner Optionen stets ein Kürzel (z. B. -d) und ein ausgeschriebenes Argument (z. B. --data). Für die bessere Lesbarkeit in den Beispielen kommen die längeren Argumente zum Einsatz.

---

Die Übergabe des Ergebnisses nach *jq* ist nicht notwendig, weil die Antwort auch im Rohzustand deutlich erkennbar ist:

```
{"result":"saved"}
```

Ein erneuter Aufruf von *getRuleInfo* sollte nun die Aktion *Drop* anzeigen.

## Was kann die API leisten?

Theoretisch kann die API alles, was die Weboberfläche auch kann. Praktisch müssen alle Bereiche des Programmcodes erst API-fähig gemacht werden. Bisher (OPNsense Version 25.1) sind folgende Sektionen von OPNsense über die API nutzbar:

- Captive Portal
- Cron
- DHCP
- Diagnostik
- Einbruchserkennung
- Firewall
- Firmware
- IPsec
- Monit
- NetFlow und *Einblick*
- Neustart und Herunterfahren
- OpenVPN (nur Clientexport)
- Routen

- Schnittstellen
- Syslog
- TrafficShaper
- Unbound
- Web-Proxy
- WireGuard
- Zertifikate

Ob ein Programmteil bereits die API unterstützt, lässt sich in der Weboberfläche leicht erkennen. Wenn der Pfad der Webadresse mit /ui beginnt, ist die API nutzbar:

```
http://rt-1.opnsense.lab/ui/cron/
```

Andernfalls handelt es sich noch um den Originalcode vom Vorgänger pfSense, der ohne API auskommen wollte:

```
http://rt-1.opnsense.lab/system_general.php
```

Eine zuverlässige Liste der vorhandenen API-Befehle liefert der geschulte Blick ins Dateisystem einer OPNsense-Firewall. Der folgende Befehl bringt alle API-Aufrufe zutage, wobei der Pfad als Beschreibung ausreichen muss.

```
egrep --no-filename --recursive "ajax[Get|Call]" \
  /usr/local/opnsense/mvc/app/views/OPNsense/
```

## API-Browser

Der etwas komfortablere Zugang zur Programmierschnittstelle läuft über einen grafischen API-Browser. Dieser generiert dieselbe Syntax für den Zugriff, aber die Auswahl der Parameter und Kopfzeilen geschieht über eine vorgefertigte Oberfläche.
API-Browser gibt es als eigenständige Software wie beispielsweise *Postman* oder als Plug-in für den Webbrowser. Empfehlenswert ist die Browser-Erweiterung *RESTer* [32], die alle notwendigen Funktionen für die Web-API von OPNsense mitbringt.

Abbildung 24.3 zeigt den Einsatz von *RESTer* zum Auslesen der IDS-Regel aus Abschnitt *Schreibender Zugriff*. Auch der API-Schlüssel muss seinen

Weg in den Browser finden, wobei der *API-Key* als Benutzername hinterlegt wird und das *API-Secret* als Passwort.

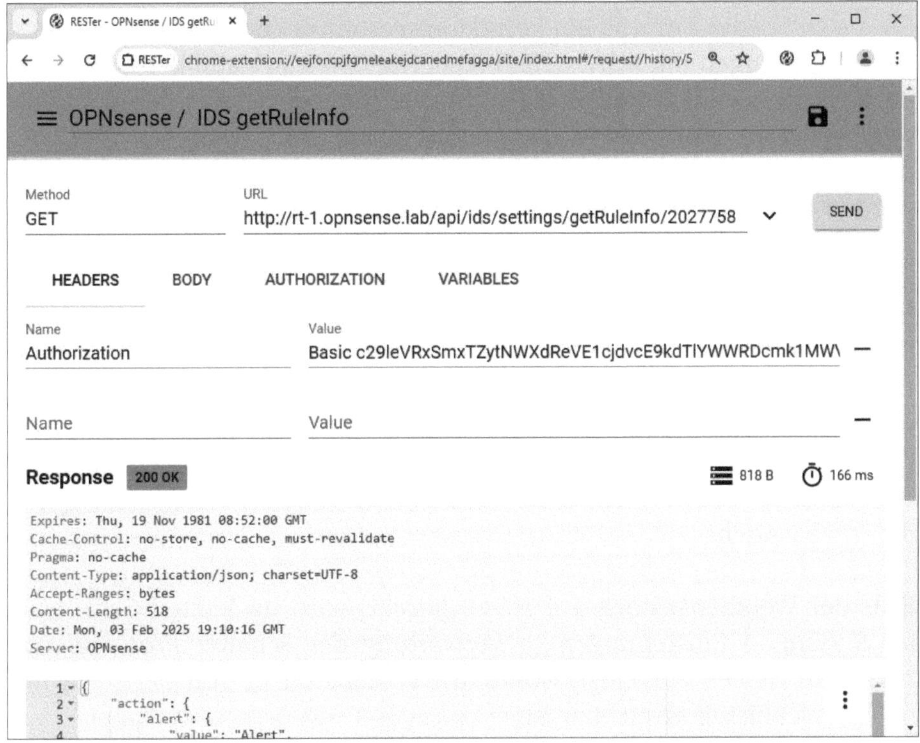

Abbildung 24.3: Der API-Browser *RESTer* visualisiert Zugriffe

Nicht verwirren lassen: Der Rückgabecode *200–OK* bedeutet nur, dass der Server die Anfrage verstanden und bearbeitet hat. Trotzdem kann die Antwort ein negatives Ergebnis zurückliefern, was inhaltlich nicht OK ist.

## Sicherheit

Der unverschlüsselte Zugriff mit *HTTP* auf die API wird heutzutage nur noch in einer isolierten Demo-Umgebung toleriert. Im lokalen Netz und im Internet gehört ein verschlüsselter Zugang mit *HTTPS* zu den guten Umgangsformen.

Die verbesserte Sicherheit von *HTTPS* funktioniert aber nur, wenn das Zertifikat des Servers auf dem Client validiert werden kann. Grund genug für die OPNsense-Firewall ein korrekt ausgestelltes Zertifikat vorzuweisen. Für Umgebungen mit schwachem Sicherheitsniveau kann der OPNsense-Rechner als Zertifikatsautorität (Certificate Authority, CA) agieren und für seine Webseite ein Zertifikat ausstellen (vgl. Kap. 14). Wenn der API-Client dieser CA vertraut, können spätere Angriffe auf die Verbindung aufgedeckt werden und *HTTPS* hat seinen Zweck erfüllt.

Zuerst muss sich das Zertifikat der CA auf den Weg zum Client begeben. Das Zertifikat stellt OPNsense unter *System → Sicherheit → Aussteller* bereit. Die Schaltfläche *CA Zertifikat exportieren* macht ihrem Namen alle Ehre und gibt das Zertifikat zum Download frei. Wenn dieser Button nicht vorhanden ist, dann hat der Webserver *kein* gültiges Zertifikat einer CA, sondern noch das selbstsignierte Zertifikat von der Erstinstallation.

Das heruntergeladene CA-Zertifikat erhält den willkürlichen Dateinamen `ca-opnsense-lab.crt` und muss auf den Client kopiert werden, der später die API anspricht.

Falls der Webdienst noch auf HTTP horcht, wird im letzten Schritt unter *System → Einstellungen → Verwaltung* der Schalter *Protokoll* von *HTTP* auf *HTTPS* umgelegt, worauf die Weboberfläche von OPNsense nur noch verschlüsselt erreichbar ist.

Bewaffnet mit dem Zertifikat der CA, kann der Client nun den Server überprüfen. Der *curl*-Befehl meldet Unregelmäßigkeiten bei der Aushandlung der HTTPS-Verbindung oder schweigt, wenn alles in Ordnung ist.

```
1  curl --silent --user "${key}":"${secret}" \
2    --cacert ca-opnsense-lab.crt \
3    https://rt-1.opnsense.lab/api/core/firmware/running
```

Den Hinweis auf die Zertifizierungsinformation erhält *curl* per Kommando-option in Zeile 2. Sobald das Protokoll in *https* geändert ist (Zeile 3), beginnen Verschlüsselung und Authentifizierung zwischen API-Client und -Server.

# Technischer Hintergrund

Der HTTP-Server *lighttpd* ist der verantwortliche Dienst für die Konfigurationsoberfläche und für die Web-API. Damit der Dienst die Anfragen unterscheiden kann, beginnt der Pfad einer Konfigurations-URL stets mit /ui und für die API kommt das eindeutige Präfix /api zum Einsatz.
Alle Anfragen an die API landen serverseitig beim Skript api.php. Das Herzstück der API ist also die PHP-Datei:

```
/usr/local/opnsense/www/api.php
```

Der Pfad der Webadresse wird beim Aufruf der api.php als Argument übergeben, damit das Skript auch weiß, was es machen soll.
Die API funktioniert nur für Programmteile, die vom pfSense-Code bereits in den OPNsense-Stil umgeschrieben sind. Die Entwickler von OPNsense teilen ihre Software funktional auf (siehe Abschnitt *Model View Controller* auf Seite 349) und versprechen sich davon bessere Code-Qualität und kürzere Entwicklungszeiten.

## Ausblick

Die Programmierschnittstelle von OPNsense ist nahezu vollständig. Mit der fertigen API wird es möglich sein, die gesamte OPNsense-Firewall über Skripte oder eine Kommandozeile zu steuern. Denkbar ist auch eine einheitliche Managementsoftware, die alle OPNsense-Systeme im eigenen Netz zentral verwaltet und über die API ansteuert.
Bisher wird die API von der Weboberfläche verwendet, um sie mit zusätzlichen Inhalten zu befüllen wie beispielsweise die aktuelle Auslastung der Netzwerkkarten und Systemzustände. Auch in diesem Bereich setzen die Entwickler deutlich mehr auf dynamische Inhalte, die über API-Befehle nachgeladen werden.

## Zusammenfassung

Über die Programmierschnittstelle von OPNsense lässt sich die Firewall mit einem textbasierten Webclient abfragen und konfigurieren. Für die Syntax der Befehle und Formate orientiert sich der Hersteller an den marktüblichen

Techniken, sodass die Bedienung der API für einen Softwareentwickler schnell erlernbar ist.
Leider umfasst die API noch nicht alle Bereiche, die in der Weboberfläche angeboten werden. Mit jeder neuen Version von OPNsense kommen weitere Rubriken dazu und der Funktionskatalog der API wächst.

# Literaturverzeichnis

[1] Deciso B.V.: *Securing Networks*. 2025. https://www.deciso.com/

[2] Deciso B.V.: *Hardware sizing & setup*. 2025.
https://docs.opnsense.org/manual/hardware.html

[3] The FreeBSD Project: *FreeBSD 14.2 Hardware Notes*. 2025.
https://www.freebsd.org/releases/14.2R/hardware/

[4] OPNsense project team: *OPNsense is a true open source firewall and
more*. 2025. https://opnsense.org/

[5] Icons8 LLC: *Icons by Icons8*. 2025.
https://icons8.com/license/

[6] Ian Moore, Smart Guide Pty Ltd: *phpVirtualBox*. 2021.
https://phpvirtualbox.github.io/

[7] Manuel Kasper: *physdiskwrite*. 2014.
http://m0n0.ch/wall/physdiskwrite.php

[8] MaxMind, Inc: *GeoIP and GeoLite2*. 2025.
https://dev.maxmind.com/geoip/geolite2-free-geolocation-data

[9] The strongSwan Team: *strongSwan – IPsec VPN for Linux, Android,
FreeBSD, macOS, Windows*. 2024. https://www.strongswan.org/

[10] OpenVPN: *Community Downloads*. 2025.
https://openvpn.net/community-downloads/

[11] Peter Haag: *nfdump*. 2024. https://github.com/phaag/nfdump

[12] Simon Leinen: *Samplicator*. 2015.
https://github.com/sleinen/samplicator

[13] Fabrice Prigent: *Blacklists UT1*. 2023.
https://dsi.ut-capitole.fr/blacklists/index_en.php

[14] European Institute for Computer Anti-Virus Research e.V.: *Download Anti Malware Testfile*. 2025.
https://www.eicar.org/download-anti-malware-testfile/

[15] JumpCloud: *JumpCloud: Unified Platform for Identity, Access, and Devices*. 2025. https://jumpcloud.com/

[16] Jason McFarland: *TheJumpCloud*. 2025.
https://github.com/TheJumpCloud

[17] XCY Firewall Appliance: *X30 4-LAN*. 2025.
https://www.xcypc.com/4lan-software-router/62458044.html

[18] Greenbone AG: *OpenVAS – Open Vulnerability Assessment Scanner*. 2025. https://www.openvas.org

[19] National Institute of Standards and Technology: *National Vulnerability Database*. 2025. https://nvd.nist.gov/vuln/search

[20] Open Information Security Foundation: *Suricata*. 2025.
https://suricata.io/

[21] Emerging Threats: *Proofpoint Emerging Threats Rules*. 2025.
https://rules.emergingthreats.net/

[22] Andreas Stürz: *CLI for OPNsense Firewall using API Requests*. 2024.
https://github.com/andreas-stuerz/opn-cli

[23] Bundesamt für Sicherheit in der Informationstechnik: *Kryptographische Verfahren: Empfehlungen und Schlüssellängen (BSI TR-02102-1)*. 2024. https://www.bsi.bund.de/SharedDocs/
Downloads/DE/BSI/Publikationen/TechnischeRichtlinien/
TR02102/BSI-TR-02102.pdf

[24] ESnet: *iperf3*. 2024. https://software.es.net/iperf/

[25] Jay Young, Wen Zhang: *IPsec Overhead Calculator*. 2023.
`https://ipsec-overhead-calculator.netsec.us/`

[26] Simon Tatham: *PuTTY: a free SSH and Telnet client*. 2025.
`https://www.chiark.greenend.org.uk/~sgtatham/putty/`

[27] Bundesamt für Sicherheit in der Informationstechnik: *Technische Richtlinie TR-02102-4. Kryptographische Verfahren: Empfehlungen und Schlüssellängen* 2024. `https://www.bsi.bund.de/SharedDocs/`
`Downloads/DE/BSI/Publikationen/TechnischeRichtlinien/`
`TR02102/BSI-TR-02102-4.pdf`

[28] Andrea Fabrizi: *Dropbox Uploader*. 2021.
`https://github.com/andreafabrizi/Dropbox-Uploader`

[29] Martin Prikryl: *WinSCP*. 2025. `https://winscp.net/de/`

[30] Telegram Messenger LLP: *Telegram Messenger*. 2025.
`https://telegram.org/`

[31] Daniel Stenberg et al.: *curl: command line tool and library*. 2025.
`https://curl.se/`

[32] Jan Kühle: *RESTer – A REST client for almost any web service*. 2024.
`https://github.com/frigus02/RESTer`

# Index

# Anhang A

# IP Version 6

Das IP-Protokoll in der Version 4 hat zwar einen recht großen Adressraum, aber eine ungünstige Mischung aus Verschwendung und Nachfrage führte dazu, dass die letzten freien IPv4-Adressen 2015 aufgebraucht waren.

Dass dieser Tag kommt, war schon vor 20 Jahren absehbar und damit begann langsam die Entwicklung einer verbesserten Nachfolgeversion mit der Zahl 6 (Die Ziffer 5 hatte sich bereits ein Streamingprotokoll reserviert). Kurz darauf begannen die ersten Tests, die 2005 erfolgreich endeten. Seitdem hält IPv6 Einzug in die Betriebssysteme der Firewalls, Router, Computer und Smartphones.

## Grundlagen

Dieses Buch ist kein Leitfaden für die Migration zu IP Version 6 – daher die Grundlagen und Unterschiede in Kürze.

Die Adressen werden länger. Während eine IPv4-Adresse 32 Bit einnimmt, wächst die IPv6-Adresse auf 128 Bit. Um die neuen Adressen einigermaßen lesbar zu gestalten, wird die Adresse in acht 16-Bit-Blöcke aufgeteilt und als hexadezimale Zahl geschrieben. Zwischen den Blöcken kommt ein Doppelpunkt, um deutlich vom IPv4-Trennzeichen, dem Punkt, zu unterscheiden. Eine Umrechnung von IPv4 zu IPv6 gibt es nicht; IPv6-Adressen erhalten eine neue Bedeutung, die sich grob an Tabelle A.1 auf Seite 375 orientiert. Eine vollständige IPv6-Adresse könnte so aussehen:

```
2001:0db8:0002:0000:0000:0000:0000:0001
```

Genau wie bei IPv4 und in der Mathematik, dürfen führende Nullen weggelassen werden. Die Adresse reduziert sich zu

`2001:db8:2:0:0:0:0:1`

Weiter geht es mit mehreren Blöcken, die nur aus Nullen bestehen. Diese
dürfen durch zwei Doppelpunkte ersetzt werden. Damit wird die Adresse
erneut kürzer:

`2001:db8:2::1`

Die Subnetzmaske von IPv4 taucht bei IPv6 als Präfixlänge wieder auf. Die
Bedeutung ist dieselbe: Sie trennt Routingpräfix, Subnetz und Interface-
Identifier.
Die letzten 64-Bit der Adresse sind die *Interface ID* und gehören zu einer
Netzwerkkarte. Die ersten 12 Bit vergibt eine der globalen Registrierungs-
stellen an die Internet Server Provider (ISP), welche die IPv6-Bereiche
weiter unterteilen und damit ihre Kunden versorgen. Beim Endkunden
kommt also ein Präfix zwischen /48 (großzügiger ISP, Abbildung A.1) und
/56 (sparsamer ISP) an.

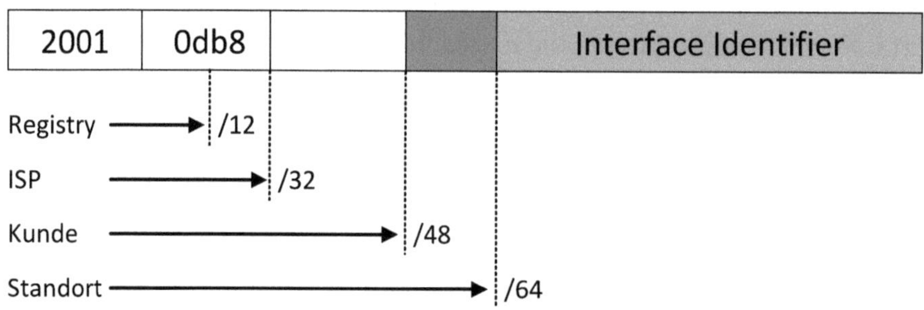


Abbildung A.1: Hierarchische Vergabe der IPv6-Bereiche

Diese streng hierarchische Vergabe der Adressen ist ein erklärtes Ziel von
IPv6 und hilft den Backbone-Providern, die Routingtabellen ihrer Geräte
effizient und übersichtlich zu halten.
In IPv6-Netzen soll jedes Endgerät eine öffentliche Adresse erhalten. Damit
ist jedes Gerät weltweit adressierbar. Die globale Adressierung bedeutet
jedoch *nicht*, dass jedes Gerät auch erreichbar ist, denn Firewalls unterbinden den eingehenden Zugriff auf Firmen- und Heimnetze – genau wie bei
IPv4.

Die Geräte im Labornetz benutzen reservierte Adressen für Dokumentation und *Unique Local*-Adressen, die etwa den privaten Adressen von IPv4
entsprechen. Damit kollidieren Laborgeräte nicht mit produktiven Routern,
auch wenn die Netze versehentlich verbunden sind.

| Typ | IPv6-Bereich |
| --- | --- |
| Globale Unicast-Adressen | 2000::/3 |
| Unique Local Unicast | fc00::/7 |
| Link-Local Unicast | fe80::/10 |
| Multicast | ff00::/8 |
| Dokumentation | 2001:db8::/32 |

Tabelle A.1: Reservierte Bereiche mit IPv6-Adressen

Damit ist die Architektur von IPv6 kurz erläutert. Basierend auf diesem
Konzept müssen die Entwickler auch alle Protokolle anpassen oder Neue
entwickeln, die eng mit IP zusammenarbeiten. Dazu gehören DNS, DHCP,
alle Routingprotokolle, ICMP oder ARP, das bei IPv6 als *Neighbor Discovery
Protocol* zusätzliche Aufgaben bekommt.

# Anhang B

# Editor unter FreeBSD

In mehreren Kapiteln geht die Bedienung über die Konfigurationsoberfläche hinaus und es wird Zugriff auf das Betriebssystem *FreeBSD* benötigt. Dem stellt OPNsense keine Barrieren in den Weg und ermöglicht den Wechsel auf die Betriebssystem-Ebene mit dem Menüpunkt 8 *Shell* in der Textkonsole. Ab diesem Punkt ist erhöhte Vorsicht geboten, denn nun hält OPNsense nicht mehr die schützende Hand über Änderungen.

## Dateien anzeigen

Den Inhalt einer Textdatei zeigt das `more`-Kommando seitenweise an. Zur nächsten Seite springt man mit der Leertaste, zur nächsten Zeile geht es mit der Enter-Taste.
Einen beispielhaften Blick in eine Konfigurationsdatei vom PHP erfolgt mit:

```
more /usr/local/etc/php.ini
```

Während des Blätterns innerhalb der Datei wechselt die Taste *v* in den Texteditor, falls Änderungen am Inhalt gewünscht sind. Mit *q* beendet `more` die Anzeige.

## Dateien editieren

Keine Änderung ohne vorherige Sicherung! Bevor die Finger im Dateiinhalt wirken, sollte eine Kopie der Originaldatei angefertigt werden. Der Aufwand dafür ist minimal und hilft in der Not, wenn die Änderung zu fatalen Ergebnissen führt.

Das Kommando zum Kopieren von Dateien unter Unix ist `cp` mit Angabe von Quelldatei und Zieldatei. Eine Sicherungskopie der obigen Textdatei wird mit dem folgenden Befehl erstellt.

```
cp -p /usr/local/etc/php.ini /usr/local/etc/php.ini.orig
```

Die Option -p verpasst der Kopie die Berechtigungen der Originaldatei. Die Angabe der Zieldatei lässt sich abkürzen, um Tipparbeit zu sparen.

```
cp -p /usr/local/etc/php.ini{,.orig}
```

Unter OPNsense stehen zwei Editoren zur Verfügung, die sich in ihrer Bedienung unterscheiden. Für Anwender mit wenigen Vorkenntnissen in Unix ist der *Easy Editor* leichter zu erlernen. Wer sich in Unix tiefer einarbeiten möchte, sollte einen Blick auf den `vi`-Editor werfen.

## Easy Editor

Der *Easy Editor* ist ein leichtgewichtiger Texteditor, der die grundlegenden Funktionen zum Bearbeiten von Dateiinhalten beherrscht. Beim Start erwartet das Kommando `ee` den Dateinamen, der sogleich im Editor-Fenster geöffnet wird.

```
ee /usr/local/etc/php.ini
```

Zur einfachen Bedienung zeigt `ee` seine Kommandos in den oberen Zeilen an. Das Kürzel ^v steht dabei für die Tastenkombination *Strg-v* und blättert zur nächsten Seite weiter. Gespeichert wird beim Verlassen des Editors mit *Escape+Enter*.

Mehr Infos zu diesem Editor bietet die integrierte Hilfe unter *Escape+b* und die Man-Page.

## Vi IMproved

Der `vim`-Texteditor ist eine Weiterentwicklung des älteren `vi` und verbessert Bedienkomfort und Funktionalität. Für einfache Änderungen in Textdateien ist er fast schon überqualifiziert.

Der vi unterscheidet zwischen dem Normalmodus und dem Einfügemodus. Im Normalmodus werden Eingaben von der Tastatur als Kommandos interpretiert. Damit lassen sich Zeilen löschen, Wörter kopieren, Suchen-und-Ersetzen oder in der Datei navigieren. Mit der Taste *i* (für *insert*, engl. einfügen) wechselt der vi in den Einfügemodus. Tastatureingaben landen jetzt direkt im Text an der Stelle, die der Cursor markiert. Die *Esc*-Taste bringt den Editor wieder in den Normalmodus.

Die übliche Arbeitsweise mit dem vi besteht aus einem häufigen Wechsel des Modus. Der vi ist gewöhnungsbedürftig, aber mit Kenntnis der wichtigsten Befehle lassen sich Dateien sehr effizient bearbeiten.

Der Editor hört auf das Kommando vi und erwartet einen Dateinamen für die folgenden Änderungen:

```
vi /usr/local/etc/php.ini
```

| Befehl | Wirkung |
| --- | --- |
| :w | *write*. Datei speichern. |
| :q | *quit*. Editor beenden. |
| :q! | Editor beenden, ohne zu Speichern. |
| :wq | Datei speichern und Editor beenden. |
| i | *insert*. Fügt Text an der Position des Cursors ein. |
| I | Fügt den Text am Anfang der aktuellen Zeile ein. |
| a | *append*. Fügt Text an der Position nach dem Cursor ein. |
| A | Fügt den Text am Ende der aktuellen Zeile ein. |
| o | Fügt eine neue Zeile unterhalb der aktuellen Zeile ein. |
| O | Fügt eine neue Zeile oberhalb der aktuellen Zeile ein. |
| x | Löscht das Zeichen unter dem Cursor. |
| D | *delete*. Löscht ab der Position des Cursors den Rest der Zeile. |
| dd | Löscht die aktuelle Zeile. |
| yy | *yank*. Kopiert die aktuelle Zeile in den Puffer. |
| p | *paste*. Kopiert den Inhalt des Puffers in den Text. |
| u | *undo*. Macht die letzte Aktion rückgängig. |

Tabelle B.1: Die wichtigsten Kurzkommandos des vim-Editors

Tabelle B.1 listet die wichtigsten vi-Kommandos auf. Viele Kommandos lassen sich durch Voranstellen einer Zahl mehrfach ausführen. Beispielsweise löscht der Befehl 5dd gleich fünf Zeilen auf einmal. Nach der Eingabe von 10x verschwinden die nächsten zehn Zeichen vom Bildschirm.

Wenn der vi mal zu viel verändert oder gelöscht hat, macht das mehrmalige Drücken der Taste *u* solange Änderungen rückgängig, bis die Datei wieder die bekannte Form hat. Und wenn der Dateiinhalt hoffnungslos durcheinander ist, hilft nur Beenden ohne zu Speichern mit :q!

Über den vim wurden vollständige Bücher geschrieben, aber einen guten Einstieg bietet die Webseite des Entwicklers https://www.vim.org/

Alle Kapitel dieses Buchs wurden mit vim verfasst.

# Anhang C

# Mustererkennung

Die Perl-kompatiblen Regulären Ausdrücke (Perl Compatible Regular Expression, PCRE oder *Regex*) sind eine Methode, um Muster in Texten zu erkennen und entsprechend zu (be-)handeln. Vereinfacht gesagt sind reguläre Ausdrücke die verbesserte Such-Funktion in einer Textverarbeitung, nur viel mächtiger und leider auch komplizierter. Denn die Suche nach Mustern geht weit über die Erkennung von einfachen Wörtern hinaus. Gesucht werden kann grundsätzlich alles: Reguläre Ausdrücke scannen Texte nach Zahlen, Strings, URLs, E-Mail-Adressen, Datum und Uhrzeit.
Mittlerweile nutzen viele Softwareentwickler und Programmiersprachen die PCRE-Bibliothek. Folglich müssen die Entwickler nicht für jedes Programm eine eigene Mustererkennung konzipieren und die Benutzer kommen einfacher ins Thema.

OPNsense benutzt die regulären Ausdrücke für Filterlisten im Web-Proxy. Die Hilfefunktion der Webseite gibt ein paar knappe Beispiele, die hier ausführlicher beschrieben werden.
Im einfachsten Fall besteht das Suchmuster nur aus einem Wort ohne Sonderzeichen. Der String `example.net` findet alle Webseiten, die diesen Text *irgendwo* in der URL haben. Die Zeichen davor und dahinter sind unentscheidend.
Bei folgenden Texten würde das Muster Übereinstimmung melden:

```
mail.example.net
www.example.net/wp-content/uploads
```

```
http://docs.opnsense.org/search.html?q=example.net
Dieser Text enthält nicht example.net
```

> **Hinweis**
>
> Wenn der reguläre Ausdruck ein Leerzeichen enthält, wird im Text nach einem Leerzeichen gesucht. Das Leerzeichen eignet sich also *nicht* dazu, den Regex lesbarer zu gestalten.

## Auswahl

Die Stärke der regulären Ausdrücke liegt in den *Joker*zeichen, die nicht einen bestimmten Buchstaben suchen, sondern eine Auswahl von Zeichen. Der Ausdruck a-z findet alle Kleinbuchstaben. Mit E-H geht Regex auf die Suche nach den Großbuchstaben E, F, G und H. Und 0-9 findet, wenig überraschend, eine einzelne Ziffer. Beim Einsatz dieser Tricks muss der Ausdruck durch eckige Klammern umschlossen werden.
Die Möglichkeiten lassen sich auch kombinieren. Die Zeichenfolge

```
[a-zA-Z0-9]
```

findet ein einzelnes Zeichen, dass entweder ein Kleinbuchstabe oder ein Großbuchstabe oder eine Ziffer ist. Also kein Fragezeichen, Schrägstrich oder @-Zeichen.

Die eckigen Klammern dürfen auch mehrfach vorkommen oder mit normalem Text vermischt werden. Der folgende Ausdruck sucht nach den Ziffern 1 bis 3, gefolgt von festem Text, der Ziffer 6-9, einer beliebigen Ziffer und zuletzt das Wort *Meter* mit großem oder kleinem Initial.

```
[123]mal [6-9][0-9] [Mm]eter
```

## Wiederholung

Wenn mehrere Zeichen derselben Art gesucht werden, kommt das Plus-Zeichen ins Spiel. Denn Plus sucht „eins oder mehrere" vom vorherigen Ausdruck. Eine mehrstellige hexadezimale Zahl erkennt Regex mit:

```
[a-fA-F0-9]+
```

Der Ausdruck sucht die Klein- oder Großbuchstaben *a* bis *f* oder eine Ziffer. Und dieses Muster darf mehrmals vorkommen, aber mindestens ein Mal.

Das Sternchen hat eine ähnliche Aufgabe wie das Plus, aber es akzeptiert auch, wenn das gewünschte Muster *gar nicht* vorkommt. Im folgenden Beispiel ist das Muster durch die Angabe von * optional und so *darf* hinter dem Wort *Uhr* noch eine Zahl stehen, muss aber nicht.

```
Es ist gerade acht Uhr [0-9]*
```

Zwischen *null* und *beliebig oft* erlauben die regulären Ausdrücke präzise Angaben oder einen Bereich.

- {5} erwartet das angegebene Zeichen exakt fünf Mal. Mit [a-z]{5} finden sich Wörter, die aus fünf Kleinbuchstaben bestehen.

- {4,7} gibt einen Bereich von 4 bis 7 an. Bei [01]{4,7} tauchen alle Dualzahlen auf, die eine Länge zwischen 4 und 7 Ziffern haben.

- Bei {3,} entfällt das obere Limit, sodass alle Muster mit mindestens drei Zeichen zutreffen.

- Andersherum sucht {,6} nach Mustern, die höchstens sechs Zeichen haben. Zahlen von 0 bis 999999 findet das Regex [0-9]{,6}

Das Muster

```
[0-9]{4,5}0{3} [A-Z]{3}
```

sucht nach großen Geldbeträgen in beliebiger Währung.

## Abkürzungen

Der reguläre Ausdruck [A-Za-z0-9_] kann als Kurzform \w geschrieben werden. Ebenso kann sich [0-9] als \d tarnen und \s steht für Leertaste, Zeilenvorschub und Tabulator – also alles was Abstand erzeugt.
Der Ausdruck

```
\d{5}\s\w{4,}
```

findet eine fünfstellige Postleitzahl für eine Stadt, die aus mindestens vier Buchstaben besteht.

## Sonderzeichen

Der Punkt ist ein Jokerzeichen und steht für jedes einzelne Zeichen außer
dem Zeilenumbruch. Das Muster `Schl.nge` trifft auf *Schlange* und *Schlinge*,
aber auch auf unsinnige Worte wie *Schlznge* und *Schl5nge*.
Die wichtigsten Sonderzeichen liefert Tabelle C.1.

| Kürzel | Bedeutung |
|---|---|
| . | Passt auf jedes einzelne Zeichen (außer Zeilenumbruch). |
| [ ] | Trifft jedes Zeichen innerhalb der eckigen Klammern. |
| [^] | Trifft alles *außer* die Zeichen innerhalb der eckigen Klammern. |
| ^ | Das Muster steht am *Anfang* des Textes. |
| $ | Das Muster steht am *Ende* des Textes. |
| (\|) | Alternative. (`gif\|png\|jpg`) |
| * | Das vorherige Muster kann einmal, mehrmals oder gar nicht vorkommen. |
| + | Das vorherige Muster muss mindestens einmal vorkommen. |
| ? | Das vorherige Muster kann einmal oder gar nicht vorkommen. |
| \ | Macht das folgende Sonderzeichen wieder zu einem normalen Zeichen. |

Tabelle C.1: Die wichtigsten Kürzel der regulären Ausdrücke

Die Zeichen *, + und ? kommen durch ein Beispiel besser zur Geltung.
Im Muster `Fr?isch` ist der Buchstabe *r* durch das folgende Fragezeichen
optional. Es passt also auf die Wörter *Frisch* und *Fisch*. Bei `Fr+isch` darf
das *r* mehrfach vorkommen; Es passt *Frisch*, *Frrisch*, *Frrrisch* usw. aber
nicht *Fisch*. Das ist erst beim Muster `Fr*isch` dabei, denn das Sternchen
gestattet es dem Buchstaben *r* zu fehlen.

## Beispiele

```
^https?:\/\/[a-zA-Z]+\.example\.(net|org|com)
```

Durch das ^-Zeichen muss der Text mit *http* beginnen. Das *http* kann auch
noch ein *s* haben, muss aber nicht. Anschließend kommen der Doppelpunkt
und zwei Schrägstriche. Der Schrägstrich ist ein Sonderzeichen und muss
mit dem Backslash wieder zu einem normalen Zeichen werden.

Danach kommen ein oder mehrere Klein-/Großbuchstaben, gefolgt von einem Punkt und dem String *example* und einem weiteren Punkt. Der Punkt benötigt den Backslash, damit er nicht als Sonderzeichen gilt und jedes Zeichen akzeptiert. Das Muster erwartet danach entweder *net* oder *org* oder *com*.

Nach der Toplevel-Domain hört das Muster auf, aber der vergleichende Text darf noch weitere Zeichen enthalten. Wenn das nicht gewünscht ist, muss das Muster mit dem $ das Ende verlangen.

```
^(https?|ftp):\/\/\d{1,3}\.\d{1,3}\.\d{1,3}\.\d{1,3}\/
```

Hierbei sollen alle HTTP-, HTTPS- und FTP-Zugriffe eingefangen werden, die aus mehreren ein- bis dreistelligen Zahlen bestehen (\d{1,3}), die nur durch einen Punkt unterbrochen sind. Damit blockiert ein Proxyserver Anfragen, die nur aus einer IPv4-Adresse bestehen.

Diese Methode funktioniert offensichtlich nur für IPv4-Adressen. Die variable Schreibweise von IPv6-Adressen (vgl. Kap. A) erfordert einen komplexen regulären Ausdruck.

## Testen

Reguläre Ausdrücke sind eine hervorragende Fehlerquelle, denn ein komplexer Ausdruck sieht fast so aus wie ein verschlüsselter Text. Einfacher ist es, das Suchmuster vorab in einem *Regex Tester* zu entwickeln und zu prüfen. Diese Webdienste erwarten den regulären Ausdruck und einen Text. Anschließend wird im Text markiert, was zum gewählten Ausdruck passt. Erwähnenswert sind die folgenden Webseiten. Darüberhinaus kann eine Websuche mit den Schlagworten *pcre regex tester* eine große Auswahl liefern.

```
https://regex101.com/
https://www.regextester.com/
```

# Anhang D

# Zusatzmaterial

Die abgedruckten Beispiele in den vorherigen Kapiteln enthalten stets nur einen Ausschnitt, der zum jeweiligen Thema passt. Die vollständige Konfiguration aller Geräte ist online verfügbar unter:

```
https://der-opnsense-praktiker.github.io
https://github.com/der-opnsense-praktiker
```

und alternativ unter

```
https://der-opnsense-praktiker.sourceforge.io
https://sourceforge.net/projects/der-opnsense-praktiker/
```

Dort befindet sich zusätzliches Material, das den Umfang des Buchs gesprengt hätte.

- Konfiguration der Firewalls aus allen Kapiteln,

- Netzdiagramm der vollständigen Laborumgebung,

- Errata (Korrekturverzeichnis),

- Ergebnisse der Leistungsmessung von Routing- und Crypto-Durchsatz,

- Alle Skripte, die in den Kapiteln teilweise gekürzt abgedruckt sind oder nur erwähnt werden.